Revista de Direito Tributário

79

MALHEIROS EDITORES

Revista de Direito Tributário

Publicada sob os auspícios do

Instituto Geraldo Ataliba — IDEPE — Instituto Internacional de Direito Público e Empresarial e do
IBET — Instituto Brasileiro de Estudos Tributários

ISS 0102-7956

REVISTA DE DIREITO TRIBUTÁRIO
publicação trimestral de
MALHEIROS EDITORES LTDA.
Rua Paes de Araújo, 29, 17º andar - conj. 171
CEP: 04531-940 - São Paulo, SP
Tel. (0xx) 3842-9205
Fax. (0xx) 3849-2495
Diretor Responsável: Álvaro Malheiros
Diretora: Suzana Fleury Malheiros

Assinaturas e comercialização:
CATAVENTO DISTRIBUIDORA DE LIVROS S.A.
Rua Conselheiro Ramalho, 928
CEP 01325-000 - São Paulo - SP
Tel. 289-0811 - Fax. 251-3756
Supervisão Gráfica: Vânia Lúcia Amato
Composição: *Scripta*
Impressão: Paym Gráfica e Editora Ltda.

Revista de Direito Tributário

CADERNOS DE DIREITO TRIBUTÁRIO

Fundador: Rubens Gomes de Souza (✝)

CADERNOS DE DIREITO TRIBUTÁRIO

SUMÁRIO

CADERNOS DE DIREITO TRIBUTÁRIO

O PRINCÍPIO DA TRANSPARÊNCIA FISCAL
— Ricardo Lobo Torres 7

TASA, PRECIOS PÚBLICOS Y PRECIOS PRIVADOS (HACIA UN CONCEPTO CONSTITUCIONAL DE TRIBUTO)
— Juan Ramallo Massanet 19

EFEITOS DA COISA JULGADA E OS PRINCÍPIOS CONSTITUCIONAIS
— José Augusto Delgado 49

FISCALIDADE DO URBANISMO
— José Casalta Nabais 70

IL CREDITO PER LE IMPOSTE ESTERE ED IL DIRITTO COMUNITARIO: LA CORTE DI GIUSTIZIA NON CONVINCE
— Pasquale Pistone 87

REPETIÇÃO DO INDÉBITO TRIBUTÁRIO E COMPENSAÇÃO
— Wagner Balera 97

EL DERECHO TRIBUTARIO DEL SIGLO XXI: PROBLEMÁTICA DEL COMERCIO ELECTRÓNICO Y LOS PRINCIPIOS DEL DERECHO TRIBUTARIO INTERNACIONAL
— Alfredo Gildemeister Ruiz Huidobro 107

LOS PRINCIPIOS BÁSICOS DE LA FISCALIDAD INTERNACIONAL Y LOS CONVENIOS PARA EVITAR LA DOBLE IMPOSICION INTERNACIONAL: HISTORIA, TIPOS, FINES, ESTRUCTURA Y APLICACIÓN
— Fernando Serrano Antón 137

ARGUMENTAÇÃO JURÍDICA E A IMUNIDADE DO LIVRO ELETRÔNICO
— Humberto Ávila 163

REFORMA TRIBUTÁRIA INFRACONSTITUCIONAL
— Heron Arzua 184

ESTUDOS E COMENTÁRIOS

A INCIDÊNCIA DA NORMA JURÍDICA. O CERCO DA LINGUAGEM
— Gabriel Ivo 187

LA PRESTACIÓN DE SERVICIOS EN EL EXTERIOR: UN CASO DE "RENTIZACIÓN" DEL IMPUESTO GENERAL A LAS VENTAS
— Jorge Bravo Cucci 198

A IMPOSSIBILIDADE DE LIMITAÇÃO DE 30% PARA COMPENSAÇÃO DE PREJUÍZOS FISCAIS NA APURAÇÃO DAS BASES DE CÁLCULO DO IRPJ E DA CSLL
— Mary Elbe Queiroz 205

ASPECTOS DA INCIDÊNCIA DO IPVA SOBRE A PROPRIEDADE DE AERONAVES
— Marcelo Knoepfelmacher 215

DO FATO JURÍDICO TRIBUTÁRIO
— Alessandra Gondim Pinho 231

A LEGALIDADE TRIBUTÁRIA HOJE
— Helcônio Almeida 247

PODER, SOCIEDADE E ESTADO SOB A ÓTICA NORMATIVISTA
— Raimundo Luiz de Andrade 251

"LANÇAMENTO POR HOMOLOGAÇÃO": DEZ ANOS PARA O FISCO LANÇAR?
— Walter Gazzano dos Santos Filho 264

ACORDOS INTERNACIONAIS E PREÇO DE TRANSFERÊNCIA
— Elen Orsini 279

ENTIDADES EDUCACIONAIS E A IMUNIDADE RELATIVA ÀS CONTRIBUIÇÕES PARA A SEGURIDADE SOCIAL
— Zélia Luíza Pierdoná 290

CADERNOS DE DIREITO TRIBUTÁRIO

O PRINCÍPIO DA TRANSPARÊNCIA FISCAL*

RICARDO LOBO TORRES
Professor Titular de Direito Financeiro na UERJ

I – Introdução: 1. A transparência fiscal – 2. Ética e Direito – 3. Estado Subsidiário – 4. Sociedade de Risco – 5. A globalização – 6. Organismos supranacionais. II – A transparência na atividade financeira: 7. O orçamento – 8. A responsabilidade fiscal – 9. O Código de Defesa do Contribuinte – 10. A comunicação social – 11. O combate à corrupção. III – O princípio da transparência e os riscos fiscais provocados pelo contribuinte: 12. As normas antielisivas – 13. As normas anti-sigilo bancário – 14. A corrupção ativa do contribuinte. IV – Conclusão.

I – Introdução

1. A transparência fiscal

A transparência fiscal é um princípio constitucional implícito. Sinaliza no sentido de que a atividade financeira deve se desenvolver segundo os ditames da clareza, abertura e simplicidade. Dirige-se assim ao Estado como à Sociedade, tanto aos organismos financeiros supranacionais quanto às entidades não-governamentais. Baliza e modula a problemática da elaboração do orçamento e da sua gestão responsável, da criação de normas antielisivas, da abertura do sigilo bancário e do combate à corrupção.

Analisaremos a seguir o quadro político e econômico no qual surge o princípio ético-jurídico da transparência fiscal, especificamente as questões do Estado Subsidiário, da Sociedade de Risco e da globalização. Nas seções ulteriores examinaremos problemas pontuais ligados ao orçamento, à Lei de Responsabilidade Fiscal, ao Código de Defesa do Contribuinte, às normas antielisivas, às regras anti-sigilo e ao controle da corrupção.

2. Ética e Direito

A reaproximação entre Ética e Direito, no plano do imperativo categórico, faz

* Conferência pronunciada em 27.10.2000 no XIV Congresso Brasileiro de Direito Tributário, promovido pelo IDEPE/IBET.

com que os princípios jurídicos correspondam sempre a princípios morais,[1] que, sendo pré-constitucionais, legitimam o próprio ordenamento jurídico. Na moderna democracia deliberativa o Direito não se justifica a si próprio, senão que vai buscar fora de si, nos princípios morais, a sua razão de ser.[2]

A transparência, como princípio formal, que permeia os princípios possuidores de conteúdo, sejam os vinculados à justiça, sejam os ligados à segurança jurídica, exerce também papel legitimador. Orienta a positivação das normas jurídicas segundo as idéias de clareza, abertura e simplicidade.

O princípio da transparência fiscal, embora não proclamado explicitamente na Constituição, impregna todos os outros princípios constitucionais e se irradia inclusive para o campo da elaboração das normas infraconstitucionais.

3. Estado Subsidiário

O Estado Democrático e Social de Direito vai-se afirmando, cada vez mais, como Estado Subsidiário. No Brasil essa característica fica muito clara a partir das reformas constitucionais da década de 90.

O Estado Subsidiário reflete um novo relacionamento entre Estado e Sociedade, no qual a Sociedade tem a primazia na solução dos seus problemas, só devendo recorrer ao Estado de forma subsidiária.[3] Observou Klaus Tipke que o Estado não possui dinheiro originariamente (*Der Staat selbst hat kein Geld*) e que sua missão se reduz a tirar parcimoniosamente recursos da camada mais rica da população para repassá-los à mais pobre, observando os postulados da justiça.[4] O Estado Subsidiário vem substituir historicamente o Estado de Bem-estar Social, no qual havia a predominância do Estado sobre a Sociedade ou até uma certa simbiose entre ambos. Remotamente se estrema do Estado Liberal Clássico ou do Estado Guarda-Noturno, que privilegiava a liberdade individual e no qual o indivíduo tinha a preeminência diante do organismo estatal.

O dever de transparência incumbe ao Estado e à Sociedade.

A sociedade deve agir de tal forma transparente que no seu relacionamento com o Estado desapareça a opacidade dos segredos e da conduta abusiva fundada na prevalência da forma sobre o conteúdo dos negócios jurídicos.

O Estado, por seu turno, deve revestir a sua atividade financeira da maior clareza e abertura, tanto na legislação instituidora de impostos, taxas, contribuições e empréstimos como na feitura do orçamento e no controle da sua execução.

4. Sociedade de Risco

O Estado Subsidiário é o Estado da Sociedade de Risco, assim como o Estado

1. Cf. Ricardo Lobo Torres, "Liberdade, segurança e justiça no direito tributário", in *Anais do I Congresso Internacional de Direito Tributário – IBET*, Vitória, Consultime/Max Limonad, 1998, p. 683.

2. Cf. Carlos Santiago Nino, *A Constituição da Democracia Deliberativa*, Barcelona, Gedisa, 1998, p. 82.

3. Diogo de Figueiredo Moreira Neto, *O Sistema Judiciário Brasileiro e a Reforma do Estado*, São Paulo, Celso Bastos Editor, 1999, p. 44: "Esses dois momentos, o da *fundação* e o do *ressurgimento* do Estado Liberal, têm seus carismas próprios: a fundação se caracterizou pelo primado das manifestações de liberdade do *indivíduo* e pelo emprego direto da fonte de Direito estatal para lograr-se a proteção de certos interesses caracterizados como públicos, o que explicava a ênfase na construção do *Estado de Direito*, enquanto que o ressurgimento do *Estado Liberal* se caracteriza pelo primado das manifestações de liberdade da *sociedade* e pela acolhida das fontes alternativas de Direito por elas geradas para a proteção de novas configurações de interesses, o que justifica a ênfase na construção do *Estado Democrático*".

4. "Über richtiges Steuerrechts", *Steuer und Wirtschaft* 65(3)/281, 1988: "O Estado é o intermediário entre o cidadão contribuinte (*gebenden Bürger*) e o cidadão beneficiário (*nehmenden Bürger*). Se o cidadão pudesse exigir diretamente do seu concidadão as prestações sociais e as subvenções, talvez se lhe tornasse evidente que não se deve exigir mais de estranhos (contribuintes) do que de seus parentes próximos – antes pelo contrário".

de Bem-estar Social, na expressão de Ernst Forsthoff,[5] foi o Estado da Sociedade Industrial, que entrou em crise pela voracidade na extração de recursos financeiros da Sociedade para financiar as políticas desenvolvimentistas e o pleno emprego. Não se cuida de um Estado Pós-Moderno, que passe a se conduzir pelos mecanismos da deslegalização, da desregulamentação ou da autoregulação,[6] mas de um Estado Pós-Positivista, ainda no âmbito da modernidade, que procura pautar as suas ações com base no princípio da transparência, para superar os *riscos sociais*.

A Sociedade de Riscos caracteriza-se por algumas notas relevantes: a ambivalência, a insegurança e o redesenho do relacionamento entre as atribuições das instituições do Estado e da própria Sociedade.

A *ambivalência* aparece diante da impossibilidade de que da execução de políticas públicas surja sempre o consenso por parte dos cidadãos. Há uma distribuição não só de benefícios, como se pretendia ao tempo do Estado de Bem-estar Social, mas também de malefícios, como se dá, por exemplo, na construção de vias expressas ou de instalações nucleares. O sociólogo Ulrich Beck disserta: "Administrações de todos os níveis vêem-se em confronto com o fato de que o que planejam ser um benefício para todos é percebido como uma praga por alguns e sofre a sua oposição. Por isso tanto eles quanto os especialistas em instalações industriais e os institutos de pesquisa perderam sua orientação. Estão convencidos de que elaboraram esses planos 'racionalmente', com o máximo do seu conhecimento e de suas habilidades, considerando o 'bem público'. Nisso, no entanto, eles descuram a ambivalência envolvida. Lutam contra a ambivalência com os velhos meios da não-ambigüidade".[7]

Da *ambivalência* e do caráter paradoxal da Sociedade de Risco decorre a modificação do próprio conceito de *segurança*. A idéia de *segurança jurídica*, prevalecente no Estado Liberal Clássico, que tinha por objetivo a proteção dos direitos individuais do cidadão, começa a ser contrabalançada no Estado de Bem-estar Social com a de *segurança social* (*rectius*: seguridade social) e culmina, no Estado Subsidiário, com a de seguro social.[8] Os riscos e a insegurança da Sociedade hodierna não podem ser eliminados, mas devem ser aliviados por mecanismos de segurança social, econômica e ambiental. A solidariedade social e a solidariedade do grupo passam a fundamentar as exceções necessárias ao financiamento das garantias da segurança social.[9] Habermas chega a falar em uma nova dimensão estatal, a do Estado de Segurança (*Sicherheitsstaat*), fundado no princípio da solidariedade.[10]

5. *El Estado de la Sociedad Industrial*, Madri, Instituto de Estudos Políticos, 1975.

6. Cf. Norbert Reich, "Intervenção do Estado na economia. Reflexões sobre a pós-modernidade na teoria jurídica", *RDP* 94/280, 1990.

7. "A reinvenção da política: rumo a uma teoria da modernização teflexiva", in A. Giddens, U. Beck e S. Lash, *Modernização Reflexiva*, São Paulo, UNESP, 1997, p. 42. Cf. também Raffaele de Giorgi, *Direito, Democracia e Risco. Vínculos com o Futuro*, Porto Alegre, Sérgio Antônio Fabris Editor, 1998, p. 192: "(...) a estrutura da sociedade moderna é paradoxal e esta paradoxalidade pode ser assim indicada: na sociedade contemporânea reforçam-se simultaneamente segurança e insegurança, determinação e indeterminação, estabilidade e instabilidade. Ou pode-se mesmo dizer: nesta sociedade há, simultaneamente, mais igualdade e mais desigualdade, mais participação e menos participação; mais riqueza e, ao mesmo tempo, mais pobreza".

8. Cf. Josef Isensee, *Das Grundrecht auf Sicherheit. Zu den Schutzpflichten des freiheitlichen Verfassungsstaates*, Berlim, Walter de Gruyter, 1983, p. 22: "Também a segurança social (*soziale Sicherheit*) possui elementos do *status positivus*; entretanto se afasta da segurança física, da cidadania. Não se dirige à incolumidade dos direitos, mas à autoafirmação econômica na sociedade. Não se relaciona com as violações do direito (*Rechtsverletzungen*), mas com os riscos da vida (*Lebensrisiken*), que ameaçam a necessidade de proteção social contra a doença, acidentes, velhice e desemprego".

9. Cf. Ricardo Lobo Torres, "Solidariedade e justiça fiscal", in *Estudos em Homenagem à Memória de Gilberto de Ulhôa Canto*, Rio de Janeiro, Forense, 1998, pp. 299-306.

10. *Faktizität und Geltung. Beiträge zur Diskurstheorie des Rechtsund des demokratischen Rechtsstaat*, Frankfurt, Suhrkamp, 1992, p. 525.

Uma outra característica marcante da Sociedade de Risco é que nela as *instituições políticas* e as *instituições sociais* entram em novo relacionamento. O Ministério Público e o Judiciário passam a exercer papel mais ativo na defesa dos direitos difusos, em cooperação com as instituições sociais, afastando-se da missão neutra que desempenhavam na sociedade industrial.[11] A Sociedade de Riscos, com a pluralidade de interesses em jogo, é necessariamente uma Sociedade litigiosa.[12]

A *transparência* é o melhor princípio para a superação das ambivalências da Sociedade de Risco. Só quando se devenda o mecanismo do risco, pelo conhecimento de suas causas e de seus efeitos, é que se supera a insegurança. O exemplo encontradiço na temática dos riscos sociais é o do contraste entre o avião e o automóvel: o avião é meio mais seguro de transporte do que o automóvel, entretanto as pessoas têm mais receio daquele do que deste; a explicação está em que o motorista sente segurança na condução do seu automóvel, cujo funcionamento ele domina, o que não acontece com as aeronaves.[13]

O mesmo raciocínio vale para os *riscos fiscais*. Só a transparência na atividade financeira e na conduta do cidadão pode superá-los. O risco fiscal na atividade financeira surge do descontrole orçamentário, da gestão irresponsável de recursos públicos, da corrupção dos agentes do Estado etc.; a Lei de Responsabilidade Fiscal e o Código de Defesa do Contribuinte, este último em andamento no Congresso Nacional, têm o objetivo de prevenir os riscos fiscais na vertente do Estado. O risco fiscal pode decorrer também da conduta do contribuinte, pelo abuso da forma jurídica no planejamento dos seus negócios ou na organização de sua empresa, pela sonegação e pela corrupção no trato com os funcionários da Fazenda; as normas antielisivas e antisigilo, que foram introduzidas em diversos países na década de 90 e que começam a chegar ao Brasil, representam a tentativa do legislador no sentido de prevenir os riscos fiscais provocados pelo contribuinte.

5. *A globalização*

A globalização traz diversas conseqüências no plano da transparência fiscal, principalmente em decorrência da ambivalência que a cerca. A globalização produz a riqueza no plano universal e a pobreza no domínio local.[14] Fortalece a cidadania mundial, pela afirmação dos direitos fundamentais; mas cria a miséria e a pobreza para a maior parte da população, o que postula a abertura da cidadania local à dimensão reivindicatória dos direitos sociais, sujeitos à concessão legislativa e ao reconhecimento orçamentário.[15] Torna ameaçadores os riscos fiscais, assim pela insegurança dos

11. Cf. U. Beck, "A reinvenção da política:...", cit., in A. Giddens, U. Beck e S. Lash, *Modernização Reflexiva*, p. 29: "A ordem judicial não estimula mais a paz social, pois sanciona e legitima as desvantagens juntamente com as ameaças e assim por diante".

12. Cf. Diogo de Figueiredo Moreira Neto, *O Sistema Judiciário Brasileiro* ..., cit., p. 45: "(...) o ressurgimento do Estado Liberal se caracteriza pelo primado das manifestações de liberdade da sociedade e pela acolhida das fontes alternativas de Direito por ela geradas para a proteção das novas configurações de interesses, o que justifica a ênfase na construção do Estado Democrático. São eles, certamente, tanto a consciência das novas manifestações de liberdade quanto essas novas considerações de interesses, fatores ponderáveis que vêm atuando para inundar de demandas os sistemas judiciários onde tais mudanças vieram ou estão a ocorrer".

13. Cf. David Brin, *The Transparent Society. Will Technology Force Us to Choose between Privacy and Freedom?*, Massachusetts, Perseus Books, 1998, p. 155.

14. Ulrich Beck (*O que É Globalização? Equívocos do Globalismo: Respostas à Globalização*, São Paulo, Paz e Terra, 199, p. 106) denuncia "uma nova polarização e estratificação da população mundial em ricos globalizados e pobres localizados". Cf. Zygmunt Bauman, *Globalização: as Conseqüências Humanas*, Rio de Janeiro, Jorge Zahar Editor, 1999, p. 25.

15. Cf. Ricardo Lobo Torres, "A cidadania multidimensional na era dos direitos", in Ricardo Lobo Torres (org.), *Teoria dos Direitos Fundamentais*, Rio de Janeiro, Renovar, 1999, pp. 298 e ss.

capitais voláteis quanto pela diminuição da carga tributária das multinacionais. A *transparência fiscal*, como mecanismo de superação das contradições da globalização, entra simultaneamente no discurso das *entidades supranacionais* e das *organizações locais*.

6. Organismos supranacionais

Alguns organismos supranacionais aderem à luta pela transparência fiscal.

O Banco Mundial, acusado de conduta opaca na concessão de empréstimos aos países em desenvolvimento, principalmente em virtude dos efeitos negativos sobre o meio ambiente, começa a mudar a sua posição a partir dos anos 90, na procura de maior transparência. Por pressão de organizações não-governamentais internacionais o Banco Mundial adotou em 1994 a política de abertura das informações (*information disclosure policy*), ao fito de colocar no domínio público os documentos antes considerados confidenciais e de incentivar a participação pública e o debate sobre o processo de desenvolvimento.[16]

O Fundo Monetário Internacional aprovou, em 16.4.1998, o *Code of Good Pratices on Fiscal Transparency – Declaration of Principles*, que "representa o modelo de transparência fiscal que é julgada apropriada para assegurar ao público e ao mercado que o desenho claro da estrutura e das finanças do governo é eficaz e que a saída da política fiscal pode ser estabelecida de forma confiável".[17] O *Code of Good Pratices* contém quatro grandes princípios, com inúmeras subdivisões:

"1. Clareza de competência e responsabilidades

"1.1 O setor governamental deve se distinguir claramente do resto da economia, e a competência política e administrativa dentro do governo deve ser bem definida.

"1.2 Haverá o claro enquadramento legal e administrativo para a atividade fiscal.

"2. Disponibilidade pública da informação

"2.1 O público deverá ser plenamente informado da atividade fiscal do governo passada, presente e projetada.

"2.2 Os atos públicos devem ser realizados.

"3. Preparação, execução e relatório do orçamento aberto

"3.1 A documentação do orçamento deve especificar os objetivos de política fiscal, o enquadramento macroeconômico, a base política para o orçamento e os riscos fiscais mais importantes.

"3.2 Os dados do orçamento devem ser classificados e apresentados de forma a facilitar a análise política e a promover a responsabilidade (*accountability*).

"3.3 Os procedimentos para execução e monitoramento das despesas aprovadas devem ser especificados claramente.

"3.4 O relatório fiscal deve ser periódico, compreensivo e confiável, e deve identificar os desvios do orçamento.

"4. A integridade da informação fiscal deve ser sujeita a auditoria pública e independente."

A OCDE, da qual não participa o Brasil, também vem exercendo profícua atividade na defesa da transparência fiscal. Elaborou o modelo de Convenção, estampando no art. 9º o princípio *arm's length*, que teve por objetivo evitar a elisão fiscal nos preços de transparência. Divulgou e coordenou publicações sobre as leis de responsabilidade fiscal adotadas por diversos países, inclusive a Nova Zelândia e a Austrália. Vem-se destacando no combate à corrupção, como se pode ver pela "Convenção para o Combate ao Suborno dos Funcionários Públicos Estrangeiros nas Transações Comerciais Internacionais".[18]

16. Cf. Jonathan A. Fox, e L. David Brown, *The Struggle for Accountability. The World Bank, NGOS, and Grassroots Movements*, Cambridge, The Mit Press, 1998, p. 275.

17. *www.imf.org/external.*

18. *Convention on Combating Bribery of Foreign Public Officiales in International Business Trausaction*, assinada em 17.12.1997.

II – A transparência na atividade financeira

Os riscos fiscais inerentes à atividade financeira do Estado devem ser evitados pela adesão ao princípio da transparência, que inspira a elaboração do orçamento, a gestão orçamentária responsável, a declaração de direitos do contribuinte e o combate à corrupção.

7. O orçamento

O princípio da transparência recomenda que o orçamento organize as entradas e as despesas com clareza e fidelidade. Condena as classificações tortuosas e distanciadas da técnica e os incentivos encobertos ou camuflados.[19]

A Constituição Federal de 1988 deu grande destaque ao princípio da clareza ou da transparência. Determina, no art. 165, § 6º, que o projeto de lei orçamentária será acompanhado de demonstrativo regionalizado do efeito, sobre as receitas e despesas, decorrente de isenções, anistias, remissões, subsídios e benefícios de natureza financeira, tributária e creditícia, medida que se complementa com o controle interno e externo da aplicação das subvenções e renúncias de receita (art. 70).

Esse princípio da transparência é importantíssimo para o equilíbrio orçamentário e abrange qualquer privilégio, ainda que sob a forma de renúncia de receita, de subvenção ou de restituição-incentivo. Modernizou-se, assim, a Constituição Brasileira, não permitindo mais que pairem dúvidas, como acontecia aqui e no estrangeiro,[20] sobre a necessidade da inclusão no orçamento fiscal de subsídios, subvenções e outros benefícios relativos aos impostos ou embutidos nos juros, alguns dos quais antes se incluíam no orçamento monetário. Ainda mais que cresceu a desconfiança sobre a virtude de tais incentivos para o desenvolvimento econômico e o bem-estar do povo, não sendo raro que se transformem em uma *perverse fiscal policy*.[21] Estão sob a suspeita de ilegitimidade.

8. A responsabilidade fiscal

O princípio da transparência aparece também amalgamado ao da responsabilidade fiscal (*accountability*),[22] constituindo, mesmo, um subprincípio deste.

O princípio da responsabilidade, de longa tradição no direito orçamentário anglo-americano, adquire extraordinária relevância nos últimos anos na legislação da Nova Zelândia e de outros países da OCDE. Começa a ingressar no Brasil por intermédio da Lei de Responsabilidade Fiscal (Lei Complementar 101, de 4.5.2000).

O princípio da responsabilidade, ou, mais especificamente, a responsabilidade fiscal, corresponde ao conceito de *accountability*, de dificílima tradução para o Português. Aproxima-se do sentido de uma responsabilidade pela eficiente gerência de recursos públicos.

Ruth Richardson, ex-Ministra das Finanças da Nova Zelândia (1990-1993), oferece a seguinte explicação de *accoutability*: "O conceito de *accountability* precisa ser

19. Cf. Fritz Neumark, "Theorie und Praxis der Budgetgestaltung", in Gerloff e Neumark, *Handbuch der Finanzwissenschaft*, Tübingen, J. C. B. Mohr, 1952, pp. 554-605.

20. Cf.: Antonio Jimenez-Blanco Carrillo de Albernoz, "La función legislativa y la reserva de administración: Notas sobre um nuevo concepto", in *Las Cortes Generales*, v. 2, Madri, Instituto de Estudios Fiscales, 1987, p. 1.450; Helmut Karehnke, "Subventionen und ihre Kontrolle. Möglichkeiten und Grenzen", *DÖV* 1975, p. 633; Christian Starck, *El Concepto de Ley en la Constitución Alemana*, Madri, Centro de Estudios Constitucionales, 1979, p. 398; Gerhard Joos, "Subventionsrecht", in Franz Klein (editor), *Lehrbuch des öffentlichen Finanzrechts*, Darmstadt, Luchterhand, 1987, p. 311; Christoph Bellstedt, "Bedürfen Subventionen Gesetzlichen Grundlage?", *DÖV* 1961, p. 161.

21. Cf.: Lucien Mehl, *Elementos de Ciência Fiscal*, Barcelona, Bosch, 1964, p. 298; Joachim Lang, "Gemeinnützigkeitsabhängige Steuervegünstigungen", *Steuer und Wirtschaft* 1987, p. 223.

22. Cf. D. Brin, *The Transparent Society. ...*, cit., p. 156.

tão fundamental para o setor público quanto o é para o setor privado. Para ter sentido, a *accountability* precisa envolver níveis específicos de desempenho, liberdade administrativa para buscar os resultados e sanções por falhas. Portanto, uma relação efetiva de *accountability* exige: especificação antecipada dos níveis de desempenho; autoridade para determinar como os recursos serão empregados para produzir os resultados desejados; um processo de avaliação para saber se os resultados foram obtidos".[23]

O princípio da responsabilidade, portanto, está presente nos vários momentos da vida orçamentária do país, desde a elaboração da lei de meios até a gestão dos recursos orçamentários e o controle de contas.[24]

O princípio da responsabilidade encontra-se em permanente tensão com o do *desenvolvimento econômico*. A sua exacerbação nos últimos anos, principalmente no modelo da Nova Zelândia, tem sido vista pelos desenvolvimentistas como vitória da política neoliberal recessiva.[25]

O princípio da responsabilidade fiscal no modelo da Nova Zelândia desdobra-se em alguns subprincípios: prudência e transparência.[26]

O *princípio da prudência*, de longa tradição no mundo anglo-saxônio mas sem nenhum trânsito na cultura jurídica latina, foi proclamado em diversas passagens do *Fiscal Responsability Act* da Nova Zelândia, no art. 4,2: a) redução total dos débitos da Coroa "a níveis prudentes" (*to prudent levels*); b) manutenção do débito no nível prudente (*prudent level*) assim alcançado; c) gerenciar prudentemente os riscos fiscais que ameaçam o Estado (*managing prudently the fiscal risks facing the Crown*). O Projeto de Lei Complementar 19, de 1999, incorporou acriticamente os dispositivos neozelandeses, sem as necessárias adaptações no vernáculo (art. 6º): "II – a limitação da dívida a nível prudente"; "VI – a limitação de gastos continuados a nível prudente"; "IX – a administração prudente de riscos fiscais, assim entendidos os passivos contingentes e os efeitos de eventos imprevistos que possam afetar as contas públicas". O substitutivo do deputado Pedro Novais, de 15.12.1999, extirpou do projeto que se transformou na Lei de Responsabilidade Fiscal todos esses subprincípios e anglicismos.

O princípio da *transparência* ou *abertura* aparece no *Fiscal Responsability Act* da Nova Zelândia como *disclosure* (art. 11). Transmigrou para a Lei de Responsabilidade Fiscal (art. 48): são instrumentos de transparência da gestão fiscal, aos quais será dada ampla divulgação, inclusive em meios eletrônicos de acesso público: os planos, orçamentos e leis de diretrizes orçamentárias; as prestações de contas e o respectivo parecer prévio; o Relatório Resumido da Execução Orçamentária e o Relatório de Gestão Fiscal; e as versões simplificadas desses documentos. A Lei de Responsabilidade Fiscal prevê ainda, no art. 48, parágrafo único, que a transparência será assegurada também mediante incentivo à par-

23. "As reformas no setor público da Nova Zelândia", in Luiz Carlos Bresser Pereira e Peter Spink (coords.), *Reforma do Estado e Administração Pública Gerencial*, Rio de Janeiro, Fundação Getúlio Vargas, 1998, p. 218. Cf. também Irene Rubin, *The Politics of Public Budgeting. Getting and Spending, Borrowing and Balancing*, Chatham, Chatham House Publishers, 1997, p. 16: "*Accountability* significa assegurar que cada centavo do dinheiro público é gasto como previsto e informar claramente ao público como o dinheiro foi gasto".

24. Cf.: João Henrique Pederiva, "*Accountability*, Constituição e Contabilidade", *Revista de Informação Legislativa* 140/18, 1998; Joy Marie Moncrieffe, "Reconceptualizing political accountability", *International Political Science Review* 19(4)/389, 1998.

25. Cf.: J. M. Moncrieffe, "Reconceptualizing ...", cit., *International Political Science Review* 19(4)/394; John Gray, *O Falso Amanhecer. Os Equívocos do Capitalismo Global*, Rio de Janeiro, Record, 1999, p. 60: "Na Nova Zelândia, assim como no Reino Unido, o súbito crescimento da *underclass* é um exemplo nítido da fabricação de pobreza pelo Estado Neoliberal".

26. Cf. Ruth Richardson, "As reformas ...", cit., in Luiz Carlos Bresser Pereira e Peter Spink (coords.), *Reforma do Estado ...*, p. 222.

ticipação popular e realização de audiências públicas.

O princípio da transparência imanta ainda a gestão orçamentária responsável. A Lei de Responsabilidade Fiscal prevê, no art. 1º, § 1º: "A responsabilidade na gestão fiscal pressupõe a ação planejada e transparente, em que se previnem riscos e corrigem desvios capazes de afetar o equilíbrio das contas públicas, mediante o compromisso de metas e resultados entre receitas e despesas e a obediência a limites e condições no que tange a renúncia de receita, geração de despesas com pessoal, da seguridade social e outras, dívidas consolidada e mobiliária, operações de crédito, inclusive por antecipação de receita, concessão de garantia e inscrição em restos a pagar".

9. O Código de Defesa do Contribuinte

A aprovação de uma lei geral que contenha a "Declaração de Direitos do Contribuinte" ou o "Código de Defesa do Contribuinte" encontra a sua justificativa na necessidade de transparência nas relações entre o Fisco e o contribuinte, coibindo os abusos cometidos pela Fazenda Pública contra os direitos constitucionalmente assegurados ao sujeitos passivo da obrigação tributária. Começa a aparecer em diversos países, como contraponto às medidas que visam a estabelecer a transparência na conduta do contribuinte, como sejam as normas antielisivas e anti-sigilo bancário. Só a garantia do processo fiscal administrativo transparente pode justificar a exigência de transparência na conduta do contribuinte.

A legislação ordinária brasileira recente passa a se preocupar em proteger o contribuinte, ao mesmo tempo em que procura combater a fraude e a evasão. O princípio da moralidade administrativa, incluído na Constituição, serve de fonte de inspiração para diversas medidas de proteção da confiança do contribuinte. A Lei 9.430, de 27.12.1996, por exemplo, autorizou o Executivo a disciplinar a abstenção de lançamento, a declaração de extinção do crédito e a desistência das ações nos casos de pacificação da jurisprudência dos tribunais superiores contrária à Fazenda (art. 77), bem como coibiu a desigualdade de respostas nas consultas fiscais (art. 48, § § 5º, 6º e 9º). A Lei 9.532, de 10.12.1997, também trouxe inúmeros dispositivos de natureza processual que fortaleceram a defesa do sujeito passivo da obrigação tributária. Mas não se chegou ainda à elaboração de um documento legislativo único que possa consubstanciar todo o *status* jurídico do contribuinte, o que está em vias de acontecer com o Projeto de Lei Complementar 646, do senador Bornhausen, em andamento no Congresso Nacional.

Nos Estados Unidos foi sancionada pelo Presidente Clinton, em 30.7.1996, a "Declaração de Direitos do Contribuinte-II" (*Taxpayer Bill of Rights-II*), com o objetivo de emendar o Código das Rendas Internas (*Internal Revenue Code of 1986*) e aumentar a proteção do contribuinte. Diversas medidas importantes foram adotadas. Criou-se a figura do Advogado do Contribuinte (*Taxpayer Advocate*), que, substituindo o *"Ombudsman" do Contribuinte* (*Taypayer Ombudsman*), ganhou nível mais elevado de independência, autoridade e responsabilidade. Compete-lhe: "I – assistir aos contribuintes resolvendo-lhes os problemas com o Serviço da Renda Interna; II – identificar as áreas nas quais os contribuintes têm problemas ao procurarem o Serviço da Renda Interna; III – na medida do possível, propor mudanças nas práticas administrativas do Serviço da Renda Interna para mitigar problemas identificados de acordo com o item III; IV – identificar mudanças legislativas que podem ser adotadas para mitigar tais problemas" (Seção 7.802). O *Taxpayer Advocate*, que possui um escritório no Serviço de Renda Interna, deve dirigir ao Congresso duas mensagens (*reports*) anuais, uma para a análise dos objetivos do ano seguinte e outra para a das atividades do ano pretérito; esta última deve conter: a identificação das iniciativas para melhorar os serviços prestados aos contribuintes; o sumário de pelo menos 20 dos mais sérios problemas encontrados pelos contribuintes; as recomendações para que a ação administrativa e legislativa possa ser mais apropriada para a solução das dificuldades opostas ao contribuinte.[27] A Declaração de Direitos do Contribuinte-II, extensa e casuística, contém dispositivos referentes a diversas garantias, como a da irretroatividade das normas fiscais (Seção 1.101), a das compensações pelas cobranças indevidas de impostos (Seção 801), a da denúncia da conduta irregular dos empregados do Serviço de Renda Interna (Seção 1.211) etc.

Na Espanha aprovou-se a *Ley de Derechos y Garantías de los Contribuyentes – LDGC* (n. 1º/1998, de 26 de fevereiro), que "regula los derechos y garantías básicas de los contribuyentes en sus relaciones con las Administraciones Tributarias". Na Exposição de Motivos que acompanhou a *Ley* 1/1998 ficou esclarecido, com vista à preservação da idéia de cidadania fiscal como complexo de direitos e deveres, que "la presente Ley, que recoge en un solo cuerpo normativo los principales derechos y garantías de los contribuyentes, no hace referencia alguna, sin embargo, a las obligaciones tributarias, ya que éstas aparecen debidamente establecidas en lo correspondientes textos legales y reglamentarios". A LDGC contém extenso catálogo dos direitos gerais dos contribuintes.

Na Itália o Senado aprovou, em 22.4. 1998, o projeto de lei do Governo em matéria de estatuto do contribuinte, que, entre outros, estampou o princípio da clareza e transparência dos dispositivos tributários, a proibição de retroatividade, a vedação de instituição de novos tributos por decreto-lei, a simplificação dos atos da Administração Financeira e a proteção da boa-fé.

10. A comunicação social

O aumento da divulgação de notícias sobre a arrecadação, os gastos públicos e o conteúdo da legislação tributária também contribui para a transparência fiscal.

Consta do *Code of Good Pratices* do FMI, acima citado, que "o público deverá ser plenamente informado da atividade fiscal do governo passada, presente e futura".

Na França o tema vem sendo exaustivamente debatida, como se vê nas questões ligadas à comunicação financeira das comunidades locais.[28]

A Constituição Brasileira preocupou-se com a transparência na comunicação social e lhe dedicou alguns dispositivos: o art. 31, § 3º, prevê que "as contas dos Municípios ficarão, durante 60 dias, anualmente, à disposição de qualquer contribuinte, para exame e apreciação, o qual poderá questionar-lhes a legitimidade, nos termos da lei"; o art. 150, § 5º, diz que "a lei determinará medidas para que os consumidores sejam esclarecidos acerca dos impostos que incidam sobre mercadorias e serviços".

11. O combate à corrupção

O combate à corrupção dos agentes do Fisco insere-se no quadro das medidas tendentes a assegurar a transparência.

No Brasil o problema é particularmente grave, tendo em vista que não conseguimos, nem mesmo com as reformas constitucionais da década de 90, proceder ao desmonte do Estado Patrimonial. E, como se sabe, o patrimonialismo gera uma ética própria, preocupada com a salvação da alma e com a felicidade garantida pelo Estado, inteiramente divorciada das questões da fisca-

27. *No Annual Report to Congress* relativo ao ano fiscal de 1997, por exemplo, o *Taxpayer Advocate* afirmou: "Basicamente, o resultado a registrar é que se falou muito sobre a necessidade de se simplificar o sistema, mas com pouca ação nesse sentido. Enquanto a discussão prossegue, nosso sistema tributário continua a crescer em complexidade" (*Department of Treasury. Internal Revenue Service*, publ. 2.104 (Ver. 1-98). Cat. N. 236.551).

28. Cf. Jean-Pierre Duprat, "Transparence et démocratie", *Revue Française de Finances Publiques* 71/31-46, 2000.

lidade e do orçamento. Segundo o índice divulgado pela Transparência Internacional (TI), organização não-governamental, o Brasil caiu do 45º para o 49º lugar no *ranking* mundial da corrupção.[29] O escândalo dos "anões do orçamento" no ano de 1993 deixou marcas sensíveis na prática legislativa brasileira.[30] Algumas medidas de combate à corrupção começam a ser adotadas, como acontece com as normas sobre a ética na Administração.

Claro que o problema não é exclusivamente brasileiro, nem a corrupção aparece apenas como "mal latino".[31] A Alemanha de hoje, que tanto nos influencia, está às voltas com a "intransparência" do orçamento e com as transferências substanciais de recursos públicos para os políticos;[32] o Tribunal de Contas Alemão tem sido instado a tomar atitudes mais eficientes no combate à corrupção.[33]

Há hoje, até mesmo por influência da globalização, a tendência de levar ao plano supranacional o combate à corrupção. As próprias quantias pagas pelas empresas multinacionais nas concorrências e vendas internacionais causam desequilíbrio aos países que as sediam, pela impossibilidade de se deduzir do imposto de renda a importância correspondente ao suborno.[34] Algumas declarações proferidas em importantes reuniões internacionais vêm denunciado a corrupção: no *Comunicado de Brasília*, assinado no dia 1º de setembro na Reunião de Presidentes da América Latina, os Chefes de Estado coincidiram em que a democracia deve ser reforçada com "a transparência das instituição públicas e dos processos de definição de políticas públicas" e com o "combate à corrupção, por meio de medidas legais, administrativas e políticas".[35]

III – O princípio da transparência e os riscos fiscais provocados pelo contribuinte

Os riscos das finanças públicas podem ser provocados também pela conduta opaca e camuflada dos contribuintes. O princípio da transparência aponta, para evitar esses riscos, no sentido do combate à elisão fiscal abusiva, ao sigilo bancário encobridor de sonegação de tributos e à corrupção ativa.

12. As normas antielisivas

Houve época no Brasil, especialmente no período do autoritarismo contemporâneo à adoção do Código Tributário Nacional, em que se proclamava que a elisão fiscal, pelo fato de utilizar instrumentos legais, era sempre lícita, calcada que estava no princípio da autonomia da vontade. O livro de Sampaio Dória foi paradigmático.[36] A posição doutrinária influenciou o STF.

Hoje a doutrina começa a ver o fenômeno da elisão por outro prisma.[37] O contribuinte tem o direito de planejar os seus negócios e organizar a sua empresa da forma que melhor lhe aprouver e que lhe provoque os menores ônus fiscais. Não pode, entretanto, abusar do formalismo jurídico e criar figuras negociais com o único objetivo de pagar menos imposto. Se assim pro-

29. *O Globo* de 14.9.2000.

30. Luiz Alfredo Salomão, *Democracia x Corrupção. Segredos e Lições da CPI do Orçamento*, São Paulo, Paz e Terra, 1994, p. 33.

31. Cf. Mariano Grondona, *La Corrupción*, Buenos Aires, Planeta, 1993, p. 211.

32. Cf. H. H. von Arnim, *Der Staat als Beute. Wie Politiker in eigener Sche Gesetze machen*, Berlim, Knaw, 1993, p. 295.

33. Cf. Ina-Marie Blomeyer, "Eignung der Rechnungshöfe von Bund und Ländern zur Unterstützung der Strafverflegsbehörden bei der Korruptionsbekämpfung", *www.transparency.org/documents*.

34. Cf. Michael H. Wiehen, "Convention on Combating Bribery of Foreign Public Officials in International Business Transactions (OECD). Evaluation of implementation by Germany", *www.transparency.org/documents*.

35. *www.mre.gov.br/cimeira*.

36. *Elisão e Evasão Fiscal*, São Paulo, José Bushatsky Editor, 1977.

37. Cf. Ricardo Lobo Torres, *Normas de Interpretação e Integração do Direito Tributário*, Rio de Janeiro, Renovar, 2000, pp. 145 e ss.

ceder a Fazenda fica autorizada a requalificar o ato e a exigir o imposto devido. Sucede que ainda não existe entre nós uma norma geral antielisiva que, sendo contra-analógica, possa agasalhar a exigência do tributo elidido. O Direito Brasileiro vem incorporando algumas normas antielisivas para casos específicos, como as do preço de transferência (Lei 9.430, de 27.12.1996) e do imposto de renda (Lei 7.450, de 1985, art. 51). Perdemos a oportunidade de estabelecer a cláusula geral antielisiva na proposta da Secretaria da Receita Federal de reforma do Código Tributário Nacional; a sugestão da Fazenda vinha vazada em termos pouco técnicos e de grande imprecisão, confundindo elisão com simulação, o que poderia trazer, se aprovado, mais prejuízos do que vantagens.

No Direito Estrangeiro, nas últimas décadas, foram criadas ou reformuladas, com fundamento no princípio de transparência, inúmeras normas antielisivas, com os aplausos da doutrina.[38] O Código Tributário da Alemanha (AO77) combate o abuso da forma jurídica (art. 42). O Código Tributário da Espanha teve reformulado o art. 24, para proibir a fraude à lei.

13. As normas anti-sigilo bancário

A transparência fiscal é proporcionada também pelas normas anti-sigilo bancário, que vêm proliferando no Direito Estrangeiro e que ainda encontram dificuldade de aclimatação entre nós.

Com efeito, no Brasil a doutrina e a jurisprudência vêm fechando a possibilidade de desvendamento do segredo bancário pela própria autoridade fiscalizadora. Qualquer necessidade de conhecimento das transações bancárias do contribuinte só pode ser suprida pelo juiz, conforme fixou o STJ ao interpretar restritivamente o art. 38, § 5º, da Lei 4.595, de 1964.[39] A doutrina muita vez radica o sigilo bancário no art. 5º, XII, da CF, que declara ser inviolável o sigilo de dados; a interpretação não se sustenta, pelo fato de a Constituição Federal naquele inciso apenas autorizar o levantamento do sigilo no caso das comunicações telefônicas, o que inviabilizaria toda a disciplina infraconstitucional do sigilo bancário.[40] O STF vincula o segredo bancário ao *direito à intimidade* proclamado no art. 5º, X, da CF, mas reconhece que não é direito absoluto, podendo ser excepcionado pela lei.[41] Já existe projeto de lei complementar tramitando pelo Congresso para autorizar a abertura do sigilo em assuntos fiscais.[42] Também circula pelo Congresso a Proposta

38. Cf. Graeme S. Cooper (editor), *Tax Avoidance and the Rule of Law*, Amsterdã, IBFD, 1977.

39. 1ª T., REsp 37.566-5-RS, rel. Min. Demócrito Reinaldo, j. 2.2.1994, *DJU* 28.3.1994 (*RDA* 197/174): "Tributário – Sigilo bancário – Quebra com base em procedimento administrativo-fiscal – Impossibilidade. O sigilo bancário do contribuinte não pode ser quebrado com base em procedimento administrativo-fiscal, por implicar indevida intromissão na privacidade do cidadão, garantia esta expressamente amparada pela Constituição Federal (art. 5º, inciso X). Por isso, cumpre às instituições financeiras manter sigilo acerca de qualquer informação ou documentação pertinente à movimentação ativa e passiva do correntista/contribuinte, bem como dos serviços bancários a ele prestados. Observadas tais vedações, cabe-lhes atender às demais solicitações de informações encaminhadas pelo Fisco, desde que decorrentes de procedimento fiscal regularmente instaurado e subscritas por autoridade administrativa competente. Apenas o Poder Judiciário, por um de seus órgãos, pode eximir as instituições financeiras do dever de segredo em relação às matérias arroladas em lei. Interpretação integrada e sistemática dos arts. 38, § 5º, da Lei n. 4.595/64 e 197, inciso II e § 1º, do CTN. Recurso improvido, sem discrepância".

40. Cf., por todos: Ives Gandra da Silva Martins, "Direitos fundamentais do contribuinte", in Ives Gandra da Silva Martins (coord.), *Direitos Fundamentais do Contribuinte*, Pesquisas Tributárias Nova Série, n. 6, São Paulo, CEU/Ed. RT, 2000, p. 65.

41. 2ª T., RE 219.780, rel. Min. Carlos Velloso, j. 13.4.1999, *DJU* 10.9.1999.

42. Diz o Projeto de Lei 220, de 1998, no seu art. 6º: "As autoridades e os agentes fiscais tributários da União, dos Estados, do Distrito Federal e dos Municípios somente poderão examinar documentos, livros e registros de instituições financeiras, inclusive os referentes a contas de depósitos e aplicações financeiras, quando houver processo administrativo instaurado ou procedimento fiscal em curso e tais exames sejam considerados indispensáveis pela autoridade administrativa competente".

de Emenda à Constituição (PEC) 175, de 1995, que prevê a abertura do sigilo.[43] O importante no caso brasileiro, a exemplo do que já acontece no Direito de outros povos, é que o sigilo possa ser desvendado pela própria autoridade administrativa indicada na lei, o que permitiria a agilização do processo e a eficácia da fiscalização. De notar que não se advoga, aqui, a extensão da ação administrativa para o rastreamento generalizado das situações bancárias dos contribuintes, mas a sua limitação aos casos sob suspeita de sonegação e que sejam objeto de procedimento administrativo. Inexiste razão para se manter o tabu do sigilo bancário e sua elevação a direito da liberdade; o princípio constitucional da intimidade cede lugar ao princípio da transparência no jogo de ponderação de interesses.

No Direito Estrangeiro o sigilo bancário frente às questões fiscais perdeu muito do seu *status* na década de 90. Aliás, nos Estados Unidos a matéria jamais foi alçada a direito fundamental e a Administração Fiscal sempre teve a possibilidade de ampla investigação. Na Alemanha o sigilo bancário não é protegido nem pela Constituição nem pelas leis ordinárias; a abertura da conta pode ser pedida pelas autoridades fiscais no exercício de atividade fiscalizadora regular, nos procedimentos de investigação e nos procedimentos criminais.[44] Na Áustria o art. 38 da Lei Bancária prevê o levantamento do segredo no caso de razoável suspeita de "lavagem" de dinheiro ou de pedido de autoridade administrativa nos casos de violações fiscais. Na Itália havia o tabu do segredo bancário, que aos poucos começou a ser desmitificado diante da necessidade de acertar o passo com as outras nações da União Européia e da pressão da opinião pública contra o crescimento da evasão fiscal; as Leis 825, de 1971, e 516, de 1982, adotaram as primeiras providências; posteriormente, a Lei 413, de 30.12.1991, e a decisão da Corte Constitucional de 18.2.1992, que proclamou não ser o segredo bancário um fim em si mesmo, pelo quê não poderia representar um obstáculo às investigações sobre as violações tributárias, permitiram que a abertura do sigilo fosse requerida pelas seguintes repartições e autoridades: departamentos de fiscalização do IVA; departamentos do Ministério das Finanças; guarda de finanças; inspetores centrais; comissões tributárias regionais e provinciais.

14. A corrupção ativa do contribuinte

A corrupção ativa do contribuinte, principalmente na via do suborno e das propinas nos processos de licitações de compra de mercadorias e serviços ou durante as ações de fiscalização da renda pública, também passa a ser combatida em nome da transparência.

IV – Conclusão

O princípio da transparência, em síntese, significando clareza, abertura e simplicidade, vincula assim o Estado que a Sociedade e se transforma em instrumento importante para a superação dos riscos fiscais provocados pela globalização. Só a transparência na atividade financeira, consubstanciada na clareza orçamentária, na responsabilidade fiscal, no respeito aos direitos fundamentais do contribuinte, no aperfeiçoamento da comunicação social e no combate à corrupção dos agentes públicos, em contraponto à transparência na conduta do contribuinte garantida pelas normas antielisivas, pelas regras anti-sigilo bancário, pelo combate à corrupção ativa e pela desmobilização dos paraísos fiscais, pode conduzir à minimização dos riscos fiscais do Estado Subsidiário.

43. O substitutivo do Relator, deputado Mussa Demes, à PEC 175, de 1995, traz a seguinte previsão: "Art. 145, § 3º: É facultado à autoridade tributária requisitar às instituições financeiras, na forma prevista em lei complementar, informações sobre as operações do contribuinte".

44. Cf. Michael Oppenhoff, "Germany – The legal framework concerning bank secrecy, money laundering and insider trading", *World Reports* IX (1), abril de 1997, *www.hg.org*.

CADERNOS DE DIREITO TRIBUTÁRIO

TASAS, PRECIOS PÚBLICOS Y PRECIOS PRIVADOS (HACIA UN CONCEPTO CONSTITUCIONAL DE TRIBUTO)

JUAN RAMALLO MASSANET

Professor Catedrático de Direito Financeiro e Tributário da Universidad Autónoma de Madrid

I — Introducción. II — El origen del problema. III — La figura del precio público: alguna reflexión sobre su finalidad. IV — La estructura jurídica del precio público. V — La incongruencia procesal de la STC 185/1995, y sus consecuencias. VI — El supuesto de hecho del precio público según la STC 185/1995: A) El juicio de constitucionalidad y la libertad del legislador; B) Las obligaciones voluntarias y las obligaciones coactivas; C) Las características de las prestaciones patrimoniales públicas en cuanto prestaciones coactivas: 1º. Libertad en la realización del supuesto de hecho que genera la obligación de pago de la prestación; 2º. La actuación monopolística del ente público; D) La adecuación de las anteriores características exigidas a las prestaciones patrimoniales públicas del artículo 31.3 CE a las figuras de los precios públicos del artículo 24 LTPP. VII — Reubicación de los impuestos excluidos de los precios públicos del artículo 24 LTPP. VIII — Ámbito del principio de legalidad en los precios públicos: A) Su delimitación por vía indirecta; B) Distintas relatividades del principio de legalidad; C) La necesaria construcción de un concepto constitucional de tributo a partir de la función del principio de reserva de ley: 1º. Los tributos en la CE; 2º. El concepto material de tributo a partir del artículo 31.1 CE; 3º. El concepto constitucional de tributo partiendo del principio de legalidad. IX — Consecuencias que produce la nueva figura de precio público coactivo en los ordenamientos estatal, autonómico y local: A) Dos cuestiones previas que quedan pendientes: los entes públicos y el régimen de Derecho Público; B) Consecuencias en el ordenamiento estatal: el Real Decreto-Ley 2/1996; C) Consecuencias en el ordenamiento autonómico; D) Consecuencias en el ordenamiento local: 1º. La constitucionalidad del precio público local; 2º. El principio de universalidad de los intereses locales; 3º. Incidencia en el poder tarifario; 4º. Las ordenanzas fiscales locales.

I — Introducción

La finalidad que se persigue con el presente trabajo[1] no es — obvio parece advertirlo — analizar y desentrañar el conjunto de problemas que se plantean en torno a las tres figuras que le dan título, tanto desde el punto de vista histórico, como del ideo-

1. El presente trabajo tiene su origen en la ponencia presentada en la sesión del Seminari del Dret Local celebrada en Barcelona el 16 de febrero de 1996.

lógico y del estrictamente jurídico. Las formas de financiación de los gastos en que incurren los entes públicos a la hora de prestar sus servicios o, más ampliamente, de realizar sus actividades, ha sido objeto en los últimos ciento cincuenta años de las más intricadas discusiones doctrinales y científicas, de las soluciones políticas más dispares y de las configuraciones jurídico-positivas más sofisticadas.

Sin embargo, la reciente Sentencia de nuestro Tribunal Constitucional de 14 de diciembre de 1995 (núm. 185) nos ofrece la ocasión de volver sobre algunos de estos temas. Y nos la ofrece porque, digámoslo desde el primer momento, es una sentencia que, a tono con el problema de que trata, procesalmente plantea problemas de incongruencia, se basa en una doctrina novedosa en nuestro país pero que pudiera ser considerada unilateral y, además, los efectos que de ella puedan derivarse son difícilmente previsibles, cuando no directamente perversos. No podemos considerar, pues, que la STC 185/1995 haya venido a resolver y a poner paz en los problemas creados en el ordenamiento jurídico español por la Ley 13/1989, de 13 de abril, de Tasas y Precios Públicos (LTPP), pudiéndolos complicar incluso, si, ya como primera medida, no se hace una interpretación de su fallo conjuntamente y de la forma más coherente posible con los fundamentos jurídicos que le dan soporte.

II — El origen del problema

Como se acaba de indicar, la LTPP de 1989 introdujo en nuestro ordenamiento jurídico la figura de los precios públicos.[2] De todos modos esto no es absolutamente cierto y necesita de dos precisiones que pueden tener su importancia a la hora de analizar las consecuencias de la STC 185/1995 en los ordenamientos de las Haciendas autonómica y local.

En primer lugar, fue la Ley 4/1988, de 5 de julio, de Tasas y Precios Públicos de la Comunidad Autónoma de Andalucía la que tuvo "el mérito y la responsabilidad"[3] de haber introducido y regulado la figura de los precios públicos, si bien de modo distinto, en parte, a como luego lo hizo la Ley estatal.[4] En el Título XII de la citada Ley andaluza se reguló el régimen jurídico de los precios públicos que, en lo que ahora nos interesa, se caracterizaban por: 1º) La determinación de los bienes, servicios y actividades susceptibles de ser retribuidos

2. La doctrina científica se vio inmediatamente atraída por esta nueva figura a la que ha dedicado atención preferente tanto por lo que se refiere a los precios públicos estatales como a los de la Hacienda Local, según ponen de manifiesto — con independencia de los artículos de revista y los manuales — las siguientes monografías y obras colectivas: Ferreiro, J. J./Simón Acosta, E./Martín Queralt, J.: *Informe al Proyecto de la Ley reguladora de las Haciendas Locales*, Inst. Est. Ec., Madrid, 1988; AA.VV.: *Tasas y precios públicos en el ordenamiento jurídico español*, Edit. Inst. Est. Fisc., Marcial Pons, Madrid, 1991; Herrera Molina, P.: *Los precios públicos como recurso financiero*, Edit. Civitas, Madrid, 1991; Aguallo Avilés, A.: *Tasas y precios públicos*, Edit. Lex Nova, Valladolid, 1992; Martínez Giménez, C.: *Los precios públicos*, Edit. Civitas, Univ. de Murcia, Madrid, 1993; Martín Fernández, F. J.: *Tasas y precios públicos en el Derecho español*, Edit. Inst. Est. Fisc., Marcial Pons, Madrid, 1995.

3. En expresión de Javier Lasarte, en el prólogo a la monografía de F. J. Martínez Fernández: *Las tasas y precios públicos en el Derecho español*, cit., p. 11.

4. Su artículo 5º estableció: "Concepto de precio público. 1. Son precios públicos de la Comunidad Autónoma de Andalucía las contraprestaciones pecuniarias percibidas por los entes relacionados en el artículo 3º de esta Ley por razón de: *a*) Entrega de bienes corrientes; *b*) Operaciones comerciales, industriales o análogas; *c*) Prestación de servicios públicos o realización de actividades administrativas individualizables, que sean susceptibles de ser prestados o realizadas concurrentemente por el sector privado, sus contraprestaciones tendrán el carácter de precio público si, atendidas las características del servicio o actividad y las condiciones que concurran en su demanda, puede estimarse que la contraprestación se satisface voluntariamente. La voluntariedad en estos casos viene determinada principalmente por la posibilidad del interesado de utilizar otros medios para la consecución del servicio o actividad de que se trate. 2. No tendrán la consideración de precios públicos las tarifas o precios de bienes u operaciones que se entreguen o realicen según normas de Derecho privado".

por precios públicos es competencia del Consejo de Gobierno; 2º) La fijación de su cuantía se efectúa por Orden de la Consejería afectad; 3º) Son susceptibles de ser recaudados por vía de apremio, al igual que las tasas. En consecuencia, si bien el concepto de precio público de la Ley Andaluza es diferente al de la LTPP, en ambos casos está ausente el principio de reserva de ley y está presente la ejecutividad y autotutela de estas prestaciones pecuniarias.

El nuevo concepto de precio público de la LTPP repercutió en el de la tasa — ya que, como es sabido, aquél no es más que un desgajamiento del concepto de tasa vigente hasta ese momento — reflejándose tanto en el artículo 26 de la Ley General Tributaria (LGT) como a la Ley Orgánica 8/1980, de 22 de septiembre, de Financiación de las Comunidades Autónomas (LOFCA), cuyos artículos 4º y 7.1 fueron redactados recogiendo el nuevo concepto de tasa por la Ley Orgánica 1/1989, de 13 de abril.[5]

Por otra parte, también es cierto que la figura del precio público apareció en la Ley 39/1989, de 28 de diciembre, Reguladora de las Haciendas Locales (LHL) antes que en la LTPP. Ahora bien, en este caso el concepto del precio público es coincidente en ambas leyes (art. 24 LTPP y art. 41 LHL), con excepción de los servicios públicos postales y de que los servicios o actividades se tengan que efectuar en régimen de Derecho público. Y la explicación de esa coincidencia reside en la simultaneidad en la aprobación de los respectivos proyectos de ley por el Gobierno y su remisión a las Cortes. Es más, el Proyecto de LTPP fue algo anterior[6] al Proyecto de LHL,[7] siendo en la Memoria enviada por el Gobierno a las Cortes acompañando a aquél en donde encontramos lo que podríamos llamar teoría general del precio público, es decir, su justificación o, por lo menos, su explicación.[8] El que se aprobase antes la LHL que la LTPP no se debió, en consecuencia, a las objeciones que la figura del precio público en ellas contenida suscitaban ya que eran simétricos, sino a que la LTPP generó un elevado grado de conflictividad social que retrasó su aprobación.[9]

5. De la misma fecha, como se ve, que la LTPP, lo cual no extrañará si se tiene en cuenta que la modificación de la LOFCA se pretendía hacer a través de la disposición adicional primera de la LTPP, según establecía el Proyecto de LTPP enviado por el Gobierno, pretensión imposible por el distinto rango jerárquico de ambas normas, lo cual llevó a su desdoblamiento en dos leyes en sede parlamentalia. La repercusión en las Haciendas autonómicas de la introducción de la figura de los precios públicos puede verse en Herrera Molina, P.: *Los precios públicos como recurso financiero*, cit., p. 81 y ss.

6. *Boletín Oficial de las Cortes Generales*, Serie A, núm. 82, de 12 de mayo de 1988.

7. *Boletín Oficial de las Cortes Generales*, Serie A, núm. 85, de 8 de junio.

8. Dicha Memoria coincide casi exactamente con el artículo "Las tasas como medio de financiación de la Hacienda del Estado", publicado por Miguel Cruz Amorós — en aquellos momentos Director General de Tributos del Ministerio de Economía y Hacienda — en la revista *Papeles de Economía Española*, núms. 30-31 (1987), pp. 311-319.

9. Conflictividad originada, ya en la fase de elaboración del Proyecto de Ley, por la disposición adicional que preveía una nueva regulación del régimen retributivo arancelario de notarios y registradores de la propiedad que suponía su plena funcionarización y, en consecuencia, la conversión en tasas fiscales de sus retribuciones. La ofensiva que contra este intento pusieron en marcha los Colegios Profesionales respectivos — y que provocó fuertes divergencias políticas entre los Ministerios de Justicia y de Economía y Hacienda — queda amplísimamente recogida en la prensa diaria de los meses de marzo a junio de 1988.

Posteriormente, ya en fase de discusión parlamentaria y por vía de enmienda en el Senado, se introdujo otra contestadísima disposición adicional — que resultaría ser la cuarta en el texto definitivo — que regulaba el tratamiento fiscal de las diferencias de valor resultantes de la comprobación administrativa, a las que se consideraba incrementos patrimoniales de carácter lucrativo.

En definitiva, la LTPP fue mucho más conocida por estos dos problemas que no por el novedoso concepto de precio público ni por los problemas de constitucionalidad que planteaba en relación al principio de reserva de ley. Ello no quiere decir que no se planteasen un buen número de enmiendas al Proyecto por parte de casi todos los Grupos Parlamentarios en relación con este aspecto (incluidas las duras discusiones internas dentro del propio Grupo

III — La figura del precio público: alguna reflexión sobre su finalidad

La cuestión de fondo, de carácter sustantivo, que se planteaba con la LTPP no era otra que la de decidir de qué forma se pretende repartir el coste de los gastos públicos originados por la actuación administrativa: si por vía de tributos — y esencialmente impuestos — guiados por el pago de acuerdo con el principio de la capacidad económica del sujeto, o por la vía de otros recursos que guían su pago por el principio de la equivalencia entre el coste de la actividad administrativa realizada y el beneficio obtenido por el sujeto. Como se comprende fácilmente es esta una decisión de una trascendencia política — y de connotaciones ideológicas — que va mucho más allá de la estructura jurídico-técnica del concepto de precio público, de la finalidad de flexibilizar y agilizar la actividad financiera pública o de racionalizar y simplificar el sistema tributario e, incluso, del central problema de su sometimiento al principio constitucional de legalidad.

La Memoria que acompaña al Proyecto de Ley era muy parca a este respecto porque probablemente era consciente del trasfondo del mismo. Se limitaba a señalar que "es necesaria la decisión política de exigirlos (se refiere al precio público) con mayor o menor amplitud porque juntamente con el objetivo de financiación, el ejecutivo puede perseguir simultáneamente otros, como equidad, redistribución, etc. ... Así, muchos servicios de orden administrativo, en los que sería posible la aplicación de precios se financian tradicionalmente con tributos o cotizaciones sociales: educación, salud, etc. ..., o se prestan gratuitamente".[10] Como se ve, la Memoria no sólo era poco explícita sino que con tantos puntos suspensivos parecía querer dejar muchos sobreentendidos en tomo a un tema clave: el pago del servicio público por su usuario.

La Exposición de Motivos de la LTPP, por su parte, con mayor habilidad que la Memoria, soslaya la justificación del precio público desde esta perspectiva, centrándose exclusivamente en el presupuesto de hecho que lo define (apartado III). Sin embargo, cuando justifica la tasa, sí encontramos una explícita referencia al problema de fondo — el del servicio que financia — al decir que hay que aspirar "a conseguir una estructura más diferenciada de los ingresos públicos coactivos, que haga recaer sobre los beneficiarios directos de ciertos servicios y actividades públicas el coste de su prestación, en lugar de financiarlos con impuestos generales aplicables a todos los ciudadano", y añade: "Con esta asociación del principio básico de capacidad económica y del de equivalencia o beneficio para articular determinados tributos, se espera mejorar no sólo la suficiencia del sistema en su conjunto sino los componentes de equidad y justicia del mismo, mantenido al mismo tiempo el objetivo de contención de la presión fiscal individual presente en las leyes fiscales aprobadas en esta legislatura" (apartado II). Si este razonamiento se hace en relación a las tasas con mayor fundamento se puede hacer respecto de los precios públicos.

Lo que se acaba de indicar no sólo explica la exclusión del ámbito de la LTPP de "las cotizaciones al sistema de la Seguridad Social y las de naturaleza idéntica que se recauden conjuntamente con aquéllas" [art. 2.*a*)],[11] sino también la inclusión, por

Parlamentario mayoritario que soportaba al Gobierno), aunque bueno es recordar que el Grupo Parlamentario de Coalición Popular — que luego fue el que interpuso el recurso de inconstitucionalidad contra la LTPP que ha dado lugar a la STC 185/1995 — sólo había enmendado (Enmienda núm. 92) los apartados *a*) y *b*) del artículo 23.1 del Proyecto (luego art. 24.1 del texto definitivo de la LTPP), y que fue por escrito posterior complementario presentado ante la ponencia el 29 de septiembre de 1988 en el que "manifiesta el error padecido en el texto de la enmienda presentada al artículo 23.1" (debiendo decir "de supresión de los apartados *a*), *b*) y *c*)").

10. Congreso de los Diputados: "Tasas y precios públicos (Documentación preparada para la tramitación del Proyecto de Ley de Tasas y Precios Públicos)", *Documentación* núm. 69, mayo 1988, p. 96.

11. Otro dato que conviene recordar para situar en su contexto la LTPP es la discusión que por

vía de enmienda en el trámite parlamentario del Senado, del actual artículo 5º sobre los servicios públicos esenciales ("justicia, educación, sanidad, protección civil o asistencia social"), que si bien no quedan totalmente excluidos del precio público tal como se regula en la LTPP, quedan en todo caso sometidos al principio de reserva de ley, tanto den lugar a tasas como a precios públicos. Este artículo, que luego servirá de fundamento a la STC 185/1995 como se verá, pone de manifiesto que el principio de reserva de Ley cumple la función de control o filtro (¿freno?) a la aplicación del principio de equivalencia — en sus distintas manifestaciones de tasa o de precio público — en todos estos ámbitos; lo cual también nos da oportunidad para señalar de nuevo que el citado principio no tiene un contenido meramente formal, como con tanta reiteración y desconocimiento se proclama, ya que es posible aceptar que un servicio público se retribuya de una determinada manera (precio) dependiendo de que se acepten determinados requisitos formales (ley) para su establecimiento.

Esta reflexión que se acaba de hacer a través de los datos expuestos no creo que en absoluto sea ajena a la STC 185/1995, sobre todo en cuanto a las consecuencias y efectos que de ella se derivan. En efecto, una de las cuestiones que deberemos plantearnos de inmediato es la que intenta responder a la pregunta: ¿Qué ha declarado inconstitucional la STC 185/1995: la figura del precio público del artículo 24 de la LTPP o una determinada regulación de dicha figura desde la perspectiva de su sometimiento al principio de legalidad?

aquellas fechas de 1988 existía en el propio seno del Gobierno sobre el proyecto de universalización de la sanidad y su forma de financiación, no sólo a través de los Presupuestos Generales del Estado sino también a través de ingresos procedentes de las cotizaciones salariales, así como de los procedentes de los no cotizantes "a quienes se daría acceso al servicio público a cambio de cobrarles las atenciones a coste de mercado". Véase Diario *El País*, de 18 de agosto de 1988, p. 27.

IV — La estructura jurídica del precio público

El originario artículo 24 de la LTPP establece el concepto de precio público utilizando dos tipos de criterios. Por un lado, declara que determinadas situaciones o actividades objetivamente delimitadas dan lugar siempre a la contraprestación de un precio público; se trata de los casos de la utilización privativa o aprovechamiento especial del dominio público [art. 24.1.*a*)] y de las prestaciones de servicios y las entregas de bienes accesorias a las mismas efectuadas por los servicios públicos postales [art. 24.2.*b*)]. Por otro lado, elabora unos criterios aplicables a cualquier prestación de servicios o realización de actividades [art. 24.1.*c*) y 2]. Se desprende de la Ley, por lo tanto, que en los dos primeros supuestos (dominio público y servicios postales) no tienen por qué concurrir los criterios utilizados para el tercero. Sin embargo, según se verá, la STC 185/1995 elabora unos criterios de carácter general para saber cuándo estamos ante un precio público que luego aplica a los tres casos del artículo 24.

Empezando por el último de los supuestos [art. 24.1.*c*) LTPP], según la Memoria de la LTPP el precio público se identifica "por no poderse calificar de coactiva la prestación exigida por la entrega del bien o la prestación del servicio por el sector público", lo cual quiere decir que el bien y el servicio "habrán de ser suministrados sin obligatoriedad para los usuarios: bien porque se ofertan en concurrencia con el servicio privado (en cuyo caso, aunque deba recibirse, el obligado puede elegir), bien porque su demanda es voluntaria para los administrados". La misma Memoria, además, reconoce, en cuanto a la característica de que la demanda del servicio tiene que ser voluntaria para poder constituir un precio público, que "si el pago constituye condición para realizar una actividad, ello no implica un acto voluntario, sino un acto debido", desapareciendo en consecuencia la voluntariedad y no siendo posible exigir un precio público. La mencionada Memoria, por último, considera que la voluntariedad en la demanda por el administrado del bien o del servicio radica en que: "1) no se la impone el ente público; 2) cabe la abstención en el consumo; 3) existen bienes o servicios sustitutivos".

Que estos requisitos son inaplicables al caso del dominio público no parece ofrecer excesivas dudas. En efecto, desde un primer momento se detectó que si cualquier utilización privativa o aprovechamiento especial del dominio público exige necesariamente el otorgamiento de la oportuna licencia, quiere decirse que exige con igual necesariedad y con carácter previo la obligación de solicitar la correspondiente concesión del ente público mediante el otorgamiento de la oportuna licencia. Con lo cual, al no existir tal voluntariedad en la utilización del dominio público, debería dar lugar al pago de una tasa y no de un precio público. En cualquier caso, las tres características apuntadas difícilmente podrán predicarse del supuesto del dominio público. En cuanto a la primera — que la demanda no la imponga el ente público — ya hemos dicho que para utilizar el dominio público el ente público exige que se le demande mediante la petición de licencia. En cuanto a la segunda — que quepa la abstención en el consumo — es en el caso del dominio público un requisito en cierto sentido de imposible cumplimiento ya que, por ejemplo, sería absurdo y de difícil justificación mantener que en el uso común especial que se requiere necesariamente para el paso por la acera de los vehículos con el fin de acceder a un garaje, ello constituya un consumo del cual el propietario o arrendatario de la plaza de garaje pueda abstenerse. En cuanto a la tercera — que existen bienes o servicios sustitutivos — se pueden encontrar casos en que sea posible sustituir la utilización privativa o el aprovechamiento especial del dominio público por la de un dominio privado (por ejemplo poner las mesas de un café en la acera o exclusivamente en el interior del local) pero este ejemplo ya no nos sería válido para el anterior supuesto del paso de carruajes. En fin, dada la imposibilidad de encuadrar la utilización del dominio público dentro de los requisitos que la LTPP establece para la exigibilidad de los precios públicos cuando se trata de prestación de servicios o realización de actividades, habrá que concluir que el legislador tomó la decisión de someter a precios públicos este supuesto de hecho sin conexión alguna con los requisitos que motivan el supuesto general de dichos precios — es decir, la prestación de servicios o la realización de actividades.

V — La incongruencia procesal de la STC 185/1995 y sus consecuencias

Sabido es que, en cualquier proceso, la formulación del recurso puede condicionar de una manera esencial el procedimiento judicial y el fallo del tribunal juzgador. Y esto también le ocurre al Tribunal Constitucional en los procedimientos de inconstitucionalidad y a sus sentencias (arts. 38 a 40 Ley Orgánica 2/1979, de 3 de octubre, LOTC).

Es cierto, tal como se desprende del Antecedente 1º de la STC 185/1995, que el escrito de interposición del recurso contra la LTPP era algo confuso y asistemático, impugnándose los mismos artículos reiteradamente por violación, en ocasiones, de iguales preceptos constitucionales.[12] A pesar de todo ello, sí creo que pueden afirmarse dos cosas:

1º) Que el concepto de precio público contenido en el artículo 24 LTPP no fue

12. Después de una extensa introducción de carácter doctrinal sobre la figura del precio público, frente a la figura tradicional de la tasa, el escrito estructuraba los concretos motivos de inconstitucionalidad y los preceptos afectados en cuatro bloques: 1º) Violación del artículo 31.3 CE: artíiculo 1.*b*), artículo 3.4, artículo 26.1, disp. adic. 2ª. 2º) Violación del artículo 9.3 CE (legalidad y publicidad de las normas): los mismos preceptos que en el caso anterior. 3º) Violación del artículo 9.3 CE (jerarquía normativa): disp. adic. 5ª. 4º) Violación del artículo 9.3 (interdicción de la arbitrariedad y seguridad jurídica): artículos 24 a 27, aunque sólo se argumentaba sobre los artículos 24 y 25.

impugnado y sin embargo es ese artículo el único que declara inconstitucional el Tribunal en su fallo, en los términos que más adelante analizaremos. La única mención que los recurrentes hacen al artículo 24 es en relación al artículo 9.3 CE, al considerar que viola la interdicción de la arbitrariedad y la seguridad jurídica, lo cual es rechazado por el Tribunal en su FJ 9º.

2º) Que el artículo 3.4 LTPP, que sí había sido impugnado, se considera por el Tribunal el principal obstáculo para la constitucionalidad de la figura del precio público por violar el principio de reserva de ley del artículo 31.3 CE que cubre las "prestaciones patrimoniales públicas", entre las cuales el TC entiende incluidos los precios públicos del artículo 24, y sin embargo dicho artículo 3.4 no se declara inconstitucional.

Da la impresión, por lo tanto, que todo el procedimiento estuvo centrado en que el objeto de la impugnación de inconstitucionalidad era el concepto legal de precio público más que el procedimiento previsto por la LTPP para su creación, establecimiento concreto y aplicación. Esta fijación se pone de manifiesto con claridad cuando el TC dice que "a pesar de que en el presente recurso se impugna una definición genérica de precio público, aquí no estamos enjuiciando *nomen iuris* — precios públicos — y, como se dijo en la STC 296/1994, "las categorías tienen cada una de ellas la naturaleza propia y específica que les corresponde de acuerdo con la configuración y estructura que reciben en el régimen jurídico a que vengan sometidas" [FJ 6.*b*), párrafo sexto].

Pero basta leer el fallo de la sentencia para darse cuenta de que, a raíz de las declaraciones de inconstitucionalidad y de la declaración de constitucionalidad interpretativa que en el mismo se hacen, se obtiene un nuevo concepto de precio público, como enseguida veremos.

Lo cierto es que parece que estamos ante una doble incongruencia: una, entre el *petitum* de los recurrentes y el fallo de la sentencia; otra, entre los fundamentos jurídicos de la sentencia y el citado fallo.

Sin entrar ahora en el problema de si los efectos de la sentencia derivan del fallo o de éste y sus fundamentos jurídicos, lo cierto es, también, que cuando el Tribunal quiere que su fallo se interprete en un determinado sentido, es decir de acuerdo con algún concreto razonamiento que ha expuesto en el cuerpo de los fundamentos jurídicos, así lo dice explícitamente, como ocurre en el presente caso. En el fallo de la STC 185/1995, en efecto, nos encontramos con dos tipos de determinaciones: por un lado, es una sentencia condenatoria de inconstitucionalidad clara y rotunda respecto del artículo 24.1.*a*) (dominio público), del artículo 24.1.*b*) (servicios postales) y de dos incisos del artículo 24.1.*c*) (la acumulación de los requisitos de voluntariedad y monopolio, y en cuanto al requisito del monopolio el que fuera suficiente la susceptibilidad de intervención del sector privado), que en consecuencia quedan expulsados del ordenamiento jurídico. Por otro lado, es una sentencia interpretativa del resto que queda del artículo 24.1.*c*) después de haber desaparecido, por la condena anterior, todos los apartados e incisos mencionados, interpretación que afecta concretamente a la condición de voluntariedad, que debe entenderse como no imprescindibilidad [FJ 4.*c*), penúltimo párrafo].

Pues bien, después de todas estas determinaciones contenidas en el fallo, lo que nos queda en el artículo 24 de la Ley 8/1989, de 13 de abril (LTPP), es un concepto de precio público del siguiente tenor:

"1. Tendrán la consideración de precios públicos las contraprestaciones pecuniarias que se satisfagan por la prestación de servicios o realización de actividades efectuadas en régimen de Derecho público cuando concurra(n) las circunstancias siguientes:

– Que los servicios o actividades no sean de solicitud o recepción obligatoria por los administrados.

– Que los servicios y actividades sean prestados o realizados por el sector privado.

2. A efectos de lo dispuesto en [la letra *c*)] del número anterior no se considerará voluntaria la solicitud por parte de los administrados:

a) Cuando les venga impuesta por disposiciones legales o reglamentarias.

b) Cuando constituya condición previa para realizar cualquier actividad u obtener derechos o efectos jurídicos determinados".

Al no encontrar en el fallo de la sentencia, como se ve, pronunciamiento alguno sobre los requisitos que desde el punto de vista de la reserva de Ley del artículo 31.3 CE deberían cumplir los precios públicos tal como los definía el artículo 24 originariamente — es decir, al no contenerse en el fallo declaración alguna sobre la constitucionalidad del art. 3.4 LTPP — el efecto que produce la sentencia es el de rehacer la figura del precio público y dejar como concepto del mismo en la Ley una figura de precio público que se sitúa al margen de las prestaciones patrimoniales públicas a las que se refiere el artículo 31.3 CE. Por lo tanto, después de la STC 185/1995, el único precio público que existe en nuestro ordenamiento jurídico estatal es el que deriva de su fallo y cuyo régimen jurídico sigue siendo el de la LTPP. Los supuestos o figuras de precios públicos que quedan al margen del concepto resultante del fallo de la sentencia, por haber sido expulsados del ordenamiento o porqué no entren en la interpretación acorde con el FJ 4.*c*) citado, no tienen en este momento régimen jurídico alguno. Lo único que, a mi entender, exclusivamente puede desprenderse de los fundamentos jurídicos de la sentencia es que si se quiere volver a introducir en el ordenamiento jurídico a las figuras de precios públicos ahora expulsadas se tendrá que hacer por ley: pero será esa nueva ley, y no la LTPP, la que constituirá el régimen jurídico de esos nuevos precios públicos. Lo que considero que en este momento no se puede hacer — ni la STC 185/1995 permite — es lo que ha pretendido el Real Decreto–ley 2/1996, de 26 de enero ("Sobre determinadas prestaciones patrimoniales de carácter público gestionadas por la Administración General del Estado y los entes públicos de ella dependientes") al querer salvar el principio de reserva de ley de los precios existentes con anterioridad a la sentencia, no sólo creándolos a través de este instrumento — sobre lo que volveré más adelante, porque no es el Decreto-ley vehículo constitucionalmente legítimo para "crear" prestaciones patrimoniales públicas sometidas al principio de legalidad — sino, sobre todo, remitiendo la disciplina de los mismos a la LTPP[13] lo cual es imposible porque esta Ley, a partir de la STC 185/1995, ya no contiene esta figura de precio público en el seno de su artículo 24.

Llegamos, con ello, a la paradójica conclusión de que las únicas figuras de precios públicos que en este momento tienen cobertura legal en la regulación de su régimen jurídico son aquellas que, según el TC, no la necesitan. Por el contrario, los precios públicos que, al ser prestaciones patrimoniales públicas del artículo 31.3 precisan de aquella cobertura legal, resulta que no se ven cubiertos por la LTPP ya que quedan al margen del concepto de precio público del artículo 24 resultante de la sentencia. Por eso no tiene excesivo sentido, en este contexto, la afirmación del TC cuando en el último inciso del FJ 6.*b*) de la sentencia mantiene: "de modo que si una ley posterior a la Ley de Tasas y Precios Públicos ha creado precios públicos concretos que son verdaderas prestaciones patrimoniales de carácter público pero lo han hecho respetando el principio de legalidad, la declaración de inconstitucionalidad del artículo 24 LTPP no les alcanza", porque en realidad estos precios públicos ya están al margen de la LTPP y del nuevo concepto de su artículo 24 y, en consecuencia, nunca podrán regirse por esa Ley. Su creación por ley — y su consiguiente acomodación al principio de

13. En particular al artículo 27.6 LTPP, que regula la posibilidad de utilizar la vía de apremio, lo cual es bien significativo de lo que la LTPP pretendida originariamente.

reserva — no los hace entrar en el régimen jurídico de la LTPP. Su constitucionalidad les viene por su particular origen y no porque no les alcance la inconstitucionalidad del artículo 24 LTPP.

La alternativa ante la que quizá se encontró el TC fue: o declarar inconstitucional el régimen de creación de precios públicos que la LTPP preveía por no acomodarse al principio de reserva de ley del artículo 31.3 CC pero sin modificar el concepto ni las categorías; o modificar el concepto de precio público del artículo 24 LTPP para que quedase un concepto adecuado al régimen de creación de precios públicos que la Ley regula, sobre todo en cuanto a la exclusión del principio de reserva. Incomprensiblemente se optó por lo segundo, cuando nadie se lo había pedido, lo cual supone, además, que el Tribunal ha actuado como legislador positivo al dar un nuevo concepto de precio público; y no hizo lo primero, que era — con mejor o peor fortuna — lo que los recurrentes le pedían, lo que supone, además, que ahora tenemos una flamante LTPP para prestaciones patrimoniales públicas no sometidas al principio de reserva de ley. Es decir, una ley que regula las prestaciones patrimoniales públicas más próximas a los precios privados, que no llegan a identificarse con éstos porque, entre otras cosas, su cuantía no vendrá establecida por la oferta y demanda en el mercado sino por "un nivel que cubra como mínimo los costes económicos originados por la realización de las actividades o la prestación de los servicios o que resulte equivalente a la utilidad derivada de los mismos" (art. 25.1 LTPP). ¿Qué ocurrirá ante una actividad o servicio prestado por un ente público — que sea libre para el ciudadano y cuya prestación concurra con el sector privado — y cuyos costes económicos sean superiores a los precios que para ese mismo servicio o actividad exija el sector privado? Si bien, en principio, nada obligaría, a mi entender, a que el ente público suprimiese el servicio — incluso en base al art. 128 CE —, por la ley del mercado tenderá claramente a ser deficitario y, en ese caso, ya no se cumplirá el mandato legal de que "cubra como mínimo los costes económicos". Es por esta vía de la relación coste-precio por la que una actividad realizada por el sector público, si bien se puede encontrar amparada por el aspecto objetivo del presupuesto de hecho del precio público (libertad, concurrencia) es posible que no cumpla el aspecto cuantitativo del mismo (precio que no cubre costes mínimos).

Cabe preguntarse, por último, qué consecuencias tiene el fallo contenido en la STC 185/1995, y el nuevo concepto de precio público que de él se deriva, en relación a las finalidades que originariamente se perseguían con la figura de los precios públicos en la LTPP a las que se hizo referencia en el anterior apartado III. Desde esta perspectiva, considero que las consecuencias son de importancia pues, al haber tomado el TC el camino de declarar inconstitucional el concepto de precio público que contenía el artículo 24 de la LTPP — aunque sea por el motivo de que esta concreta figura constituye un supuesto de prestación patrimonial pública del art. 31.3 CE y, en consecuencia, debe estar sometida al principio de reserva de ley — impide que existan precios públicos en los que concurran las características siguientes: 1º) que se cuantifiquen como mínimo en función del coste del servicio; 2º) que dicha cuantificación y, sobre todo, su establecimiento dependa de una decisión de la administración; 3º) que retribuyan servicios o actividades del ente público que no sean voluntarias para el ciudadano (obligatorias o imprescindibles) o monopolistas (sin concurrencia del sector privado). No pueden existir, según el TC, en nuestro ordenamiento jurídico prestaciones que tengan conjuntamente estas tres características. Pueden, ciertamente, existir prestaciones que tengan la primera y la tercera de las características mencionadas, pero en este caso la segunda no se puede dar: tendrá que "mediar" la ley, al igual que tiene que mediar — quizá con distinta intensidad, ya lo veremos — en los impuestos, tasas y contribuciones especiales como figuras consagradas, doctrinal y legislativamente (por lo menos a nivel ordinario), de tributos. Por lo tanto, la posición del TC entra en el fondo de la cuestión de una manera indirecta pero claramente decidida: impide que puedan trasvasarse a mecanismos de financiación propios del mercado todas las actividades realizadas por los entes públicos que no cumplan los requisitos propios del mercado (voluntariedad, libertad, prescindibilidad, concurrencia). A esta afirmación se podría quizá objetar que no es cierta porque el TC lo que, en definitiva, dice es que si se quiere hacer este trasvase debe realizarse de acuerdo al principio de reserva de ley, no que el trasvase por sí mismo sea constitucionalmente reprochable. Sin embargo, habrá que convenir que esta condición del sometimiento al principio de legalidad convierte a las prestaciones patrimoniales que por la actividad pública satisfagan los ciudadanos en prestaciones patrimoniales públicas de carácter coactivo, y será la ley que las cree y regule la que, dando cumplimiento a la exigencia constitucional, sea la fuente jurídica de la obligación; obligación coactiva de carácter unilateral, y no obligación voluntaria bilateral surgida de la oferta y demanda en el mercado.

Para decirlo en términos reduccionistas — con el riesgo que científicamente comporta obrar de este modo: así como no puede haber una prestación pública que no sea coactiva en una actividad que no sea de mercado, así tampoco puede darse una prestación patrimonial coactiva para retribuir una actividad pública en la que haya mercado. Y aunque todo se deje en manos de la ley, el legislador no será absolutamente libre constitucionalmente para obrar de un modo u otro. No me refiero tanto a la libertad para pasar una actividad o servicio público a la esfera del mercado cuanto a poder determinar libremente la clase o categoría de retribución que por una actividad pública se va a tener que exigir.

Es evidente que no es ahora el momento para seguir el análisis de estos problemas que, siendo clásicos del Derecho público, con la STC 185/1995 deberán tener presente otro factor cual es la forma constitucionalmente legítima de retribución de los servicios y actividades de los entes públicos. Lo que sí entiendo que constituirán labores a abordar de forma inmediata — a las que más adelante se aludirá — son: por un lado, si no estamos ante un nuevo concepto constitucional de tributo, por otro, el de la decisiva influencia que el derecho constitucional de las prestaciones patrimoniales públicas va a tener en la calificación de la actuación de las Administraciones públicas.

VI — El supuesto de hecho del precio público según la STC 185/1995

Ya se ha señalado en el epígrafe anterior la divergencia o incongruencia que en la STC 185/1995 se aprecia entre sus fundamentos jurídicos y el fallo. Analizado el fallo y sus consecuencias, conviene ahora analizar los razonamientos que el TC hace sobre los precios públicos a efectos de llegar a un concepto constitucionalmente admisible de los mismos. Por tanto, nos toca ahora analizar la doctrina sentada en los fundamentos jurídicos olvidándonos en cierto modo del concreto fallo de inconstitucionalidad que la sentencia declara.

A) El juicio de constitucionalidad y la libertad del legislador

La concreta función del TC en este recurso de inconstitucionalidad era, como reiteradamente afirma, hacer un doble razonamiento: 1º) si la figura del precio público de la LTPP era o no una prestación patrimonial pública del artículo 31.3 CE; 2º) en caso de serlo, cómo debe de estar presente la ley en esta figura.

A fin de que estos dos razonamientos no se confundan con un enjuiciamiento de la libertad del legislador para crear distintos tipos de prestaciones públicas de carácter patrimonial, el TC pone mucho empeño en señalar reiteradamente la distinción entre ambas cuestiones. En distintos pasajes se puede leer:

1) "Desde la perspectiva constitucional, como tendremos ocasión de reiterar, el legislador puede alterar el alcance de las figuras que hoy integran esta categoría — impuestos, tasas y contribuciones de mejora —, y puede crear nuevos ingresos de Derecho público" (FJ 3º, párrafo primero).

2) "En uso de su libertad de configuración, el legislador puede crear las categorías jurídicas que considere adecuadas. Podrá discutirse en otros foros la corrección científica de las mismas, así como su oportunidad desde la perspectiva de la política legislativa; sin embargo, en un proceso de inconstitucionalidad como el presente, sólo puede analizarse si la concreta regulación positiva que se establece de esas categorías respeta los preceptos constitucionales que les sean aplicables. Contemplado desde este enfoque, es evidente que el precepto de una ley que se limita a incorporar al ordenamiento jurídico-financiero la categoría del precio público y a disponer que su regulación corresponde a la propia ley, no es susceptible, en sí mismo considerado, de vulnerar el principio de reserva de ley plasmado en el artículo 31.3 CE" (FJ 6º, primer párrafo).

3) "La creación en el artículo 24 LTPP de la figura de los precios públicos, desdoblando el contenido de lo que antes eran sólo tasas, ya se ha dicho con anterioridad que ésta es una decisión que pertenece al ámbito de la libre disposición del legislador ya que ningún precepto constitucional le obliga a mantener las categorías de ingresos preexistentes. Ningún reproche puede hacérsele desde la perspectiva del juicio de constitucionalidad" (FJ 9.*a*, primer párrafo).

Pero sentado lo anterior, el razonamiento del TC no se dirige a hacer un juicio sobre la adecuación a los preceptos constitucionales (esencialmente al art. 31.3 CE) de las normas que en la LTPP regulan la creación de estas figuras, como se pone de manifiesto en las dos siguientes afirmaciones de la sentencia. Sobre el dominio público dice: "Si del análisis de los preceptos de la Ley de Tasas y Precios Públicos que se refieren a la *creación y determinación de los elementos esenciales* de los precios públicos se deduce que no respetan la reserva de ley, este párrafo *a*) del artículo 24.1 deberá ser declarado inconstitucional" (FJ 4.*a*, párrafo tercero); es decir, que la no conformidad con la reserva de ley de las normas que regulan la "creación y determinación de los elementos esenciales" no va a dar lugar a la inconstitucionalidad de tales normas sino a la inconstitucionalidad de la figura del precio público. Sobre los servicios postales dice: "Dada la generalidad con que está redactada esta letra *b*) del artículo 24.1, si del análisis del resto del articulado de la Ley de Tasas y Precios Públicos se deduce que en la *configuración* de esta última figura no se ha respetado la reserva de ley, deberá declararse la inconstitucionalidad de este precepto" (FJ 4.*b*, párrafo tercero); es decir, que la no conformidad con la reserva de ley del resto del articulado que "configura" este precio público no va a dar lugar a la inconstitucionalidad de tales preceptos sino a la inconstitucionalidad de la figura del precio público. En ambos casos parece que el TC busca un juicio sobre la figura y no sobre su régimen jurídico.

B) Las obligaciones voluntarias y las obligaciones coactivas

Partiendo, a mi entender de una manera absolutamente correcta, de la función que el principio de reserva de ley desempeña en el ordenamiento constitucional, el TC identifica la prestación patrimonial de carácter público del artículo 31.3 con la coactividad "o, lo que es lo mismo, el establecimiento unilateral de la obligación de pago" — expresión de la que debemos felicitarnos en la medida en que traduce el término coacción a categoría perteneciente a las relaciones obligacionales. En definitiva, las obligaciones siempre se asumen voluntariamente, con la no pequeña diferencia de que las llamadas obligaciones voluntarias se asumen por un acto individual del que debe de cumplirla, mientras que las obligaciones unilaterales (coactivas) se aceptan por un acto de voluntad colectiva a través de los representantes políticos, lo cual nos da ocasión para afirmar, una vez más, el valor político y jurídico que de manera inescindible tiene la ley en el Estado de Derecho. De todos modos, hay que resaltar que el TC identifica estas prestaciones patrimoniales públicas del artículo 31.3 con las prestaciones coactivas — entre las cuales se encuentran fundamentalmente los tributos — porque la CE les exige el sometimiento a la reserva de ley, es decir, a un consentimiento colectivo de carácter político; es, en definitiva, el hecho de que la CE exija la reserva en este tipo de prestaciones lo que lleva al TC a inducir que son obligaciones unilaterales o prestaciones coactivas.

C) Las características de las prestaciones patrimoniales públicas en cuanto prestaciones coactivas

Una vez que el TC toma este punto de partida — el de que la coactividad es la característica esencial de las prestaciones patrimoniales públicas — su razonamiento se dirige de forma directa y contundente a despejar cuándo estamos ante una prestación de este tipo, a determinar cuáles son sus requisitos constitucionales. A estos efectos, el FJ 3º establece las dos siguientes:

1º) Libertad en la realización del supuesto de hecho que genera la obligación de pago de la prestación

Lo importante de este requisito es la relación que se establece entre la voluntariedad de pagar la prestación y la libertad en la realización del supuesto de hecho del cual deriva aquella obligación de pago. Si el supuesto de hecho no se realiza voluntariamente por el sujeto (no es libre, pudiendo ser explícitamente obligatorio), su consecuencia — el pago de la prestación pecuniaria pública — tampoco lo será. La no libertad en el presupuesto de hecho supone la coacción en la consecuencia jurídica. La trascendencia de esta posición del TC creo que reside en que de ella se derivan las características que no son definitorias de una prestación patrimonial pública y que sin embargo tradicionalmente han sido las utilizadas para su calificación como tales. Del párrafo tercero del FJ 3.*a*) se desprende que en la medida en que una prestación patrimonial de Derecho público — aunque la ley configure las consecuencias de su incumplimiento con las notas de ejecutoriedad y autotutela — sea consecuencia de un comportamiento del particular libremente realizando, no se convierte en una prestación patrimonial coactiva del artículo 31.3 CE. Consecuentemente, pueden existir otras prestaciones patrimoniales de Derecho público distintas a las del artículo 31.3 CE: todo dependerá de que la coacción (no libertad) opere o no en el hecho generador de la obligación, pero en ningún caso dependerá de que el contenido y condiciones de su cumplimiento estén rodeados de todo tipo de procedimientos ejecutorios de carácter administrativo para el caso de incumplimiento, ya que esto no es lo definitorio desde la perspectiva del artículo 31.3 CE.

Ahora bien, esa libertad en la realización del supuesto de hecho debe ser, según el TC, "real y efectiva" (FJ 3.*b*). Y el TC va aún más allá al especificar cuándo hay que entender que esa libertad y espontaneidad de la actuación del ciudadano es real y efectiva: no sólo cuando no sea un comportamiento obligatorio sino también cuando la actividad que se solicita al ente público no sea imprescindible. Esta última característica es una de las principales, y más trascendentes sin lugar a dudas, piezas de la construcción del TC y todo parece indicar que trae causa — al igual que la total construcción de la voluntariedad que estamos analizando — de la interpretación que la Corte Costituzionale italiana ha dado a la expresión *prestazione imposte* del artículo 23 de su Constitución.[14]

Esto plantea la aparente paradoja de que la no libertad en el supuesto de hecho es compatible con la libertad en dicho supuesto. Nótese, sin embargo, que si bien la causa de que la prestación sea coactiva es que no haya libertad del ciudadano en la realización del presupuesto de hecho, ello no quiere decir que la relación negocial constitutiva de dicho presupuesto de hecho deje de ser "formalmente" una relación negocial basada en el acuerdo de voluntades. Pero con ese "formalmente" estamos ya ante lo que la doctrina civilista denomina "figuras de dudoso carácter negocial"[15] o a las que se refiere como "las trasformaciones modernas de la dogmática contractual",[16] según la cual las actuales relaciones económicas, basadas en la producción y consumo en masa de bienes y servicios, conducen a una contratación igualmente en masa que coloca al solicitante del bien o del servicio en una posición de: o prestar su adhesión a las cláusulas contractuales, o rehusar del bien o del servicio. Y, dentro de estos contratos de adhesión, "es todavía posible efectuar una diferenciación según que se trate de bienes y servicios imprescindibles para la vida cotidiana (por ejemplo, el suministro de agua corriente o de energía eléctrica), en los cuales la aceptación del contenido predispuesto resulta forzada por la necesidad de los bienes sobre los que el contrato versa, y otros, que, sin referirse a bienes de consumo o de uso necesario, se contraen a bienes cuya adquisición aparece impuesta por lo que se llama el nivel o calidad de vida (por ejemplo, electrodomésticos, automóviles, viviendas)". Para estas situaciones ha reservado la doctrina iusprivatista la denominación de "contrato forzoso" o "hipótesis de constitución forzosa y heterónoma de relaciones jurídicas de Derecho privado", aunque también ha tenido que llegar a la conclusión de que "querer reducir estas hipótesis a figuras contractuales no pasa de ser una ficción".[17] Y no parece nada difícil reconocer la coincidencia de estas situaciones descritas y analizadas por la doctrina civilista con aquellas que el TC considera generadoras de precios públicos cuando dice que "la libertad de contratar o no contratar, la posibilidad de abstenerse de utilizar el bien, el servicio o la actividad no es a estos efectos una libertad real y efectiva" (FJ 3.*c*) y que "la abstención del consumo no equivale a la libre voluntad en la solicitud" (FJ 4.*a*), segundo párrafo).[18]

A nadie se le escapa las consecuencias que se pueden derivar de este concepto indeterminado — libertad "real y efectiva" — que el TC expresa con las siguientes palabras: "Aquellas en que el bien, la actividad o el servicio requerido es objetivamente indispensable para poder satisfacer las necesidades básicas de la vida personal o social de los particulares de acuerdo con las circunstancias sociales de cada momento y lugar o, dicho con otras palabras, cuando la renuncia a estos bienes, servicios o actividades priva al particular de aspectos esenciales de su vida privada o social". Porque, entre otras cosas, las necesidades básicas de

14. Pueden encontrarse amplias referencias sobre ello en Aguallo Avilés, A.: *Tasas y precios públicos*, cit., pp. 228 y ss.

15. De Castro, F.: *El negocio jurídico*, Edit. Inst. Nac. Est. Juríd., Madrid, 1967, p. 39, en donde, al referirse a los contratos impuestos, afirma que "modernamente, el intervencionismo administrativo (leyes de tasas, regulación del marcado) ha aumentado en términos alarmantes, y que han podido justificar la aseveración de una crisis de la autonomía privada"; hasta tal punto, concluye, que "la práctica de los contratos impuestos ha sido censurada como hipócrita, en cuanto que vela medidas intervencionistas" (p. 42).

16. Díez Picazo, L.: *Fundamentos del Derecho civil patrimonial*, Edit. Civitas, 4ª edic., Madrid, 1993, v. 1º, pp. 130 y ss.

17. Díez Picazo, L.: *Fundamentos de Derecho civil patrimonial*, cit., p. 135.

18. Hace ya años García de Enterría afirmaba, ante el servicio de los transportes públicos urbanos, que la consideración de la voluntariedad de su uso para justificar un tratamiento casi comercial de sus prestaciones carecía de significación, argumentando que "la libertad de usar o no el servicio es ilusoria, pues significa la libertad de renunciar a una parte fundamental de la vida social", en "Sobre la naturaleza de la tasa y las tarifas de los servicios públicos", *Rev. Admin. Públ.*, núm. 12 (1953), p. 138.

cada persona pueden ser extraordinariamente diferentes, hasta tal punto que en unos casos darán lugar a prestaciones coactivas y en otros no; y lo mismo puede decirse de las circunstancias de lugar.

2º) La actuación monopolística del ente público

Este es un requisito complementario del anterior. En efecto, también estaremos ante una actuación no libre del particular cuando resulte que el bien, el servicio o la actividad no la puede prestar nadie que no sea el ente público. Es un grado más débil de coacción, si se quiere, ya que puede ser que la actividad no sea obligatoria ni imprescindible pero es una actividad que se dirige a satisfacer una necesidad que no puede ser satisfecha por nadie que no sea el ente público monopolista. Y la precisión del TC en este caso también es de importancia ya que abarca a todos aquellos casos en que estén "los entes públicos en posición de monopolio de hecho o de derecho" (FJ 3.*c*). El supuesto de hecho que se deriva de esta manifestación del Tribunal es más amplio que el contenido en la expresión utilizada por el originario artículo 24.1.*c*) al referirse a "servicios en los que esté declarada la reserva a favor del sector público conforme a la normativa vigente". Y al incluir el monopolio de hecho también se podrán producir situaciones muy desiguales en los distintos lugares ya que una misma actividad, desarrollada a través de idéntica forma de gestión, será monopolista de hecho en un sitio y no en otro, dando lugar a una prestación coactiva en el primer caso pero no en el segundo; y ello, además, sólo hasta el momento en que el monopolio de hecho desaparezca, porque si la actividad privada decide actuar ya nos encontraremos ante una actividad concurrente.

D) La adecuación de las anteriores características exigidas a las prestaciones patrimoniales públicas del artículo 31.3 CE a las figuras de precios públicos del artículo 24 LTPP

Una vez establecidas por el Tribunal las características que el artículo 31.3 exige a las prestaciones patrimoniales públicas para las que el propio texto constitucional requiere reserva de ley en cuanto que son de carácter coactivo, la comparación con las figuras de los precios públicos del artículo 24 es, en parte, relativamente sencilla.

Por lo que se refiere al dominio público (FJ 4.*a*) hay que destacar que para el TC lo decisivo no es que la utilización o aprovechamiento del mismo tenga que ser solicitada y que sea la actividad de la administración accediendo a ello lo que genere la obligación de pagar una prestación patrimonial pública — que hasta la LTPP era típicamente constitutivo de una tasa — sino que el demanio sea monopolio de los entes públicos y que el ciudadano no es libre de solicitar ese aprovechamiento o utilización del mismo a nadie distinto a un ente público. Esto plantea la incógnita de si, una vez declarado inconstitucional el precio público por la utilización privativa o el aprovechamiento especial del dominio público del artículo 24.i.*a*), no tendrá necesariamente que reconducirse la prestación a la figura de la tasa o podrá establecerse una prestación patrimonial pública que ni sea tasa ni sea de las que quedan en la LTPP después de la STC 185/1995, sino que sea de estas prestaciones que, habiendo quedado al margen de la LTPP, sí que necesariamente tienen que cumplir con el principio de reserva.

Lo mismo cabe decir en relación con los servicios públicos postales (FJ 4.*b*). No es obligado que la prestación que, a partir de ahora, se exija por ellos sea una tasa, sino que, al igual que en el caso del dominio — ya que ambos son casos de monopolio, según el TC —, podrá dar lugar a una prestación patrimonial pública reservada a ley.

Y como en todos estos casos no hay en la actualidad disciplina jurídica alguna que regule estas innominadas figuras contributivas es dudoso que los límites cuantitativos que hoy existen en el ordenamiento para su cálculo les puedan afectar. Y ello tanto por abajo (el "como máximo" de las tasas) como por arriba (el "como mínimo" de los precios públicos del nuevo art. 24 LTPP). De ser todo esto así, estaríamos ante otra sorprendente paradoja: mientras que los precios públicos a los que se refiere y regula la LTPP después de la STC 185/1995 tienen que calcularse cubriendo como mínimo los costes económicos y, según vimos en anterior apartado, la concurrencia del sector privado puede obligar a que el ente público tenga que dejar de prestar el servicio o actividad por no poder cubrir dichos costes, los precios públicos que quedan al margen de la LTPP y que no se reconviertan en tasas, al no tener ningún tipo de regulación podrán determinar su cuantía con total libertad, con la exclusiva condición de que se haga por el órgano representativo que sea competente para cumplir con la exigencia de la reserva de ley.

En relación con el tercer supuesto de precios públicos que preveía el artículo 24.1.*c*) de la LTPP, al estar definido por una serie de criterios y no por una realidad objetiva (dominio público, servicios postales) exige un análisis en principio más complejo. De todos modos, de las tres condiciones que el TC establece (FJ 4º, párrafos diez, once y doce), la primera engloba a las dos segundas y, en última instancia, sólo si se dan conjuntamente las circunstancias de que la actividad o servicio prestado por el ente público sea de solicitud voluntaria por el particular y el ente público no tenga el monopolio de esa actividad o servicio nos encontraremos ante una prestación patrimonial pública ajena a las que se refiere el artículo 31.3 CE. En cuanto a que la solicitud por el particular sea libre y voluntaria quiere decir — como dos significados de esa libertad — que ni sea obligatoria o legalmente impuesta ni que sea imprescindible; para decirlo en sentido inverso, basta que la actividad del ente público sea exigida legalmente o imprescindible — o ambas cosas conjuntamente, desde luego — para que ya no sea libre y, por lo tanto, constituya una prestación patrimonial pública del artículo 31.3 CE.[19]

Estos dos significados de la libertad o voluntariedad tienen que coincidir con el segundo requisito, el del monopolio. Se tienen que dar ambas condiciones (libertad y no monopolio) para que la obligación no sea coactiva y la prestación que se pague por la actividad sea una prestación patrimonial ajena al artículo 31.3 CE y consecuentemente al principio de reserva; en cuanto una de estas condiciones no se dé (y la de la libertad en alguna de sus dos significaciones: no exigibilidad legal, no ser imprescindible), la obligación será coactiva y la prestación que se pague por la actividad será una prestación patrimonial de carácter público del artículo 31.3 CE y consecuentemente sujeta al principio de reserva. Como se ve, el cambio de que las condiciones fuesen alternativas en la LTPP a que sean cumulativas en la STC 185/1995, produce la consecuencia de que, según la primera, bastaba que faltase uno de los requisitos para entrar en la figura de precio público en ella regulados, mientras que, según la segunda, basta que falte uno de los requisitos para salir de la figura de precio público del artículo 24 resultante de la sentencia y entrar en la del precio público identificado con las prestaciones del artículo 31.3 CE y que, como reiteradamente se ha dicho, queda carente de regulación en nuestro ordenamiento jurídico en estos momentos.

VII — Reubicación de los supuestos excluidos de los precios públicos del artículo 24 LTPP

En los párrafos anteriores se acaba de plantear el problema. En efecto, en relación tanto al aprovechamiento especial del dominio público y de los servicios postales, como en la utilización de todos los servicios y actividades en los que no se dé conjunta-

19. Las combinaciones posibles de estas dos significaciones de la libertad del particular al provocar la actuación del ente público son cuatro: 1) Exigida legalmente e imprescindible: sujeta al artículo 31.3 CE; 2) No exigida legalmente pero imprescindible: sujeta al artículo 31.3 CE; 3) Exigida legalmente pero no imprescindible: sujeta al artículo 31.3 CE; 4) No exigida legalmente ni imprescindible: queda al margen del artículo 31.3 CE.

mente el requisito de libertad y concurrencia, la duda surge ante la pregunta de si van a poder — o tener — que volver a la figura de la tasa o si, por el contrario, van a permanecer como prestaciones patrimoniales coactivas innominadas hasta el momento en que se les dé no tanto un nombre cuanto un determinado régimen jurídico (de cuantificación, de exigibilidad, de sanciones, etc.).

La dificultad de que dichos supuestos vuelvan a reintegrarse en la figura de las tasas deriva, en primer lugar, del concepto de tasa que la propia LTPP elaboró para hacerlo coincidente con el de precio público. En la Ley 8/1989 se abordaban las tasas desde dos puntos de vista: por un lado, su artículo 13 estableció una lista de servicios y actividades cuya realización da lugar a una tasa y que a pesar del término utilizado ("podrán establecerse tasas"), que parece otorgar una habilitación discrecional, a mi juicio suponía una determinación de supuestos de hecho que necesariamente dan lugar a este tipo de tributos, con independencia de las incongruencias que la doctrina enseguida detectó (por ejemplo, en cuanto a los servicios académicos); por otro lado, en su artículo 6º se establecían en términos generales los requisitos de la definición de tasa, consistente en la acumulación de dos condiciones: la no libertad y el monopolio. Pues bien, después de la STC 185/1995 resulta que tanto las condiciones de la tasa como del precio público son de carácter acumulativo pero de sentido opuesto, es decir, para la tasa la no libertad y el monopolio y para el precio público la libertad y el no monopolio. ¿Qué ocurrirá cuando únicamente se dé uno de los requisitos: no libertad o monopolio, libertad o monopolio? Porque mientras, según el TC, estos casos son supuestos de prestaciones coactivas, según la definición de tasa del artículo 6º LTPP no son supuesto de tasa.

En consecuencia, para que todos estos supuestos excluidos del precio público, tal como queda después de la STC 185/1995, puedan volver a constituir un supuesto de tasa, habrá necesariamente que rehacer el concepto de esta figura, haciendo desaparecer el requisito de acumulación de las dos características y dejándolo en requisitos alternativos. Pues desde el punto de vista de la definición de tasa del artículo 6º LTPP — invariada, dado que no fue objeto de impugnación constitucional — darán lugar a un precio público de los anteriores a la STC 185/1995; y desde el punto de vista de la definición de precio público posterior al pronunciamiento constitucional no pueden dar lugar a un precio público del nuevo artículo 24 LTPP.

Sí es posible, a mi entender, reconducir a tasa, sin que se planteen los problemas apuntados, tanto el antiguo precio público por el aprovechamiento especial del dominio público como el de los servicios postales. En estos dos supuestos, según ya quedó expuesto, la decisión legislativa de someterlos a precios públicos no supuso que en ellos se diesen las características exigidas por la propia LTPP para la configuración de los mismos; fue una decisión legislativa desconectada de los criterios que la propia ley establecía para la realización de actividades o prestación de servicios. Ante tal desconexión inicial, creo que nada impide que pueda darse una reconversión de estas prestaciones, en estos casos, en tasas con independencia de que se modifique o no la definición del artículo 6º LTPP.

En cualquier caso, el legislador estatal tendrá que "reordenar" — como dice el Decreto-ley 2/1995 — este tipo de prestaciones expulsadas del ordenamiento. Y probablemente tendrá que hacerlo reformulando el concepto de tasa del artículo 6º LTPP, del artículo 26 LGT y del artículo 7.1 LOFCA.

VIII — Ámbito del principio de legalidad en los precios públicos

A) Su limitación por vía indirecta

Lo primero que hay que señalar en este punto es que necesariamente nos tenemos que referir a los precios públicos que consistan en prestaciones patrimoniales públicas de carácter coactivo, es decir a los precios públicos excluidos de la LTPP. Y sólo nos podemos referir a ellos porque son los únicos que según el TC quedan sujetos a la exigencia de la reserva de ley del artículo 31.3 CE. Pero lo que ocurre es que el análisis de los requisitos o el ámbito que dicha reserva abarca en este tipo de prestaciones hay que averiguarlo siguiendo la doctrina y razonamientos que el TC hace en relación a los precios públicos que regulaba originariamente la LTPP. En este sentido, cuando el Tribunal nos diga que determinados elementos del precio público, al ser prestación coactiva, tienen que ser regulados por ley, sólo se estará refiriendo precisamente a los que son coactivos y no a los que no tienen esta condición. Y como en la LTPP, después de la STC 185/1995, no queda ningún precio público que cumpla tal condición, que sea coactivo, esta doctrina sobre el ámbito del principio de legalidad sólo será aplicable a los precios públicos expulsados del ordenamiento jurídico, doctrina que habrán de cumplir para poderse integrar de nuevo en el mismo con plena legitimidad constitucional.

Al no declararse inconstitucional el procedimiento de establecimiento y regulación de los precios públicos a los que hace referencia la LTPP — y en particular su art. 3.4 — los precios públicos del nuevo artículo 24 podrán, y deberán, regirse por dichas normas. Si antes señalé que con la STC 185/1995 se crea una figura de precio público no sujeto al principio de reserva que se acerca al precio privado — ya que su supuesto de hecho se delimita por la libertad de la actuación del particular y por el no monopolio de la actividad por parte del ente público —, no podrá esta nueva figura dejar de cumplir y adecuarse a todos y cada uno de los requisitos que la LTPP establece, incluida la posibilidad de su cobro por la vía de apremio (art. 27.6 LTPP), lo cual no deja de ser un tanto absurdo. Pues bien, lo que ocurre, en definitiva, es que la privatización del supuesto de hecho, para hacerlo no coactivo, no ha supuesto la modificación de las reglas más significativas de la autotutela y ejecutoriedad de su régimen jurídico; ello explica, según vimos con anterioridad, cómo de la doctrina del TC se deriva que no son incompatibles estas manifestaciones de coacción, que podríamos llamar externa (para el caso de incumplimiento de la obligación), con la voluntariedad del ciudadano de provocar la actividad del ente público aceptando dichas consecuencias.

B) Distintas relatividades del principio de legalidad

Una segunda observación que entiendo de interés hacer es que la doctrina del TC sobre los límites del principio de legalidad, al hacerse respecto de una ley estatal y para precios públicos de esta naturaleza, está enjuiciando las relaciones entre Cortes Generales y Gobierno de la Nación, es decir relaciones de carácter horizontal que afectan al funcionamiento del principio de legalidad entre poder legislativo y poder ejecutivo del mismo nivel, el estatal en el sentido de Administración General del Estado o Administración central. No, por tanto, a las relaciones de carácter vertical entre poder legislativo estatal y poder normativo de las Corporaciones Locales. Porque la doctrina que el TC ha ido elaborando a lo largo de los años sobre el principio de legalidad tributaria — ahora sobre la legalidad de las prestaciones patrimoniales públicas coactivas — y su carácter constitucional de "reserva relativa" y "flexible" lo ha sido, fundamentalmente,[20] a partir de

20. De las siete sentencias citadas en el FJ 5º de la STC 185/1995, dos hacen referencia a problemas de función pública y reforma de la Administración (STC 60/1986, STC 99/1987), otra no se me alcanza a ver qué relación tiene con el caso (STC 79/1985, recurso de amparo en materia laboral). Las otras cuatro sí se refieren al principio de reserva de ley en materia tributaria, pero una de ellas lo es en el sentido que en el texto llamo horizontal (STC 37/1981, relación Asamblea-gobierno de Comunidad Autónoma y en relación a una tasa), otra a la utilización del Decreto-ley (STC 6/1983), y finalmente dos sobre el poder tributario de los municipios en cuanto a la determinación de un elemento de cuantificación del tributo (STC 179/1985 respecto de los

situaciones de las que he llamado verticales (poder tributario de los municipios), en figuras coactivas consistentes en impuestos y, por último, en relación a elementos de cuantificación de las prestaciones (tipos impositivos[21]). A mi entender todo ello no se puede perder de vista porque quizá el ámbito del principio constitucional de reserva de ley tributaria debiera ser interpretado, en su relatividad, de manera distinta, o con relatividades distintas, según sea el objeto de enjuiciamiento constitucional. Relatividad respecto a tres puntos: 1º) el tipo de relación, horizontal (entre un poder con representatividad política y competencia normativa y su poder ejecutivo y su administración) o vertical (entre poderes representativos políticamente y con competencia normativa pero de distinto nivel); 2º) el tipo de prestación patrimonial pública coactiva (impuestos — y, dentro de ellos, las diferencias pueden ser sustanciales — , tasas, contribuciones especiales, prestaciones patrimoniales coactivas, precios públicos voluntarios); 3º) los distintos momentos de la vida de una prestación (creación, aplicación o exigibilidad) y los distintos elementos, cualitativos (hecho imponible, sujetos, exenciones) y cuantitativos (bases imponibles, tipos de gravamen), necesarios para su efectividad.[22]

En su función de ir delimitando con mayor precisión en qué consiste esta "reserva relativa" en la legalidad tributaria, considero que la STC 185/1995 es restrictiva al plantearlo (FJ 5º) como una relación Ley-Reglamento en cuanto al grado de colaboración que éste pueda tener con aquélla, pues si bien admite que esta colaboración "estará en función de la diversa naturaleza de las figuras y de los distintos elementos de las mismas", en el caso de los precios públicos coactivos "esta colaboración puede ser especialmente intensa en la fijación y modificación de las cuantías... En cambio, esta especial intensidad no puede predicarse de la creación *ex novo* de dichas prestaciones". La citada reserva relativa de ley queda, pues, circunscrita al elemento de cuantificación.[23]

En cuanto a la creación *ex novo* de la prestación, y siguiendo con el esquema de relación Ley-Reglamento, podemos considerar que el FJ 6º de la STC 185/1995 realiza un importante avance de carácter metodológico en el análisis del problema que,

recargos municipales en el Impuesto estatal sobre la Renta de las Personas Físicas, y STC 19/1987 en relación a los tipos de gravamen en las antiguas Contribuciones municipales sobre la riqueza rústica y urbana). Es de extrañar, sin embargo, que no utilice en apoyo de sus tesis la STC 221/1992, sobre el Impuesto municipal que grava el incremento de valor de los terrenos.

21. El debate constitucional arrancó de los artículos 8º y 13 de la Ley 24/1983, de 21 de diciembre, de medidas urgentes de saneamiento y regulación de las Haciendas Locales. Las posturas de los distintos grupos políticos en los debates parlamentarios y las reacciones del TC en sus sentencias pueden verse en mi colaboración "El tipo de gravamen", en *Comentarios a la Ley General Tributaria y líneas para su reforma (Libro-homenaje al prof. Sainz de Bujanda)*, Edit. Inst. Est. Fisc., Madrid, 1991, v. I, pp. 885 y ss.

22. Esta relatividad ya se ha utilizado por el Tribunal Superior de Justicia de Extremadura en su reciente Sentencia de 22 de enero de 1996 sobre la modificación de un precio público municipal sobre tránsito de ganado realizada por Ordenanza del Pleno del Ayuntamiento, del que se pretendía su anulación a lo cual se opone el TSJ al considerar que no puede trasladarse mecánicamente la doctrina de la STC 185/1995 sobre la LTPP al artículo 41 de la LHL porque "la colaboración ley y reglamento en el ámbito local alcanza unos perfiles singulares".

23. La reserva relativa consistente en dar entrada a la colaboración reglamentaria para la regulación de elementos de cuantificación de la prestación ya había sido admitida, aparte de en las sentencias que cita la STC 185/1995, en la STC 221/1992 sobre el artículo 335.5 del Texto Refundido de Régimen Local (Real Decreto Legislativo 781/1986) que preveía que el Gobierno discrecionalmente podía regular la corrección monetaria del valor inicial en el Impuesto sobre el incremento de valor de los terrenos, amparándose en su anterior doctrina de la STC 6/1983, STC 179/1985 y STC 19/1987. Es importante en esta STC 221/1992 el voto particular del Magistrado Rodríguez Bereijo, que niega legitimidad constitucional para que el Gobierno pueda discrecionalmente revisar dichas cifras, precisamente para mantener la congruencia de la definición legal del hecho imponible y de la base imponible en este impuesto concreto, congruencia que convierte aquella corrección monetaria en un elemento esencial del tributo.

sin embargo, supone, a mi entender, una evidente restricción si se aplica sin las oportunas matizaciones dependiendo de la estructura y finalidad de cada prestación patrimonial coactiva.[24] La sentencia hace una gradación descendente en tres escalones: 1º) la previsión de la figura y la definición de los elementos esenciales del precio público de forma "abstracta"; 2º) la "creación concreta o establecimiento" o la "creación de los tipos concretos de los precios públicos"; 3º) el "establecimiento y aplicación de los diversos tipos de precios ya creados". De estos tres momentos, la reserva de ley afecta inexorablemente a los dos primeros: "entre la previsión abstracta de la categoría de los precios públicos y el establecimiento y aplicación a los casos concretos de los diversos tipos de precios debe existir una *interpositio legislatoris*, creando los tipos concretos de precios públicos". De ahí que todos los precios públicos coactivos van a requerir esa *legislatoris* para la creación ya no sólo de la figura abstracta — que, repitámoslo una vez más, ahora no existe —, sino también para la "creación de los tipos concretos", que es a lo que se refiere, según el TC, al término "establecimiento" utilizado por el artículo 3.4 LTPP de modo constitucionalmente incorrecto.

A qué pueda referirse el TC con este término "tipos concretos" supongo que constituirá la incógnita a despejar. A estos efectos, sí se sigue una línea de interpretación restrictiva que ponga el acento en el término "concretos" nos podemos encontrar con un absoluto bloqueo de la actividad parlamentaria de las Cortes Generales que tendrían que empezar por "interponer su ley" en todo el cúmulo de prestaciones patrimoniales coactivas existentes en nuestro ordenamiento, no sólo los precios públicos sino también, y con mayor razón, en todas las cientos de tasas convalidadas por vía de Decretó durante los años sesenta como consecuencia de la Ley de Tasas y Exacciones Parafiscales de 26 de diciembre de 1958. Si por el contrario — como entiendo que debería de ocurrir — se pone el acento en el término "tipos", ello podría permitir la elaboración de supuestos de hecho de carácter genérico que podrían ser desarrollados a través de supuestos de hecho específicos. Se trataría de aplicar aquí, con mayor justificación y sentido que en otro tipo de prestaciones coactivas, la distinción entre hechos imponibles genéricos y específicos, que la doctrina[25] y la legislación[26] conocen, con el fin de que la *interpositio legislatoris* cubra el principio de tipicidad genérica y no tenga que entrar en la regulación o descripción específica de todos y cada uno de los supuestos de hecho que dan lugar a las prestaciones patrimoniales coactivas de esta clase. Pero al hacer esta interpretación no se puede olvidar que la propia sentencia, poco antes, había limitado la flexibilidad del principio de reserva sólo a las cuantías, sobre lo cual se extiende en los párrafos tres y cuatro del FJ 4.*c*) en el que considera que la fijación o modificación de las cuantías de los precios públicos de la LTPP por el sistema de su artículo 26.1 (por Orden del Departamento Ministerial o directamente por el Organismo autónomo de carácter comercial, industrial o financiero) es adecuado a la Constitución por entender que se acomoda al principio de reserva relativa de ley.

C) La necesaria construcción de un concepto constitucional de tributo a partir de la función del principio de reserva de ley

Puede llamar la atención la relación que el Tribunal establece entre el principio

24. En este tema hay que tener muy clara la dificultad que se plantea con las palabras y los términos constitucionales: ¿Qué es "establecer"? ¿Qué es "crear"? ¿Qué es "exigir"? ¿Qué son "elementos esenciales? ¿Qué es "aplicar"?

25. Distinción formulada por Sainz de Bujanda F., "Estructura jurídica del sistema tributario", en *Hacienda y Derecho*, v. III, Edit. Inst. Est. Polít., Madrid, 1961, p. 292; también en "Concepto del hecho imponible", en *Hacienda y Derecho*, v. IV, Edit. Inst. Est. Polít., Madrid, 1966, p. 339.

26. Sirva de ejemplo el artículo 79 LHL que, al definir el hecho imponible del Impuesto sobre Actividades Económicas, se remite a las actividades "especificadas" en las Tarifas del impuesto.

de "legalidad tributaria" y las "prestaciones patrimoniales de carácter público". En efecto, si bien, por un lado, afirma que no son necesariamente "sinónimas la expresión *tributos* del artículo 133.1 CE y la más genérica de *prestaciones patrimoniales públicas* del artículo 31.3 CE" (FJ 3º, primer párrafo), por otro se pone como finalidad del proceso constitucional "precisar el alcance de ese concepto de prestación patrimonial de carácter público que constituye el objeto de la reserva de ley tributaria" (FJ 3º, párrafo segundo). De ambas proposiciones se desprende la posible contradicción: la prestación patrimonial pública *no es un tributo* y, sin embargo, está sujeta a los requisitos del principio de *legalidad tributaria*. Basta leer los FFJJ 5º y 6º para darse cuenta que, el primero, está dedicado al análisis de los condicionamientos constitucionales del principio de legalidad tributaria y a la doctrina del TC sobre el mismo, mientras que el segundo tiene por finalidad ver si este principio de legalidad tributaria se cumple o no en los precios públicos. Pero el propio Tribunal da una explicación convincente de ello: "la imposición coactiva de la prestación patrimonial o, lo que es lo mismo, el establecimiento unilateral de la obligación de pago por parte del poder público sin el concurso de la voluntad del sujeto llamado a satisfacerla es, pues, en última instancia, el elemento determinante de la exigencia de reserva de ley" (FJ 3º, párrafo cuarto). Y lo que ocurre es que en el seno de la CE este término (legalidad tributaria) es el único que encontramos, directa o indirectamente, por estar referido a una peculiar figura (el tributo) pero que no es la única figura que pueda existir y que responda a aquel esquema de obligación unilateral impuesta coactivamente. Por lo tanto, dicho término se utiliza — y se va a tener que seguir empleando — como equivalente a principio de legalidad de las prestaciones patrimoniales públicas de carácter coactivo. De ahí que, desde el punto de vista de la reserva de ley, parece necesaria la construcción de un concepto constitucional de tributo que abarque no sólo las tradicionales figuras de tributo sino todas las otras manifestaciones que respondan a esa misma estructura obligacional. A estos efectos cabe hacer las tres consideraciones siguientes.

1º) Los "tributos" en la CE

La CE utiliza el término tributo en distintas ocasiones: en el artículo 31.1 ("sistema tributario"), en el artículo 133.1, 2 y 3 ("establecer tributos", "establecer y exigir tributos", "tributos del Estado"), en el artículo 134.7 ("crear tributos"), en el artículo 142 ("tributos propios"), en el artículo 157.1.*b*) ("propios impuestos, tasas y contribuciones especiales"). Lo primero que cabe observar es que unas veces utiliza el genérico — tributo — y en otras ocasiones las especies en que doctrinalmente y por el derecho positivo ordinario (art. 26 LGT) se dividen. Pero más importante es, en segundo lugar, ver hasta qué punto, en unas ocasiones, se utiliza el tributo o sus especies como figuras o "tipos" de ingresos y, en otras, como expresión de un determinado régimen jurídico constitucional para su establecimiento y exigibilidad. Mientras en el artículo 142 ó 157 CE está mencionando los recursos de que se nutren la hacienda local y autonómica, respectivamente, en el artículo 133.1 y 2 se regula el reparto competencial entre Estado, Comunidades Autónomas y Corporaciones Locales de dichos recursos, y en el artículo 134.7 CE el reparto competencial entre Gobierno y Parlamento en relación a la Ley de Presupuestos Generales del Estado. Es cierto que ambos aspectos están vinculados, en el sentido de que el recurso "tributo propio" no es un tipo de recurso homogéneo, en cuanto a su régimen jurídico constitucional, cuando tiene carácter local o cuando lo es de la Hacienda autonómica: probablemente la CE no quiso confundir el "tributo propio" local (art. 142 CE) con los "propios impuestos, tasas y contribuciones especiales" autonómicos (art. 157.1.*b*) CE) porque la capacidad y condicionamientos de unos u otros entes para crear sus "tributos propios" es bien diferente.[27]

Por último, si cuando la CE utiliza el término tributo — en cuanto figura o tipo de recurso — debe entenderse en los términos que hace nuestra legislación ordinaria preconstitucional (art. 26 LGT de 1963), es decir, como la suma de las tres figuras de impuesto, tasa y contribución especial y con las respectivas características que les ha asignado el legislador ordinario, es cuestión debatida tanto en la doctrina española como ya lo fue en su momento por la doctrina alemana.[28] Sí parece claro que la STC 185/1995 es de la opinión de que nuestra Constitución contempla prestaciones patrimoniales distintas a las tributarias y que, en consecuencia, encamina hacia un concepto constitucional de tributo o de prestación patrimonial pública coactiva más amplio que el de las figuras tributadas diseñadas libremente por el legislador ordinario.

2º) El concepto material de tributo a partir del artículo 31.1 de la Constitución

El TC español era consciente, desde el principio de su actividad jurisprudencial, de que existen en nuestro ordenamiento financiero determinadas "cargas" que, aunque el legislador ordinario denomine de las más diversas maneras, no pueden dejar de reconducirse a las figuras clásicas.[29] En su Sentencia de 16 de noviembre de 1981, prescindiendo de la calificación legislativa de la figura enjuiciada como un canon o tarifa por la prestación de un servicio público, no dudó en afirmar su naturaleza de tasa para someterlo a las exigencias de la legalidad tributaria. Y, siguiendo esta línea argumental, la posterior STC 3/1983, de 25 de enero, declaró inconstitucional el recargo del 20 por 100 sobre el importe de la condena que, junto con ésta, debía de consignarse para recurrir en casación laboral, porque "la naturaleza sustancial del recargo se sitúa... en el terreno de las cargas tributarias, reconociéndosele el carácter de tasa o exacción parafiscal, sin que se acomode a los principios de igualdad y progresividad que, conforme al artículo 31 de la Constitución, legitiman todo el sistema tributario".

Ya con anterioridad a la CE de 1978 se había pronunciado parte de la doctrina española sobre la existencia de un "concepto constitucional de tributo",[30] aunque ha sido después de ella cuando se ha profundizado en cuanto concepto material construido a partir del constitucional deber de contribuir al sostenimiento de los gastos públicos que no aparece compartimentado en función del tipo de gasto, de servicio o actividad que se trate de financiar y que, en consecuencia, debe de cumplir todos los requisitos materiales que el artículo 31.1 exige del "sistema tributario". Pero lo que me parece relevante resaltar en este momento es que la STC 185/1995 no entra en la calificación de los precios públicos de la LTPP desde la perspectiva de si tienen o no un fundamento contributivo, que es la

27. Ya señalé esta diferencia en "El reparto de competencias tributarias entre los distintos ámbitos de gobierno, *Civitas, Rev. Esp. Der. Fin.*, núm. 60 (1988) p. 547. La interpretación que se deriva del debate constitucional puede encontrarse en mi artículo "Contenido, instrumentos y límites de la corresponsabilidad fiscal", *Rev. Autonomies*, núm. 20 (1995) p. 22, nota 6.

28. La doctrina mayoritaria alemana (Kruse, Spanner) ha entendido que el concepto constitucional de impuesto recogido en la Constitución de 1949 es el que ya había dado la *Reichsabgabenordnung* de 1919 y da hoy la *Abgabenordnung* de 1977; frente a ella, otras posiciones (Vogel, Starck, Selmer) entienden que el concepto constitucional no puede proceder sin más de la suma de los rasgos formales delineados por el legislador ordinario ya que, de esa manera, quedaría en manos de dicho legislador, que es precisamente el primer destinatario de los preceptos constitucionales, la determinación de su alcance. Puede verse dicha discusión en Zornoza, J.: *"Proyecto docente" para la Cátedra de la Universidad de Castilla-La Mancha*, Madrid, agosto 1989, p. 192.

29. Zornoza, J.: *"Proyecto docente"*, cit., p. 202.

30. Este es el título del epígrafe V del trabajo de Vicente Arche, F.: "Apuntes sobre el instituto del tributo, con especial referencia al Derecho español", en Civitas, *Rev. Esp. Der. Fin.*, núm. 7 (1975), p. 458.

perspectiva desde la que doctrinalmente se construye el concepto material de tributo.

3º) El concepto constitucional de tributo a partir del principio de legalidad

Si bien la necesidad de ahondar en este concepto constitucional de tributo es una exigencia impuesta por la doctrina del TC en esta STC 185/1995, no es sin embargo una absoluta novedad en nuestra doctrina, que hace ya años se planteó la necesidad de dicho concepto cuando analizaba la aplicación del principio de reserva de ley a los monopolios fiscales,[31] al igual que se lo planteó a raíz de la LTPP y con anterioridad a la mencionada sentencia.[32]

De todos modos, cabe hacerse, a este respecto, una pregunta: ¿Cómo encajar que el TC, por un lado, distinga los tributos del artículo 133 CE de las prestaciones patrimoniales públicas del artículo 31.3 diciendo que éstas son más genéricas que aquéllos, al mismo tiempo que luego, según hemos visto, aplica a las prestaciones no tributarias la estructura y condiciones de legalidad de los tributos del artículo 133 CE? Porque ello nos podría conducir a una conclusión imprevista: la de que si bien las prestaciones patrimoniales públicas del artículo 31.3 CE están sujetas al principio de reserva de ley, puede que lo estén de manera distinta a la que se desprende del reparto competencial que se hace en el artículo 133 sólo respecto de las figuras tributarias. De seguir esta hipótesis, podríamos obtener un resultado no muy ortodoxo pero razonable y, quizá, útil: el de que el consentimiento para establecer prestaciones patrimoniales públicas coactivas distintas a los tributos no se tiene, constitucionalmente, que regir por el reparto competencial del artículo 133 CE (poder originario-poder derivado), sino que debe regirse por cualquier fórmula que permita hacer realidad el fundamento que, según el TC, históricamente da origen al principio de legalidad tributaria y que no es otro que el de "que las prestaciones que los particulares satisfacen a los entes públicos sean previamente consentidas por sus representantes" (FJ 3º, párrafo tercero). Si bien esta interpretación sería favorable, por ejemplo, para solucionar el problema de los precios públicos de los entes locales, soy consciente también del problema que esta vía puede originar: si el sometimiento a reserva de ley de los precios públicos se cumple desde el momento en que sean consentidos por los representantes de los que tienen que satisfacerlos — sin que ese consentimiento quede sujeto a las reglas competenciales del art. 133 CE porque éste se refiere a los tributos — podría existir la tentación de cambiar la naturaleza de la figura para, dejando de ser impuesto, tasa o contribución especial del artículo 133 CE, pasara a ser prestación patrimonial pública del artículo 31.3 CE, y, en consecuencia, a estar sujeta a las exigencias del principio de reserva que se desprenden de dicho artículo.

IX — Consecuencias que produce la nueva figura de precio público coactivo en los ordenamientos estatal, autonómico y local

A) Dos cuestiones previas que quedan pendientes: los entes públicos y el régimen de Derecho público

Antes de entrar a ver algunos de los efectos que el nuevo concepto de precio público puede producir en los distintos ordenamientos, hay que señalar que la STC 185/1995 que venimos comentando no hace referencia alguna ni a qué deba entenderse por ente público ni a los efectos que puede producir el que la actividad o el servicio se preste "en régimen de Derecho público", según establecía — y sigue estableciendo — el artículo 24.1 LTPP. Es hasta cierto punto lógico que nada diga sobre ello el TC. En primer lugar, porque nadie se lo

31. Pérez Royo, F.: "Fundamento y ámbito de la reserva de ley en materia tributaria", en *Rev. Hac. Públ. Esp.*, núm. 14 (1972), pp. 207 y ss.

32. Zornoza, J.: *"Proyecto docente"*, cit., p. 193.

había planteado; en segundo lugar, porque ante el concepto material de precio público coactivo que adopta, en el que son fundamentales conceptos tales como "libertad real" o "monopolio de hecho", desaparece absolutamente la relevancia de la forma a través de la cual realice el "poder público" la actividad o preste el servicio. Tendrá que ser, en consecuencia, a partir de otra doctrina establecida por el propio Tribunal[33] a través de la que habrá que reconstruir este concepto de ente público. Nuestro TC no utiliza, por lo tanto, el argumento empleado por el Tribunal italiano de que sea un "acto de autoridad" lo que dé lugar a la coacción,[34] sino que ésta deriva del presupuesto de hecho del precio público el cual puede producirse con sus consecuencias coactivas independientemente de que la voluntad administrativa sea la de ejercer un tal acto de autoridad, "manifestación de autoridad" que ha desaparecido del artículo 24.1.*c*) LTPP a raíz de la sentencia. E incluso podría pensarse que para nuestro TC estos presupuestos de hecho no libres y monopolísticos suponen, de forma inductiva, no sólo que la prestación es coactiva sino también que su establecimiento implica un acto de autoridad.

En cualquier caso, la propia LTPP, al determinar el sujeto competente para fijar o modificar las cuantías de los precios públicos (art. 26.1) menciona no sólo a los "Departamentos Ministeriales del que dependa el Órgano o Ente que ha de percibirlos y a propuesta de éstos", sino también "directamente por los Organismos Autónomos de carácter comercial, industrial o financiero, previa autorización del Ministerio del que dependan". Todo parece indicar que será indiferente la forma subjetiva a través de la cual actúe el ente público a efectos de calificar como coactivo o no — y, consecuentemente, sujeto o no al principio constitucional de reserva — lo que reciba de los particulares por la actividad o el servicio que les preste. Lo mismo cabe decir, a mi entender, de la expresión "régimen de Derecho público", expresión que en nuestro ordenamiento actual ha alcanzado un grado de ambigüedad notable ya que en un mismo ente se dan conjuntamente regímenes jurídicos de Derecho público y privado según a qué efectos se trate (régimen de contratación, régimen de personal, régimen de retribuciones, régimen presupuestario, régimen de integración en los Presupuestos Generales del Estado, etc.[35]).

B) *Consecuencias en el ordenamiento estatal: el Real Decreto-ley 2/1996*

La mayor parte de las consecuencias que en relación a los precios públicos esta-

33. Esencialmente STC 35/1983 y STC 14/1986. En la primera de ellas se concedió el amparo constitucional frente a la denegación por "Televisión Española, S/A", de una solicitud de rectificación de una noticia que afectaba al derecho al honor, considerando a dicha sociedad anónima como "poder público" a efectos del artículo 41 LOTC; en la segunda, se declaró inconstitucional la regulación hecha por la "Ley de Principios Ordenadores de la Hacienda General del País Vasco" de 1983 de la figura de la llamada "sociedad pública especial" por ser ello competencia estatal al formar parte, aunque tuviese forma de sociedad mercantil, del régimen jurídico de las Administraciones públicas. Doctrina constitucional a la que no es ajena la "doctrina del levantamiento del velo" — de una sociedad anónima municipal para llegar a declarar la responsabilidad del Ayuntamiento — de nuestro Tribunal Supremo desde la STS de 28 de mayo de 1984. Y, en el mismo orden de cosas, las Sentencias del Tribunal de Justicia de las Comunidades Europeas sobre las relaciones del sector público y sus entes instrumentales de 16 de junio de 1987 y de 17 de octubre de 1988.

34. Aguallo Avilés, A.: *Tasas y precios públicos*, cit., p. 230.

35. No es posible en la actualidad explicar el régimen jurídico del conjunto inextricable de entes públicos existentes en nuestro ordenamiento a no ser a través de la tesis del "ordenamiento singular", que el mismo TC ha tenido que acoger (STC 26/1981, STC 37/1981) pues la única clasificación existente es la que se deriva de los artículos 4º y 6º de la Ley General Presupuestaria, clasificación a la que no se le puede pedir que explique fenómenos más allá de los regulados en la Ley en la que dicha clasificación se contiene. Sirva como ejemplo de ello el del *Informe sobre la Gestión Económico-Financiera del Gasto Público en España* (Secretaría de Estado de Hacienda, Madrid, 1993, p. 63) para el que, al analizar la situación actual y tendencias — claramente centrífugas — de la Administración pública española, no le es útil la clasificación del artículo 6º de la LGP sino que necesita

tales se derivan de la STC 185/1995 ya han quedado expuestas a lo largo de los epígrafes anteriores habida cuenta que la citada sentencia se refiere a la LTPP estatal. Sin embargo, algún comentario merece la reacción que ante tal sentencia ha tenido el Estado y que se concreta en el Real Decreto-ley 2/1996, de 26 de enero.

En su exposición de motivos se dice que la pretensión del Decreto-ley es la de "dotar de cobertura legal a las situaciones actuales nacidas al amparo de la Ley 8/1989, que se ven afectadas por la sentencia del Tribunal Constitucional". Del texto de su artículo 1º se desprende que esta "cobertura legal" pretende abarcar tres cosas: la creación de los precios públicos, la regulación de los obligados al pago y demás elementos que configuran las distintas prestaciones, y la cuantía exigible por las mismas. En principio parecen muchas pretensiones. Veámoslas por separado.

l) Que una vez expulsados del ordenamiento por la sentencia los precios públicos coactivos precisan de una norma legal para volver a entrar en él, parece algo indiscutible. No parece tan claro que esta norma pueda ser un Decreto-ley. En efecto, estamos ante una "creación" de precios públicos a través de un instrumento cuya utilización está limitada de manera radical por el artículo 86.1 CE a pesar de la flexibilidad con que lo ha entendido el propio TC (STC 111/1983). Lo que no parece posible admitir, desde ninguna de las posiciones que se han formulado en torno a la posibilidad de utilización del Decreto-ley en materia tributaria, es que con él se pueda introducir una figura consistente en una prestación patrimonial pública de carácter coactivo, y mucho menos si se sigue la tan criticada doctrina contenida en la STC 6/1983, según la cual queda vedado al Decreto-ley cualquier materia cubierta por el principio de legalidad.

acudir a las normas propias de cada entidad para encontrar en ellas el régimen jurídico aplicable a cada una de sus operaciones o relaciones.

2) Aparte de la creación de la figura abstracta, el Decreto-ley pretende, en el párrafo segundo de su artículo 1º, regular los elementos esenciales de los mismos, para lo cual hace una remisión normativa, que no se atreve a hacer de forma directa, al decir que "serán los previstos en la normativa vigente el 12 de enero de 1996" (esto es, el día en que se publicó en el BOE la STC 185/1995). Esta remisión plantea dos problemas. En primer lugar, supone una remisión a la LTPP que dio origen a estos precios públicos en su día pero que ahora, dado su nuevo artículo 24, nada tiene que ver con ellos puesto que a los de la Ley actual no les afecta el carácter de la coactividad; en segundo lugar, supone una remisión a las disposiciones reglamentarias que se fueron dictando al amparo de la LTPP, y que se recogen en el anexo del Decreto-ley, siendo todas ellas Ordenes Ministeriales, con excepción de un Real Decreto. Normas que no puede entenderse cumplen el requisito de la *interpositio legislatoris* que con tanto énfasis exige el FJ 6.*a*) de la STC 185/1995.

3) En su celo por dar cobertura legal a estos precios, el Decreto-ley, en el tercer párrafo de este mismo artículo 1º, sujeta al principio de legalidad precisamente lo único que en la STC 185/1995 claramente era objeto de la reserva flexible y permite dar entrada a la colaboración del reglamento: las cuantías. No sólo legaliza las cuantías exigibles por dichas prestaciones — "que será la actualmente vigente" — sino que, al amparo implícito del artículo 134.7 CE, autoriza su modificación por la Ley de Presupuestos.

La conclusión sobre este Decreto-ley 2/1996 es que de las tres pretensiones que persigue, dos no las puede conseguir y la tercera no hace falta.

C) Consecuencias en el ordenamiento autonómico

Situación no menos conflictiva que la del Estado es la que se les plantea a aquellas

Comunidades Autónomas que cuenten entre sus recursos con precios públicos de iguales características a los regulados en la LTPP estatal. Es cierto que estas leyes autonómicas no han sido declaradas inconstitucionales y que, a pesar de tener idéntica redacción que la del Estado, el TC nada podía hacer sobre ellas por impedírselo el artículo 39.1 de la LOTC que únicamente permite declarar la nulidad de preceptos no impugnados por conexión o consecuencia de "aquellos otros de la misma Ley". En estos ordenamientos autonómicos, en consecuencia, sus leyes de precios públicos siguen vigentes, aunque con la evidente amenaza de que si llegan ante el Tribunal Constitucional bien directamente bien a través de los actos que se produzcan en su aplicación previsiblemente correrán la misma suerte. El carácter supletorio que "de la legislación que establezcan las Comunidades Autónomas" tiene la LTPP (disposición adicional 7ª) entiendo que no puede comunicar la inconstitucionalidad de ésta a aquéllas, pues la supletoriedad supone inexistencia de una norma, actuando la norma supletoria sólo en aquellos casos en que la Comunidad Autónoma haya legislado parcialmente sobre precios públicos y siendo supletoria la LTPP en lo no regulado por la ley autonómica. A pesar de alguna diferencia en alguna de las regulaciones autonómicas en relación a la estatal, en general se limitan a copiarla,[36] no existiendo — que yo conozca — ninguna ley autonómica sobre precios públicos de carácter tan genérico que supletoriamente le sea de aplicación la LTPP estatal en lo declarado inconstitucional de ésta, de tal forma que se pudiese pensar en la comunicación de la inconstitucionalidad a la norma autonómica. Otra situación muy diferente es la que se les plantea a las Comunidades Autónomas que no tengan en vigor una Ley de precios públicos y, sin embargo, los hayan establecido y los estén exigiendo al amparo directo de la LTPP, pues en estos casos la inconstitucionalidad de dicha Ley estatal alcanza directamente, a mi entender, a los precios públicos autonómicos no pudiendo, en lógica consecuencia, ser exigidos hasta que la Comunidad Autónoma no adopte las medidas legislativas congruentes con la doctrina sentada por el Tribunal.[37]

Adicionalmente, hay que considerar que las Comunidades Autónomas, al no poder utilizar la vía del Decreto-ley empleada por el Estado — aun con las dificultades que para éste se han puesto de manifiesto — sólo les queda la posibilidad de salir al paso de una futura declaración de inconstitucionalidad aprobando de forma inmediata nuevas leyes de precios públicos acomodadas a la doctrina y al fallo de la STC 185/1995.

D) Consecuencias en el ordenamiento local

1º. La constitucionalidad del concepto de precio público local

Al igual que en los otros ordenamientos, también en el local se tienen que plantear las consecuencias que la doctrina del TC puede producir en la regulación de sus precios públicos. Y lo primero que hay que plantearse es que al contenerse en el artículo 41 LHL un concepto prácticamente idéntico al del artículo 24 LTPP, por lo menos en cuanto a los supuestos de hecho,

36. Ley 7/1989, de 9 de noviembre (art. 17), de Castilla y León; Ley 2/1989, de 30 de mayo, de Extremadura; Ley 5/1990, de 22 de febrero, de Canarias; Ley 3/1990, de 18 de mayo (art. 27), de Castilla-La Mancha; Ley 2/1990, de 19 de diciembre (art. 1º), de Asturias; Ley 13/1991, de 9 de diciembre (art. 9º), de Galicia; Ley 33/1991, de 24 de diciembre (art. 23), de Cataluña; Ley 1/1992, de 12 de marzo (art. 19), de Madrid; Ley 3/1992, de 9 de octubre (art. 159), La Rioja; Ley 6/1992, de 23 de diciembre, de Murcia.

37. Estos son, por lo menos, los casos de Baleares y Aragón, cuyas Ley 7/1986, de 19 de noviembre, y Ley 8/1984, de 27 de diciembre, respectivamente, de Tasas de la Comunidad Autónoma, nunca han sido acomodadas a la LTPP ni sustituidas por otras en la que se prevean y regulen los precios públicos autonómicos que está exigiendo, como sí han hecho las Comunidades Autónomas citadas en norma anterior.

parece difícil que el TC adopte una postura diferente sobre la figura de los precios públicos locales distinta a la adoptada respecto de los estatales.[38] De lo contrario, es decir, si se mantuviese la constitucionalidad de todos los presupuestos de hecho de las prestaciones descritas en el artículo 41 LHL, nos encontraríamos con tres conceptos de precio público en nuestro ordenamiento: 1) los precios públicos del actual artículo 24 LTPP después de la STC 185/1995; 2) los precios públicos coactivos estatales expulsados del ordenamiento por la citada sentencia y que han pretendido ser convalidados por el Real Decreto-ley 2/1995; 3) los precios públicos locales del artículo 41 LHL. Es cierto que el TC podría, en la sentencia sobre la LHL, no declarar inconstitucional el concepto de precio público de su artículo 41 y sí declarar exclusivamente la inconstitucionalidad de su artículo 48, en la parte en que permite la aprobación de los precios públicos locales por la Comisión de Gobierno (poder ejecutivo local) por delegación del Pleno, es decir, podría hacer lo que hemos criticado que no hizo respecto de la LTPP. Mas este proceder exigiría que el TC se pronunciase en favor de la constitucionalidad de la parte del artículo 48 LHL que permite el "establecimiento y modificación" de los precios públicos por acuerdo del Pleno de la Corporación y, en definitiva, por entender que la *interpositio le*gislatoris — siguiendo el esquema del FJ 6º de la STC 185/1995 — entre la previsión de la figura y la definición de los elementos esenciales del precio público de forma abstracta, por un lado, y el establecimiento y aplicación de los diversos precios públicos ya creados, por otro, se cumple a través de la aprobación de la Ordenanza en el Pleno de la Corporación mediante la creación de los tipos concretos de los precios públicos.

Si recordamos aquella gradación descendente en tres escalones que hace la sentencia, el problema será saber si para el TC queda suficientemente cubierto por el principio de reserva el primero de ellos con la actual redacción del artículo 41 LHL, lo cual parece bien difícil en la medida en que el artículo 41 no contiene — como no lo contenía el art. 24 LTPP — norma alguna respecto a la citada reserva. Si la "relatividad" o "flexibilidad" que se pudiera predicar ahora del principio de legalidad vertical en el caso de la relación ley-ordenanza lo es hasta el punto de que la ordenanza local del Pleno que cree los tipos concretos de precios públicos pueda constituir la fuente secundaria normativa directamente derivada del actual artículo 41 LHL, las tres consecuencias que se seguirían de ello serian: 1ª) que la *interpositio legislatoris* (estatal) en la previsión de la figura y en la definición de los elementos esenciales del precio público local de forma abstracta se ve constitucionalmente satisfecha con el actual arúculo 41 LHL; 2ª) que esta *interpositio legislatoris* (estatal) es más exigente en el caso del reglamento (estatal) que en el de la ordenanza (local); 3ª) que no coincidirían los presupuestos de hecho de los precios públicos coactivos de la Hacienda estatal y de la local.

Pero si bien, por congruencia en el juicio de constitucionalidad y por las consecuencias que se seguirían al encontrarnos con figuras tan heterogéneas en nuestro ordenamiento, todo parece indicar que el TC se va a encontrar fuertemente condicionado a declarar la inconstitucionalidad del artículo 41 LHL, esta conclusión deberá ser comparada con la que se seguiría respecto de las tasas locales. Es decir, el artículo 20 LHL en el que se recoge el concepto de tasa no es más explícito que el artículo 41 de la misma LHL cuando define los precios públicos; en consecuencia, si no se admitiera que la definición de los segundos es sufi-

38. De los tres recursos de inconstitucionalidad interpuestos contra la Ley 39/1988, de 28 de diciembre, reguladora de las Haciendas Locales, uno de ellos (el promovido por el Parlamento de Cataluña) no hace referencia a los preceptos que regulan los precios públicos; el promovido por el Partido Popular impugna, entre otros, los artículos 41 a 48 de la citada Ley (BOE de 27 de abril de 1989), y el promovido por el Consejo Ejecutivo de la Generalidad de la Cataluña impugna el artículo 48.

ciente *interpositio legislatoris* para directamente desde él derivar las Ordenanzas fiscales municipales, parecería difícil admitir que sí se da una suficiente presencia del principio de reserva en la definición de aquéllos. No parece razonable hacer de peor condición — desde el punto de vista de la reserva de ley — a los precios públicos que a las tasas, máxime si se tiene en cuenta, además, que la LHL, al contrario de lo que hace el artículo 13 LTPP, no establece una lista de servicios y actividades que dan lugar a tasas sino que, en sentido inverso, su artículo 21 excluye explícitamente de la tasas a determinados servicios. Pero el TC se puede encontrar, a la hora de enjuiciar la LHL, que como ocurrió en el recurso frente a la LTPP que el concepto de tasa de su artículo 20 no ha sido impugnado. Y resolver sobre el concepto de precio público sin resolver sobre el concepto de tasa ya sabemos las consecuencias que produce sobre esas prestaciones patrimoniales coactivas innominadas resultantes.

La Sentencia del Tribunal Superior de Extremadura de 22 de enero de 1996,[39] al considerar que no es de aplicación la doctrina de la STC 185/1995 a las ordenanzas locales, ha utilizado el argumento de la flexibilidad del principio de reserva en este ámbito local. Ello da por supuesto que admite la figura del precio público sobre el dominio público del artículo 41.A) LHL — lo cual no coincide con lo que el TC ha dicho sobre el citado precio del art. 24.1.*a*) LTPP — pero implica, sobre todo, que se admite la especial forma de precio público que recae sobre las empresas explotadoras de servicios de suministros a las que se refiere el artículo 45.2, párrafo segundo, LHL; figura que indudablemente, desde el punto de vista de la reserva de ley, supone una *interpositio legislatoris* mucho más extensa que la del resto de posibles precios públicos locales al estar definidos en la ley con mayor detalle sus elementos esenciales.[40] Quizá el mencionado Tribunal Superior tendría que haber planteado la cuestión de inconstitucionalidad ante esta diferente consideración de las prestaciones a pagar por el aprovechamiento especial del dominio público estatal y local; lo que ha hecho, sin embargo, es una interpretación de los fundamentos de la STC 185/1995 y no una aplicación de su fallo. Si el TC siguiese el mismo camino al hacer el enjuiciamiento de constitucionalidad de los artículos 41 a 48 LHL se producirían los efectos que más arriba han quedado indicados. En definitiva, si se entiende — como ha entendido el Tribunal extremeño — que la LHL cubre el mínimo de reserva de ley estatal para que por ordenanza del pleno municipal se puedan crear precios públicos concretos, no hará falta ninguna otra norma estatal — ni, por supuesto, un Decreto-ley paralelo al Decreto-ley 2/1995 para los precios públicos estatales — que pretendiese dar cobertura a los precios públicos locales.

2º. El principio de universalidad de los intereses locales

La principal diferencia entre el concepto legal de precio público estatal (art 24 LTPP) y el local (art. 41 LHL) reside en que mientras en la ley estatal de TPP se dice que la prestación del servicio o la realización de las actividades debe efectuarse "en régimen de Derecho público" — con los problemas que dicha expresión plantea y que ya fueron mencionados —, la ley (también estatal) de Hacienda Local omite dicha condición limitándose a los servicios y actividades "administrativas de la competencia de la entidad local". Con independencia del ámbito y extensión que se dé a aquella expresión, todo parece indicar que

39. Citada en nota 22.

40. Problema distinto es el de la compatibilidad o no de este precio público con el Impuesto sobre el Valor Añadido (art. 33 de la Sexta Directiva), resuelto en sentido afirmado por la STSJ de Cataluña de 19 de noviembre de 1991 y en sentido contrario en los fundamentos jurídicos de la STSJ de Valencia de 19 de febrero de 1993. Jurisprudencia recogida por Merino Jara, I.: *Los precios públicos en la Hacienda Local*, Edit. Tecnos, Madrid, 1993, pp. 51 y 56, respectivamente.

la utilizada en esta LHL es mucho más amplia. En efecto, el artículo 85.1 LBRL (dentro del Título VI, Capítulo II: "Actividades y servicios") define que "son servicios públicos locales cuantos tienden a la consecución de los fines señalados como de la competencia de las Entidades locales", con independencia de las distintas formas de gestión directa o indirecta que en el resto de dicho artículo se enuncian. De tal modo que en este ordenamiento local no parece plantearse el problema de que la actividad deba ejercerse o no en régimen de Derecho público para poderse establecer un precio público, pudiendo, en principio, los precios públicos locales tener un ámbito de actuación mucho mayor, hasta abarcar todas las actuaciones y servicios locales.

Lo que se acaba de indicar se explica[41] porque la propia CE no establece, como sí lo hace para el Estado y las Comunidades Autónomas, una lista competencial, optando por una cláusula general referida a "sus respectivos intereses" (art. 137 CE) o a "las funciones que la Ley atribuye a las Corporaciones respectivas" (art. 142 CE), lo cual es confirmado por el artículo 2º LBRL al establecer el derecho a "intervenir en cuantos asuntos afecten directamente al círculo de sus intereses". Por lo tanto, este principio de universalidad implica que no existe una noción de competencia local que designe un ámbito decisional acotado o cerrado. Mas pese a estas dificultades, la ley no puede dejar de acotar de algún modo un cierto ámbito competencial local. Y así lo hace la LBRL respecto del Municipio, pudiendo deducir de la misma que el conjunto de competencias, funciones, actividades y servicios que desarrollan derivan de distinto título: mientras hay unas que son de carácter potestativo (art. 25.2 LBRL) otras son de ejercicio obligatorio por traducirse en servicios mínimos (art. 26 LBRL). Pero junto a ellas — y partiendo de su capacidad de actuación respecto de la universalidad de fines de la Comunidad vecinal — también encontramos ámbitos concurrentes entre el ente local y los otros niveles territoriales, dando lugar a actividades complementarias de las propias de otras Administraciones públicas (art. 28 LBRL), siendo posible, por último, encontrar competencias por delegación que suponen la colaboración institucional con otras instancias superiores de gobierno.

3º. Incidencia en el poder tarifario

A raíz de la STC 185/1995, la calificación de las prestaciones no se puede hacer desde la perspectiva del sujeto activo que las establece ni del que tiene derecho a aplicarlas y exigirlas, sino desde la perspectiva del sujeto pasivo obligado a pagarlas. Este distinto enfoque va a ser, a mi entender, esencial porque ahora ya no se tratará de saber si una prestación es "tributaria" o no, a efectos de que cumpla la reserva — absoluta o relativa — de ley, sino de si es una prestación coactiva o no para el obligado a su pago. El criterio va más allá de la "manifestación de autoridad", ya que una situación de monopolio fáctico o una prestación de servicio imprescindible puede existir sin acto de autoridad alguno, sino simplemente como situación de hecho que coloca al que debe pedir el servicio o solicitar la actuación en una posición de coactividad, que es la que debe ser convalidada por el consentimiento colectivo expresado por el órgano de representación política a través de la aprobación de la correspondiente norma jurídica.

De ahí que, sobre todo en el ámbito local, este nuevo enfoque vaya a tener notable repercusión frente a la teoría — de amplio respaldo doctrinal y jurisprudencial — que vincula la naturaleza de la prestación a la distinta forma de gestión del servicio y de personificación de la administración. En este sentido, parece que va a ser difícil seguir manteniendo la figura de la "tarifa" al margen de las exigencias del principio de

41. Ramallo Massanet, J.: "La necesaria reforma de la Hacienda Local en el Estado de las Autonomías", en el *Anuario del Gobierno Local, 1995*, Edit. Diputación de Barcelona, Marcial Pons, Madrid, 1995, p. 149.

legalidad por el mero hecho de que el coste del servicio público que con ella se retribuye es un coste del cual va a ser titular un determinado sujeto: aquel que adopta una forma de gestión directa con personalidad jurídica privada (art. 86.3.*c*) LBRL) o aquel que adopta una forma de gestión indirecta a través de alguna de las modalidades del artículo 86.4 LBRL.

A partir de la STC 185/1995 la alternativa no es si la LTPP es aplicable o no a estas "tarifas" — basada en un "poder tarifario" distinto del "poder tributario" local[42] — sino si las tarifas responden a una actuación ante la que el particular no sea libre. Porque, además, la LTPP, como se ha repetido en distintas ocasiones a lo largo de este trabajo, ha quedado con un ámbito objetivo — se refiere a unas prestaciones — que son las que precisamente pueden establecerse y exigirse sin los condicionamientos de la reserva de ley. La LTPP actual — y la LHL en caso de que el TC se pronunciase sobre ella de modo igual a como lo ha hecho en relación a aquélla — podrá aplicarse a los precios públicos locales — incluidas las tarifas — si resulta que los supuestos de hecho que generan la obligación de su pago se acomodan a los requisitos que han quedado en el artículo 24 LTPP después de la sentencia. Mas el problema en el ámbito local, al igual que en el autonómico o estatal, se plantea precisamente para los servicios o actuaciones cuyo supuesto de hecho, al no ser libre o ser monopolístico, da lugar a una obligación de pago coactiva, establecida unilateralmente y, por lo tanto, necesitada del consentimiento colectivo, sean en la actualidad precios públicos aprobados al amparo de los artículos 41 y siguientes de la LHL, sean tarifas. Relación jurídica obligacional que en estos momentos no tiene regulación jurídica alguna por lo cual habrá que proceder a dársela por esa vía del consentimiento colectivo.

No cabe olvidar, en cualquier caso, que el poder tarifario de los entes locales, precisamente porque es un poder, implica que el ente titular del servicio aprueba, revisa y controla la cuantía de estas prestaciones. El que el gestor del servicio sea una persona jurídica privada no convierte en privada la prestación pecuniaria que paga el usuario (no la convierte en un precio privado de mercado). Por lo tanto, puede quizá que estemos ante un problema no tanto terminológico cuanto de requisitos de carácter procedimental aunque con trascendencia substantiva: la aprobación por un ente local de una tarifa puede no estar excesivamente lejos de la aprobación de un precio público no coactivo (los actuales de la LTPP y, quizá, de la LHL) ni de la aprobación de un precio público coactivo (los derivados de la STC 185/1995).

4º. Las ordenanzas fiscales locales

Lo que se acaba de indicar en último lugar nos conduce al problema crucial de las condiciones que deben de cumplir estos precios públicos coactivos para entender cubierto el principio de reserva de ley, sobre lo que ya he adelantado alguna consideración. Con independencia de que el Estado tenga necesariamente que plantearse — como dice el art. 2º del Real Decreto-ley 2/1996 — la "reordenación de la regulación de las prestaciones patrimoniales afectadas por la Sentencia del Tribunal Constitucional 185/1995, de 14 de diciembre", todo parece indicar que los entes locales tendrían que intervenir en la regulación de sus precios por vía de Ordenanza fiscal. No tendría sentido hacerlo de otro modo si se tiene en cuenta el tipo de fundamento que subyace en la doctrina del TC

42. J. Tornos entiende por tarifa "el precio fijado o impuesto por la Administración titular del servicio, en el ejercicio de una potestad que le reconoce el ordenamiento", con lo cual se aleja de la tasa por cuanto no tiene naturaleza tributaria, en *Régimen jurídico de la intervención de los poderes públicos en relación con dos precios y tarifas*, Publ. del Real Colegio de España, Bolonia, 1982, p. 101. La distinción entre una potestad tributaria y una potestad tarifaria realizada por la STS de 12 de noviembre de 1970 — y sólo cuestionada por la STS de 27 de mayo de 1994 — parece difícilmente sostenible después de la STC 185/1995.

sobre el principio de legalidad. Otra cosa es — y no de poca importancia — el ámbito que la Ley del Estado deba dejar a la decisión local. A estos efectos, considero que aquella *interpositio legislatoris* que se reclama en la sentencia del TC debe ser reinterpretada cuando la relación Ley-Reglamento es de carácter vertical Estado-Corporación local, y no aplicarla en los exactos términos en que se entiende en el FJ 6º cuando se analiza la relación Parlamento-Gobierno, dejando reducida la intervención del reglamento a las cuantías. Habrá, de nuevo, que plantearse el valor de la ordenanza en el cuadro de fuentes del Derecho,[43] enlazando con el proyecto de González Besada de 1918 — recogido posteriormente por el art. 322 del Estatuto Municipal de 1924 — cuando ya consideraba a las ordenanzas de exacciones como manifestación "de la ley económica local".[44] Sin extenderme más en este tema, sí que cabe señalar, para concluir, que si de la CE se desprende una diferenciación entre competencia municipal general para sus "respectivos intereses" (art. 137 CE) y una competencia tributaria específica art. 133.2 CE), ello deberá tener un reflejo en el ordenamiento jurídico local; en el sentido de que cuando una ordenanza tenga como contenido un tributo o una prestación patrimonial de carácter coactivo, será una norma de carácter derivado pero habrá que reconocer que encuentra una vinculación directa con la Constitución mayor que una ordenanza en otras materias, entre otras razones porque estas materias no son tan siquiera aludidas por el texto constitucional sino que únicamente se derivarán de lo que se considere esfera de su respectivo interés.

43. En el debate del articulado de la Ley 24/1983, de 21 de diciembre, de medidas urgentes de saneamiento y regulación de las Haciendas Locales, al discutirse la libertad para establecer los tipos impositivos de las contribuciones inmobiliarias y del recargo en el impuesto sobre la renta, el portavoz del Grupo Parlamentario Popular argumentaba: "Primero, que guste o no guste, se reconozca o no, esta Ley produce una cesión de soberanía tributaria originaria del Estado en favor de las Corporaciones Locales, sin respetar, en consecuencia, el artículo 133.1 de la Constitución. Segundo, que el principio de reserva de Ley, establecido en el artículo 10 de la Ley General Tributaria, quiebra absolutamente, ya que el mismo exige que los elementos determinantes de la deuda tributaria se establezcan, en todo caso, por Ley. Pues bien, en este Proyecto, el tipo de gravamen no se fija por Ley, pero tampoco se remite a un Reglamento, ni a un Decreto, ni a una Orden, ni a una Resolución. Su fijación se deja a un simple acuerdo municipal, sin duda por respetar el principio de seguridad jurídica". Intervención del portavoz José Maria Aznar en el Pleno del Congreso de los Diputados en la Sesión del 14 de noviembre de 1983.

44. El Tribunal Supremo mantuvo a partir de ese momento la intangibilidad de la ordenanza fiscal formalmente aprobada. Otra cosa es lo que sucedería con posterioridad a 1939 en donde el citado Tribunal mezclaba argumentaciones de evidente orientación política, como en las Sentencias de 30 de enero y 7 de diciembre de 1951 que quitaban fuerza de obligar a la ordenación provincial sobre aprovechamientos hidráulicos "por oponerse a la homogeneidad fiscal nacional y efectuarlo en un sentido fomentador de la disgregación política propugnada por el Estatuto de Cataluña de 15 de septiembre de 1932", etcétera; Martín-Retortillo, Cirilo: "Las ordenanzas fiscales locales", *Rev. Gen. Leg. Jurisp.* (junio de 1959), p. 28.

CADERNOS DE DIREITO TRIBUTÁRIO

EFEITOS DA COISA JULGADA E OS PRINCÍPIOS CONSTITUCIONAIS

JOSÉ AUGUSTO DELGADO
Ministro do Superior Tribunal de Justiça

1. Introdução. 2. Conceito de coisa julgada – Revisitação do tema. 3. As sentenças transitadas em julgado porém injustas, contrárias à moralidade, à realidade dos fatos e à Constituição. 4. A preocupação da doutrina com as sentenças injustas, violadoras da moralidade e dos princípios constitucionais. 5. Alguns posicionamentos da doutrina e da jurisprudência sobre a coisa julgada quando formada com os vícios acima apontados. 6. Considerações finais.

1. Introdução

A Ciência do Direito é formada por proposições verdadeiras oriundas de investigações desenvolvidas pela via de um sistema lógico. Ela é a soma de conhecimentos práticos e humanos considerados de forma conjuntural e que visam a regular as relações do homem com o seu semelhante e com entidades grupais estatais ou não.

A sua função é a de estudar normas jurídicas elaboradas ou a serem lançadas no ordenamento legal em uma determinada época ou lugar.

O êxito da aplicação dos seus princípios e regras depende da interpretação que a eles for dada pelos homens que irão aplicá-los e que o fazem, de modo filtrado, porém, subordinados à sua consciência e aos seus conhecimentos.

A Ciência Jurídica enfrenta, muitas vezes, o perigo de ser adotada na conduta hermenêutica seguida para as suas normas por determinada maioria, ou por unanimidade de intérpretes, uma postura com condicionamentos não-verdadeiros, o que cria uma falsa aparência de sua efetividade. Esse panorama, contudo, quando examinado em face de determinadas situações concretas, revela-se instável e passa a exigir novas reflexões e, conseqüentemente, aperfeiçoamento para o funcionamento das entidades jurídicas.

A Ciência do Direito é essencialmente normativa. Há, portanto, de ser vinculada à realidade do mundo que recebe a sua aplicação e ao estado das coisas.

A sua concretização não pode ser feita de modo que sejam transformados fatos não-verdadeiros em reais, provocando, assim, choque com o racional e com a organização natural e material dos casos vivenciados pelo ser humano e pela sociedade.

Na época contemporânea não há lugar para imposição de idéias como as pregadas por Ernest Roguin, em 1923, em sua obra intitulada *Ciência Jurídica Pura* (3 vs.,

Lausanne, F. Rouge), de que o estudo das relações jurídicas deve ser feito com (...) sociedade um meio. "Estado é a pessoa criada pelo homem para realizar os seus fins numa convivência política harmônica. Quando e onde o Estado arvora-se em fonte de uma moral e transforma-se em um fim, não há, ali, qualquer moral prevalecendo, pois o que em seu nome se pratica não pode ser assim considerado pela circunstância de que ali se estará a aplicar regras antidemocráticas, de voluntarismo do eventual detentor do Poder, sem preocupação com o ideário jurídico da sociedade" (Cármen Lúcia Antunes Rocha, cit., p. 191).

No âmbito dos pensamentos expostos e defendidos, ganha relevo a compreensão de que "o princípio da moralidade anteceda a todos os outros, já que, além de uma função sistêmica em nítida relação com uma função inibidora, tem uma função desconstitutiva que sustenta o fundamento mesmo do ordenamento jurídico brasileiro, como plasmado na Carta Constitucional de 1988. Daqui decorre que a participação jurisprudencial na manutenção do Estado de Justiça tem de ser particularmente ativa, no exato equacionamento na ordem jurídica integrada, sob a ótica da ordem jurídica positiva aferida em função da legalidade e da ordem jurídica moral, aferida em função da licitude, já que a sanção à imoralidade é a nulidade do ato do Poder Público" (Maria Teresa de Almeida Rosa Cárcamo Lobo, "O princípio da moralidade no direito tributário", artigo que compõe a obra coletiva *O Princípio da Moralidade no Direito Tributário*, coordenada por Ives Gandra da Silva Martins, pp. 73-74).

Incorporo a tudo quanto foi exposto a expressiva mensagem que Jacy de Souza Mendonça ditou no *Informe Liberal do Instituto Liberal de São Paulo* (1996, p. 1) no sentido de que "uma das características da nossa época é a preocupação com a correção do comportamento humano. Ela começou com uma tomada de consciência da extensão e gravidade da corrupção, na área política, nos meios policiais, no mundo dos negócios, nas atividades escusas como jogo, drogas e prostituição. Esse fenômeno faz renascer o interesse pelas regras morais de conduta, a ponto de elas serem colocadas acima das regras jurídicas". Mais adiante, concluiu: "Tudo leva a crer que a Ética será a disciplina estudada de nossa época".

Complemento as afirmações alinhadas com o registro do posicionamento de Celso Bastos no sentido de que "não mais se admite reduzir moral jurídica a uma questão de legalidade (Doutrina do Desvio de Finalidade)", pois "o princípio insculpido na atual Carta Magna, em seu art. 37, não deixa dúvidas quanto à autonomia da moralidade enquanto realidade jurídica" – conforme consta em artigo de sua autoria e que está no livro *O Princípio da Moralidade no Direito Tributário* (obra coletiva já referida, p. 81).

A seguir, adverte Celso Bastos: "Mas outras considerações devem ser feitas (...). Primeiramente, observe-se que o Direito abarca regras que são indiferentes à Moral. É o caso, bem elucidativo, de regras processuais temporais. É a parcela do Direito indiferente à Moral" (artigo cit., p. 81).

Esclarece Celso Bastos que "o exemplo dessa norma, que não tem qualquer fundamento na Moral, é de Miguel Reale" (*apud* Maria Sylvia Zanella Di Pietro, *Discricionariedade Administrativa na Constituição de 1988*, São Paulo, Atlas, 1991, p. 105).

Há, portanto, com a influência dessas novas idéias, que se meditar sobre o alcance da coisa julgada quando atua em atrito com os princípios da moralidade, da legalidade e da realidade impostos pela natureza das coisas e das relações humanas e com outros princípios postos na Constituição Federal.

2. *Conceito de coisa julgada – Revisitação do tema*

A entidade "coisa julgada" é entendida como sendo a sentença que alcançou patamar de irretratabilidade em face da impossibilidade de contra ela ser intentado qualquer recurso. Em concepção objetiva, é a que firmou definitivamente o direito de um dos litigantes após ter sido apurado pelas vias do devido processo legal.

A sua força deve caracterizar pressuposto de verdade, certeza e justiça, formadas ou afirmadas pelo *decisum* judicial, impondo estado de irrevogabilidade ou irretratabilidade para o que for assegurado.

A coisa julgada em nosso ordenamento jurídico possui proteção constitucional e infraconstitucional.

A Carta Magna, em seu art. 5º, XXXVI, estabelece que "a lei não prejudicará o direito adquirido, o ato jurídico perfeito e a coisa julgada". É uma mensagem de carga indicativa no sentido de que a lei, em sua expressão maior, não há, ao entrar no mundo jurídico, de produzir eficácia, em hipótese alguma, que leve a causar qualquer diminuição aos limites da sentença transitada em julgado.

O tratamento dado pela Carta Maior à coisa julgada não tem o alcance que muitos intérpretes lhe dão. A respeito, filio-me ao posicionamento daqueles que entendem ter sido vontade do legislador constituinte apenas configurar o limite posto no art. 5º, XXXVI, da CF, impedindo que a lei prejudique a coisa julgada.

Essa interpretação do art. 5º, XXXVI, da CF foi muito bem desenvolvida por Paulo Roberto de Oliveira Lima, Juiz Federal no Estado de Alagoas, na obra *Teoria da Coisa Julgada* (São Paulo, Ed. RT, pp. 84-86), cujo teor transcrevo:

"Repetindo os textos anteriores, a atual Carta Magna, em seu art. 5º, inciso XXXVI, estabelece: 'a lei não prejudicará o direito adquirido, o ato jurídico perfeito e a coisa julgada'. A inserção da regra dentro do art. 5º da Constituição, atinente aos direitos e garantias individuais, de certa forma explica a desmedida extensão que alguns refletida ou irrefletidamente teimam em emprestar ao instituto.

"Consoante se observa da leitura do dispositivo, a regra nele insculpida se dirige ao legislador ordinário. Trata-se, pois, de sobredireito, na medida em que disciplina a própria edição de outras regras jurídicas pelo legislador; ou seja, ao legislar é interdito ao poder legiferante 'prejudicar' a coisa julgada. É esta a única regra sobre coisa julgada que adquiriu foro constitucional. Tudo o mais no instituto é matéria objeto de legislação ordinária.

"A interpretação do dispositivo constitucional não oferece dificuldades. Em princípio, utilizando-se do método gramatical de hermenêutica, poder-se-ia chegar a duas conclusões interpretativas absolutamente diferentes. A utilização dos demais métodos de hermenêutica, porém, deixa evidenciada a certeza do entendimento correto do dispositivo.

"Realmente, apenas pela leitura apressada dos termos do anunciado inciso XXXVI se poderia chegar a duas interpretações, quais sejam:

"a) 'A lei não pode prejudicar a coisa julgada', ou seja, a lei não pode atribuir ao instituto da coisa julgada estrutura e limites que lhe emprestem menor amplitude. O instituto da coisa julgada, valioso aos olhos da Constituição, mereceria do legislador infraconstitucional toda a atenção, de modo a preservar-lhe a extensão. Assim, seria inconstitucional toda disposição infraconstitucional que de qualquer forma diminuísse a importância do instituto, reduzisse sua incidência ou dificultasse sua formação. Por muito maior razão seria inconstitucional o dispositivo que admitisse o ataque à coisa julgada, criando remédio jurídico-processual hábil a desconstituí-la. Enfim, por esta interpretação, a Constituição protegeria o instituto da coisa julgada.

"b) 'A lei não pode prejudicar a coisa julgada', ou seja, a lei não pode alterar o conteúdo do julgado após a formação da coisa julgada. Editada a sentença sobre determinado caso concreto, é irrelevante que a lei disciplinadora do tema seja alterada, dado que a solução prescrita pela sentença, ainda que tenha de produzir seus efeitos no futuro, é intocável, não se lhe podendo opor comando diferente, ainda que editado por lei. O bem jurídico da 'quietude', da 'segurança' e da 'paz' foi valorizado de tal forma pelo legislador constituinte, que este interditou ao legislador ordinário editar normas agressoras a casos já decididos pelo Judiciário. Nova disciplina jurídica do fato somente incidirá para os casos não julgados. Assim, seria marcadamente inconstitucional o dispositivo que desobrigasse os devedores de pagar aos credores (moratória), na parte em que eventualmente estabelecesse sua aplicação aos casos julgados. Enfim, por esta interpretação, a Constituição protegeria o teor do julgado.

"Das duas interpretações literais (gramaticais) possíveis, a segunda é aquela que efetivamente corresponde à mensagem legal. Observe-se, por primeiro, que o referenciado inciso XXXVI não proíbe a lei de prejudicar o 'instituto da coisa julgada', mas, sim, de malferir a 'coisa julgada'. Assim, mesmo a interpretação gramatical tende a prestigiar o segundo entendimento. A Constituição interditou o ataque ao comando da sentença, protegendo a imutabilidade do julgado, tornando-o imune a alterações legislativas subseqüentes.

"A igual solução chega-se através da interpretação sistemática. É que a proteção da coisa julgada foi estabelecida na Carta Política em dispositivo único que trata cumulativamente da coisa julgada, do ato jurídico perfeito e do direito adquirido, prescrevendo-lhes idêntico regime jurídico. E é fora de questão que a Constituição não visou a defender o 'instituto' do direito adquirido, nem o do ato jurídico perfeito. Em qualquer dos casos, o desejo do constituinte foi o de impedir que lei nova tivesse o condão de alterar direito já adquirido ou ato jurídico já celebrado. Trata-se, aqui, do princípio da não-surpresa e da irretroatividade da lei. A lei, sabe-se, somente incide sobre fatos ocorridos após sua vigência, daí por que as relações jurídicas formadas sob o império da lei anterior devem ser resolvidas segundo os seus comandos. Aliás, a própria fenomenologia do surgimento dos direitos assegura essa irretroatividade que é decorrência lógica inarredável da essência do sistema. É que a existência de direitos subjetivos pressupõe a do fato jurídico (*lato sensu*), e a deste, a da regra jurídica. Sem a regra jurídica previamente vigente, para incidir quando da ocorrência da concreção do suporte fático hipotético, não há nem incidência, nem fato jurídico, nem relação jurídica. E sem estes antecedentes lógicos e cronológicos não há direito, nem dever, nem pretensão, nem obrigação, nem ação, nem exceção.

"Também assegura a correção da segunda tese a observação dos institutos processuais que sempre conviveram com a regra constitucional em comento. Prevalecesse a primeira tese (proteção constitucional da amplitude do instituto da coisa julgada) e a ação rescisória seria inconstitucional, dado que se trata de remédio jurídico que tem como único objetivo destruir a coisa julgada. Da mesma forma também seria inconstitucional o instituto da revisão criminal, dado que a revisão pode ser requerida a qualquer época, não se lhe podendo opor o instituto da coisa julgada.

"Consoante se observa, é perfeitamente constitucional a alteração do instituto da coisa julgada, ainda que a mudança implique restringir-lhe a aplicação, na criação de novos instrumentos de seu controle, ou até na sua supressão, em alguns ou todos os casos.

"O que a Carta Política inadmite é a retroatividade da lei para influir na solução dada, a caso concreto, por sentença de que já não caiba recurso.

"De outra parte, qualquer alteração no instituto mesmo da coisa julgada, determinando seu enfraquecimento ou dilargando as hipóteses onde se admite o ataque ao julgado, não incide no que pertine às sentenças já transitadas em julgado, visto que também, neste particular, rege a lei vigorante ao tempo em que o trânsito em julgado se deu.

"Como se vê, a proteção constitucional da coisa julgada é mais tímida do que se supõe, sendo perfeitamente compatível com a existência de restrições e de instrumentos de revisão e controle dos julgados. A proteção constitucional da coisa julgada não é mais do que uma das muitas faces do princípio da irretroatividade da lei."

Esse entendimento conceitual a respeito da coisa julgada baseia-se em uma realidade processual formada pelo pronunciamento do juiz e sobre o qual não mais cabe recurso.

O fator "tempo" tem sua importância para definir a caracterização da coisa julgada, importância, essa, que é relativa e que produz o mencionado efeito em face de duas circunstâncias: o esgotamento das vias recursais permitidas pelo ordenamento jurídico ou o conformismo da parte vencida por não se pronunciar no prazo devido contra a condenação que lhe foi imposta.

O exame das manifestações doutrinárias sobre a coisa julgada revela, em síntese, o que passo a expor.

Pontes de Miranda, em sua obra *Comentários ao Código de Processo Civil* (v. 5, Rio de Janeiro, Forense, 1974, p. 127), argumenta que tem razão Adolf Merkl (*Die Lehre von der Rocntekaft*, p. 17) quando pretendeu livrar o conceito da *res judicata* dos seus postulados ético-políticos e de bases de direito natural, pois seria "fonte de perturbações lamentáveis que se pudesse, sem prazo preclusivo, volver a discutir o que foi julgado sem mais haver recurso, mesmo em outro processo".

Na seqüência do desenvolvimento das suas idéias, esclarecendo a conceituação de coisa julgada e a sua diferenciação com os efeitos da sentença, Pontes de Miranda lembra que: "Contra a sentença que transitou em julgado não cabe exceção (*nulla contra eam exceptio opponi potest*, Antônio da Gama, *Decisionum Supremi Senatus Lusitaniae*, p. 110, n. 6)" (ob. cit., v. 5, p. 134).

Adverte, a seguir, Pontes de Miranda: "Se nula a sentença, nada se pode pensar quanto à *res judicata*, porque está exposta à declaração de nulidade (decisão constitutiva), como a sentença inexistente é declarável como tal (não existe)".

Valendo-se de doutrinação de Silvestre Gomes de Morais (*Tractatus de Executionibus*, IV, p. 174), que frisou *sententia nulla non est sententia*, Pontes de Miranda defende, também, que está bem posto o art. 741, I, do CPC de 1973, "segundo o qual os embargos do devedor se podem fundar na falta ou nulidade da citação no processo de conhecimento, se a ação lhe correu à revelia" (ob. cit., v. 5, p. 134).

Por fim, Pontes de Miranda critica a confusão sempre existente sobre o tema. Afirma, a respeito: "Efeito de coisa julgada, entre outros, é o de não mais, noutro processo, se discutir e julgar o que se discutira e julgara (coisa julgada material, que não é efeito da *res judicata*). É preciso que nunca se confundam existência, validade e eficácia. A sentença que põe fim ao processo é coisa julgada. O fazer 'direito entre as partes' não é o segundo efeito da sentença; é o primeiro" (ob. cit., v. 5, pp. 134-135).

A sentença é a afirmação concreta da vontade da lei aplicada ao fato, conforme ensinado por Chiovenda e lembrado por Moacyr Amaral Santos (*Comentários ao Código de Processo Civil*, v. 4, Rio de Janeiro, Forense, p. 425): "Daí ensinar Chiovenda, e com ele grande parte da doutrina, que a sentença é a afirmação da vontade da lei aplicada ao caso concreto. A lei possui uma vontade, uma ordem, um imperativo. Essa vontade, ordem, imperativo, que em abstrato se contém na lei, é posta pelo juiz em situação de ser aplicada ao caso decidido. Na sentença há a afirmação, de modo concreto, da vontade contida na lei. Assim, o preceito contido na sentença é a afirmação da vontade da lei, declarada pelo juiz, como órgão do Estado".

Essa força da sentença alcança estágio de coisa julgada, portanto, autoridade de lei entre as partes, pelo quê os seus efeitos devem prestar homenagem absoluta aos princípios da moralidade, da legalidade, da razoabilidade, da proporcionalidade e do justo.

Considere-se, desde logo, que a coisa julgada não abrange os motivos da sentença, a verdade dos fatos ou a apuração de questões prejudiciais (art. 469 do CPC), salvo, no referente a estas, se existir declaração incidente, expedida com obediência ao art. 470 do CPC.

Influi para a pretensão deste estudo a questão de não transitar em julgado a verdade dos fatos, isto é, a impossibilidade de se ter como imutável a decisão expedida pelo juiz com referência aos fatos, especialmente quando essa manifestação viola a realidade natural das coisas, a situação fática verdadeira e princípios constitucionais.

Wellington Moreira Pimentel, na sua obra *Comentários ao Código de Processo Civil* (v. 3, São Paulo, Ed. RT, pp. 563 e ss.), lembra que: "A verdade dos fatos, vale dizer, a apreciação sobre os fatos que o juiz haja feito, sobre os quais terá lastreado a sentença, também não faz coisa julgada".

O referido autor explica, a seguir: "O princípio *secundum allegata et probata judex judiciare debet* impõe que o juiz julgue segundo a prova dos autos, o que, entretanto, não o coloca a salvo dos erros e enganos na sua apreciação. É tal a falibilidade da justiça humana – dizia Neves de Castro –, e tão variada a ordem de circunstâncias que podem comprometer a justiça dos julgamentos, que um magistrado de Toulose, Fermat, querendo imitar Pascal, não duvidou que um dia a análise do caso pudesse ser aplicada à apreciação dos julgamentos (Francisco Augusto das Neves e Castro, *Teoria das Provas*, 2ª ed., anotada por Pontes de Miranda)".

Adverte, ainda, Wellington Moreira Pimentel: "A verdade dos fatos, se incluída entre os limites da coisa julgada, tornando-se a verdade legal, pode não resistir ao cotejo com a real verdade dos fatos. Se bem que a autoridade da coisa julgada se faça em favor do ideal de segurança das relações jurídicas, um dos que o Direito busca alcançar, parece evidente que aquela estaria comprometida irremediavelmente se, com a imutabilidade da sentença, ficasse a verdade dos fatos em que aquela se fundamentou desafiando a verdade real" (ob. cit., v. 3, p. 564).

A autoridade da coisa julgada tem sido justificada pela doutrina com base em dois fundamentos. O primeiro é de natureza política. O segundo, de ordem jurídica.

Moacyr Amaral Santos (*Comentários* ..., cit., v. 4, pp. 461-462) resumiu, com propriedade, os fundamentos supra-indicados.

Explica o primeiro, o de ordem política, do modo seguinte: "A verdadeira finalidade do processo, como instrumento destinado à composição da lide, é fazer justiça, pela atuação da vontade da lei ao caso concreto. Para obviar a possibilidade de injustiças, as sentenças são impugnáveis por via de recursos, que permitem o reexame do litígio e a reforma da decisão. A procura da justiça, entretanto, não pode ser indefinida, mas deve ter um limite, por exigência de ordem pública, qual seja, a estabilidade dos direitos, que inexistiria se não houvesse um termo além do qual a sentença se torna imutável".

O fundamento de ordem jurídica, explica Moacyr Amaral Santos, é analisado de modo controvertido pela doutrina. Esta procura explicá-lo de vários modos, adotando teorias variadas, a saber:

a) a da presunção da verdade contida na sentença (Ulpiano, Pothier e outros);

b) a da ficção da verdade ou da verdade artificial (Savigny);

c) a da força legal, substancial da sentença (Pargenstecher);

d) a da eficácia da declaração contida na sentença (Hellwig, Binder, Stein);

e) a da extinção da obrigação jurisdicional (Ugo Rocco);

f) a da vontade do Estado (Chiovenda e doutrinadores alemães);

g) a de que a autoridade da coisa julgada está no fato de provir do Estado, isto é, na imperatividade do comando da sentença onde se concentra a força da coisa julgada (Chiovenda);

h) a teoria de Liebman, que vê na coisa julgada uma qualidade especial da sentença.

Essas teorias sobre a coisa julgada devem ser confrontadas, na época contemporânea, se a coisa julgada ultrapassar os limites da moralidade, o círculo da legalidade, transformar fatos não-verdadeiros em reais e violar princípios constitucionais, com as características do pleno Estado de Direito que convive impelido pelas linhas do regime democrático e que há de aprimorar as garantias e os anseios da cidadania.

Não se pode deixar sem uma meditação mais aprofundada, em face das teorias existentes para justificar a força da coisa julgada, algumas observações que têm sido feitas, na atualidade, pela doutrina, no sentido de limitar os seus efeitos, em razão de alguns acontecimentos sentenciais rasgarem os princípios da moralidade e da legalidade, enfrentarem disposições constitucionais e violarem regras básicas que comandam a natureza das coisas.

Eduardo Silva Costa, advogado, escreveu no jornal *A Tarde*, do Estado da Bahia, de 1.9.2000, interessante artigo intitulado "Justiça e DNA". O seu conteúdo exige reflexões sobre a extensão da coisa julgada em face de fenômenos científicos hoje presentes na vida do ser humano e que não podem deixar de ser reconhecidos pelo Direito. O mencionado autor escreveu:

"Um acórdão do Superior Tribunal de Justiça, por sua 3ª Turma, proferido em maio de 1998, pode animar o espírito crítico dos doutos no âmbito da Ciência Jurídica. A matéria nele versada envolve dois valores constitutivos do Direito ou, se se preferir, do ordenamento jurídico: a segurança e a justiça. Deu-se primazia no caso à segurança, em razão da existência da coisa julgada.

"Na ementa do acórdão expõe-se a suma da questão do seguinte modo: 'Seria terrificante para o exercício da jurisdição que fosse abandonada a regra absoluta da coisa julgada (...). Se, fora dos casos nos quais a própria lei retira a força da coisa julgada, pudesse o magistrado abrir as comportas dos feitos já julgados para rever as decisões, não haveria como vencer o caos social que se instalaria. A regra do art. 468 do Código de Processo Civil é libertadora'.

"E no fecho da ementa lê-se: 'Assim, a existência de um exame pelo DNA posterior ao feito já julgado, com decisão transitada em julgado, reconhecendo a paternidade não tem o condão de reabrir a questão com uma declaratória para negar a paternidade, sendo certo que o julgado está coberto pela certeza jurídica conferida pela coisa julgada'.

"Sob o aspecto formal, o acórdão apresenta-se regular, isto é, nele se fez incidir a norma processual, de modo que foi cumprida a lei. Observada a lei na sua inteireza e rigidez pelo Tribunal, seria de louvar-se sem nenhuma restrição ou ressalva o veredicto firmado no acórdão.

"Contudo, há de considerar-se no acórdão que ele contempla duas realidades que se contrapõem: uma representada pela coisa julgada, a que o julgador, atento ao preceito legal, confere o caráter de dogma – incontrastável, indefectível; a outra expressa no dado científico da existência de exame pelo DNA, hoje proclamado como meio também incontrastável, indefectível, de certificação ou não de paternidade e que no caso se concluiu pela negativa. A decisão fixou-se na coisa julgada, que, como significante da segurança jurídica, importou a definitividade do veredicto no processo anterior, afirmador de uma paternidade enganosa, tanto assim que veio a ser infirmada pela conclusão de exame científico. E ao assentar a inexeqüibilidade de tal conclusão diante da coisa julgada, o acórdão em questão acabou por encerrar na sua contextura o antagonismo da segurança com a justiça: considerou a justiça um *minus* em face da segurança, antepôs este valor àquele, em razão da 'certeza jurídica conferida pela coisa julgada'.

"Ora, a só consideração pelo acórdão da segurança como um *plus* em face da justiça, tornando impraticável no processo a realização desta, vem a ser a perpetração de uma injustiça. O acórdão, ao mencionar 'a existência de um exame pelo DNA', deixa implícito que esse meio de prova é atualmente decisivo, pela certeza científica que contém, na apuração de paternidade questionada. Portanto, a decisão admitiu a conclusão científica, mas recusou-a por reputar a sobreposição do valor segurança ao valor justiça.

"Então, emerge daí um autêntico conflito, criado pelo acórdão, entre a segurança jurídica e a justiça. Por isso mesmo, sem que se preconize desautorizar-se a coisa julgada, 'a santidade da coisa julgada', como caracteriza Radbruch, o que seria um sacrilégio jurídico, é de lembrar-se, com o mesmo Radbruch, que a 'segurança jurídica é uma forma de justiça', e assim o embate desta com aquela 'representa um conflito da justiça com ela mesma', donde advertir o grande jusfilósofo que 'esse conflito não pode resolver-se de um modo unívoco'."

O autor termina o artigo com as seguintes indagações: "Deverá prevalecer no caso aqui comentado a segurança jurídica, mesmo que importe grave injustiça? Será que a idéia de segurança jurídica deve comportar a negação da idéia de justiça, só para não se desacatar a coisa julgada?".

Os comentários do autor terminam sem resposta. Enfrento, porém, as perguntas com as afirmações que registro:

a) A grave injustiça não deve prevalecer em época alguma, mesmo protegida pelo manto da coisa julgada, em um regime democrático, porque ela afronta a soberania da proteção da cidadania.

b) A coisa julgada é uma entidade definida e regrada pelo direito formal, via instrumental, que não pode se sobrepor aos princípios da legalidade, da moralidade, da realidade dos fatos, das condições impostas pela Natureza ao homem, e às regras postas na Constituição.

c) A sentença, ato do juiz, não obstante atuar como lei entre as partes, não pode ter mais força do que as regras constitucionais.

d) A segurança jurídica imposta pela coisa julgada há de imperar quando o ato que a gerou, a expressão sentencial, não esteja contaminado por desvios graves que afrontem o ideal de justiça.

e) A segurança jurídica da coisa julgada impõe certeza. Esta não se apresenta devidamente caracterizada no mundo jurídico quando não ostentar, na mensagem sentencial, a qualidade do que é certo, o conhecimento verdadeiro das coisas, uma convicção sem qualquer dúvida. A certeza imposta pela segurança jurídica é a que gera estabilidade. Não a que enfrenta a realidade dos fatos. A certeza é uma forma de convicção sobre determinada situação que se pretende objetiva, real e suficientemente subjetiva. Ela demonstra evidência absoluta e universal, gerando verdade.

f) Há de prevalecer o manto sagrado da coisa julgada quando esta for determinada em decorrência de caminhos percorridos com absoluta normalidade na aplicação do direito material e do direito formal.

g) A injustiça, a imoralidade, o ataque à Constituição, a transformação da realidade das coisas, quando presentes na sentença, viciam a vontade jurisdicional de modo absoluto, pelo quê em época alguma ela transita em julgado.

h) Os valores absolutos de legalidade, moralidade e justiça estão acima do valor segurança jurídica. Aqueles são pilares, entre outros, que sustentam o regime democrático, de natureza constitucional, enquanto esse é valor infraconstitucional oriundo de regramento processual.

3. As sentenças transitadas em julgado porém injustas, contrárias à moralidade, à realidade dos fatos e à Constituição

O avanço das relações econômicas, a intensa litigiosidade do cidadão com o Estado e com o seu semelhante, o crescimento da corrupção, a instabilidade das instituições e a necessidade de se fazer cumprir o império de um Estado de Direito centrado no cumprimento da Constituição que o rege e das leis com ela compatíveis, a necessidade de um atuar ético por todas as instituições políticas, jurídicas, financeiras e sociais, tudo isso submetido ao controle do Poder Judiciário, quando convocado para solucionar conflitos daí decorrentes, são fatores que têm feito surgir uma grande preocupação, na atualidade, com o fenômeno produzido por sentenças injustas, por decisões que violam o círculo da moralidade e os limites da legalidade, que afrontam princípios da Carta Magna e que teimam em desconhecer o estado natural das coisas e das relações entre os homens.

A sublimação dada pela doutrina à coisa julgada, em face dos fenômenos instáveis supracitados, não pode espelhar a força absoluta que lhe tem sido dada, sob o único argumento de que há de se fazer valer o império da segurança jurídica.

Há de se ter como certo que a segurança jurídica deve ser imposta. Contudo, essa segurança jurídica cede quando princípios de maior hierarquia postos no ordenamento jurídico são violados pela sentença, por, acima de todo esse aparato de estabilidade jurídica, ser necessário prevalecer o sentimento do justo e da confiabilidade nas instituições.

A sentença não pode expressar comando acima das regras postas na Constituição, nem violentar os caminhos da Natureza, por exemplo, determinando que alguém seja filho de outrem quando a Ciência demonstra que não o é. Será que a sentença, mesmo transitada em julgado, tem valor maior que a regra científica? É dado ao juiz esse "poder" absoluto de contrariar a própria Ciência? A resposta, com certeza, é de cunho negativo.

A sentença transitada em julgado em época alguma pode, por exemplo, ser considerada definitiva e produtora de efeitos concretos quando determinar, com base exclusivamente em provas testemunhais e documentais, que alguém é filho de determinada pessoa e, posteriormente, exame de DNA comprove o contrário.

Não é demais lembrar que os fatos originariamente examinados pela sentença nunca transitam em julgado (art. 469, II, do CPC). Podem, conseqüentemente, ser revistos em qualquer época e produzir novas situações jurídicas, em situações excepcionais.

A sentença não pode modificar laços familiares que foram fixados pela Natureza.

No exemplo referido há de ser considerada a fragilidade das provas testemunhais e documentais em confronto com a certeza da prova pericial representada pelo DNA, em razão da credibilidade que lhe dá a Ciência.

Em relação a julgado que reconhece, de modo definitivo, a ausência de alguém para efeito de sucessão patrimonial de acordo com as regras dos arts. 1.159 a 1.169 do CPC, sabido que, conforme dispõe o art. 1.167 do CPC, "a sucessão provisória cessará pelo comparecimento do ausente e converter-se-á em definitiva: I – quando houver certeza da morte do ausente; II – 10 (dez) anos depois de passada em julgado a sentença de abertura da sucessão provisória; III – quando o ausente contar 80 (oitenta) anos de idade e houverem decorridos 5 (cinco) anos das últimas notícias suas" – e se o ausente, após todo o cumprimento dessas regras formais, comparecer, em qualquer época posterior, perante o juiz, comprovando a sua existência? É possível considerar-se como válida e eficaz a sentença que o reconheceu como morto para fins de sucessão patrimonial? Tem o juiz, pela via da sentença judicial transitada em julgado, força de determinar a morte de alguém quando esse alguém está vivo? A sentença persistirá? Evidentemente que não.

Por essa razão é que o art. 1.168 do CPC permite ação do presente para reaver os bens que lhe foram tomados pela sentença ou o ressarcimento dos prejuízos.

Lembro que essa última possibilidade só estará aberta se o usucapião não houver gerado domínio dos bens para terceiros. Essa, porém, é situação específica e regida por princípios diferentes dos que aqui estão sendo examinados.

4. *A preocupação da doutrina com as sentenças injustas, violadoras da moralidade e dos princípios constitucionais*

Cresce a preocupação da doutrina com a instauração da coisa julgada decorrente de sentenças injustas, violadoras da moralidade, da legalidade e dos princípios constitucionais.

Por especial gentileza do professor Arruda Alvim chegou ao meu conhecimento doutrinação de Gustav Boehmer, contida na obra de sua autoria *El Derecho a través de la Jurisprudencia: su Aplicación y Creación* (trad. de José Puig, como também por ele anotada, Barcelona, Bosch Casa Editorial – Urgel, 51-*bis*). O mencionado autor expressou profunda preocupação com sentenças injustas. Em capítulo intitulado "Significado de la Cosa Juzgada", após defender a sua imposição, abre espaço para dizer: "Por supuesto que no se debe desconocer que la no-aplicación de una ley que todavía subsista formalmente pude quebrantar igualmente la seguridad jurídica y defraudar la confianza de los miembros de la comunidad en la 'santidad' de los mandamientos jurídicos del Estado y la obligación que legalmente incumbe al juez. Pero es preferible, por un lado, tolerar la denegación de un derecho que se ha pedido y con cuyo reconocimiento se contaba, que la privación del que ya ha sido reconocido y en cuya posesión inatacable ya se confiaba. Una confianza sólo merece protección cuando está justificada. En la subsistencia de disposiciones legales que se hallan en abierta contradicción con postulados fundamentales de la moralidad y la justicia debe confiarse menos que en la obligatoriedad de una decisión judicial alcanzada por medios erróneos, pero que procesalmente ya no es impugnable".

Em capítulo seguinte (pp. 96-97) sugere o autor acima citado que: "Por supuesto que no deba discutirse que una sentencia firme substancialmente injusta, que reconoce o deniega injustamente el derecho que se ha ejercitado, tenga fuerza creadora de derecho para dar nacimiento o para destruir la relación jurídica concreta que ha sido objeto de la *litis*. La llamada teoría de la fuerza de cosa juzgada de derecho material (*materiellrechtliche Rechstshrafttheorie*), dominante hasta el comienzo del siglo XX, que sostenía esta concepción, ha sido combatida desde entonces con importantes razones. Especialmente se le ha opuesto que es inconciliable con la generalmente reconocida fuerza de cosa juzgada 'relativa', que limita a las partes en el proceso. Por supuesto que si trata de simples pretensiones de entrega cuya eficacia de derecho material no va más allá de las partes, la fuerza de cosa juzgada de la sentencia injusta se manifiesta con el hecho de que el actor adquiere un crédito inexistente contra el demandado o pierde el que existía. Pero tan pronto están en discusión derechos absolutos, la atribución injusta de una pretensión de propiedad o de un derecho hereditario no significa que el actor también adquiera frente a terceras personas la propiedad o el derecho hereditario y pueda contar con ello, y la sentencia que injustamente rechaza la demanda tampoco puede significar que el actor pierde el derecho que se le deniega incluso en relación con terceros y que ya no puede hacerlo valer frente a ellos".

Enfatiza, ainda, o mencionado doutrinador que: "La fuerza de cosa juzgada de sentencias materialmente injustas tiene, sin embargo, sus límites. Ya Kohler pronunció la célebre afirmación: 'Debe hacerse pleno honor a la cosa juzgada y reconocerse totalmente la importancia social de una sentencia firme, pero no hay que exagerar las cuestiones jurídicas haciendo de ellas un tabú sagrado'. También la apelación a la intangibilidad de decisiones estatales puede representar el ejercicio abusivo de un derecho. Determinar en qué casos esto sucederá es un problema extremadamente delicado. Com tanto más motivo sucederá así cuando el camino que la misma ley deja abierto para obtener la anulación de una sentencia firme injusta a través del procedimiento de revisión aparece muy rigurosamente delimitado, tanto objetiva como temporalmente, nel vigente Derecho Alemán. Pero, como tantas veces sucede en el derecho material, también es característico de este caso que una estabilización legal demasiado mezquina de las reglas de derecho formal da lugar, por reacción, a que el *jus aequum* penetre en la jurisprudencia apoyado en la autorización legal de las normas legales de equidad. La concreta configuración jurídica en ocasiones va más allá de lo que todavía es compatible con la confianza de los interesados y del pueblo en la constancia de la jurisprudencia y con la función del Estado dedicada de manera fundamental a mantener el carácter intangible de los preceptos jurídicos formales y de las decisiones judiciales que hayan adquirido firmeza. Precisamente cuando se trata del derrocamiento de sentencias firmes se han manifestado de manera especial los peligros que implica la lucha del *jus aequum* contra el *jus strictum*".

Podem ser consideradas como sentenças injustas, ofensivas aos princípios da legalidade e da moralidade e atentatórias à Constituição, por exemplo, as seguintes:

1) a declaratória de existência de preclusão quando esse fenômeno processual inexiste, por terem sido falsas as provas em tal sentido;

2) a expedida sem que o demandado tenha sido citado com as garantias exigidas pela lei processual;

3) a originária de posição privilegiada da parte autora, que, aproveitando-se de sua própria posição de monopólio e do estado de necessidade do réu, demanda a este por razão de um crédito juridicamente infundado;

4) a baseada em fatos falsos depositados durante o curso da lide;

5) a reconhecedora da existência de um fato que não está adequado à realidade;

6) a conseguida graças a um perjúrio ou a um juramento falso;

7) a ofensiva à soberania estatal;

8) a violadora dos princípios guardadores da dignidade humana;

9) a provocadora de anulação dos valores sociais do trabalho e da livre iniciativa;

10) a que estabeleça, em qualquer tipo de relação jurídica, preconceito de origem, raça, sexo, cor, idade e quaisquer outras formas de discriminação (arts. 1º e 3º da CF);

11) a que obrigue alguém a fazer alguma coisa ou deixar de fazer de modo contrário à lei;

12) a que autorize a prática de tortura, tratamento desumano ou degradante de alguém;

13) a que julgue válido ato praticado sob a forma de anonimato na manifestação de pensamento ou que vede essa livre manifestação;

14) a que impeça a liberdade de atuação dos cultos religiosos;

15) a que não permita liberdade na atividade intelectual, artística, científica e de comunicação;

16) a que consagre a possibilidade de violação ao direito à intimidade, à vida, à honra e à imagem das pessoas;

17) a que abra espaço para a quebra do sigilo de correspondência;

18) a que impeça alguém de se associar ou de permanecer associado;

19) a que não garanta o direito de herança;

20) a que inviabilize a aposentadoria do trabalhador;

21) a que reduza o salário do trabalhador, salvo o caso de convenção ou acordo coletivo;

22) a que autorize a empresa, por motivos de dificuldades financeiras, a não pagar o 13º salário do trabalhador;

23) a que não conceda a remuneração do trabalho noturno superior ao diurno;

24) a que não permita o gozo de férias anuais remuneradas;

25) a que não reconheça como brasileiros natos os nascidos no Brasil, ainda que de pais estrangeiros, desde que estes não estejam a serviço de seus país;

26) a que estabeleça distinção entre brasileiros natos e naturalizados, além dos casos previstos na Constituição Federal;

27) a que permita a brasileiros naturalizados exercerem os cargos de Presidente da República, Presidente da Câmara de Deputados, Presidente do Senado Federal, ser Ministro do STF, ser oficial das Forças Armadas e outros cargos (art. 12, § 3º);

28) a que autorize alguém a assumir cargo público descumprindo os princípios fixados na Constituição Federal e nas leis específicas;

29) a que ofenda, nas relações jurídicas de direito administrativo, os princípios da legalidade, da moralidade, da eficiência, da impessoalidade e da publicidade;

30) a que reconheça vitalício no cargo o juiz com apenas um ano de exercício;

31) a que atente contra os bons costumes, os valores morais da sociedade, que reconheça casamento entre homem e homem, entre mulher e mulher;

32) a que, no trato de indenização de propriedade pelo Poder Público, para qualquer fim, não atenda ao princípio da justa indenização;

33) a que considere eficaz e efetiva dívida de jogo ilícito.

Estes e outros são exemplos de sentenças que nunca terão força de coisa julgada e que poderão, a qualquer tempo, ser desconstituídas, porque praticam agressão ao regime democrático no seu âmago mais consistente, que é a garantia da moralidade, da legalidade, do respeito à Constituição e da entrega da justiça.

5. Alguns posicionamentos da doutrina e da jurisprudência sobre a coisa julgada quando formada com os vícios acima apontados

Humberto Theodoro Jr., em parecer apresentado sobre tema da desapropriação indireta onde há discussão de valores que estão sendo exigidos além da realidade, antes de discutir o mérito da questão, assinalou sobre o objetivo primordial do processo no nosso ordenamento jurídico. Disse:

"Com efeito, é importante ressaltar, desde logo, que o processo deixa de ser tratado apenas com o frio método de compor litígios, para se transformar em veículo de satisfação do direito cívico e fundamental de todos à tutela jurisdicional. Visto como garantia de acesso à Justiça, no mais amplo e irrestrito sentido, o devido processo legal apresenta-se como o *processo justo*, isto é, o instrumento que não apenas serve à composição de litígios, mas que assegura a *melhor* e mais *justa* solução do conflito, segundo os padrões éticos e os anseios gerais de justiça do meio social.

"Os operadores do direito processual, juízes e tribunais, têm, portanto, sobre suas costas, uma relevantíssima missão, que é o encargo de tornar realidade a atual garantia de pleno acesso à Justiça pelas vias do devido processo legal ou *processo justo*. Dentro de tal ótica, o que se reclama do processo é o *resultado* com toda sua carga de eficácia e justiça para tutelar o direito do litigante que tem a seu favor a ordem jurídica. Não são suficientes, para esse mister, a ciência técnica e a *erudição* dos aplicadores da lei processual. Muito mais do que tecnicismo, revela-se decisivo o espírito público, a compreensão social do drama vivido no momento da operação jurisdicional e o propósito de fazer com que a aplicação do Direito, pelo ato de julgar, corresponda, ao máximo, à garantia fundamental do processo eficaz e justo.

"O aplicador da lei, como é óbvio, não pode se contentar em reproduzir perante os fatos a norma da lei, em seu teor literal, e não pode, simploriamente, se desculpar dos gravames éticos que porventura venha com isto provocar sob o *falacioso* pretexto de o justo-absoluto não integrar a missão da ordem jurídico-positiva.

"Na verdade, a experiência nos ensina que o bom juiz só muito raramente enfrenta o dilema de aplicar uma regra legal incompatível com o justo, no sentido ético. Aquele que se ocupa de usar os poderes processuais para dar efetividade às aspirações de justiça da sociedade encontra sempre um meio de superar o aparente conflito entre a norma positiva e o justo. Basta, na quase-totalidade das situações, o emprego dos corretos meios de interpretação da lei para se lograr uma adequada definição, que se revele idônea à concretização do justo."

Mais adiante, lembra Humberto Theodoro, no mesmo trabalho, que: "O juiz contemporâneo está sujeito a um pacto político-moral de atuar como agente do poder por meio de decisões submetidas invariavelmente a 'uma exigência de legitimidade', e nessa qualidade não pode se eximir da responsabilidade pelos resultados inadequados dos julgamentos que profere, imputando *por inteiro* ao legislador a 'justiça ou injustiça de sua decisão' (Modesto Saavedra, "Interpretatión judicial del derecho y democracia", *Ajuris* 68/300). Muito pelo contrário, cabe ao juiz responder pelo injusto que de sua sentença decorre para as partes. Por isso, vê-se obrigado 'a adotar uma posição de mediador entre a lei e seus destinatários, ou seja, entre o *propósito* do legislador e as *expectativas* do cidadão' (idem, ibidem). (...) Ao juiz afetam os dados de angústia e urgência daquele que tem de submeter sua vida à regra legal e, por isso, tem, muitas vezes, de forçar a hermenêutica para descobrir um sentido para a norma diante do drama concreto que a especulação do estudioso apenas não alcançaria (Saavedra, ob. cit., loc. cit.)."

Em capítulo seguinte, Humberto Theodoro registra o seu pensamento sobre o direito positivo e os preceitos morais:

"O ordenamento jurídico, embora prescinda de outro apoio para impor-se que a autoridade de onde emana, nunca se desvencilhou, nem mesmo literalmente, dos princípios éticos, pois sem se conectar com eles não se pode pretender alcançar o justo, pelo qual a lei se propõe a lutar.

"A Justiça é anterior ao Direito e é em seu nome que historicamente se forjam os ordenamentos jurídicos. É um dado ético antes que jurídico. Daí que, sob a forma de princípio, o justo penetra todo o sistema jurídico e se faz presente como a maior força influente sobre os métodos e critérios de interpretação e aplicação das normas jurídicas.

"Aos princípios morais a todo instante recorrem não só os intérpretes como o próprio legislador. Até mesmo a Lei Maior deles se vale para estruturar o Estado e traçar as regras e garantias fundamentais. Assim, a Carta Magna, de início, assenta nosso Estado Democrático de Direito, entre outros fundamentos, sobre o da 'dignidade humana' (CF, art. 1º, inciso III), dado eminentemente ético e mesmo ponto de partida para estruturação de todo arcabouço de princípios da Moral. Coerente com esse propósito, a declaração dos direitos e garantias fundamentais, que se insere no art. 5º, traduz um grande elenco de princípios dominados pela essência ética. Aliás, a leitura de todo o texto constitucional brasileiro evidencia a ostensiva valorização dos fundamentos éticos da Nação e do Estado, em todas as suas dimensões, sendo altamente expressivo o disposto no § 2º do artigo 5º, que, a pretexto de encerrar a declaração dos direitos e garantias fundamentais, aduz: 'Os direitos e garantias expressos nesta Constituição não excluem outros decorrentes do regime e dos princípios por ela adotados'.

"Mas é no artigo 37 da Constituição vigente que se consagrou com todo destaque quais seriam os fundamentos da atuação da *Administração Pública*, e ali o legislador maior teve o cuidado de especificar a sua sujeição obrigatória ao *princípio da moralidade*.

"Para não ficar apenas na declaração programática, a Constituição conferiu a todo e qualquer cidadão a legitimidade para mover ação popular visando a anular o ato lesivo à moralidade administrativa (art. 5º, LXXIII), além de conferir institucionalmente ao Ministério Público a ação civil pública (art. 129, III), cujo procedimento se aplica nas responsabilizações por danos morais e patrimoniais públicos (Lei n. 7.347, de 24.7.1985), e que se completou pela Lei n. 8.429, de 2.6.1992, onde se traçou as normas processuais de repressão à improbidade administrativa dos agentes públicos, e, mais uma vez, se atribuiu ao Ministério Público a legitimidade para demandar a reparação dos danos oriundos dos atos imorais praticados na Administração Pública.

"Faz parte, portanto, da ideologia de nosso regime constitucional a valorização dos princípios éticos, e a condenação firme da improbidade.

"Na ordem jurídica privada nunca foi diferente. Embora redigido o Código Civil numa época de exacerbado positivismo, que conduziu seus redatores a evitar a enunciação genérica de máximas morais em seu texto, sempre se reconheceu que todo o arcabouço de nosso direito privado se apoiava, entre outros, sobre os princípios éticos da submissão aos bons costumes, de tal sorte a prevalecer, por exemplo, a nulidade do negócio jurídico de objeto imoral, e a reprimir-se o enriquecimento sem causa e qualquer forma de locupletamento indevido."

A homenagem que presto às lições acima de Humberto Theodoro, acolhendo-as em toda a sua plenitude, deve-se ao fato de que não posso conceber o reconhecimento de força absoluta da coisa julgada quando ela atenta contra a moralidade, contra a legalidade, contra os princípios maiores da Constituição Federal e contra a realidade imposta pela Natureza. Não posso aceitar, em sã consciência, que, em nome da segurança jurídica, a sentença viole a Constituição Federal, seja veículo de injustiça, desmorone ilegalmente patrimônios, obrigue o Estado a pagar indenizações indevidas; finalmente, que desconheça que o branco é branco e que a vida não pode ser considerada morte, nem vice-versa.

É sempre lembrado que a Constituição Federal, em seu "Preâmbulo", consignou que a finalidade do Estado Brasileiro é assegurar o exercício dos direitos sociais e individuais, a liberdade, a segurança, o bem-estar, o desenvolvimento, a igualdade e a justiça como valores supremos de uma sociedade fraterna, pluralista e sem preconceito, fundada na harmonia social.

Ora, sendo o Judiciário um dos Poderes do Estado, com a obrigação de fazer cumprir esses objetivos, especialmente o de garantir a prática da justiça, como conceber como manto sagrado, intocável, coisa julgada que faz o contrário? A resposta está no afirmado por Luiz Vicente Cernicchiaro no artigo "Direito alternativo" (*RF* 7/36-37, julho de 1997), citado por Humberto Theodoro no parecer já referido: "A lei precisa ajustar-se ao princípio. Em havendo divergência urge prevalecer a orientação axiológica. O Direito volta-se para realizar valores", pois: "O Direito é o trânsito para concretizar o justo (...). O Judiciário tem importante papel político (...). As decisões corretas devem estar finalisticamente orientadas para o justo (...). Lei iníqua, impeditiva de realização plena do Estado de Direito Democrático, precisa ser repensada. O juiz, repita-se, deve recusar aplicação à lei iníqua, injusta. Impõe-se-lhe invocar princípios. Só assim a interpretação será sistemática. Criar, se necessário, a norma para o caso concreto".

Merece ser registrado, em complementação ao já exposto, tendo em vista que a nossa preocupação é com os reflexos da coisa julgada, o que Paulo Roberto de Oliveira Lima escreveu, na obra *Teoria da Coisa Julgada*, já citada (pp. 10-11):

"No que respeita à coisa julgada, a própria legislação carece de alterações para dar ao instituto novas cores, sem o quê arrisca-se a própria eficiência do Direito. Às alturas a que se eleva o valor da isonomia, não permite mais que o sistema jurídico, em homenagem à segurança, mantenha decisões díspares para casos iguais, rompendo com vários cânones constitucionais, em holocausto à intangibilidade da coisa julgada. Magoa fundo a noção de justiça, *v.g.*, que determinado contribuinte pague certa exação, porque vencido em ação onde argüiu a inconstitucionalidade do tributo, quando todos os demais (ou muitos, ou alguns, ou outro) venceram suas demandas e livraram-se do ônus tributário. Quando as soluções díspares tornam-se definitivas, porque a parte sucumbente não cuidou de recorrer, mitiga o sentimento de injustiça a consciência da parte que contribuiu para o desenlace. Não assim quando a disparidade resultou de alteração da orientação jurisprudencial. Os casos são numerosíssimos, deixando o Judiciário em posição absolutamente desconfortável. Até porque aqui o resultado da demanda vai depender do momento em que foi ajuizada. Neste último lustro, a comunidade jurídica assistiu, surpresa e impotente, à formação de coisas julgadas em processos idênticos com soluções antagônicas. Assim quanto ao reajuste de 147,07%, reclamado pelos aposentados em setembro de 1991; quanto ao saque do FTGS mercê da alteração do regime de emprego de celetista para estatutário; quanto ao reajuste de 84,32% reclamado por empregados particulares e servidores públicos, em março de 1990. Nestes casos, e em vários outros, as decisões judiciais, inclusive as dos Tribunais Superiores, ora sufragaram uma tese, ora a outra, criando coisas julgadas intangíveis e garantindo direitos a uns e negando a outros, sem embargo de estarem todos na mesma e inalterada situação. Casos há, e não são poucos, onde servidores da mesma repartição e no exercício dos mesmos cargos e funções recebem remunerações diferentes, justo porque uns venceram e outros perderam suas demandas. Nestes casos, olvida-se o princípio constitucional da isonomia, maltrata-se a regra magna da prevalência do interesse público sobre o privado, aniquila-se o princípio do direito administrativo de que todos devem, na mesma medida, contribuir para a manutenção do Estado, espanca-se o valor psicossocial da justiça, tudo em louvor à coisa julgada.

"Diante dos reclamos da sociedade perplexa, o jurista responde, sem pontadas de consciência, que o Direito somente se preocupa com a formação de coisas julgadas antagônicas quando os comandos decorrentes das decisões restam impossibilitados. Se os comandos referem-se a pessoas diferentes há mera contradição lógica entre os julgados, sendo, no entanto, ambos perfeitamente exeqüíveis. Assim, no caso do exemplo, nada impede que alguns servidores recebam o reajuste de 84,32% e outros não. As duas sentenças, a que concede o reajuste e a que o nega, são exeqüíveis, na medida em que cada uma se refere a um servidor específico. Problema insuperável somente ocorreria se as duas sentenças se referissem ao mesmo servidor, hipótese afastada pelo instituto da coisa julgada."

Esses laços da coisa julgada com os princípios da moralidade, da legalidade, da igualdade e com os preceitos da Constituição Federal têm sido apreendidos, de modo cuidadoso, pela jurisprudência.

No trato, por exemplo, de desapropriação, onde presentes estão o interesse público e o do particular, tudo sob o comando do princípio constitucional da justa indenização, os pronunciamentos jurisprudenciais são no sentido seguinte:

a) "Desapropriação – Indenização (atualização) – Extravio de autos – Nova avaliação – Coisa julgada. Não ofende a coisa julgada a decisão que, na execução, determina nova avaliação para atualizar o valor do imóvel, constante do laudo antigo, tendo em vista atender à garantia constitucional da justa indenização, procrastinada por culpa da expropriante. Precedentes do STF. Recurso extraordinário não conhecido" (RE 93.412-SC, rel. Min. Rafael Mayer, *RTJ* 102/276).

b) "O deferimento de nova avaliação em sede de liquidação, em casos excepcionais, conforme entendimento da Suprema Corte, não encontra obstáculo na coisa julgada" (Ag. 75.773, rel. Min. Leitão de Abreu, *DJU* 3.5.1979; RE 68.608, 1ª T., *RTJ* 54/376; Ag. 47.564, Pleno, *DJU* 26.9.1969, p. 44.063).

c) "Desapropriação – Terrenos da atual Base Aérea de Parnamirim, em Natal/RN – Liquidação de sentença – Determinação de nova avaliação – Hipóteses em que o STF tem admitido nova avaliação, não obstante em decisão anterior, já transitada em julgado, se haja definido o valor da indenização. Diante das peculiaridades do caso concreto, não se pode acolher a alegação constante do recurso extraordinário de ofensa, pelo acórdão, ao art. 153, § 3º, da Constituição Federal, em virtude do deferimento de nova avaliação dos terrenos. O aresto teve presentes fatos e circunstâncias especiais da causa, a indicarem a injustiça da indenização, nos termos em que resultaria da só aplicação da correção monetária, a contar da Lei n. 4.686/65, quando a primeira avaliação aconteceu em 1957. Critério a ser seguido na nova avaliação – Decreto-lei n. 3.365/41, art. 26 – Questão que não constitui objeto do recurso extraordinário da União. Relativamente aos juros compensatórios, havendo sido fixado, em decisão transitada em julgado, o percentual de 6% ao ano, não caberia, no acórdão recorrido, estipular seu cálculo à base de 12% ao ano. A incidência do percentual de 6% ao ano dar-se-á a partir da ocupação do imóvel. Nesse ponto o acórdão ofendeu o art. 153, § 3º, da Lei Maior. No que respeita aos honorários advocatícios, estabelecidos em quantia certa, à vista da primitiva avaliação, não vulnera o art. 153, § 3º, da Carta Magna o acórdão, ao estipular novo critério para seu cálculo, em determinando nova avaliação do imóvel expropriado. Conhecido, apenas em parte, o recurso extraordinário, quanto aos juros compensatórios, para, nesta parte, dar-lhe provimento" (RE 105.012, rel. Min. Néri da Silveira).

d) Outros precedentes do colendo STF seguem a mesma orientação, não considerando ofensiva da coisa julgada a decisão que determina se atualize o valor do imóvel desapropriado quando se trate de laudo antigo e a expropriante procrastinou o pagamento da indenização. Conferir: RE 65.395, Pleno, *RTJ* 52/711; RE 68.606, 1ª T., *RTJ* 54/376; RE 78.506, 1ª T., *RTJ* 73/892; ERE 54.221, Pleno, *RTJ* 34/91.

e) O Min. Soares Muñoz, ao proferir voto (vista) no RE 93.412-SC, afirmou: "A doutrina moderna a respeito da coisa julgada restringe os seus efeitos aos fatos contemporâneos ao momento em que foi prolatada a sentença. A força da coisa julgada material, acentua James Goldschmidt, alcança a situação jurídica no estado em se achava no momento da decisão, não tendo, portanto, influência sobre os fatos que venham a correr depois (*in Derecho Procesal Civil*, p. 390, trad. espanhola de 1936)".

6. Considerações finais

O tema suscita vários questionamentos. Há impossibilidade física no âmbito deste trabalho de enfocá-los em toda a extensão que possuem.

Apresento, de forma esquematizada, uma síntese dos meus pensamentos sobre a matéria. Dividi-os em dois campos.

No primeiro, tenho assentado o entendimento de que:

6.1 O princípio força da coisa julgada é de natureza relativa.

6.2 A coisa julgada não pode sobrepor-se aos princípios da moralidade e da legalidade.

6.3 O Poder Judiciário, ao decidir a lide pelos juízes que o integram, cumpre missão estatal de natureza absoluta, com função destinada a aplicar, de modo imperativo, as estruturas que sustentam o regime democrático.

6.4 A sentença judicial, mesmo coberta com o manto da coisa julgada, não pode ser veículo de injustiças.

6.5 O *decisum* judicial não pode produzir resultados que materializem situações além ou aquém das garantidas pela Constituição Federal.

6.6 A carga imperativa da coisa julgada pode ser revista, em qualquer tempo, quando eivada de vícios graves e produza conseqüências que alterem o estado natural das coisas, que estipulem obrigações para o Estado ou para o cidadão ou para pessoas jurídicas que não sejam amparadas pelo Direito.

6.7 A regra do respeito à coisa julgada é impositiva da segurança jurídica, porém esta não se sobrepõe a outros valores que dignificam a cidadania e o Estado Democrático.

6.8 A garantia da coisa julgada não pode ser alterada pela lei para prejudicar, em homenagem ao princípio da não-retroatividade.

6.9 Os fatos apurados pela sentença nunca transitam em julgado, por a decisão referir-se a eles com as características de tempo, modo e lugar como foram apurados.

6.10 A coisa julgada não deve ser via para o cometimento de injustiças, de apropriações indébitas de valores contra o particular ou contra o Estado, de provocação de desigualdades nas relações do contribuinte com o Fisco, nas dos servidores com o órgão que os acolhe, porque a Constituição Federal não permite que a tanto ela alcance.

6.11 Em tema de desapropriação o princípio da justa indenização reina acima do garantidor da coisa julgada.

6.12 A sentença transitada em julgado pode ser revista, além do prazo para rescisória, quando a injustiça nela contida for de alcance que afronte a estrutura do regime democrático, por conter apologia da quebra da moralidade, da legalidade, do respeito à Constituição Federal e às regras da Natureza.

6.13 A segurança jurídica imposta pela coisa julgada está vinculada aos princípios da razoabilidade e da proporcionalidade que devem seguir todo ato judicial.

No segundo campo a minha compreensão está vinculada às proposições que enumero:

6.14 Tratando-se de acórdão que manteve a decisão que julgou líquidos os cálculos em execução de sentença, o ataque a ele teria de fazer-se com base na alegação de que esses cálculos foram contra a coisa julgada, e não com a invocação de dispositivos que poderiam ser pertinentes contra a sentença exeqüenda (RE 270.902-RJ).

6.15 Alegadas ofensas ao princípio da coisa julgada relacionadas com a natureza jurídica da TRD implicam o exame prévio da legislação infraconstitucional, sendo, assim, alegações de ofensa indireta ou reflexa à Carta Magna, não dando margem, pois, ao cabimento do recurso extraordinário (STF, AgRg 261.267).

6.16 A má interpretação de normas processuais sobre os limites da coisa julgada não implica que se tenha decidido questão de natureza constitucional (RE 178.207-MA).

6.17 Lei nova não pode alterar a coisa julgada.

6.18 O conflito entre o princípio da intangibilidade da coisa julgada (art. 5º, XXXVI, da CF) e, de outro lado, o da preservação da moralidade do ato indenizatório é resolvido pela regra da conformação com a regra constitucional da indenização (CF, art. 5º, XXIV), onde busca determinar a obediência ao justo preço.

6.19 Deve sempre o intérprete, ao se deparar com conflito entre os princípios da coisa julgada e outros postos na Constituição, averiguar se a solução pela aplicação do superprincípio da proporcionalidade e da razoabilidade, fazendo prevalecê-los no caso concreto, conduz a uma solução justa e ética, e nunca àquela que acabaria por consagrar uma iniqüidade, uma imoralidade.

6.20 O art. 125, III, CPC impõe ao juiz o dever de prevenir e reprimir qualquer ato contrário à dignidade da Justiça, mesmo que, para tanto conseguir, tenha de não aplicar os efeitos da coisa julgada.

6.21 Quando se põem em contraste os princípios da coisa julgada e da indenização, o STF tem dado prevalência ao último: "A jurisprudência do STF não acolhe a invocação da coisa julgada, para que se possa atingir a meta da indenização justa (*RTJ* 136/1.300). Reavalia-se o bem expropriado, diante das circunstâncias relevantes do caso concreto, porque estas indicavam, na ótica da Suprema Corte, 'a injustiça da indenização' que restou fixada nos termos da coisa julgada". Palavras de Carlos Mário Velloso: "Também aqui não custa repetir, é uma Constituição que estamos interpretando, vale dizer, estamos interpretando um ato normativo superior a todos os outros, justamente o que empresta validade a estes, motivo pelo qual, bem lembrou o professor Fábio Konder Comparato, em trabalho que desenvolveu em torno das normas constitucionais, o sentido e o alcance dessas normas superiores não pode ser entendido da mesma maneira que o das leis às quais emprestam validade; ou que o conteúdo e a força normativa vinculante das normas constitucionais possa ser obtido com o emprego do mesmo método ou raciocínio que se usa para a compreensão das normas jurídicas fundadas na Constituição" (*RTJ* 136/1.302).

6.22 A decisão que, de modo incidental, resolve uma questão prejudicial no processo não faz coisa julgada.

6.23 "Decisão que declara indevida a cobrança do imposto em determinado exercício não faz coisa julgada em relação aos posteriores" – Súmula 239 do STF.

Consagrou-se na referida Súmula orientação restritiva da coisa julgada em matéria tributária, de modo a excluir os motivos e fundamentos da sentença dos seus efeitos.

6.24 A sentença que julga liquidação por artigos e por arbitramento faz coisa julgada.

6.25 A alegação de decadência ou prescrição do direito do autor, em medida cautelar, faz coisa julgada (art. 810). Há divergência doutrinária e jurisprudencial sobre o tema.

6.26 Nas causas relativas ao estado de pessoa, se houverem sido citados no processo, em litisconsórcio necessário, todos os interessados, a sentença produz coisa julgada em relação a terceiros.

6.27 Havendo conflito entre duas coisas julgadas, prevalece a primeira. A segunda não nasceu porque ofendeu a primeira, sendo, portanto, inconstitucional. Há divergência – corrente que entende prevalecer a segunda coisa julgada: Barbosa Moreira, Moniz de Aragão, Pontes de Miranda e alguns tribunais de apelação, como os de São Paulo e do Rio de Janeiro.

6.28 A caracterização do fenômeno da coisa julgada acarreta, se a mesma lide for repetida, a extinção do processo (art. 267, V, do CPC).

6.29 O STJ entendeu de negar efeito às conseqüências jurídicas de transação, possibilitando a revisão daquilo que fora por ela abrangido e que já produzira para as partes o efeito da coisa julgada, por ter havido ofensa ao art. 1.030 do CC (*RSTJ* 97/198) ("Art. 1.030. A transação produz efeitos de coisa julgada, e só se rescinde por dolo, violência, ou erro essencial quanto à pessoa ou coisa controversa").

6.30 A coisa julgada em incidente de falsidade produz efeitos só entre as partes. Interpretação do art. 395 do CPC.

6.31 Em ação de consignação em pagamento a coisa julgada diz, apenas, com a suficiência ou insuficiência da oferta (*RSTJ* 98/231 – "Julgada improcedente a consignatória, por ter-se por insuficiente a oferta, não corrigida monetariamente, a coisa julgada não abrange mais que o reconhecimento daquela insuficiência" – 3ª T., rel. Min. Eduardo Ribeiro). O autor pode mover outra ação para a consignação da quantia exata.

6.32 Procedimentos de jurisdição voluntária (emancipação, sub-rogação, alienação de bens de menores, extinção de usufruto e de fideicomisso, alienações judiciais, separação consensual etc.) não conduzem à existência de coisa julgada material, pois, conforme o art. 1.111 do CPC, a sentença pode ser modificada, sem prejuízo dos efeitos já produzidos, se ocorrerem circunstâncias supervenientes.

6.33 É possível a existência da coisa julgada na ação divisória, em relação a antecessor dos recorridos, refletindo-se nestes os respectivos efeitos, se foi ele citado para a demanda (*RTJ* 118/667).

6.34 A coisa julgada nas ações coletivas em defesa do consumidor tem os limites impostos pelo CDC, art. 103: "Nas ações coletivas de que trata este Código, a sentença fará coisa julgada: I – *erga omnes*, exceto se o pedido for julgado improcedente por insuficiência de prova, hipótese em que qualquer legitimado poderá intentar outra ação, com idêntico fundamento, valendo-se de nova prova, na hipótese do inciso I do parágrafo único do art. 81" (casos de interesses ou direitos difusos – defesa coletiva – os transindividuais).

6.35 O momento de a parte alegar existência de coisa julgada é na contestação (art. 301, VI, do CPC). Pode, porém, alegar em qualquer tempo, arcando, porém, com as custas (art. 22), se não o fizer na contestação. Ela pode ser reconhecida de ofício.

6.36 Deve ser feito o registro da sentença transitada em julgado no Registro Público, conforme o caso (Lei de Registros Públicos, arts. 13, I; 29, VI e VIII, e § 1º, "a", "b" e "d"; 32, § 4º; 40; 57; 58; 76, § 5º; 88; 89 a 96; 97 a 102; 104 e 109 a 113 – Registro Civil das Pessoas Naturais; art. 127, VI (Registro de Títulos e Documentos); art. 167, I, ns. 23 a 26, 27 e 34, e II, ns. 9, 12, 14 e 15; arts. 198 a 204; 213; 216; 221, IV; 225; 226; 233, I; 264, § 2º; e 288 – Registro de Imóveis).

6.37 A sentença transitada em julgado que trata de direitos disponíveis permite que as partes convencionem diversamente do decidido pelo Poder Judiciário.

6.38 A colheita de novas provas não permite o ingresso de nova ação, para discutir a mesma lide, quando há trânsito em julgado a respeito (STF, *RTJ* 94/829), salvo situações extraordinárias que impossibilitaram o apanhado das provas durante a lide ou acontecimentos imorais que só posteriormente foram chegados ao conhecimento das partes.

6.39 Se transitou em julgado a sentença referente a uma ação de indenização por dano material nada impede que a parte promova outra ação reivindicando, apenas, dano moral (STJ, REsp 143.568-SP).

6.40 O juiz não pode decidir novamente as questões já decididas e relativas à mesma lide, salvo: a) se, tratando-se de relação jurídica continuativa, sobreveio modificação no estado de fato ou de direito; caso em que poderá a parte pedir a revisão do que foi estatuído na sentença; b) nos demais casos previstos em lei. *Obs. 1*: A coisa julgada não impede que lei nova passe a reger diferentemente os fatos ocorridos a partir de sua vigência (STF). *Obs. 2*: A eficácia da sentença declaratória perdura enquanto estiver em vigor a lei em que se fundamentou, interpretando-a (STJ). *Obs. 3*: Alimentos podem ser revistos. *Obs. 4*: A coisa julgada não impede que se atualizem prestações vencidas após a sentença, embora não prevista nesta qualquer atualização (STF). *Obs. 5*: O juiz pode homologar acordo para pagamento parcelado da dívida mesmo após sentença de mérito que julgara procedente a ação (STJ).

6.41 A sentença faz coisa julgada às partes entre as quais é dada, não beneficiando nem prejudicando terceiros. *Obs.*: Lei 9.494, de 10.9.1997, art. 2º-A (introduzido pela MP 1.984-12, de 10.12.1999): "A sentença civil prolatada em ação de caráter coletivo proposta por entidade associativa, na defesa dos interesses e direitos dos seus associados, abrangerá apenas os substituídos que tenham, na data da propositura da ação, domicílio no âmbito da competência territorial do órgão prolator. Parágrafo único. Nas ações coletivas propostas contra entidades da Administração direta, autárquica e fundacional da União, dos Estados, do Distrito Federal e dos Municípios, a petição inicial deverá obrigatoriamente estar instruída com a ata da assembléia da entidade associativa que a autorizou, acompanhada da relação nominal dos seus associados e indicação dos respectivos endereços".

6.42 A sentença que dá pela procedência de ação de investigação de paternidade não faz coisa julgada contra terceiro que, não tendo sido parte no processo, alega ser o verdadeiro pai e move declaratória visando à nulidade e reforma do assento de nascimento feito com base na sentença da ação de investigação.

6.43 O ordenamento jurídico positivo abre exceção ao princípio da coisa julgada ao permitir a repropositura de ação popular, ação civil pública e ação coletiva para a defesa de direitos difusos ou coletivos quando tiverem sido julgadas improcedentes por falta ou insuficiência de provas (LAP, art. 18; LACP, art. 16; CDC, art. 103, I e II).

6.44 A inclusão de correção monetária na liquidação, mesmo não concedida na sentença, não está atingida pela coisa julgada (*RTJ* 81/123 e 315, 84/561).

6.45 A coisa julgada na substituição processual alcança o substituído. O que foi discutido é a relação jurídica de direito material.

6.46 A coisa julgada não atinge o assistente simples. Ele não é parte no processo. Fica apenas jungido aos efeitos da sentença, não podendo rediscutir, em processo futuro, a justiça da decisão (art. 55 do CPC), salvo se alegar e comprovar a exceção de má gestão processual.

6.47 A coisa julgada atinge o litisconsorte assistencial.

6.48 O adquirente de coisa litigiosa não é terceiro. Ele fica atingido pela coisa julgada.

6.49 A coisa julgada material produz efeitos tão-somente quanto ao pedido, isto é, somente a lide é protegida pela coisa julgada material. Em face desse efeito, a decisão sobre a lide torna-se imutável e indiscutível, tanto no âmbito do processo onde ela foi discutida e recebeu decisão quanto em qualquer outro processo contemporâneo ou futuro.

6.50 Só as sentenças de mérito (art. 269 do CPC) são acobertadas pela autoridade da coisa julgada. Esse posicionamento do ordenamento jurídico significa que as sentenças, por exemplo, de extinção do processo sem julgamento de mérito (art. 267 do CPC) não fazem coisa julgada material. Elas são atingidas apenas pela coisa julgada formal e envolvidas pelo fenômeno denominado de preclusão.

6.51 "O efeito de uma tal decisão é ser tida por verdade; assim, todas as nulidades e injustiças relativas, que porventura se cometessem contra o direito das partes, já não são suscetíveis de revogação" (Pontes de Miranda).

6.52 Coisa julgada formal – a imutabilidade da decisão dentro da relação jurídico-processual – ou seja, denomina-se coisa julgada formal a especial condição da decisão de não comportar mais recursos, tornando-se, por isso mesmo, a palavra final do Judiciário no processo (Paulo Roberto de Oliveira Lima).

6.53 "Coisa julgada formal é a inimpugnabilidade da sentença no processo em que foi proferida. Entende-se ser equívoca a denominação de coisa julgada formal, por, na verdade, ocorrer é a preclusão, especialmente, porque esse tipo de coisa julgada, o formal, não é protegido pela CF, art. 5º, XXXVI. Este dispositivo abrange, apenas, a coisa julgada material" (Nélson Nery Jr.).

6.54 Em regra, a coisa julgada formal ocorre simultaneamente com a coisa julgada material. Há, porém, situações em que isso não acontece. Exemplos: em caso de sentença contra a Fazenda Pública, se o particular não recorrer ocorre a coisa julgada formal (preclusão), mas a coisa julgada material só vai acontecer com o reexame necessário da sentença pelo tribunal (art. 475 do CPC). Idem nos casos das sentenças proferidas com base no art. 267 do CPC.

6.55 Efeito da coisa julgada não é efeito da sentença (Liebman), mas uma qualidade, um modo de ser e de manifestar-se de seus efeitos, quaisquer que sejam, vários e diversos, consoante as diferentes categorias das sentenças.

6.56 "Sem embargo da opinião contrária da doutrina dominante, é lícito concluir ser a coisa julgada um dos efeitos da sentença, ainda que se constitua em qualidade que torna imputável o comando inserido na decisão" (Paulo Roberto de Oliveira Lima, *Teoria* ..., cit., p. 24).

Fascinante é, na atualidade, o reestudo da coisa julgada e dos seus efeitos. A busca da fixação de novos princípios a regê-la só tem sentido se for voltada a fazer imperar a moralidade, a legalidade e a certeza do justo nas decisões judiciais. A tanto devem se curvar a doutrina e a jurisprudência, em uma homenagem maior à cidadania. Muito se tem a investigar. Nunca há de ser admitido, como culto constante à democracia e aos valores que ela apregoa, ser a coisa julgada utilizada para a prática de estelionatos pelas vias processuais, desconhecendo-se os princípios éticos presentes em qualquer tipo de relação (financeira, econômica, política, social, educacional, religiosa, comercial, industrial e, especialmente, jurídica – material ou formal).

CADERNOS DE DIREITO TRIBUTÁRIO

FISCALIDADE DO URBANISMO*

José Casalta Nabais
Professor da Faculdade de Direito de Coimbra

1. Duas observações preliminares. 2. A fiscalidade e o urbanismo. 3. A tributação das mais-valias: 3.1 A tributação geral das mais-valias: 3.1.1 A tributação em IRS – 3.1.2 A tributação em IRC – 3.1.3 Apreciação da tributação geral das mais-valias – 3.2 A tributação especial das mais-valias: 3.2.1 O chamado encargo de mais-valia – 3.2.2 As chamadas contribuições especiais. 4. As taxas urbanísticas: 4.1 As taxas por infra-estruturas urbanísticas – 4.2 As compensações urbanísticas – 4.3 Outras taxas dos particulares devidas pelo controlo de actividades urbanísticas. 5. A harmonização da fiscalidade urbanística: 5.1 A harmonização da tributação das mais-valias: 5.1.1 A harmonização entre a tributação geral e a tributação especial das mais-valias – 5.1.2 A harmonização entre as diversas tributações especiais das mais-valias – 5.2 A harmonização entre a tributação especial das mais-valias e as taxas urbanísticas – 5.3 A harmonização entre a tributação estadual e a tributação municipal.

1. Duas observações preliminares

Antes de nos pronunciarmos especificamente sobre o tema que nos foi proposto, impõem-se, com vista à compreensão do sentido da expressão "fiscalidade do urbanismo", duas observações prévias: uma relativa ao significado com que aqui vem utilizado o termo "fiscalidade"; outra respeitante ao sentido a ter em conta no termo "urbanismo".

Pois bem, relativamente ao termo "fiscalidade" é de referir que ele tem servido e serve de embalagem aos mais diversos conteúdos, muito embora, as mais das vezes, com ele se pretenda significar os impostos ou o conjunto dos impostos numa perspectiva inter ou multidisciplinar.[1] No título destas considerações, todavia, comporta um significado específico e relativamente amplo, já que com ele se pretende referir os tributos ou o conjunto dos tributos; em suma, a tributação (em sentido literal).[2] Por isso, a fiscalidade, de que vamos tratar, é constituída pelo conjunto dos tributos ati-

* Texto que, salvaguardadas ligeiras modificações resultantes da discussão que se seguiu à sua apresentação, corresponde ao elaborado para o *1º Colóquio Internacional: O Sistema Financeiro e Fiscal do Urbanismo*, que teve lugar em Coimbra, nos dias 13-14.10.2000.

1. Cf. o nosso *Direito Fiscal*, Coimbra, Almedina, 2000, pp. 124 e ss.

2. Contraposta, assim, a "imposição", enquanto referida aos impostos ou ao conjunto dos impostos – v., para a recuperação deste sentido da palavra "imposição", Aníbal de Almeida, "Teoria pura da imposição", *Boletim de Ciências Económicas* 43, 2000.

nentes ao urbanismo, ou seja, pelo conjunto dos impostos, contribuições (especiais) e taxas respeitantes ao urbanismo. Um significado que, esclareça-se, é corrente lá fora, sobretudo em França.[3]

Todavia, como certamente se deixa adivinhar, pela nossa parte, preferíamos empregar a expressão "tributação do urbanismo". Mas, esclarecido que está o sentido que o termo "fiscalidade" tem no *título* desta exposição, nada temos a opor à sua utilização. É, pois, em conformidade com este sentido que vamos proceder às considerações que se seguem.

Por seu turno, no respeitante ao termo "urbanismo" é de referir que o mesmo vai aqui tomado, como bem se compreende, num sentido amplo. Num sentido que abarca os três bem conhecidos e já clássicos grandes domínios do urbanismo, a saber: o domínio do ordenamento ou planeamento urbanístico, o domínio do uso e ocupação dos solos urbanos e o domínio da construção de edifícios ou da edificação.[4] O que, é de acrescentar, não obsta a que seja sobretudo este último segmento do direito do urbanismo, isto é, o urbanismo em sentido estrito, aquele que, por via de regra, mais aberto se apresenta à fiscalidade e que, justamente por isso, constitui o suporte duma fiscalidade específica – a chamada fiscalidade do urbanismo.

Esclarecido que está o sentido de cada um dos termos de per si ou em separado, vejamos agora o sentido do conjunto, isto é, o sentido da expressão "fiscalidade do urbanismo". O que, como é bom de ver, implica relacionar a fiscalidade e o urbanismo ou, noutros termos, dar conta dos pontos de contacto destas duas realidades.

2. *A fiscalidade e o urbanismo*

Podemos dizer que o fenómeno do urbanismo se encontra, ou pode encontrar, com a fiscalidade a partir de duas perspectivas. De um lado, enquanto a actividade urbanística dá origem a manifestações da capacidade contributiva, as quais, sejam gerais ou especiais, podem ser erigidas em pressuposto e critério de impostos ou contribuições especiais.[5] É o que acontece com as mais-valias urbanísticas que são objecto quer de impostos, quer de contribuições especiais.

De outro lado, o urbanismo depara-se com a fiscalidade enquanto ocasiona encargos urbanísticos para o Estado ou para os Municípios, os quais, por serem de natureza divisível, podem ser repartidos pelos que os originam através da exigência de taxas ou outras compensações urbanísticas. É o que se verifica com as taxas urbanísticas *lato sensu*.

Do que vimos de referir facilmente se pode concluir que vamos tratar, num primeiro momento, dos impostos e das contribuições especiais proporcionados pelo urbanismo ou, o que é dizer o mesmo, dos impostos e contribuições especiais incidentes sobre as mais-valias urbanísticas; e, num segundo momento, das taxas urbanísticas em sentido amplo. Trataremos, depois, da falta de harmonização existente entre os referidos impostos e entre estes e as taxas urbanísticas. Aspectos, estes, que constituem os domínios mais importantes do sector do ordenamento jurídico tributário

3. V., por todos, entre nós, Diogo Leite de Campos, "Fiscalidade do urbanismo", in *Direito do Urbanismo*, INA, 1989, pp. 455 e ss.; e, para a França, Fernand Bouyssou, "Réflexions sur 20 ans de fiscalité de l'urbanisme", e Bernard Plagnet, "Réflexions sur la fiscalité locale", ambos in *Études de Finances Publiques Offertes à Paul Marie Gaudemet*, Paris, 1985, respectivamente pp. 717 e ss. e 735 e ss.; e Yves Jegouzo, "Le financement de l'aménagement après la loi du 18 juillet 1985", *Revue Française de Droit Administratif* 2(3)/339 e ss., maio-junho de 1986.

4. Cf. Fernando Alves Correia, *O Plano Urbanístico e o Princípio da Igualdade*, Coimbra, Almedina, 1989, pp. 51 e ss.

5. Sobre o sentido da capacidade contributiva como pressuposto e critério dos impostos, v. o nosso estudo *O Dever Fundamental de Pagar Impostos. Contributo para a Compreensão Constitucional do Estado Fiscal Contemporâneo*, Coimbra, Almedina, 1998, pp. 462 e ss.

que, por via de regra, se designa por fiscalidade do urbanismo.[6]

É, pois, deste domínio assim delimitado que vamos tratar. O que significa deixar de fora a que vem sendo designada por fiscalidade imobiliária ou fiscalidade predial,[7] a qual, num entendimento estrito, isto é, num sentido que contraponha esta à fiscalidade urbanística, tem por objecto a tributação de manifestações da capacidade contributiva reveladas pela posse ou detenção dos bens imóveis que não constituam resultado, ao menos directo, da actividade urbanística. Fiscalidade, essa, que entre nós se traduz na tributação dos rendimentos prediais em IRS ou IRC, na contribuição autárquica e nos impostos sobre a transmissão de bens imóveis, em que temos o imposto municipal de sisa, o imposto sobre sucessões e doações e o imposto de selo sobre a aquisição de direitos reais, o arrendamento e o subarrendamento e outras operações semelhantes.[8] Não é, assim, a tributação imobiliária ou predial, a tributação clássica ou a tributação geral, que tem por objecto onerar as pessoas enquanto contribuintes, que nos vai ocupar.[9] Vai-nos ocupar, isso, sim, um determinado tipo de fiscalidade, a fiscalidade moderna ou a fiscalidade criada pelo urbanismo, que tem por objecto que determinados encargos públicos sejam suportados pelos seus directos

6. Ou, para quem tenha desta uma concepção ampla, por "fiscalidade do urbanismo" em sentido estrito, um sentido que, justamente porque o torna coincidente com o de fiscalidade imobiliária ou predial em sentido amplo, é, a nosso ver, de rejeitar. V. o que dizemos a seguir, no texto.

7. Fiscalidade imobiliária ou fiscalidade predial que alguma doutrina ainda separa, como ocorre, por exemplo, em França (cf. Nuno Sá Gomes, "Alguns aspectos jurídicos e económicos controversos da sobretributação imobiliária no sistema fiscal português", *Ciência e Técnica Fiscal* 386/65 e ss., abril-junho de 1997 – pp. 67 e ss.). Quanto aos diversos domínios por que se estende a fiscalidade imobiliária, v., por todos, Jean Schmidt, *Fiscalité Imobilière*, 4ª ed., Paris, Litec, 1991.

8. V. os ns. 1-3 da Tabela Geral do Imposto de Selo. Como estamos a ver, num país em que não está previsto qualquer IVA imobiliário, a fiscalidade imobiliária integra apenas impostos sobre o rendimento predial e impostos sobre o património imobiliário. V., sobre a problemática da tributação do património, e designadamente as propostas que vêm sendo feitas no sentido da sua reforma, o nosso *Direito Fiscal*, cit., pp. 335 e ss.

9. Refira-se que, olhando para o conjunto da tributação imobiliária em sentido amplo, pode dizer-se que o nosso legislador fiscal parece ter tido por objectivo evitar que se construam imóveis e obstar a que os imóveis construídos sejam dados de arrendamento ou, vistas a coisas de um outro ângulo, favorecer a especulação imobiliária. Uma visão das coisas que, em rigor, nem os quadros ultraliberais do Liberalismo proprietarístico do século passado comportariam e cuja defesa actual, a constituir uma opção consciente do legislador, não poderia deixar de ser entendida, pelo menos no que respeita aos prédios destinados a satisfazer o direito constitucional à habitação, como uma intolerável manifestação de cinismo estadual. Trata-se, naturalmente, de uma realidade decorrente da concepção socialista do urbanismo constante da versão originária da nossa Constituição, que deferiu a resolução dos problemas urbanísticos a um entendimento proprietarístico do solo urbanizável e, consequente e coerentemente, à utilização preferencial do instrumento da expropriação por utilidade pública dos solos urbanos. É claro que, perante este Socialismo urbanístico, que logo se revelou de todo impraticável, proliferou, mais ou menos abertamente, um Capitalismo urbanístico selvagem, totalmente guiado pela especulação imobiliária, com os resultados catastróficos que todos conhecemos e que as nossas cidades, vilas e até aldeias exibem sem qualquer réstia de pudor. Na verdade, face à tributação do património imobiliário e do rendimento que o mesmo proporciona, facilmente se conclui pela existência, entre nós, de dois tipos de imóveis ou prédios: os constituídos por terrenos para construção em que não se edifica ou por casas que não são dadas de arrendamento, que suportam apenas a contribuição autárquica, que será, de resto, diminuta, se se tratar de prédios avaliados há muito tempo; e os constituídos por terrenos para a construção em que se edifica ou por casas que são dadas de arrendamento, que suportam, para além desse imposto anual sobre o património, as contribuições especiais incidentes sobre as mais-valias e as taxas de urbanização, no caso de construção, e o IRS ou IRC, no caso de arrendamento, muito embora nestes últimos haja lugar, nos temos dos arts. 80º-B do CIRS e 74º do CIRC, a um crédito de imposto correspondente à contribuição autárquica. O que não deixa de ser estranho em geral e particularmente no respeitante à tributação dos bens imóveis destinados à satisfação do direito à habitação. Já que, a haver alguma discriminação favorável na tributação dos imóveis, ela devia ser a favor dos imóveis que se destinassem à satisfação do referido direito, distinguindo-se muito claramente entre esses bens e os outros. Para uma crítica tanto da falta de consideração do direito à habitação como da falta de harmonização das diver-

beneficiados. Em suma, vamos tratar da fiscalidade ou tributação do urbanismo.

Ora bem, como já dissemos, dois são os grandes domínios da fiscalidade do urbanismo ou fiscalidade urbanística nos termos em que esta foi delimitada, a saber: a tributação das mais-valias urbanísticas e as taxas urbanísticas. Uma conclusão que, esclareça-se, leva pressuposto o entendimento de que os tributos, neste como em qualquer outro domínio, ou são de natureza unilateral, constituindo impostos ou figuras polarizadas no regime dos impostos, ou são de natureza bilateral, constituindo taxas ou figuras polarizadas no regime das taxas.[10] Mas vejamos, então, cada um dos referidos sectores da tributação urbanística de per si.

3. A tributação das mais-valias

Um pouco por toda a parte é o problema do tratamento fiscal das mais-valias urbanísticas aquele que se apresenta como o aspecto mais visível das relações entre o urbanismo e a fiscalidade. Também é o que acontece entre nós. De facto, à variedade de situações na tributação das mais-valias corresponde uma idêntica variedade de situações relativas à tributação das mais-valias urbanísticas. Efectivamente, os "acréscimos de poderes aquisitivos obtidos sem esforço e pelos acasos da sorte",[11] para utilizarmos a terminologia do "Preâmbulo" do CIRS, resultantes da actividade urbanística estão sujeitos, de um lado, a uma tributação geral em IRS e em IRC e, de outro lado, a uma tributação especial através de contribuições especiais, em que temos ainda contribuições especiais a favor do Estado e contribuições especiais a favor dos Municípios.

3.1 A tributação geral das mais-valias

Como já referimos, a tributação das mais-valias verifica-se em diversas situações. Desde logo, verifica-se ela em sede da tributação geral do rendimento, ou seja, em sede do IRS, por um lado, e em sede do IRC, por outro. Uma tributação que, embora já com alguma tradição entre nós,[12] só com a reforma fiscal da tributação dos rendimentos dos anos 80[13] veio assumir o carácter geral que actualmente tem. Uma tributação que, devemos acentuá-lo, comporta basicamente dois regimes: um relativo à tributação das mais-valias obtidas pelas empresas; outro relativo às mais-valias obtidas pelos não-empresários. Vejamos, então, como é que as coisas se passam em cada um destes regimes, primeiro no IRS, e depois no IRC.

3.1.1 A tributação em IRS

Partindo de um conceito amplo de rendimento, ou seja, do chamado rendimento-

sas soluções existentes, tendo em conta quer os imóveis destinados à habitação, em si mesmos ou enquanto fontes de rendimentos, quer as despesas afectas à satisfação desse direito, através do arrendamento, compra ou construção de habitações, v. o nosso estudo *O Dever Fundamental de Pagar Impostos ...*, cit., pp. 580 e ss.

10. V., sobre este nosso entendimento dicotómico ou binário dos tributos, por último, *Direito Fiscal*, cit., pp. 35 e ss.

11. Na terminologia do n. 5 do Relatório do CIRS. Lembre-se que, segundo a noção genérica constante do n. 2 do Relatório do Código do Imposto de Mais-Valias, consideravam-se mais-valias os aumentos de valor dos bens que não haviam sido produzidos ou comprados para vender.

12. Traduzida em diversas manifestações, das quais a mais importante foi, sem dúvida, a resultante da reforma fiscal dos anos 60, que consagrou, entre nós, a tributação ordinária das mais-valias, através da criação, em 1965, do já referido imposto de mais-valias.

13. Concretizada na aprovação, em 1988, dos CIRS e CIRC. Com efeito, antes o nosso sistema fiscal previa a tributação apenas de algumas mais-valias, mais concretamente das mais-valias resultantes dos seguintes actos: 1) transmissão onerosa de terrenos para construção (quando dela não resultem ganhos sujeitos ao encargo de mais-valias); 2) transmissão onerosa de elementos do activo imobilizado das empresas ou de bens ou valores por elas mantidos como reserva ou para fruição; 3) trespasse de locais ocupados por escritórios ou consultórios afectos ao exercício das profissões independentes; e 4) aumento do capital das sociedades anónimas e em comandita por acções ou por quotas, mediante incorporações de reservas ou emissão de acções (v. o art. 1º do Código do Imposto de Mais-Valias).

acréscimo, que, a nosso ver, constitui mesmo uma exigência da própria Constituição baseada no princípio da capacidade contributiva e no próprio recorte constitucional do "imposto sobre o rendimento pessoal" (art. 104º, n. 1),[14] o IRS incide também sobre as mais-valias realizadas auferidas por pessoas singulares. As mais-valias inserem-se, de resto, em três das nove categorias de rendimento previstas no CIRS, a saber: por um lado, na categoria C – rendimentos comerciais e industriais e na categoria D – rendimentos agrícolas; e, por outro lado, na categoria G – mais-valias. Uma distribuição da tributação das mais-valias que conduz a duas tributações completamente distintas: a tributação das mais-valias comerciais, industriais ou agrícolas e a tributação das mais-valias propriamente ditas.[15]

Assim, as mais-valias integradas nas categorias de rendimento C e D, ou seja, as mais-valias resultantes de actividades comerciais, industriais ou agrícolas, são tributadas, segundo os ns. 1 dos arts. 20º e 23º do CIRC (aplicáveis ao IRS por força do art. 31º do CIRS), não directamente enquanto tais, mas como rendimentos integrantes do lucro tributável das referidas empresas singulares. Por outras palavras, são tributadas se e na medida em que se verifique um saldo positivo entre as mais-valias e as menos-valias; saldo, esse, que constitui uma componente, num primeiro momento, do lucro contabilístico e, num segundo momento, do lucro tributável da respectiva empresa.[16]

Nesta conformidade, trata-se de mais-valias que acabam por estar sujeitas à taxa progressiva de IRS que vier a ser aplicável ao conjunto dos rendimentos do respectivo empresário, a qual, como sabemos, atinge a taxa marginal máxima de 40%. O que, por via de regra, traduz uma tributação bastante mais elevada do que aquela que atinge a generalidade das mais-valias, sobretudo se tivermos em conta que esta taxa máxima é alcançada por níveis de rendimento que, atendendo à realidade das economias das famílias portuguesas, são demasiado baixos.[17]

Já quanto às mais-valias propriamente ditas, tributadas como rendimentos da categoria G, ou seja, como mais-valias, em que naturalmente se integram as mais-valias urbanísticas[18] que não constituam rendimentos resultantes de actividades comerciais, industriais ou agrícolas, a tributação é feita em moldes bem diversos. Na verdade, em conformidade com o disposto no art. 41º, n. 2, do CIRS, as mais-valias urbanísticas que se encontrem nesta situação são tributadas apenas em 50% do seu valor.[19]

14. Todavia, segundo a explicação contida no Relatório do CIRS, a opção do nosso legislador de 1989 pelo rendimento-acréscimo terá ficado a dever-se às exigências do princípio da capacidade contributiva. Cf. nota anterior.

15. Cf. J. J. Teixeira Ribeiro, "A tributação das mais-valias na reforma fiscal", *Boletim de Ciências Económicas* XXXVIII/103 e ss., 1995.

16. V., sobre estas categorias, o nosso *Direito Fiscal*, cit., pp. 366 e ss.

17. Para uma crítica desta solução, v.: J. J. Teixeira Ribeiro, "Comentários ao Código do IRS", in *A Reforma Fiscal*, Coimbra, Coimbra Editora, 1989, pp. 237 e ss. (pp. 242 e ss.); o *Relatório da Comissão para o Desenvolvimento da Reforma Fiscal*, Ministério das Finanças, Lisboa, 1996, p. 549; e o nosso estudo *O Dever Fundamental de Pagar Impostos* ..., cit., pp. 596 e ss.

18. Segundo o CIRS, temos, aí, quatro tipos de situações de mais-valias, a saber: 1) as mais-valias prediais; 2) as mais-valias de partes sociais e outros valores mobiliários; 3) as mais-valais da propriedade intelectual e industrial; e 4) as mais-valias em direitos e bens afectos à actividade dos profissionais independentes. Refira-se, a título de informação, que o art. 40º, n. 5, "a", da LOE/2000 contém uma autorização legislativa ao Governo para: "Integrar na categoria B do IRS as mais-valias e as menos-valias emergentes da alienação onerosa de bens afectos, de modo duradouro, ao exercício de actividades profissionais independentes". O que significa que, se esta autorização legislativa vier a ser utilizada, o regime das mais-valias relativas a estes bens se aproxima do das mais-valias das actividades comerciais, industriais e agrícolas.

19. Regime, este, que, deve acentuar-se, não constitui o regime mais favorável das mais-valias em sede do IRS, já que mais-valias há que apenas são tributadas à taxa liberatória de 10%, como acontece relativamente ao saldo positivo entre as mais-valias e as menos-valias apuradas na transmissão onerosa

O que conduz a um regime fiscal bastante mais favorável do que o aplicado às mais-valias industriais, comerciais ou agrícolas.

3.1.2 A tributação em IRC

Podemos dizer que o tratamento fiscal das mais-valias em IRC é idêntico ao aplicável em sede do IRS às mais-valias comerciais, industriais ou agrícolas. Com efeito, elas integram a matéria colectável do IRC porque: ou são componente do lucro, que constitui a base de incidência do IRC das sociedades comerciais e civis sob forma comercial, das cooperativas e empresas públicas e, bem assim, das demais pessoas colectivas que exerçam, a título principal, uma actividade de natureza comercial, industrial ou agrícola; ou são componente do rendimento global, correspondente à soma algébrica das diversas categorias de rendimento consideradas para efeitos do IRS, que constitui a base da incidência do IRC das demais pessoas colectivas.[20] Pelo quê as mais-valias ou integram o lucro tributável ou o rendimento global dos sujeitos passivos do IRC.

Mas, como se está a ver, também aqui há diferenças de tributação a assinalar, as quais não se limitam à diferente incidência já mencionada. Efectivamente, enquanto as mais-valias realizadas pelas entidades tributadas pelo seu lucro estão sujeitas a uma taxa de IRC de 32%,[21] ou, se se tratar de microempresas, a uma taxa de 20%,[22] as entidades tributadas pelo rendimento global estão sempre sujeitas a uma taxa de IRC de 20%.[23]

3.1.3 Apreciação da tributação geral das mais-valias

Em sede da tributação geral das mais-valias urbanísticas temos, assim, um sistema de favorecimento dos não-empresários. Com efeito, enquanto as empresas suportam o imposto sobre o rendimento – o IRS ou o IRC – na sua totalidade, os não-empresários apenas suportam o IRS por metade. Um favorecimento, a nosso ver, inteiramente incompreensível. Com efeito, a haver lugar a algum favorecimento nesta sede, como em geral se defende, dado sobretudo o carácter excepcional de tais ganhos,[24] mais compreensível seria que o mes-

de partes sociais e outros valores mobiliários (art. 75º, ns. 1 e 2, do CIRS), ou que não são tributadas de todo, como é o caso das mais-valias provenientes da alienação de (1) obrigações e outros títulos de dívida e (2) das acções detidas pelo seu titular durante mais de 12 meses (art. 10º, n. 2, do CIRS). Para uma crítica destas soluções em sede do regime de tributação das mais-valias, v. o nosso *Direito Fiscal*, cit., pp. 166 e ss., e os autores aí citados. Refira-se, porém, que a LOE/2000 contém uma autorização legislativa, no seu art. 40º, n. 5, "d", ao Governo para: "Rever o regime de tributação das mais-valias mobiliárias obtidas por sujeitos passivos de IRS residentes em território nacional, com vista à sua aproximação ao regime-regra de englobamento aplicável aos restantes ganhos de mais-valias".

20. Isto é, que não sejam sociedades comerciais ou civis sob forma comercial, cooperativas, empresas públicas ou outras pessoas colectivas que exerçam, a título principal, uma actividade de natureza comercial, industrial ou agrícola.

21. Nos termos resultantes da LOE/2000. Taxa, essa, a que há que acrescentar a derrama de 10%, prevista no art. 18º da Lei das Finanças Locais, que eleva assim a taxa efectiva de tributação do rendimento das empresas (colectivas) para 35,2%.

22. Isto é, de empresas com um volume de negócios médio relativo aos exercícios de 1997 e 1998 não superior a 30.000. Assinale-se que, de acordo com o art. 45º da Lei 87-B/1999 (LOE/1999), de 21 de dezembro, que criou este regime, não estamos perante um regime geral de redução da taxa de IRC para as microempresas, mas tão-só face a um regime de incentivos. Daí a limitação do seu horizonte temporal aos exercícios de 1999, 2000 e 2001.

23. Uma situação que, convém lembrá-lo, já se verificava na vigência do imposto sobre mais-valias, pois, segundo o n. 1 e § 1º do art. 1º do Código do Imposto de Mais-Valias, estavam excluídos da incidência deste imposto os rendimentos tributáveis em contribuição industrial. Pelo quê as mais-valias dos empresários eram tributadas em contribuição industrial e imposto complementar, secção B, o que tinha por consequência estarem essas mais-valias sujeitas a elevadas taxas, atendendo ao nível que estas atingiram depois de 1976. V., sobre estas taxas, Vitor Faveiro, *Noções Fundamentais de Direito Fiscal Português*, v. II, "Estrutura jurídica do sistema fiscal português. Impostos sobre o rendimento", Coimbra, Coimbra Editora, 1986, pp. 566 e ss. e 850.

24. V. o *Relatório da Comissão para o Desenvolvimento da Reforma Fiscal*, cit., pp. 471 e ss.

mo fosse a favor dos empresas, singulares ou colectivas, e não a favor dos não-empresários. Aliás, as mais-valias urbanísticas das próprias empresas são elas objecto de um tratamento algo diferenciado, uma vez que enquanto os empresários em nome individual suportam a taxa progressiva de IRS, cuja taxa marginal máxima pode atingir 40%, e os empresários colectivos estão sujeitos a uma taxa efectiva (IRC + derrama) de 35,2%, as microempresas apenas suportam uma taxa de 20%.[25]

Por isso, seria mais acertado tributar todas as mais-valias urbanísticas por metade do seu valor, alargando, deste modo, às mais-valias dos empresários em nome individual e às mais-valias das empresas colectivas o regime previsto para as mais-valias propriamente ditas, isto é, para as mais-valias da categoria G do IRS, as quais, como vimos, são tributadas apenas por metade do seu valor.[26]

3.2 A tributação especial das mais-valias

Mas, para além da tributação geral, que tem lugar nos dois impostos que suportam o nosso sistema de tributação do rendimento e se aplica, em princípio, a todas as mais-valias urbanísticas, há diversas situações objecto de uma tributação especial. Isto é, há determinadas mais-valias urbanísticas que são objecto também de um regime especial de tributação.

Estamos, aqui, perante situações que, em geral, são integradas nas chamadas *contribuições especiais*,[27] uma categoria de tributos que, dada a sua relativa autonomia conceptual, alguma doutrina, sobretudo estrangeira, procura colocar numa posição de algum modo equidistante entre a figura dos impostos, de um lado, e a figura das taxas, de outro. Uma orientação que tanto nós como a generalidade da doutrina nacional vimos rejeitando, uma vez que tais tributos não passam de impostos, embora impostos que apresentam uma particularidade – a de terem por base manifestações da capacidade contributiva resultantes do exercício de uma actividade administrativa pública e não, ou não exclusivamente, do exercício de uma actividade do respectivo contribuinte. Manifestações da capacidade contributiva, essas, que assumem, de resto, duas formas, já que, enquanto nuns casos a actividade administrativa provoca manifestações positivas dessa capacidade, aumentando-a, noutros casos a actividade administrativa pública limita-se a obstar a que surjam manifestações negativas dessa capacidade, ou seja, limita-se a manter essa mesma capacidade. O que, na terminologia elaborada há muito tempo pela doutrina italiana e seguida em Espanha e em Portugal, nos conduz, respectivamente, às "contribuições de melhoria" e às "contribuições por maior despesa".

Como será fácil de ver, no caso em apreço, estamos perante situações que se enquadram na primeira modalidade, isto é, perante contribuições especiais na sua configuração de "contribuições de melhoria". Na verdade, as contribuições especiais, a que estamos a referirmo-nos, caracterizam-se pelo facto de serem prestações devidas por manifestações da capacidade contributiva que se concretizam em vantagens económicas particulares resultantes do exercício da actividade administrativa pública urbanística, ou seja, de vantagens económicas que beneficiam indistintamente não naturalmente a generalidade dos contribuintes, mas apenas os contribuintes pertencentes à categoria dos proprietários ou detentores dos bens imóveis objecto de valorização imputável à actividade administrativa pública. Pois bem, a nosso ver, podemos distinguir dois tipos de situações em que no nosso sistema são cobradas contribuições especiais na forma de contribuições de melhoria urbanísticas: 1) os casos em

25. V., porém, o que dissemos supra, na nota 12.

26. V., neste sentido, também o *Relatório da Comissão para o Desenvolvimento da Reforma Fiscal*, loc. cit., e, bem assim, o *Relatório da Comissão de Revisão do IRS*, Lisboa, DGCI, Lisboa, 1998, pp. 62 e ss.

27. Ou tributos especiais – cf. o nosso *Direito Fiscal*, cit., pp. 39 e ss. e 42 e ss.

que é cobrado o tradicional *encargo de mais-valia*; e 2) as situações em que são devidas as mais recentes *contribuições especiais*. Vejamos, então, cada uma destas situações.

3.2.1 O chamado encargo de mais-valia

No respeitante ao encargo de mais-valias, temos três situações, a saber: 1) o encargo de mais-valia na titularidade dos Municípios e incidente à taxa de 50% sobre o aumento de valor dos prédios rústicos,[28] que, em virtude da "simples aprovação dos planos de urbanização" ou de "obras de urbanização", aumentem consideravelmente de valor;[29] 2) o encargo de mais-valia que incide à taxa de 60% sobre o aumento de valor dos prédios rústicos e dos terrenos para construção da margem sul valorizados em consequência da construção da ponte entre Lisboa e Almada;[30] e 3) o encargo de mais-valia incidente igualmente à taxa de 50% sobre o aumento do valor dos prédios rústicos valorizados em virtude da construção de estradas e de outras grandes vias de comunicação, pela possibilidade da sua utilização como terrenos de construção urbana, cobrado antes a favor da Junta Autónoma das Estradas (JAE), e agora a favor dos institutos que substituíram aquela Junta, isto é, a favor do Instituto das Estradas de Portugal (IEP), do Instituto para a Construção Rodoviária (COR) e do Instituto para a Conservação e Exploração Rodoviária (ICERR).[31]

Três observações acerca deste encargo. Uma para dizer que o encargo de mais-valias incidente sobre o aumento de valor dos prédios rústicos e dos terrenos para construção da margem sul valorizados em consequência da construção da ponte entre Lisboa e Almada se aplica, nos termos do art. 1º, n. 4, do Decreto-lei 46.950, à mais-valia resultante não apenas da construção da ponte, mas também a resultante de obras de urbanização ou da abertura de grandes vias de comunicação.

Outra relativa à titularidade ou destino das receitas do encargo de mais-valia, para dizer que: no primeiro caso a receita do encargo de mais-valia é inteiramente da titularidade do Município; no segundo há lugar a uma divisão da taxa do encargo, que é de 60%, entre o Estado, que fica com 20%, e o Município, que fica com os restantes 40%; e no terceiro caso, em que a receita do encargo está consignada aos referidos Institutos que sucederam à JAE, quando esta foi desmantelada em 1999.

Uma terceira para assinalar que apenas muito recentemente a disciplina do encargo de mais-valia devido pela valorização dos prédios rústicos em virtude da aprovação dos planos de urbanização, de obras de urbanização ou da abertura de vias de comunicação foi objecto das alterações que a autonomia constitucionalmente restaurada dos Municípios há muito reclamava. Com efeito, foi através do art. 2º da Lei 168/1999[32] que vieram a ser deferidas às assembleias municipais a regulamentação desse encargo e às câmaras municipais a determinação das áreas beneficiadas, quando, tanto num como no outro caso, estejam em causa obras de urbanização ou vias de comunicação municipais ou intermunicipais.

28. Embora, segundo uma parte significativa da doutrina seguida pela jurisprudência, esse encargo também possa incidir, se bem que à taxa de 30%, sobre prédios urbanos, uma vez que a Lei 2.030, de 22.7.1948, apenas terá revogado o art. 10º da Lei de 26.6.1912 quanto aos prédios rústicos. V., sobre o problema e por todos, Fernando Alves Correia, *O Plano Urbanístico ...*, cit., pp. 566 e ss.; e Nuno Sá Gomes, "Alguns aspectos ...", cit., *Ciência e Técnica Fiscal* 386/108 e ss.

29. V. o art. 17º da Lei 2.030 e os arts. 87º e ss. do Decreto-lei 43.587, de 8.6.1961.

30. V. o art. 4º do Decreto-lei 41.6161, de 10.4.1958, e o Decreto-lei 46.950, de 9.4.1966.

31. V. o art. 17º, n. 1, da Lei 2.030 e o Decreto Regulamentar 4/1983, de 25 de janeiro. Quanto à extinção da JAE e à criação do referidos institutos, v. o Decreto-lei 237/1999, de 26 de junho, que contém em anexo os estatutos dos IEP, ICOR e ICERR. Acrescente-se que na enumeração das receitas destes Institutos – contida nos arts. 16º dos referidos estatutos – não consta qualquer referência às receitas do mencionado encargo de mais-valia.

32. De 18 de setembro, que aprovou o novo Código de Expropriações.

3.2.2 As chamadas contribuições especiais

Relativamente às chamadas contribuições especiais, que mais não são do que contribuições especiais que podemos designar de segunda geração (constituindo, assim, os casos que vimos, em que é devido o encargo de mais-valia, contribuições especiais da primeira geração), são de mencionar aqui também três situações, a saber: 1) a contribuição especial incidente sobre o aumento do valor dos prédios rústicos, terrenos para construção e áreas resultantes da demolição de prédios urbanos já existentes, na área dos Municípios beneficiados pela construção da nova ponte sobre o Tejo;[33] 2) a contribuição especial incidente sobre o aumento do valor dos prédios rústicos, terrenos para construção e áreas resultantes da demolição de prédios urbanos devido à realização da EXPO/98;[34] e 3) a contribuição especial incidente sobre o aumento de valor dos prédios rústicos, terrenos para construção e áreas resultantes da demolição de prédios urbanos dos concelhos beneficiados pelos investimentos concretizados na construção das circulares regionais externa e interna de Lisboa[35] e na construção das circulares regionais externa e interna do Porto.[36] Também relativamente a estas contribuições impõem-se algumas considerações.

Uma para referir que se trata de uma contribuição que incide nuns caso, a uma taxa de 30%, e noutros casos a uma taxa de 20%, sobre o aumento de valor dos prédios rústicos, resultante da possibilidade da sua utilização como terrenos para construção, bem como sobre o aumento de valor dos terrenos para construção ou das áreas resultantes da demolição de prédios urbanos situados nos Municípios beneficiados pelos investimentos concretizados, respectivamente, na construção do nova ponte sobre o Tejo, na realização da EXPO/98 e na construção da CREL, da CRIL, da CREP e da CRIP. Uma taxa mais moderada, portanto, do que a prevista no encargo de mais-valia.

Outra para dizer que estamos perante contribuições com uma duração limitada, já que as leis que as criaram prevêem que as mesmas terão uma duração de 20 anos.[37] Uma característica que se compreende que, atento o impacto valorativo das obras causadoras das mais-valias que constituem o objecto das contribuições em análise, não tenha lugar, como de resto vimos, no encargo de mais-valia.

Uma terceira para assinalar que se trata de contribuições de obrigação e cobrança únicas, uma vez que, de acordo com os ns. 3 dos arts. 1º dos seus Regulamentos, nenhuma delas poderá ser cobrada mais de uma vez sobre cada prédio. O que bem se compreende, pois que, incidindo sobre uma valorização excepcional dos prédios, decorrente da construção da nova ponte, da realização da EXPO/98 ou da construção das circulares referidas, não vemos como, sem grave iniquidade, a mesma pudesse ser cobrada mais de uma vez. Pela mesma razão sobre as áreas abrangidas por qualquer destas contribuições especiais não incidirá qualquer encargo de mais-valia ou qualquer outra contribuição especial, como prescrevem os arts. 5º dos Decretos-leis 51/1995 e 43/1998 e o art. 6º do Decreto-lei 51/1995.[38]

Finalmente, uma outra ainda para, numa apreciação sumária, dizermos que, em nossa opinião, estamos perante contribui-

33. V. o Decreto-lei 51/1995, de 20 de março, que aprovou o seu Regulamento.

34. V. o Decreto-lei 54/1995, de 22 de março, que aprovou o seu Regulamento, na redacção que lhe foi dada pelo Decreto-lei 43/1998, de 3 de março.

35. Isto é, a CREL – Circular Regional Externa de Lisboa e a CRIL – Circular Regional Interna de Lisboa.

36. Isto é, a CREP – Circular Regional Externa do Porto e a CRIP – Circular Regional Interna do Porto.

37. Cf. os ns. 1 dos arts. 4º dos Decretos-leis 54/1995 e 43/1998.

38. Refira-se que os arts. 6º do Decreto-lei 51/1995 e 5º do Decreto-lei 54/1995 foram aditados e mandados aplicar retroactivamente pelo Decreto-lei 27/1997, de 23 de janeiro. V. também infra, n. 5.1.2.

ções cuja disciplina jurídica enferma, em alguma medida, de inconstitucionalidades. Na verdade, as contribuições especiais relativas aos terrenos valorizados pela construção da nova ponte sobre o Tejo, pela realização da EXPO/98 e pela construção das circulares externa e interna de Lisboa e do Porto apresentam-se afectadas de diversas inconstitucionalidades. Por um lado, estamos perante impostos retroactivos, pois tributam mais-valias verificadas antes da entrada em vigor dos referidos Decretos-leis 51/1995, 54/1995 e 43/1998, que aprovaram os respectivos Regulamentos, já que, nos termos dos arts. 2º de tais Regulamentos, as contribuições incidem sobre a valorização dos terrenos ocorrida entre, respectivamente, 1 de janeiro de 1992 ou 1 de janeiro de 1994 e a data do requerimento da respectiva licença de construção, o que briga com o art. 103º, n. 3, da Constituição na versão da RC/1997 (em vigor desde 5 de outubro de 1997), tornando, assim, inconstitucionais tais impostos, se bem que nos dois primeiros casos estejamos perante inconstitucionalidades supervenientes. Daí que, a nosso ver, para afastar a mencionada inconstitucionalidade a contribuição especial devesse incidir apenas sobre as mais-valias verificadas a partir da entrada em vigor do respectivo diploma ou da sua alteração que venha alargar ou agravar a referida tributação.

Depois, olhando para a incidência pessoal dessas contribuições, verificamos que as mesmas podem ser exigidas a contribuintes relativamente aos quais se não tenham verificado quaisquer mais-valias, como no caso em que as mesmas tenham sido realizadas pelo vendedor do terreno (que por elas, aliás, terá sido tributado em IRS ou em IRC), situação em que nos deparamos com uma intolerável violação do princípio da capacidade contributiva. Por isso, relativamente aos contribuintes que adquiriram os terrenos posteriormente ao início da contagem da período da sua valorização a contribuição especial devia incidir apenas sobre a valorização entre o momento dessa aquisição e o momento do requerimento da respectiva licença de construção.

Finalmente, na medida em que o terreno se destine a satisfazer o direito constitucional à habitação, isto é, à construção de uma moradia que vise a garantir uma habitação de dimensão adequada em condições de higiene e conforto ao contribuinte e sua família, também a sua tributação, nos estritos termos que resultam destes diplomas, viola o art. 65º da Constituição. Com efeito, para obstarem a esta inconstitucionalidade os diplomas que regulam tais contribuições especiais deviam prever uma isenção para aqueles contribuintes que utilizassem e na medida em que utilizassem o terreno para satisfazer o referido direito à habitação.[39]

4. As taxas urbanísticas

Por certo que não é necessário ser adivinho para concluir que estamos, aqui, a falar de taxas urbanísticas num sentido amplo. Num sentido em que, não obstante a diversidade de manifestações que ostentam tais taxas,[40] verdadeiramente nos deparamos com três situações, a saber: as taxas devidas por infra-estruturas urbanísticas ou taxas urbanísticas em sentido estrito, as chamadas compensações urbanísticas e outras taxas devidas pelos particulares.

4.1 As taxas por infra-estruturas urbanísticas

De entre todas as taxas que os particulares têm de suportar no domínio do urbanismo, são certamente as chamadas taxas por infra-estruturas urbanísticas ou, na actual forma canónica, "as taxas pela realização, manutenção e reforço de infra-estruturas urbanísticas"[41] as mais conhecidas. O que não surpreende se tivermos em conta o peso destas taxas.

39. V. também o nosso *Direito Fiscal*, cit., p. 43, nota 30.

40. Para ter uma ideia de tal diversidade basta consultar, como exemplo e para não irmos mais longe, o *Regulamento Municipal de Taxas e Cedências Relativas à Administração Urbanística* de Coimbra, publicado no Apêndice 41 do *Diário da República*, II Série, de 7.4.1999, pp. 62 e ss.

41. Como agora se diz nos arts. 19º, "a", da Lei das Finanças Locais (LFL – Lei 42/1998, de 6 de

Uma figura tributária que, não obstante o nome que ostenta, tem sido objecto de alguma discussão relativa à sua natureza, já que tanto a doutrina como a jurisprudência se encontram divididas a seu respeito. Com efeito, enquanto alguns autores como Freitas do Amaral, Osvaldo Gomes, Diogo Leite de Campos, Afonso Marcos e Nuno Sá Gomes e, bem assim, a jurisprudência do STA[42] se vêm pronunciando pela sua natureza de imposto, outros autores como Paz Ferreira e Aníbal Almeida e, bem assim, a jurisprudência do Tribunal Constitucional[43] vêm-se pronunciando pela sua natureza de taxa.

Pois bem, como se deduz da própria inserção destas figuras no presente esquema de exposição, inclinamo-nos no sentido da sua natureza de taxa. Uma conclusão que exige alguns esclarecimento suplementares. Naturalmente que uma tal conclusão não pode ser alcançada em termos gerais e abstractos, mas sim tendo em conta o recorte de cada taxa em concreto, procedendo-se, como é mister, em cada caso, à averiguação, de um lado, da existência da bilateralidade que caracteriza as taxas e, de outro, do critério que suporta o montante desta figura tributária.

Pois bem, quanto ao seu carácter bilateral, há que averiguar se já se verificou a realização das respectivas infra-estruturas, como terá sido a ideia com base na qual o Tribunal Constitucional, no seu Ac. 357/1999, concluiu pela natureza de taxa da taxa pela realização de infra-estruturas urbanísticas do Município de Amarante. Ou, no caso de tais infra-estruturas ainda não terem sido efectuadas, averiguar se a ordem jurídica permite aos que pagaram a respectiva taxa exigir a realização dessas infra-estruturas ou, em alternativa, a restituição do montante pago. Pois, se uma tal "possibilidade jurídica" estiver arredada, então há que concluir que estamos perante um verdadeiro imposto. Foi, aliás, por ter concluído que existia essa "possibilidade jurídica" de o contribuinte exigir a realização das infra-estruturas correspondente à taxa urbanística paga que o Tribunal Constitucional, no seu recente Ac. 410/2000, concluiu, embora por sete votos contra seis, pela natureza de taxa da taxa por infra-estruturas urbanísticas da Póvoa do Varzim.

Depois de ultrapassado com êxito o teste da bilateralidade, há que proceder ainda ao teste do critério em que assenta a taxa pelas infra-estruturas urbanísticas. E aqui, de duas, uma: ou esse critério assenta na ideia de proporcionalidade entre a prestação (a taxa) e a contraprestação específica (traduza-se esta numa prestação estadual ao particular ou numa específica despesa estadual provocada pelo particular), deparando-nos com uma (verdadeira) taxa; ou não assenta numa tal ideia, caso em que teremos uma figura tributária que, em virtude de ter por base a capacidade contributiva, não pode deixar de guiar-se pelo regime próprio dos impostos.[44]

4.2 As compensações urbanísticas

Um outro caso em que, a seu modo, também podemos falar de taxas urbanísti-

agosto) e 116º do Regime Jurídico da Urbanização e Edificação (RJUE – Decreto-lei 555/1999, de 16 de dezembro, editado na sequência da autorização legislativa constante da Lei 110/1999, de 3 de agosto).

42. Cf., quanto aos autores referidos: Freitas do Amaral, *Direito do Urbanismo – Sumários*, Lisboa, 1993, p. 119; Osvaldo Gomes, "Direito do urbanismo", in *Direito das Empresas*, INA, 1990, pp. 201 e ss.; Diogo Leite de Campos, "Fiscalidade do urbanismo", in *Direito do Urbanismo*, cit., cit., p. 460; Afonso Marcos, "As taxas municipais e o princípio da legalidade fiscal", *Fisco* 74-75/22 e ss.; e Nuno Sá Gomes, "Alguns aspectos ...", cit., *Ciência e Técnica Fiscal* 386/98 e ss.

43. Cf, quanto aos autores: Paz Ferreira, "Ainda a propósito da distinção entre impostos e taxas: o caso da taxa pela realização de infra-estruturas urbanísticas", *Ciência e Técnica Tributária* 380/57 e ss., outubro-dezembro de 1995; e Aníbal Almeida, *Estudos de Direito Tributário*, Coimbra, Almedina, 1996, pp. 35 e ss. Por seu lado, no respeitante à jurisprudência do Tribunal Constitucional, v. o Ac. 357/1999.

44. V. o nosso estudo *O Dever Fundamental de Pagar Impostos* ..., cit., pp. 264 e ss., 354 e ss. e 477, e o nosso *Direito Fiscal*, cit., pp. 35 e ss.

cas situa-se, a nosso ver, na figura das compensações urbanísticas ou, mais precisamente, das compensações para os espaços públicos, equipamentos colectivos e infra-estruturas. Com efeito, nos termos do n. 1 do art. 44º do Regime Jurídico da Urbanização e Edificação,[45] o proprietário e os demais titulares de direitos reais sobre o prédio a lotear cedem gratuitamente ao Município as parcelas para implantação de espaços verdes públicos e equipamentos de utilização colectiva e as infra-estruturas que devam integrar o domínio municipal. Todavia, segundo o n. 4 do mesmo artigo, se o prédio a lotear já estiver servido de infra-estruturas ou não se justificar a localização de qualquer equipamento ou espaço verde públicos, não há lugar a qualquer cedência para esses fins, fica o proprietário obrigado ao pagamento de uma compensação ao Município, em numerário ou em espécie, nos termos definidos por regulamento municipal.[46]

Ora bem, o primeiro problema que aqui se coloca é o de saber qual a natureza jurídica destas compensações, ou seja, trata-se de saber se estamos perante tributos unilaterais ou impostos ou perante tributos bilaterais ou taxas. Uma questão cuja resposta depende, está bem de ver, da resposta que dermos a esta outra pergunta: essas compensações visam a atingir manifestações da capacidade contributiva do proprietário ou exigir contrapartidas pelas despesas urbanísticas realizadas pelo Município? A nosso ver, e em abstracto, parece-nos que tais compensações terão a mesma natureza da taxa de urbanização, ou, para sermos mais exactos, da "taxa pela realização, manutenção e reforço de infra-estruturas urbanísticas", ou seja, a natureza de taxa. Todavia, como vimos relativamente à taxa por infra-estruturas urbanísticas, também no respeitante às compensações em análise é preciso ter presente que a solução terá de ser encontrada caso a caso através da realização do teste da proporcionalidade inerente à figura das taxas.

4.3 Outras taxas dos particulares devidas pelo controlo de actividades urbanísticas

Taxas urbanísticas em sentido lato podemos considerar ainda aquelas taxas exigidas aos particulares pela contraprestação que constitui a actividade administrativa de controlo de actividades urbanísticas. Estamos naturalmente a referirmo-nos às taxas devidas pelas licenças ou autorizações de loteamento, de obras de urbanização e de execução de obras particulares, previstas nos arts. 19º, "b", da LFL e 116º, ns. 1 e 4, do RJUE. Efectivamente também estas taxas oneram, a seu modo, a actividade urbanística dos particulares, sendo, por conseguinte, uma manifestação da tributação do urbanismo.

O que, todavia, não pode levar-nos a esquecer as assinaláveis diferenças existentes entre tais taxas e as taxas devidas por infra-estruturas urbanísticas. Efectivamente, enquanto estas últimas constituem taxas devidas por uma actividade urbanística da Administração Pública, aquelas são a contrapartida de uma actividade de controlo ou de polícia da actividade urbanística dos particulares. Ou seja, enquanto nas taxas por infra-estruturas urbanísticas estamos perante taxas que são o "preço" a pagar por serviços prestados pela Administração Pública activa, nas taxas por autorizações e licenças urbanísticas deparamo-nos com taxas que são o "preço" a pagar por serviços prestados pela Administração Pública de controlo.[47]

45. RJUE, aprovado pelo Decreto-lei 555/1999, de 16 de dezembro, na sequência da autorização legislativa constante da Lei 110/1999, de 3 de agosto. Regime, este, entretanto, suspenso até 31 de dezembro de 2000 pela Lei 13/2000, de 20 de julho, que repristinou a legislação anterior com a salvaguarda dos actos praticados entre 14 de abril e 21 de julho de 2000.

46. V., para a disciplina anterior destas compensações urbanísticas, o art. 16º do Decreto-lei 448/1991, de 29 de novembro, com as alterações constantes da Lei 26/1996, de 1 de agosto, e, para a anterior a esta última, o art. 32º do Decreto-lei 400/1984, de 31 de dezembro.

47. No respeitante à tributação do urbanismo, v., por todos, para a Alemanha, Löhr, em Battis/

5. *A harmonização da fiscalidade urbanística*

Tendo em conta a diversidade de figuras tributárias que integram a fiscalidade urbanística e as múltiplas manifestações que cada uma destas figuras ostenta, compreende-se que façamos, aqui, algumas referências à necessidade de harmonização que as mencionadas diversidade de figuras tributárias e multiplicidade de manifestações implicam. Uma harmonização que, como vamos ver, bem necessária é.

5.1 *A harmonização da tributação das mais-valias*

Um problema a que devemos aludir aqui prende-se com a questão de saber em que termos as diversas tributações das mais-valias urbanísticas, que acabamos de enunciar, se encontram harmonizadas. Ou seja, em que medida é que as diversas tributações incidentes sobre as mais-valias não configuram situações de dupla ou múltipla tributação jurídica.[48] Uma questão que, descontada a falta de harmonização que vimos reinar na tributação em IRS e IRC,[49] se desdobra em dois segmentos: um concretizado na harmonização entre a tributação geral e a tributação especial das mais-valias; outro materializado na harmonização entre as diversas tributações especiais das mais-valias. Vejamos cada um destes aspectos de per si.

5.1.1 A harmonização entre a tributação geral e a tributação especial das mais-valias

Nos termos do art. 1º, n. 1, do Código do Imposto de Mais-Valias, não estavam sujeitas a este imposto as mais-valias urbanísticas acabadas de referir, na medida em que estivessem sujeitas ao referido encargo de mais-valias. Uma disposição idêntica não consta, todavia, dos CIRS e CIRC, os Códigos que contêm agora a tributação geral das mais-valias. Porém, tendo em conta, de um lado, o facto de nada se dizer nos referidos Códigos em contrário e, de outro lado, os princípios constitucionais por que se rege a tributação, mormente o princípio da igualdade tributária aferido pelo critério da capacidade contributiva, parece-nos que deve manter-se aquela regra de as mais-valias urbanísticas não serem tributadas em IRS ou em IRC quando as mesmas estejam sujeitas ao encargo de mais-valia.

É que, a entendermos as coisas de outro modo, estaríamos caídos numa dupla tributação jurídica, uma situação tributária que, muito embora a Constituição fiscal a não exclua de todo,[50] não vemos como se possa aceitar nas disposições agora em apreciação. Pois, de um lado, essa dupla tributação muito dificilmente passaria com êxito o teste da constitucionalidade no respeitante à dupla tributação das mais-valias resultante, de um lado, da tributação em IRS pelas categorias C e D ou em IRC e, de outro lado, da tributação concretizada pelo encargo de mais-valia. Com efeito, atendendo às taxas que atingem aqueles impostos e este encargo, facilmente poderíamos concluir pelo carácter excessivo, se não mesmo sufocante ou confiscatório, de uma tal tributação.[51]

Mas a idêntica conclusão devemos chegar no respeitante à tributação em IRS

Krautz/Bergar/Löhr, *Baugesetzbuch*, 7ª ed., Munique, 1999, pp. 1.033 e ss. (pp. 1.065 e ss.); para a Itália, Gianfranco Lorenzon, "Tributi locali", in *Enciclopedia del Diritto*, v. XLV, 1992, pp. 121 e ss. (pp. 147 e ss.), e Adriano di Pietro, "Tributi I", in *Enciclopedi Giuridica Treccani*, v. XXXI, 1994, pp. 7 e ss.; para Espanha, Javier Salas, "Beneficios y cargas derivados de la ordenación urbanística (recuperación de plusvalías, compensación y técnicas de distribución equitativa)", *Revista de Administración Pública* 92/45 e ss., maio-agosto de 1980 (pp. 72 e ss.); e, para França, os autores referidos supra nas notas 3 e 7.

48. Sobre o conceito de dupla tributação jurídica e a sua distinção da dupla tributação económica, v. os nossos textos *O Dever Fundamental de Pagar Impostos* ..., cit., pp. 511 e ss., e *Direito Fiscal*, cit., pp. 196 e ss.

49. V. supra, n. 3.1.3.

50. V., sobre o problema, o nosso estudo *O Dever Fundamental de Pagar Impostos* ..., cit., pp. 511 e ss. e 601 e ss.

51. V., neste sentido, também Fernando Alves Correia, *O Plano Urbanístico* ..., cit., pp. 576 e ss. e 643, muito embora este autor apenas tenha presente a harmonização do encargo de mais-valia com o IRS.

pela categoria G, em que a tributação das mais-valias é feita pela metade do seu valor, dado o peso da tributação concretizado no encargo de mais-valias, que, como vimos, tem uma taxa de 50% e incide não sobre as mais-valias realizadas como o IRS, mas sobre as mais-valias meramente verificadas.

O que não significa que as mais-valias urbanísticas não sejam tributáveis nas duas tributações – na tributação geral e na tributação especial –, conquanto que as mais-valias realizadas tributadas em sede do IRS ou do IRC não sejam tributadas, de novo, como mais-valias verificadas em sede da tributação especial. Na verdade, na medida em que cada uma das tributações referidas atinja manifestações diferentes da capacidade contributiva – o IRS e o IRC manifestações gerais e as contribuições especiais manifestações especiais –, nenhum obstáculo se levanta, a nosso ver, à coexistência dos dois tipos de tributação.[52]

5.1.2 A harmonização entre as diversas tributações especiais das mais-valias

Idêntico problema ao acabado de referenciar se coloca em relação à harmonização das diversas tributações especiais das mais-valias, que o mesmo é dizer entre o encargo de mais-valias e as chamadas contribuições especiais. Uma harmonização que bem se justifica, já que em ambas estas tributações se tributa o mesmo tipo de mais-valias, isto é, mais-valias urbanísticas verificadas, e não mais-valias realizadas como na tributação geral. Duas tributações cuja existência se terá ficado a dever ao facto de o encargo de mais-valia ter por suporte a actividade urbanística dos Municípios, constituindo por isso uma tributação de carácter municipal,[53] e as contribuições especiais terem por suporte basicamente a actividade urbanística do Estado, constituindo correspondentemente uma tributação estadual.[54] Uma distinção que não configura, todavia, a única diferença existente entre o encargo de mais-valia e as contribuições especiais, pois, enquanto o encargo de mais-valias comporta uma taxa de 50%, as contribuições especiais estão sujeitas a uma taxa de 20 ou 30%.[55]

Ora bem, tendo presentes estes dados, seria de todo inadmissível que o encargo de mais-valia fosse acumulável com qualquer das contribuições especiais. Com efeito, para além de uma tal solução conduzir a uma tributação manifestamente excessiva, que poria com certeza o problema da sua conformidade constitucional, a lei é aqui muito clara, excluindo da incidência do encargo de mais-valia as situações sujeitas às contribuições especiais.

Daí que os decretos-leis que aprovaram estas contribuições contenham uma disposição em que se prescreve: "Sobre as áreas abrangidas pelas contribuição especial criada nos termos do presente diploma não incidirá qualquer encargo de mais-valia ou qualquer outra contribuição especial". Uma disposição que, como já referimos, foi aditada e mandada aplicar retroactivamente pelo Decreto-lei 27/1997, no respeitante à contribuição especial devida pelas mais-valias resultantes da nova ponte sobre o Tejo e à contribuição especial devida pelas mais-valias resultantes da realização da EXPO/98,[56] e consta do art. 5º do Decreto-lei 43/1998 no concernente à contribuição especial devida pelas mais-valias re-

52. Cf. o que dissemos supra, no n. 3.2.2, *in fine*.

53. Carácter municipal, esse, traduzido no facto de constituir atribuição do respectivo Município uma pequena parcela do correspondente poder tributário e a titularidade da receita – v., respectivamente, o já referido art. 2º da Lei 168/1999 (que aprovou o Código de Expropriações) e o art. 16º, "g", da LFL.

54. Muito embora parte da receita de tais contribuições especiais seja destinada aos correspondentes Municípios – v. o art. 4º, ns. 2 e 3, do Decreto-lei 43/1998, de 3 de março.

55. V. para o encargo de mais-valia, o art. 17º, n. 4, da Lei 2.030; e para as contribuições especiais os arts. 10º do Decreto-lei 54/1995 (na redacção do Decreto-lei 43/1998) e 10º do Decreto-lei 43/1998.

56. Cf. supra, nota 38.

sultantes das circulares rodoviárias de Lisboa e do Porto.

De resto, nesse sentido se devia concluir mesmo sem uma disposição expressa, como ocorreu entre 1995 e 1997 relativamente às contribuições especiais criadas pelos Decretos-leis 51/1995 e 54/1995. É que quando o legislador pretendeu tributar pesadamente as mais-valias resultantes de uma grande obra pública, no caso da construção da ponte entre Lisboa e Almada, disse-o claramente. Pois esclareceu que as mais-valias resultantes dessa obra, conjuntamente com as resultantes de obras de urbanização ou da abertura de grandes vias de comunicação, seriam tributadas à taxa de 60%, ficando a receita correspondente a 20% para o Município de Almada e a receita correspondente a 40% para o Estado.[57]

5.2 A harmonização entre a tributação especial das mais-valias e as taxas urbanísticas

Um outro aspecto de harmonização da fiscalidade do urbanismo a referenciar aqui tem a ver com a articulação entre as contribuições especiais incidentes sobre as mais-valias urbanísticas, de um lado, e as taxas urbanísticas, de outro. Ou seja, trata-se de saber se e em que medida os mesmos prédios podem ser objecto simultâneo de taxas urbanísticas – de taxas por infra-estruturas urbanísticas e compensações urbanísticas – e de contribuições especiais, sejam estas as assim designadas por contribuições especiais da titularidade do Estado, seja o encargo de mais-valia.

Pois bem, também aqui estamos em crer que não é de todo incompatível com a principiologia constitucional, que suporta o direito dos impostos, a cumulação destes dois tipos de figuras tributárias, conquanto que, devemos acrescentar desde já, essa cumulação não represente uma sobretributação totalmente desproporcionada ou excessiva. Isto não obstante entendermos que, sempre que haja a possibilidade de escolher entre tributos bilaterais e tributos unilaterais, deva dar-se preferência aos tributos bilaterais ou taxas. Assim o exige, em nosso entender, a natureza da actividade urbanística pública, uma actividade cujo financiamento deve ser preferentemente suportado por aqueles que dela retiram específicas vantagens, a começar pelas vantagens de carácter bilateral, as quais, justamente por se configurarem como contraprestações específicas da actividade urbanística das entidades públicas, podem dar origem a taxas urbanísticas.

5.3 A harmonização entre a tributação estadual e a tributação municipal

Uma outra maneira de encarar a harmonização da tributação urbanística tem a ver com a necessidade de se verificar uma adequada articulação entre, de um lado, a tributação urbanística do Estado e, de outro lado, a tributação urbanística dos Municípios.[58] Na verdade, a distribuição de poderes tributários nesta matéria não pode deixar de exprimir ou reflectir a distribuição de atribuições (e competências) substanciais existente entre Estado e os Municípios neste domínio do urbanismo.

Pois bem, segundo o princípio da subsidariedade, por que deve reger-se a distribuição vertical das atribuições (e competências) públicas (ou estaduais *lato sensu*), as instâncias superiores não devem chamar

57. Cf. supra, n. 3.2.1.

58. Dizemos "dos Municípios" porque, como é sabido, muito embora a Constituição permita o reconhecimento de poderes tributários às autarquias em geral, portanto também às freguesias, o certo é que, pelo menos à face da lei actual, apenas as autarquias municipais dispõem de poderes tributários, isto é, de poder tributário, capacidade tributária activa, competência tributária e titularidade de receita tributária – cf., quanto a estas categorias, o nosso *Direito Fiscal*, cit., pp. 210 e ss.; e, quanto àquela limitação legal, as nossas considerações "O novo regime das finanças locais", *Forum Iustitiae. Sociedade & Direito* 8/28 e ss., Ano 1, janeiro de 2000 (p. 29).

a si senão aquelas atribuições (e competências) que as instâncias inferiores não têm capacidade de levar a cabo por iniciativa e acção próprias.[59] O que, no domínio das finanças públicas, não deixa de ter um claro suporte no chamado *fiscal federalism*, um corpo de teoria económica em que se têm apoiado diversas experiências de descentralização financeira, todas elas assentes na ideia de que pode haver níveis mais adequados do que o nível estadual para a prestação de serviços públicos.[60]

Pois, nos termos de um tal corpo de teoria económica, os serviços públicos devem ser prestados pelo nível que mais adequado se revele à sua satisfação eficiente, o que, relativamente a certos serviços, conduz necessariamente à opção da sua prestação por entes públicos locais. E, cabendo aos entes locais a satisfação de determinados serviços públicos, aos mesmos deve caber o seu financiamento. Um financiamento que, muito embora pudesse ser satisfeito através de transferências do Estado, há toda a vantagem em ser suportado por receitas próprias, ou seja, por tributos dos entes locais, pois só assim se pode obstar eficazmente a fenómenos perversos como o das chamadas finanças parasitárias ou o da desresponsabilização dos eleitos locais, que, levando inevitavelmente a um enfraquecimento do controlo democrático das despesas públicas,[61] traduz uma verdadeira "esquizofrenia municipal" concretizada na liberdade de gastar desacompanhada da responsabilidade na angariação das correspondentes receitas, receitas que, depois, reivindicam do Estado em termos tais que lembram, por vezes, as tradicionais reivindicações de natureza sindical.[62]

Fenómenos, esses, que, convém acentuá-lo, não se verificam apenas, como o discurso de alguma doutrina menos atenta parece supor, nos casos em que as receitas locais são constituídas essencialmente por transferências do Estado. Com efeito, também quando tais receitas são constituídas por tributos locais esses fenómenos podem ter lugar. É o que pode ocorrer e ocorre nos casos em que aos entes locais cabe apenas a titularidade da respectiva receita. Na verdade, em tais casos, em vez de os Municípios terem uma relação directa com os contribuintes, seja exercendo o respectivo poder tributário, seja assumindo a posição de

59. V, por todos, Baptista Machado, *Participação e Descentralização. Democratização e Neutralidade na Constituição de 1976*, Coimbra, Almedina, 1982, pp. 17 e ss.; e o nosso estudo "A autonomia local. Alguns aspectos gerais", no número especial do *Boletim da Faculdade de Direito de Coimbra – Estudos em Homenagem ao Prof. Dr. Afonso Rodrigues Queiró*, v. II, Coimbra, 1993, pp. 107 e ss., e em separata, Coimbra, 1990, p. 69.

60. Cf. Eduardo Paz Ferreira, "Problemas da descentralização financeira", *Revista da Faculdade de Direito de Lisboa* XXXVIII/121 e ss., 1997, I. Como refere este autor, deve-se a Richard Musgrave a análise consistente da repartição de funções entre o Estado e as entidades infra-estaduais, designadamente a ideia de que, tendo em conta as três funções imputadas ao sistema financeiro público – a alocação de bens públicos, a distribuição e a estabilização –, se as duas últimas podem ser melhor desempenhadas a nível central ou estadual, a primeira pode ser satisfatoriamente realizada a nível local. Defendido, depois, por diversos autores, nele convergem não apenas autores que se inserem na linha intervencionista de Musgrave como Wallace Oates (a quem se deve a divulgação da expressão "federalismo fiscal" – v. o seu livro *Fiscal Federalism*, Nova York, 1972, reimp. da Gregg Revivals, 1993), mas também autores marcadamente contrários à intervenção estadual como é o caso de James Buchanan. V., por todos e por último, o próprio Wallace Oates, "Essay on fiscal federalism", *Journal of Economic Literature* XXXVII/1120 e ss., setembro de 1999.

61. V. Eduardo Paz Ferreira, "Problemas da ...", cit., *Revista da Faculdade de Direito de Lisboa* XXXVIII/128; e Jacques Le Cacheux, "Pour une fiscalité locale plus cohérente", in *Problèmes Économiques* 2.205/8 e ss., 28.12.1990.

62. V. Saldanha Sanches, "A esquizofrenia municipal", *Expresso* de 23.10.1999. Acrescente-se que o que vimos de dizer para os Municípios vale, por maioria de razão, para as Regiões Autónomas, as quais, como sabemos, são titulares, por imposição constitucional, de todas as receitas fiscais nelas cobradas, o que, como já escrevemos em mais de um lugar, nos dá conta de um curioso se não mesmo exótico entendimento do princípio da solidariedade nacional pomposamente afirmado tanto na Constituição como na Lei das Finanças das Regiões Autónomas – v., por último, o nosso *Direito Fiscal*, cit., pp. 52 e ss.

sujeito activo ou de credor na correspondente relação jurídica fiscal, o que se verifica é deixarem tais relações, que revelam o carácter agressivo ou até odioso da actividade fiscal, para o Estado. Pelo quê os Municípios ficam-se por uma relação de crédito pública em que se apresentam como credores face à Administração fiscal do Estado dos montantes por esta cobrados dos impostos cuja receita lhes está legalmente reservada. Muito embora, depois, reivindiquem do Estado o exercício do poder tributário correspondente ao aumento que pretendem para essas receitas reservadas.

Assim, tendo em conta que, em matéria de urbanismo, a parte de leão cabe indiscutivelmente ao poder local, mais exactamente aos Municípios,[63] não surpreenderá que caiba também a estes a parte de leão em sede da tributação das diversas manifestações da capacidade contributiva resultantes da actividade urbanística pública.

Por isso mesmo, entendemos que a tributação do urbanismo deve ser, por via de regra, da competência dos Municípios, pertencendo ao Estado apenas tributar aquelas manifestações da capacidade contributiva que não sejam nem possam ser alvo de tributação municipal, justamente porque se trate de manifestações que sejam imputáveis exclusiva ou predominantemente à actividade urbanística do Estado. O que significa, designadamente, que, em sede da tributação das mais-valias urbanísticas, seja no IRS ou IRC, seja nas contribuições especiais, não deve o Estado tributar mais-valias que já tenham sido objecto de tributação em sede do encargo de mais-valias, assim como, em contrapartida, as mais-valias já tributadas naqueles impostos ou contribuições especiais não devem ser objecto de tributação através do encargo de mais-valias. Ou seja, em sede da tributação das mais-valias urbanísticas a tributação estadual deve ser subsidiária da tributação municipal.

Por seu turno, é de assinalar que, dentro da tributação municipal, deve dar-se preferência às taxas face aos impostos, ou seja, às taxas urbanísticas face ao encargo de mais-valias. O que não deve surpreender e se fica a dever ao facto de, entre tributos bilaterais e tributos unilaterais, no domínio urbanístico, deve dar-se primazia aos tributos bilaterais ou taxas. É que temos para nós que, em sede da actividade urbanística, a opção do nosso ordenamento jurídico, a começar pelo ordenamento constitucional, vai claramente no sentido do princípio do Estado tributário e não no sentido do Estado fiscal.[64] Na verdade, quer a Constituição quer o ordenamento urbanístico legal concebem o serviço concretizado na actividade urbanística pública como um serviço público divisível, cujos custos não só podem como devem ser repartidos por aqueles que deles mais directamente se beneficiam.

63. O que tem sido reconhecido pelo próprio Tribunal Constitucional – v., entre outros, o Ac. 329/1999.

64. V., quanto ao sentido destes princípios, os nossos estudos *O Dever Fundamental de Pagar Impostos* ..., cit., pp. 191 e ss., e "O princípio do Estado fiscal", in *Estudos Jurídicos e Económicos em Homenagem ao Professor João Lumbrales*, Lisboa, Edição da Faculdade de Direito da Universidade de Lisboa/Coimbra Editora, 2000, pp. 363 e ss.

CADERNOS DE DIREITO TRIBUTÁRIO

IL CREDITO PER LE IMPOSTE ESTERE ED IL DIRITTO COMUNITARIO: LA CORTE DI GIUSTIZIA NON CONVINCE[1]

PASQUALE PISTONE

Introduzione. 1. I fatti. 2. Le sentenze "Gilly e Gschwind". 3. Riflessioni critiche sul credito d'imposta. 4. Quali prospettive future?

Introduzione

Nonostante la Corte non abbia riscontrato l'esistenza di violazioni alle libertà comunitarie nei casi *Gilly* e *Gschwind*, entrambe le sentenze hanno contribuito a ravvivare il dibattito nella dottrina tributaria che molti ritenevano ormai chiuso all'indomani della storica pronuncia sul caso *Schumacker*.[2]

Queste riflessioni non intendono (sol)tanto analizzare i fatti oggetto di entrambi i procedimenti, ma piuttosto verificare in che misura le modalità applicative del prelievo tributario sulle fattispecie reddituali transnazionali possano produrre restrizioni all'esercizio delle libertà fondamentali comunitarie.[3] In particolare, traendo spunto dalle due caratteristiche che differenziano i casi *Gilly* e *Gschwind* dal caso *Schumacker*, ossia la produzione di circa la metà del reddito complessivo familiare in due Stati comunitari e l'impiego del credito d'imposta per eliminare la doppia imposizione internazionale, la dottrina si sta chiedendo se la tassazione mondiale nel paese della residenza sia in grado di rispettare la normativa comunitaria e se per le stesse ragioni si debba ritenere preferibile il metodo dell'esenzione a quello del credito d'imposta. Riguardo ad entrambi i punti le conseguenze potrebbero essere di notevole importanza per lo sviluppo del diritto tributario in tutti i Paesi comunitari.

1. I fatti

Tanto nel caso *Gilly* quanto nel caso *Gschwind* soltanto uno dei coniugi (rispettivamente la sig.ra Gilly ed il sig. Gschwind)

1. Le presenti riflessioni costituiscono il frutto di un ciclo di lezioni su *EC Tax Law and International Tax Policy* che ho tenuto nei mesi di marzo ed aprile 2000 al Master in International Taxation presso l'Università di Leida (Paesi Bassi), diretto dal prof. Kees van Raad.

2. Pistone, P., *La non discriminazione anche nel settore delle imposte dirette: intervento della Corte di Giustizia*, in *Diritto e Pratica Tributaria*, 1995, I, 1471 e ss.

3. Avery Jones, J.F., *Carry on discriminating*, in *European Taxation*, 1996/2, 46 e ss.

esercitava concretamente le libertà comunitarie per lavorare in Germania.

Nel primo caso, tenuto conto della cittadinanza tedesca della signora Gilly, sulla base degli argomenti sostenuti dalla Corte nella sentenza *Werner*, si potrebbe astrattamente sostenere che nessun esercizio delle libertà comunitarie per finalità economiche si fosse verificato nel caso di specie. Peraltro, da questa stessa prospettiva soltanto l'ultimo anno d'imposta oggetto della controversia con l'Amministrazione finanziaria francese (il 1993) avrebbe potuto rilevare ai fini dell'applicazione dell'Art. 18 (ex 8A) del Trattato CE, introdotto dal Trattato di Maastricht. Tuttavia, sembra più plausibile ritenere che, avendo la sig.ra Gilly acquisito all'atto del matrimonio anche la cittadinanza francese, la stessa avesse anche esercitato le libertà comunitarie in vista dello svolgimento della sua attività di insegnante presso una scuola pubblica tedesca.

Nessuna peculiarità di questo tipo emergeva invece nel secondo caso, laddove entrambi i coniugi erano cittadini olandesi ed entrambi risiedevano nei Paesi Bassi.

In tutti e due i casi il regime convenzionale applicabile (rispettivamente Francia-Germania e Paesi Bassi-Germania) concedeva allo Stato dell'attività il diritto di assoggettare a tassazione il reddito prodotto dal lavoratore senza alcuna concessione delle detrazioni fiscali normalmente spettanti ai residenti tedeschi, né tantomeno del regime di *splitting* con cui si riduce la progressività dell'imposta commisurando l'aliquota alla media del reddito complessivo familiare.

Diverse erano invece le modalità in base alle quali il meccanismo del credito d'imposta trovava applicazione per eliminare la doppia imposizione internazionale.

In base alla convenzione franco-tedesca, infatti, la Francia, in quanto Stato della residenza, concede un credito di tipo cedolare, dunque non già pari all'imposta effettivamente pagata dai propri residenti in Germania, ma a quella che sarebbe applicabile sugli stessi redditi se fossero prodotti in Francia. Nel caso di specie può ben affermarsi che il credito sia ordinario e che dunque elimini la doppia imposizione internazionale, ma lasci sussistere le maggiori imposte tedesche rispetto a quelle detratte in Francia.

In base alla convenzione tedesco-olandese il credito d'imposta determina l'eliminazione della doppia imposizione internazionale; tuttavia, crea nel caso di specie alcuni scompensi in relazione al modo in cui veniva considerata la situazione familiare del contribuente ai fini impositivi. In particolare, la normativa tributaria interna olandese richiede che le detrazioni personali siano computate in detrazione delle imposte dovute nei Paesi Bassi sul reddito di fonte interna del capofamiglia. Tale è il coniuge che percepisce il maggior reddito. Essendo in questo caso tale il signor Gschwind e non avendo egli reddito di fonte olandese, il mancato godimento del regime dello splitting nel Paese dell'attività ha prodotto come conseguenza una sua perenne situazione di credito nei confronti del Paese in cui era residente.

Pertanto, in entrambi i casi le persone fisiche che esercitavano concretamente le libertà fondamentali ricevevano un trattamento fiscale peggiore tanto rispetto ai residenti nello Stato dell'attività, quanto a quelli del medesimo loro Stato di appartenenza.

A tal riguardo la signora Gilly lamentava altresì un trattamento discriminatorio rispetto agli altri impiegati tedeschi residenti in Francia, ai soggetti che insegnavano soltanto per un breve periodo in un Paese diverso da quello della residenza ed ai non residenti che possedevano soltanto la cittadinanza francese.[4]

Dal canto suo il signor Gschwind invocava la circostanza per cui, sia pure trovandosi al di sotto della soglia in cui i non residenti sono equiparati ai residenti in base

4. Rispettivamente prima, quarta e seconda questione pregiudiziale.

alla sentenza *Schumacker* ed alla normativa interna con cui la Germania si è adeguata a tali principi, egli era in una situazione non dissimile da quella del signor Asscher.[5] In realtà, però, la differenza con quest'ultima fattispecie esisteva e riguardava il metodo per eliminare la doppia imposizione internazionale, che non era l'esenzione (con progressione), ma piuttosto il credito d'imposta.

Infine, la signora Gilly sollevava anche la questione di compatibilità con l'art. 220 (ora 293) Trattato CE, invocandone la diretta applicazione.[6]

2. *Le sentenze della Corte*

Al di là del quasi scontato (anche prima della sentenza *Gilly*) rifiuto della Corte di considerare direttamente applicabile l'art. 220 (ora 293) del Trattato CE, il cui tenore letterale lo rivolge chiaramente agli Stati membri senza minimamente alludere ad alcun possibile status giuridico dei cittadini comunitari, vi sono molti motivi che accomunano le due sentenze della Corte.

Primo fra questi è la percezione che la Corte ha dimostrato di avere del meccanismo del credito d'imposta. In particolare, colpisce la precisione usata dalla Corte nella sentenza Gilly (mentre è possibile ritenere che nella sentenza *Gschwind* abbia piuttosto giocato una superficiale ed erronea comprensione del sistema interno olandese tanto da parte della Corte, quanto da parte dell'avvocato generale Ruiz-Jarabo Colomer).

Invero, la sesta questione pregiudiziale (relativa appunto alla compatibilità del credito d'imposta con la normativa comunitaria) era stata posta dal giudice *a quo* nel caso *Gilly* in modo estremamente circostanziato. Forse per questa ragione la Corte, pur avendo correttamente inquadrato il problema, ha in fondo dovuto rimettersi alle conclusioni dell'avvocato generale Ruiz-Jarabo Colomer pur di salvare il meccanismo del credito d'imposta.

Approfondiamo però l'iter argomentativo della Corte. Invero, al paragrafo 44 della sentenza, la Corte riporta l'opinione dei coniugi Gilly, secondo cui il meccanismo del credito d'imposta determinava una restrizione alla libertà della signora Gilly di circolare in un altro Paese comunitario. Inoltre, al paragrafo 45 si aggiunge che, sempre secondo i ricorrenti, il credito d'imposta consegue il suo obiettivo, quello di eliminare la doppia imposizione, solo nella misura in cui lo Stato della residenza concede un credito pieno per tutte le imposte pagate nel Paese della attività. A questo riguardo i ricorrenti sembrano dunque sottolineare che l'essenza stessa dei metodi per eliminare la doppia imposizione internazionale dovrebbe essere rimessa in discussione al fine di adeguarli alle conseguenze che possono scaturire dopo la sentenza *Schumacker* in termini di eguaglianza di trattamento. In questi termini, al di là di come gli Stati si propongono di ripartire tra loro la potestà impositiva, il risultato di tale operazione non deve essere quello di creare effetti restrittivi, né discriminatori sul godimento delle libertà fondamentali comunitarie.

Tuttavia, la Corte, forse rendendosi conto delle conseguenze che potrebbero derivare accettando tale posizione, non compie questo passo nella sentenza *Gilly*. Piuttosto, essa si rimette alla posizione molto prudente (e molto attenta alle prerogative statali) dell'avvocato generale Ruiz-Jarabo Colomer, fungendo da mero accertatore della regolarità formale dell'eliminazione della doppia imposizione internazionale e non intervenendo sulle questioni allocative. Così si legge al paragrafo 46 che "lo scopo di una convenzione...consiste soltanto nell'evitare che gli stessi redditi siano soggetti ad imposta in ciascuno dei due Stati, non già nel garantire che l'imposizione alla quale è soggetto il contribuente

5. CGCE 27.6.1996, causa C-107/94, *P.H. Asscher ./. Staatssecretaris van Financiën*, in *Raccolta*, 1996, I-3089.

6. Quinta questione pregiudiziale.

in uno Stato non sia superiore a quella alla quale egli sarebbe soggetto nell'altro". Ci si chiede però se, nell'interesse di tutelare la natura incondizionata dei diritti che il Trattato CE conferisce ad ogni cittadino comunitario, la Corte debba solo occuparsi di quale sia lo scopo di una convenzione, ovvero anche esaminare quali conseguenze essa produca sulle libertà fondamentali. A questo riguardo lascia ancora più perplessi l'affermazione dogmatica contenuta nel paragrafo 47 secondo cui "è assodato che le conseguenze sfavorevoli che potrebbe comportare, nella specie, il sistema del credito d'imposta istituito dalla convenzione bilaterale...discendono soprattutto dalle disparità tra le aliquote d'imposizione degli Stati membri di cui trattasi, la cui fissazione, in mancanza di normativa comunitaria in materia, compete agli Stati membri". Invero, certamente in mancanza di armonizzazione rimangono differenze nelle aliquote applicate all'imposizione del reddito in ciascun Paese comunitario. Tuttavia, nonostante la differenza di queste aliquote è possibile che il non residente sia trattato in modo non meno favorevole rispetto ai residenti nello Stato dell'attività, così da garantirgli eguale accesso a quel mercato. Peraltro, come si è già ricordato in precedenza e si vedrà più in dettaglio nel prossimo paragrafo, tali questioni dopo il caso *Schumacker* erano ben lungi dall'essere assodate, come invece affermato dalla Corte (forse sulla scia del pensiero dell'avvocato generale Ruiz-Jarabo Colomer), avendo già alcuni studiosi espresso le proprie perplessità in merito all'applicazione del credito d'imposta ed alla sua rispondenza con gli obiettivi della normativa comunitaria.[7] Né avrebbero dovuto giocare alcun rilievo le osservazioni avanzate dai governi belga, britannico, danese, francese e svedese, secondo cui la concessione del credito ordinario si giustificava alla luce dell'esigenza di non intaccare le imposte prelevate nello Stato di residenza sulle manifestazioni di capacità contributiva interamente nazionali. Infatti, tali argomentazioni mi sembra non presentino una diversa natura da quelle fondate sull'esigenza di salvaguardare l'integrità del gettito che invece erano state respinte dalla Corte in più occasioni a partire dal caso *avoir fiscal*. In questo senso sembrerebbe corretto affermare anche che, mentre in tale ultima sentenza la mancata armonizzazione non veniva ritenuta una valida ragione per giustificare un trattamento fiscale incompatibile con le libertà comunitarie, nella pronuncia *Gilly* la Corte ha fatto un gran passo indietro, non giungendo nemmeno ad occuparsi di come giustificare un trattamento restrittivo, ma limitandosi a negare che alcuna forma di restrizione si fosse verificata nel caso di specie. Invero, la soluzione fornita dalla Corte alla sesta questione pregiudiziale nel caso *Gilly* non convince e non si comprende, se non in base all'*horror vacui*.

Queste conclusioni mi sembrano rafforzate operando un raffronto con l'intensità con cui la Corte dopo circa due mesi avrebbe tutelato i diritti del contribuente nella successiva pronuncia sul caso ICI,[8] non limitandosi ad un mero *non liquet* sulle questioni allocative, ma vagliando la effettiva compatibilità con il diritto comunitario degli effetti derivanti dal modo in cui gli Stati si erano ripartiti tra di loro la potestà impositiva sulle fattispecie reddituali transnazionali.

Per la sintesi tra le due posizioni bisognava invece attendere fino alla recente sentenza *Saint-Gobain*,[9] in cui la Corte ha

7. Di fronte a questa affermazione sorge il dubbio che l'attenzione della Corte per l'applicazione dei principi generali del diritto comunitario la porti a scartare *a priori* le pur valide riflessioni in chiave giuridica comunitaria che provengano dagli studiosi del diritto tributario e vengano pubblicate in riviste specializzate non in diritto comunitario, ma nelle principali riviste tributarie all'interno delle sezioni specializzate in materia comunitaria. In alternativa, può ritenersi che la Corte non abbia avuto il tempo sufficiente per prendere atto della enorme produzione scientifica susseguita alla sentenza *Schumacker* nelle varie lingue comunitarie.

8. CGCE 16.7.1998, causa C-264/96, *Imperial Chemical Industries plc (ICI) ./. Colmer*, in *Raccolta*, 1998, I -4695 e ss., in particolare al punto 19.

9. CGCE 21.9.1999, causa C-307/97, *Compagnie de Saint-Gobain Zweigniederlassung*

concluso che, fino a quando non saranno adottate misure di unificazione od armonizzazione, "nel quadro delle convenzioni bilaterali stipulate per evitare la doppia imposizione gli Stati membri sono liberi di stabilire i fattori di collegamento al fine di ripartirsi la competenza tributaria...Per quanto riguarda l'esercizio del potere impositivo così ripartito, gli Stati membri non possono tuttavia esonerarsi dal rispettare le norme comunitarie. Risulta infatti dalla giurisprudenza costante della Corte che, pur se la materia delle imposte dirette rientra nella competenza degli Stati membri, tuttavia questi ultimi devono esercitare tale competenza nel rispetto del diritto comunitario". In altri termini, le questioni allocative rimangono sì di competenza degli Stati membri, ma il rispetto del diritto comunitario ne vincola l'esercizio. Essendo ormai scontato che ciò debba trovare applicazione tanto nei confronti della normativa nazionale di fonte interna, quanto di quella convenzionale, deve pertanto anche ammettersi che gli Stati devono eliminare la doppia imposizione internazionale secondo modalità che garantiscano il rispetto del diritto comunitario.

Queste considerazioni trovano applicazione anche relativamente alla discutibile motivazione della Corte nel caso *Gschwind*, in cui ancora una volta la Corte si è di fatto rimessa alle argomentazioni dell'avvocato generale Ruiz-Jarabo Colomer. Anche in questo caso il problema non è sorto dalla normativa interna di un solo Paese membro, ma possibilmente dal modo in cui i sistemi nazionali dei due Paesi comunitari contraenti (ossia la Germania ed i Paesi Bassi) interagiscono tra loro sulla base del regime convenzionale, così da garantire al contribuente l'eliminazione della doppia imposizione internazionale e la tassazione del reddito mondiale nel Paese della residenza. Tuttavia, è possibile invocare in questo caso l'attenuante dell'erronea comprensione del funzionamento della tassazione su base personale nel sistema tributario olandese. Invero, nel caso del signor Gschwind la sua situazione personale viene considerata, anche se a condizioni che di fatto sono meno favorevoli di quelle che troverebbero applicazione nel caso in cui il capofamiglia percepisse reddito di fonte olandese. Al riguardo occorre sottolineare che la Corte, a partire dalla sentenza *Safir*, ritiene che i problemi di compatibilità con l'ordinamento comunitario nell'ambito tributario non debbano necessariamente consistere in più gravosi oneri impositivi, ma possano altresì concretarsi in più complesse (e/o discrezionali) procedure rispetto a quelle applicabili nei confronti delle situazioni meramente interne. Questa posizione è poi stata di recente confermata nella sentenza *Bent Vestergaard.*[10]

3. *Riflessioni critiche sul credito d'imposta*

Indipendentemente dalla posizione assunta dalla Corte nelle due sentenze in

Deutschland ./. Finanzamt Aachen-Innenstadt, non ancora pubblicata in *Raccolta*, in particolare ai punti 56 e 57.

10. CGCE 28.10.1999, C-55/98, *Skatteministeriet ./. Bent Vestergaard*, non ancora pubblicato in *Raccolta*, dove la Corte afferma, in relazione alle condizioni per la deducibilità di costi relativi ad un corso di formazione professionale svolto in altro Paese comunitario, al punto 21 che "subordinando il diritto alla deduzione fiscale delle spese relative alla partecipazione a corsi di formazione professionale svoltisi in una località turistica ordinaria all'estero al rovesciamento, da parte del contribuente, di una presunzione secondo cui siffatti corsi sono caratterizzati da un elemento turistico di tale rilevanza che le suddette spese non possono essere considerate oneri di gestione deducibili, mentre una presunzione del genere non esiste per corsi di formazione professionale che si svolgano in un luogo turistico ordinario situato nel suddetto Stato membro, detta normativa assoggetta le prestazioni di servizi costituite dall'organizzazione di corsi di formazione professionale ad un regime diverso secondo che essi vengano tenuti in altri Stati membri o nello Stato membro interessato", aggiungendo poi al punto 22 che "la normativa di uno Stato membro che, come quella in questione nella causa principale, renda la deduzione delle spese di partecipazione a corsi di formazione professionale organizzati all'estero più difficile di quella delle spese afferenti ad analoghi siffatti corsi organizzati nel suddetto Stato membro, comporta una differenza di trattamento basata sul luogo di esecuzione della prestazione dei servizi che è vietata dall'art. 59 del Trattato".

commento e tenuto conto della posizione che la stessa ha espresso in altre pronunce (quasi tutte successive a quelle sui casi *Gilly* e *Gschwind*) occorre ora soffermarsi sulle critiche che la dottrina ha mosso, in termini di compatibilità con la normativa comunitaria, al credito d'imposta quale meccanismo di eliminazione della doppia imposizione internazionale.

Come si già si è accennato, è sicuramente nella sentenza *Schumacker* e nella attuazione del principio del trattamento nazionale che si deve configurare la causa scatenante dei problemi in esame.

Invero, sembra di poter seguire due diversi iter argomentativi di critica al metodo del credito per le imposte estere.

A partire dagli anni '60 numerosi studi sono stati effettuati in relazione alle diverse modalità per eliminare la doppia imposizione internazionale ed agli obiettivi che le stesse perseguono. Alla luce di tali lavori è stato chiarito che le diverse caratteristiche strutturali del credito d'imposta e l'esenzione (anche nella variante con progressività) servono a consentire a ciascuno di essi di perseguire finalità economiche diverse. In particolare, mentre il primo mira a garantire la neutralità all'esportazione dei capitali (*Capital Export Neutrality*), escludendo la convenienza per il contribuente a produrre reddito all'estero, il secondo rispetta la condizione di neutralità all'importazione di capitali (*Capital Import Neutrality*), consentendo ai residenti eguali condizioni fiscali di accesso a mercati esteri. In tal senso, mentre quest'ultimo metodo consente il trattamento nazionale nello Stato della fonte, il primo lo preclude in (quasi) ogni caso, mirando piuttosto a salvaguardare condizioni di uguaglianza nel Paese della residenza rispetto agli altri contribuenti che producono il reddito soltanto in tale Stato. Dunque è innegabile che il credito d'imposta possegga in sé una funzione compensativa delle diverse imposte pagate nel Paese della fonte. Tale funzione è anche la principale responsabile della restrizione verificatasi nei confronti della signora Gilly. Infatti, non può non convenirsi sul fatto che se il signor Gilly fosse stato privo di reddito (come la signora Schumacker) ed il regime convenzionale avesse applicato il metodo dell'esenzione, non ci sarebbe stato un livellamento dell'imposizione in Francia, ma piuttosto una piena parità di trattamento rispetto agli altri residenti in Germania. Questa peraltro sarebbe spettata anche in base alla normativa interna tedesca introdotto dopo il caso *Schumacker*, a condizione che fosse rispettata la soglia quantitativa reddituale del 90% nello Stato della fonte. Tenuto conto del fatto che nella recente sentenza *Eurowings* la Corte di Giustizia ha ritenuto incompatibili i prelievi con funzione compensativa dei diversi livelli di pressione fiscale,[11] sembra opportuno ritenere che tali profili debbano trovare applicazione anche in relazione alle finalità perseguite dal credito d'imposta. Né sembra che potrebbero valere a giustificare un trattamento restrittivo delle libertà fondamentali ragioni collegate alla necessità di evitare lo stravolgimento dei sistemi nazionali, giacché il rispetto del diritto comunitario si impone in virtù della superiorità gerarchica delle proprie norme tra le fonti giuridiche.

D'altra parte, da una diversa prospettiva, ci si chiede anche se sia corretto mantenere all'interno di un mercato interno un sistema impositivo che miri a realizzare la neutralità all'esportazione dei capitali. A

11. CGCE 26.10.1999, C-294/97, *Eurowings Luftverkehrs AG ./. Finanzamt-Dortmund Unna*, non ancora pubblicato in *Raccolta*, in cui la Corte afferma al punto 44 che "Un'eventuale agevolazione [*rectius*: vantaggio] fiscale risultante...dalla fiscalità poco elevata alla quale vengano assoggettati nello Stato membro nel quale sono stabiliti non può consentire ad un altro Stato membro di giustificare un trattamento fiscale meno favorevole dei destinatari dei servizi stabiliti in quest'ultimo Stato [v., per quanto riguarda l'art. 52 del Trattato CE (divenuto, a seguito di modifica, art. 43 CE), sentenze *Commissione/ Francia* [ossia: *avoir fiscal*], punto 21, e *Asscher*, punto 53]", aggiungendo poi al paragrafo 45 che "Come ha giustamente osservato la Commissione, simili prelievi fiscali compensatori minerebbero le fondamenta stesse del mercato interno".

prescindere dal fatto che nel mercato interno non dovrebbero esservi frontiere di tipo fiscale, o che comunque quelle ancora esistenti nell'ambito delle imposte dirette dovrebbero essere prontamente rimosse, sembra comunque di poter affermare che l'impossibilità di garantire parità di trattamento indipendentemente dallo Stato membro in cui un cittadino comunitario sia residente leda l'essenza stessa del mercato interno.[12]

Invero, i problemi sollevati dal credito d'imposta sorgono soprattutto quando questo sia di tipo ordinario ed il Paese della fonte prelevi imposte in misura superiore a quelle applicate nel Paese della residenza. In questo caso infatti si elimina formalmente la doppia imposizione internazionale, determinandone la trasformazione in una diversa allocazione ripartita della potestà impositiva sulla fattispecie reddituale transnazionale.[13] Il problema sorge in particolare relativamente all'accezione da riservare al concetto di doppia imposizione internazionale. In senso formale la sua eliminazione non postula l'armonizzazione delle aliquote, così da determinare livelli omogenei di imposizione. Tuttavia, in senso sostanziale ci si chiede se per la normativa comunitaria in tale situazione non sia prioritaria l'esigenza di garantire eguale accesso al mercato nei confronti di tutti i cittadini comunitari, indipendentemente dal loro Stato di residenza.[14] Se, come sembra, questo è l'obiettivo, allora l'applicazione del credito d'imposta come meccanismo per eliminare la doppia imposizione internazionale deve essere rimessa in discussione in ambito comunitario. Infatti, soltanto l'esenzione può garantire questo risultato. Nel caso invece in cui lo Stato della fonte presenti livelli impositivi inferiori rispetto a quelli applicati nello Stato della residenza, sembra però che il credito d'imposta nemmeno possa essere compatibile con la normativa comunitaria, stante la sua funzione compensativa del differenziale d'imposta, che la Corte ha ritenuto inammissibile nel caso *Eurowings*, in un contesto specificamente diverso, ma strutturalmente omogeneo.[15]

Alla luce di queste considerazioni è allora possibile comprendere le riflessioni critiche che sempre più studiosi manifestano nei confronti del credito d'imposta. Anche se astrattamente né il credito d'imposta, né l'esenzione sono in grado di rappresentare il metodo ottimale per eliminare la doppia imposizione internazionale in ambito comunitario, il secondo sembra quello in grado di ridurre l'impatto negativo sul mercato interno e perciò andrebbe preferito al primo, nella misura in cui fosse possibile risolverne alcune lacune strutturali.

Sembra allora opportuno verificare in quale modo sia possibile modificare il meccanismo dell'esenzione, così da superare i due principali problemi ad esso collegati, ossia l'incapacità di garantire l'attuazione della progressività impositiva nel rispetto del principio della capacità contributiva ed il mantenimento dei livelli di pressione fiscale nel Paese della fonte. Invero, nessuno dei due problemi sembra presentare difficoltà insuperabili. Infatti, l'utilizzo della variante del metodo dell'esenzione, nota come esenzione con progressività, consente il mantenimento (nello Stato della residenza) delle aliquote d'imposta con cui

12. In questo senso cfr. Wattel, P., *Home Neutrality in an Internal Market*, in *European Taxation*, 1996/5, 159 e ss.

13. Ciò si è appunto verificato nel caso Gilly, dove l'onere delle imposte tedesche è stato mantenuto nella misura in cui eccedeva l'imposta applicabile in Francia.

14. Così, pur non postulandosi necessariamente l'armonizzazione delle aliquote, il problema si sposterebbe sul piano dell'eguaglianza del prelievo rispetto alle situazioni meramente interne nello Stato della residenza. In questo caso, però, sembra che la diversità di trattamento fiscale possa essere considerata in ambito interno ragionevolmente giustificata dal prelievo del tributo da parte di diversi soggetti attivi, ossia dall'esistenza di diverse sovranità fiscali.

15. In questo senso mi sembrerebbero allora superate le giustificazioni che Farmer, P., *EC Law and National Rules on Direct Taxation: a Phoney War?*, in *EC Tax Review*, 1998/1, 14 e ss. aveva formulato in risposta alle critiche avanzate da Avery Jones nei confronti del credito d'imposta.

il contribuente ha scontato il prelievo nello Stato della fonte, dunque garantendo eguale accesso a quel mercato per tutti i cittadini indipendentemente dal loro Stato di residenza, senza cioè impedire che il prelievo fiscale sia commisurato alla capacità contributiva globale del soggetto nel Paese della residenza. Peraltro, non sembra di dover condividere pienamente la seconda tradizionale critica al metodo dell'esenzione, almeno per quel che concerne la sua applicazione alle relazioni intracomunitarie. Infatti, il mantenimento delle aliquote del Paese della fonte dovrebbe diventare presto o tardi nel mercato interno una conseguenza necessaria, almeno nella misura in cui vengano progressivamente eliminati i prelievi compensativi od i meccanismi che, come il credito d'imposta, producono effetti equivalenti. Nell'ambito delle relazioni intracomunitarie lo Stato della residenza non potrebbe dunque legittimamente invocare la necessità di evitare un minore carico d'imposta risultante dalla produzione del reddito in un Paese diverso, giacché questa è una conseguenza della mancata armonizzazione, che in quanto tale non può giustificare trattamenti restrittivi delle libertà fondamentali comunitarie.[16]

Due obiezioni potrebbero essere mosse al riguardo.

In primo luogo, si potrebbe osservare che le conclusioni prima esposte dovrebbero necessariamente trovare un temperamento anche in ambito comunitario per fronteggiare i regimi di concorrenza fiscale dannosa previsti dagli stessi Stati membri. Anche se è indubbio che tali regimi esistano (in particolare per le società) all'interno della Comunità, la loro eliminazione nel corso dei prossimi anni dovrà essere conseguita sulla base di un approccio trilatero, come indicato dal Commissario Monti. In primo luogo, sarà necessario introdurre strumenti di integrazione positiva basati sull'armonizzazione; inoltre i regimi esistenti dovranno essere passati al vaglio della normativa sugli aiuti di Stato e gli Stati membri dovranno concretamente attuare il codice di condotta in conformità alle conclusioni raggiunte dal gruppo di esperti di politica fiscale guidati dalla signora Primarolo. Diversamente, non si deve ritenere che l'esistenza di questi regimi debba poter essere in grado di giustificare l'impiego del credito d'imposta in funzione compensativa e dunque alla stregua di una misura antielusione. A prescindere dalla necessità di verificare in questo caso la proporzionalità di tale misure, le conclusioni appena esposte sembrano direttamente discendere dai principi applicati dalla Corte al paragrafo 22 della sentenza *Eurowings*.

La seconda obiezione sembra potersi sollevare piuttosto da una prospettiva di diritto costituzionale. Nei Paesi comunitari che prevedono nelle rispettive Costituzioni i principi fondamentali di eguaglianza nel trattamento, progressività del prelievo fiscale e sua attuazione nel rispetto della capacità contributiva, il meccanismo del credito d'imposta funge da ammortizzatore dei differenziali interstatali di pressione fiscale. Così, indipendentemente dal luogo in cui i residenti producano il loro reddito, essi scontano la tassazione mondiale in condizioni di piena parità. Questa argomentazione potrebbe sembrare a prima vista insormontabile, ma in realtà è nei fatti indebolita dallo stesso meccanismo del credito d'imposta ordinario. Quando infatti i livelli di imposizione nel Paese della fonte sono superiori a quello del Paese della residenza, il contribuente vede la doppia imposizione solo formalmente eliminata, così che quest'ultima viene sostituita da una diversa ripartizione della potestà impositiva sulla fattispecie transnazionale. Tuttavia, anche in questo caso rimane pur sempre il fatto che il contribuente è tassato in modo più oneroso rispetto a quelli che producono reddito nel solo Paese in cui egli è residente, giacché rispetto a questi ultimi egli deve sopportare l'ulteriore carico fiscale delle imposte dello Stato della fonte eccedenti la

16. Ovviamente restano invece valide le critiche nei confronti del metodo dell'esenzione nella misura in cui esse siano riferite a redditi prodotti in paradisi fiscali extracomunitari.

misura in cui è stato concesso il credito ordinario. In questi termini, il credito d'imposta ordinario e la sua funzione compensativa palesano un limite strutturale e la loro natura di strumento di ineguaglianza fiscale. Né potrebbe valere a giustificare questo limite la necessità di evitare che lo Stato di residenza sia altrimenti tenuto a ridurre le imposte di propria spettanza per consentire il pieno credito delle maggiori imposte estere. Forse questa giustificazione potrebbe rientrare nei discutibili canoni di ragionevolezza di recente sostenuti dalla Corte Costituzionale italiana;[17] tuttavia, di certo non passerebbe il vaglio della Corte di Giustizia, per la quale, nella misura in cui sia applicabile ad una situazione il diritto comunitario, il principio di eguaglianza del trattamento rappresenta un'implicazione connessa al divieto di discriminazione. D'altra parte, dalla stessa prospettiva ci si chiede perché questa funzione compensativa debba invece valere solo a vantaggio dello Stato, così da giustificare il prelievo di maggiori imposte su redditi che avevano scontato una tassazione più favorevole nel Paese della fonte. Invero, all'interno della UE sembra ormai giunto il momento in cui l'ambito spaziale dei principi finora menzionati sia spostato a tutto il territorio comunitario, così da garantire piena rispondenza alle norme del Trattato, oltre che a principi di giustizia sostanziale. In questi termini sembra che anche la capacità contributiva dovrebbe prima o poi essere misurata al livello comunitario, così da impedire prelievi impositivi in occasione del mero trasferimento di residenza in un altro Paese UE.

4. Quali prospettive future?

L'accoglimento delle conclusioni qui prospettate produrrebbe la conseguenza di obbligare tutti gli Stati membri (fra cui l'Italia) che attualmente adottano il credito d'imposta a passare all'esenzione come metodo contro la doppia imposizione internazionale. Per quanto questo risultato appaia rivoluzionario, esso sembra necessario. Potrà essere procrastinato, ma non impedito del tutto, se non da una ancor più grande trasformazione del sistema tributario. Infatti, gli Stati membri mantengono sì il diritto a stabilire in che modo ripartirsi fra loro la potestà impositiva sulle fattispecie reddituali transnazionali, ma possono farlo solo nella misura in cui garantiscono il rispetto del diritto comunitario. Ciò non toglie però che i principi costituzionali dei vari Paesi a loro volta impongano per gli individui il temperamento del metodo dell'esenzione nella variante dell'esenzione con progressività, così da salvaguardare il principio della progressività dell'imposizione e quello della capacità contributiva.

Questi problemi potrebbero però prima o poi scomparire nella misura in cui prenda progressivamente corpo la trasformazione dei sistemi di imposizione del reddito e dei criteri spaziali di collegamento all'imposizione. In altre parole: il ritorno al passato per il futuro dell'imposizione sul reddito nell'ambito comunitario, ossia alla tassazione territoriale. Molti studiosi sembrano già postularlo,[18] specialmente in Paesi comunitari in cui il principio della capacità contributiva non è fortemente avvertito. Certamente la tassazione nel solo

17. Sul punto v. De Mita, E., *Razionalità e fiscalismo nella giurisprudenza costituzionale tributaria*, in AA.VV., *L'evoluzione dell'ordinamento tributario italiano*, Padova, 2000, 178.

18. In questo senso cfr. Raad, K. van, *Niet-discriminerende belastingheffing van beperkt belastingplichtigen door EU-lidstaaten*, in AA.VV., *Liber Amicorum Jean-Pierre Lagae*, Samsom, Diegem, 1998, 537; Rädler, A.J., *The future of exchange of information*, in AA.VV., *L'evoluzione dell'ordinamento tributario italiano*, Padova, 2000, 798, secondo cui "*OECD countries realize that residence-based taxation of capital income can no longer be implemented*"; Vanistendael, F., *Reinventing Source Taxation*, in *EC Tax Review*, 1997/3, 160, pur se relativamente al solo reddito di lavoro dipendente. Per una visione d'insieme tra le varie opinioni si rimanda al capitolo III di Pistone, P., *The Impact of Community Law on Tax Treaties*, in *Eucotax Series*, Londra-L'Aja-Boston, i.c.p., nonché,

Paese di origine del reddito potrebbe eliminare alla radice il problema della doppia imposizione internazionale. Tuttavia, allo stato attuale resta ancora da chiarire come ciò possa avvenire senza compromettere il rispetto della capacità contributiva.

per un'analisi completa delle problematiche connesse alla tassazione del reddito nel Paese di origine, alla tesi dottorale di Eric Kemmeren, *Taxation of Income in the Country of Origin*, i.c.p. in *Eucotax Series*.

CADERNOS DE DIREITO TRIBUTÁRIO

REPETIÇÃO DO INDÉBITO TRIBUTÁRIO E COMPENSAÇÃO

WAGNER BALERA
Livre-Docente da Faculdade de Direito da PUC/SP
– Vice-Presidente da Academia Brasileira de Direito Tributário

1. Introdução. 2. O direito à restituição do indébito tributário. 3. A ação de repetição do indébito. 4. A compensação do tributo.

1. Introdução

A Constituição é a pedra angular de toda a ordem jurídica.

Qualquer estudo de Direito começa com o exame das categorias constitucionais que lhe dão o substrato.

Não será diferente no assunto de que nos ocuparemos aqui.

Trataremos de diversos aspectos relativos aos temas da repetição de indébito, da compensação e da ação declaratória, com especial referência ao direito tributário.

Para tanto iremos conformar nossas considerações ao exame dos postulados constitucionais que devem nortear o deslinde dos problemas propostos.

2. O direito à restituição do indébito tributário

Entendemos que o direito à restituição encontra seu fundamento último na noção de justo, tal como cunhada pela doutrina clássica: *suum cuique tribuere.*

Clóvis Beviláqua, ao comentar o art. 964 do CC brasileiro, ensina que o pagamento indevido é uma das formas de enriquecimento ilegítimo e que os romanos dispunham de ação específica para exigir a restituição.[1]

Assim como ninguém é obrigado a fazer ou deixar de fazer alguma coisa senão em virtude de lei, ninguém pode beneficiar-se do cumprimento de obrigação que não tenha sido cumprida nos termos e condições estabelecidos em lei.

A Justiça no âmbito da obrigação tributária consiste na exigência do tributo devido nos termos da lei e na restituição do indevido, vale dizer, daquilo que, de lei, não poderia ser exigido do contribuinte e que não deve permanecer em mãos do Fisco.

O direito à restituição, pois, derivado da relação tributária, busca, como ela, o seu fundamento na *legalidade*, erigida na Lei Magna em princípio (art. 5º, II) e limitação (art. 150, I) da atividade fiscal do Estado.

É o direito à restituição objeto de disciplina nas normas gerais de direito tribu-

1. *Código Civil dos Estados Unidos do Brasil* (ed. Histórica), v. 2, Rio de Janeiro, Ed. Rio, 1975, p. 99.

tário cujo foco ejetor, com esteio no art. 146, III, da Superlei vigente, deve ser a lei complementar.

Aliás, também na disciplina constitucional anterior as normas gerais deveriam ser estatuídas mediante lei complementar, em obediência ao disposto no art. 18, § 1º, da Carta Magna pretérita.

Eis como se encaixam na ordem jurídica os preceitos que cuidam do tema no Código Tributário Nacional.

Trata-se dos arts. 165 e ss. do CTN, que, como normas gerais, cuidam do pagamento indevido de tributos por parte do contribuinte.

O questionamento que se nos propõe diz respeito ao art. 166 do CTN.

Será esse preceito, de teor manifestamente restritivo, conforme com o sistema constitucional?

É que, simplificando-se os termos do problema, se o contribuinte não demonstrar que suportou o encargo financeiro de tributo não poderá pleitear a restituição do tributo a final considerado indevido.

Ficará o Fisco, destarte, como detentor da quantia recolhida, que somente será restituída a quem comprove ser o respectivo *dominus*.

A mim não parece, com a devida vênia das opiniões de doutores da maior suposição que se pronunciaram sobre o assunto em sentido contrário, que a ordem jurídica resulte abalada em razão dessa circunstância.

Se há tributos que, por sua natureza, comportam a transferência do respectivo encargo financeiro, nada mais adequado do que exigir-se de quem sustente a ilicitude do pagamento a demonstração do interesse em haver a restituição.

Interesse que só possui o senhor da coisa a ser restituída pelo Fisco.

Com a prudência do administrador probo, o contribuinte que transfere o encargo financeiro do tributo deve obter do terceiro a necessária autorização para que, se e quando a tributação vier a ser considerada indevida, possa postular a restituição.

Somente terá legitimidade para pedir a restituição, pois, aquele que demonstrar haver suportado o encargo fiscal ou, alternativamente, que comprovar haver recebido respaldo formal para pleiteá-la.

3. A ação de repetição do indébito

É manifesto em preceito constitucional que a Lei Suprema abre dois caminhos para a solução de litígios.

Deveras, o art. 5º, LV, da CF assim se encontra grafado: "LV – aos litigantes, em processo judicial ou administrativo, e aos acusados em geral são assegurados o contraditório e ampla defesa, com os meios e recursos a ela inerentes".

O processo, nos precisos termos do preceito transcrito, é figura jurídica genérica, instrumental de deslinde dos litígios.

Tanto o processo judicial quanto o administrativo estão configurados como instâncias autônomas de decisão pela ordem jurídica.

Qualquer um desses itinerários, garantias constitucionais que são, pode ser livremente escolhido pelo sujeito de direitos.

Compete ao interessado decidir se deve iniciar o itinerário da restituição na via administrativa, ou se convém desde logo intentar a medida judicial pertinente.

Para que a escolha tenha como base certo critério jurídico deve ser examinada a razão do pedido de restituição.

Quando se trate de vício de inconstitucionalidade que torne indevido o tributo que até então era havido como se devido fosse a situação é uma. Mas quando o que se constata é o erro concernente a quaisquer dos componentes da hipótese tributária ou da relação jurídica estaremos diante de outra situação.

Nas duas situações jurídicas ressalta à evidência o direito subjetivo à restituição. O que as distingue, para ficarmos com o modo próprio mediante o qual muitas coisas se tornam distintas em Direito, é o procedimento a ser intentado pelo interessado para postular a devolução do indevido.

Assinala Gian Antonio Micheli que aquilo que não se pode explicar com o recurso à noção de relação jurídica pode encontrar seu nexo no procedimento.[2]

O procedimento de restituição só pode se dar na via administrativa enquanto ainda existir o poder de controle da Administração sobre o lançamento.

Ora, quando o caso é de tributo que foi exigido com base em lei *depois* declarada inconstitucional já não cabe o pleito administrativo, uma vez que *antes* da declaração judicial de inconstitucionalidade o tributo era devido (presunção de constitucionalidade das leis!) e o lançamento o corporificou integralmente.

A declaração judicial de inconstitucionalidade de lei, ainda que não modifique a dualidade de instâncias, retira da esfera de atribuições da instância contenciosa administrativa o tema da restituição, que, necessariamente, é devolvido à apreciação superior da instância judiciária de controle dos atos administrativos.

É que, anotou com claridade o eminente Ricardo Lobo Torres, um ato intermediário transformou em *ilegal* o pagamento até então *legal*.[3]

Esse ato intermediário tanto pode ser a declaração de inconstitucionalidade de lei proclamada em ação direta como a decisão proferida incidentalmente pela Suprema Corte.

Entendemos que a data em que se configura o trânsito em julgado da decisão que declara inconstitucional a lei tributária ou a data em que o Senado Federal publica a competente resolução suspensiva da eficácia da lei inconstitucional assinalam o momento em que se inicia o prazo para que o contribuinte pleiteie a restituição.

O prazo para que o interessado requeira a restituição é fixado pelo art. 168 do CTN: cinco anos.

Trata-se de prazo decadencial, uma vez que se cuida do direito subjetivo público à devolução do pagamento indevido.[4]

Sublinhe-se, entre parêntesis, que o direito de pleitear a restituição na via administrativa também caduca em cinco anos.

Mas esse prazo nas hipóteses em que está previsto o lançamento por homologação somente se inicia depois desta.

Bem elucidou essa questão o acórdão unânime da 2ª Turma do egrégio STJ proferido no REsp 112.526-SP, de que foi relator o Min. Pádua Ribeiro: "Não tendo ocorrido a homologação expressa a extinção do direito de pleitear a restituição só ocorrerá após o transcurso do prazo de cinco anos, contados da ocorrência do fato gerador, acrescido de mais cinco anos, contados daquela data em que se deu a homologação tácita (...)".[5]

Questão interessante é a de saber-se se quem pleiteou, por meio de ação de repetição de indébito, a restituição de valores indevidamente recolhidos a título de tributo pode, depois de obter decisão favorável, optar pela compensação dos créditos com parcelas vincendas de tributo, abrindo mão da expedição de precatório.

O que se discute, de novo, é o procedimento, e não o direito.

Entendemos que na fase de execução do julgado o contribuinte poderá valer-se dos meios admitidos em Direito para satisfazer seu crédito.

Se é titular de créditos oponíveis ao Fisco e se também suporta débitos junto ao mesmo, pode realizar o encontro de con-

2. *Curso de Direito Tributário*, trad. de Marco Aurélio Greco e Pedro Luciano Marrey Jr., São Paulo, Ed. RT, 1978, p. 190.

3. *Restituição dos Tributos*, Rio de Janeiro, Forense, 1983, p. 167.

4. Nosso ponto de vista coincide com o expendido pelo professor Lobo Torres (*Restituição ...*, cit., p. 169).

5. *Repertório IOB de Jurisprudência* 11/1998, p. 250.

tas, independentemente de autorização judicial.

Deveras, a decisão proferida na ação de repetição se acha como que revestida de carga declaratória quanto aos créditos do contribuinte; e, valendo-se da força de tal julgado – que confere certeza e liquidez ao seu crédito –, o interessado pode operar a compensação.

Optando pela via administrativa o contribuinte deverá dar notícia ao juiz competente, já que estará abrindo mão da execução do julgado.[6]

4. A compensação do tributo

A palavra "compensação" pode ser considerada como signo explicativo sumário do instituto que identifica. Advinda do Latim – *cum* e *pendere*: pesar conjuntamente –, permite que na mesma balança se sopesem débito e crédito de duas pessoas que, a um só tempo, são credoras e devedoras entre si.

Categoria da Teoria Geral do Direito, foi adotada com certos requisitos peculiares para a resolução de certas obrigações tributárias.

A figura integra as modalidades de extinção das obrigações, consoante estabelece o art. 1.009 do CC brasileiro, assim redigido: "Art. 1.009. Se duas pessoas forem ao mesmo tempo credor e devedor uma da outra, as duas obrigações extinguem-se, até onde se compensarem".

Trata-se, assim, de espécie de desconto que se opera sobre o débito que cada sujeito da relação jurídica tem para com o outro.

Tudo gira em torno do exame do *crédito*, montante que pertence ao credor e que este pode exigir do devedor.

O crédito tributário, que pode ser reclamado pela Fazenda Pública, é a prestação pecuniária exigível do sujeito passivo da obrigação.

Em sentido largo, o direito de crédito que pode ser exercido na compensação de obrigação tributária não é diverso de qualquer outro direito de crédito. Toda e qualquer obrigação tem por objeto, sempre, a satisfação do crédito do sujeito ativo.

Força reconhecer, porém, que a peculiar posição jurídica que ocupa o Estado nos vínculos obrigacionais que estabelece com os particulares acaba refletindo-se na própria estrutura interna desse vínculo que é, por assim dizer, conformado pela legislação.

Eis como e por quê o tema ingressa no ambiente da Constituição Federal.

A Norma Magna estabelece que a lei deverá dispor a respeito do crédito tributário.

Também dispõe que, excetuados os créditos de natureza alimentícia, todo e qualquer *crédito* oponível à Fazenda Pública, exigível em decorrência de sentença judiciária, será satisfeito mediante precatório (art. 100).

Ademais, tratando-se de *crédito* decorrente de indenização devida em razão da desapropriação de imóvel rural para fins de reforma agrária a respectiva satisfação se dará mediante a emissão de títulos de dívida agrária, resgatáveis nos termos da lei (art. 184).

Há, por conseguinte, diversos regimes jurídicos constitucionais a respeito tanto dos créditos do Estado quanto dos créditos oponíveis ao Estado.

Relativamente ao crédito tributário o art. 146 da CF estabelece que a lei complementar – fonte das normas gerais de direito tributário – irá cuidar da obrigação tributária e, naturalmente, de um de seus elementos essenciais, que é o crédito.

Comanda o art.146 do Diploma Fundamental:

"Art. 146. Cabe à lei complementar:

"(...)

6. Nesse sentido já decidiu o STJ nos autos do REsp 136.162-AL, de que foi relator o Min. Ary Pargendler, in *Repertório IOB de Jurisprudência* 6/1998, p. 125.

"III – estabelecer normas gerais em matéria de legislação tributária, especialmente sobre:

"a) definição de tributos e de suas espécies, bem como, em relação aos impostos discriminados nesta Constituição, a dos respectivos fatos geradores, bases de cálculo e contribuintes;

"b) obrigação, lançamento, crédito, prescrição e decadência tributários;

"(...)."

O direito à compensação, direito de crédito, encontra fundamento no transcrito inciso III, "b", do art. 146 da CF.

Dispondo sobre os institutos jurídicos da *obrigação*, do *lançamento*, do *crédito*, da *prescrição* e da *decadência* tributários, a lei complementar não poderá deixar de cuidar das diversas modalidades de extinção da obrigação e do crédito, dentre as quais se inclui a compensação.

O direito à compensação de outros créditos do sujeito passivo contra a Fazenda Pública, de créditos que não digam respeito à obrigação tributária, no entanto, deve ser objeto de disciplina normativa específica.

O credor não pode esperar que a referida norma geral tributária discipline essa matéria.

Na verdade, a disciplina de utilização dos títulos da dívida agrária já se encontra tracejada pela Constituição da República.

Observado o disposto na Constituição, o legislador poderá permitir que tais títulos venham a ser utilizados para a compensação de dívidas fiscais.

Tal providência, aliás, foi tomada pela Lei 9.711, de 20.11.1998, que autorizou a utilização de títulos da dívida pública de responsabilidade do Tesouro Nacional para a quitação de débitos com o INSS.

A lei poderá estabelecer hipóteses concretas de compensação e, dentre elas, definir os tributos que podem e aqueles que não podem ser compensados, inclusive escolhendo as moedas da compensação (títulos de dívida pública, inclusive os títulos de dívida agrária; precatórios expedidos em favor dos credores das entidades públicas etc.).

Aliás, a lei poderá permitir que o crédito fiscal seja compensado mediante a prestação de certos serviços pelo contribuinte, definindo critério para a determinação do preço do serviço.[7]

O vínculo obrigacional tributário não se confunde com obrigações nas quais a Fazenda Pública poderia assumir a posição jurídica de sujeito passivo.

É que a legislação define sujeitos e objeto da obrigação tributária, e nessa modalidade de obrigação legal o Poder Público sempre se situa no pólo ativo.

Limitado, pelo inciso III, "c", do art. 146 da CF, ao trato das obrigações tributárias em geral – das normas gerais sobre a obrigação tributária –, o diploma complementar não pode adentrar quaisquer outras áreas do universo jurídico.

Lei específica deverá cuidar, portanto, do tema que ora é objeto de cogitações.

Também o Código Civil brasileiro, na primeira parte do Título III, só cuida das obrigações concernentes ao direito privado, não cogitando da obrigação tributária, ainda que seus conceitos, institutos e formas possam ser chamados a subsidiar o intérprete e o aplicador das leis de tributação quanto aos aspectos que são comuns ao fenômeno genérico da obrigação.

Dispondo a respeito do crédito tributário, que integra toda a obrigação, a lei complementar deverá cuidar dos créditos que podem ser compensados.

Entendemos que o Código Tributário Nacional, que cumpre atualmente o papel normativo constitucional reservado à lei complementar de que aqui estamos a cogi-

7. A Lei 7.621, de 9.10.1987, autorizou a liquidação de débitos previdenciários de instituições educacionais e culturais mediante a utilização de créditos decorrentes de prestação de serviços à Previdência Social.

tar, disciplinou o instituto jurídico da compensação das obrigações tributárias.

A matéria está regulada pelo art. 170, que, no particular, não desbordou das atribuições que são ínsitas à norma geral de direito tributário, consoante estabelece o art. 146 da Lei Suprema, já aqui referido. A norma geral não exclui a disciplina particular da matéria que a lei de tributação pode estabelecer.

Assim se acha grafado o art. 170 do CTN:

"Art. 170. A lei pode, nas condições e sob as garantias que estipular, ou cuja estipulação em cada caso atribuir à autoridade administrativa, autorizar a compensação de créditos tributários com créditos líquidos e certos, vencidos e vincendos, do sujeito passivo contra a Fazenda Pública.

"Parágrafo único. Sendo vincendo o crédito do sujeito passivo, a lei determinará, para os efeitos deste artigo, a apuração do seu montante, não podendo porém cominar redução maior que a correspondente ao juro de 1% (um por cento) ao mês pelo tempo a decorrer entre a data da compensação e a do vencimento."

Desde que o objeto da obrigação esteja determinado em espécie, quantidade e qualidade, será líquido e certo.

Ocorre que o ato mediante o qual é determinada a espécie, a qualidade e a quantidade do tributo é o lançamento, que individualiza o crédito tributário.

No ciclo vital da obrigação tributária a via ordinária para a determinação da liquidez da dívida fiscal é o lançamento. Nesse sentido devemos entender o magistério sempre lembrado de Achille Donato Giannini.[8]

A atividade aritmética do lançamento – com a determinação da base de cálculo e da alíquota – revela o valor pecuniário devido a título de tributo, que, a partir de então, é exigível pelo Fisco.

A figura jurídica instituída pela Lei 8.383, de 1991, não exige a apuração da quantia devida a título de tributo, permitindo que o contribuinte desconte de valores que iria recolher as quantias que pagou indevidamente em recolhimento anterior.

Alegando a compensação, o sujeito passivo da obrigação tributária já pode cuidar de abater do tributo que deve hoje a quantia que não deveria ter recolhido ontem.

A compensação é, sempre, uma criatura legal. Entendemos que, disciplinando a modalidade de extinção da obrigação de que trata o art. 170 do CTN e sem exorbitar dos contornos genéricos ditados naquela norma complementar, a Lei 8.383, de 1991, impõe certas restrições à compensação.

Confere aos atributos da liquidez e certeza do crédito contornos específicos.

Determinado crédito pode ser declarado certo quando proclamada a inconstitucionalidade da lei de tributação na ação direta. Todos os contribuintes submetidos ao regime da lei guerreada serão beneficiários da decisão e poderão utilizar o mecanismo da compensação.

Na via da exceção a declaração de inconstitucionalidade da lei tributária confere certeza ao crédito objeto da demanda, beneficiando o autor.

Revelando, ademais, a tendência do Judiciário, a decisão proferida em sede de exceção é precedente que autoriza o contribuinte a, com boa-fé, operar a compensação do tributo que recolheu.

Entendemos que não é necessária a prévia liquidação administrativa ou judicial do crédito.

No lançamento por homologação, através da liquidação, o contribuinte fixa a quantia que deve e a recolhe ao cofre público, sem qualquer manifestação do credor.

Do mesmo modo, a lei põe nas mãos do contribuinte um instrumento expedito, pronto e ágil, que lhe permite colocar suas contas na mesma balança – débito e crédito –, promovendo-lhes o respectivo encontro e liquidação.

8. *Istituzioni di Diritto Tributário*, 9ª ed., Milão, Giuffrè, 1968, p. 148.

O procedimento de compensação não poderá acarretar quaisquer incômodos outros ao contribuinte que não aqueles decorrentes da sua situação jurídica. Cumprindo os deveres instrumentais, forrando-se no documentário pertinente, estará coberto contra quaisquer sanções.

Ainda que entendamos que o direito do contribuinte de compensar o que tenha pago indevidamente *pode* ser exercido *motu proprio*, consideramos que o mesmo não *deve* utilizar-se dessa faculdade. Parece-nos conveniente que o interessado, sempre, obtenha o reconhecimento prévio da situação em que se encontra, mediante pronunciamento da autoridade fiscal competente.

Desse modo, não deixará em aberto a relação tributária, cujo crédito não poderá ser considerado extinto.

Como afirmamos alhures: "Carregará consigo, o contribuinte, todos os ônus da mora no cumprimento da obrigação fiscal, se a compensação não for aceita por faltar o reconhecimento, por parte do Fisco, do crédito compensado".[9]

É evidente que o Judiciário pode autorizar a compensação do que tenha sido pago indevidamente.

Uma vez demonstrado pelo contribuinte que sofrerá coerção do Fisco se e enquanto não esteja escorado em providência jurisdicional apta a garantir o exercício do direito de que entende ser titular, o Judiciário deverá prover àquela situação concreta por ele alegada.

Parece que, aqui, pode estar caracterizado um justo receio, a admitir a impetração, pelo contribuinte, de medidas judiciais, inclusive aquelas que possam ensejar a adoção de providências cautelares pelo juízo competente.

A ação declaratória é o devido processo (a medida jurisdicional adequada) para que o contribuinte obtenha pronunciamento judicial tanto sobre a respectiva situação jurídica (existe ou não, *in casu*, sujeição passiva?) como quanto ao direito à compensação.

Qualquer que seja o teor do pedido, o decisório judiciário nada mais fará do que declarar a vontade da lei.

Assinala Giuseppe Chiovenda que o escopo dessa medida é a "produção da certeza jurídica *como fim em si mesma* (...)"[10] (grifos do autor).

Entendemos, consoante o magistério do grande Mestre, que toda e qualquer ação declaratória, enquanto tal (vale dizer, enquanto cuide de pedido de declaração de existência ou inexistência de relação jurídica), será – sempre – meramente declaratória.[11]

O objeto essencial da ação declaratória consiste na obtenção da certeza jurídica quanto à existência da relação tributária.

A demanda do autor provoca a atividade jurisdicional, que, nesse tipo especial de processo, caminha numa única direção: tornar certa a posição jurídica do autor em face do Fisco.

É esse objetivo que explica o produto acabado do processo: a resolução judicial da incerteza que provocou a iniciativa do autor.

Ao atingir sua finalidade o processo imprimirá autoridade de coisa julgada (no momento oportuno) ao pronunciamento judiciário, que a partir de então, e para sempre – enquanto, é claro, a ordem jurídica não vier a ser alterada –, comanda a relação entre o Fisco e o autor quanto ao fato tributário que tenha sido objeto de questionamento.

9. Wagner Balera, "Decisões judiciais e tributação", *Caderno de Pesquisas Tributárias* 19/364.

10. *Instituições de Direito Processual Civil*, 3ª ed., v. I, trad. de J. Guimarães Menegale, São Paulo, Saraiva, 1969, p. 211.

11. Tem razão o eminente Des. Luiz de Macedo, do TJSP, quando afirma, na Ap. cível 71.359-1, que: "Se a ação contém pedido condenatório ela *não é meramente declaratória*. A impropriedade da ação, em tais casos, pode ser contornada ao constatar-se a existência de um pedido independente, *meramente declaratório*, e outros dois, alternativos, de natureza condenatória" (grifamos).

Aliás, revestida do tom imperativo que é próprio dos comandos normativos (a sentença, consoante o magistério de Kelsen, é norma individual), a decisão judicial indica, concretamente, às partes a posição que cada uma delas ocupa no interior do ordenamento jurídico.

Afastando toda incerteza, a sentença indicará, de modo claro, preciso e objetivo, o texto legal mediante o qual o juízo resolveu a questão jurídica que lhe foi submetida pelo autor.

Assume, então, o sujeito de direitos a real e efetiva posição jurídica de que desfruta na comunidade, podendo exercê-la em toda a sua plenitude.

Situando-nos sempre dentro do tema – a declaração judicial de inexistência de obrigação tributária tornou indevido o tributo pago, fazendo surgir o direito à compensação, ou, em outro giro, a declaração judicial tornou certo o direito à compensação –, entendemos que há prazo para que o interessado, impetrando ao órgão da jurisdição, obtenha tal pronúncia.

Trata-se do prazo que rege as ações contra a Fazenda Pública, de que trata o Decreto 20.910, de 6.1.1932.

Estabelece o art. 1º do referido diploma legal: "Art. 1º. As dívidas passivas da União, dos Estados e dos Municípios, bem assim todo e qualquer direito ou ação contra a Fazenda Federal, estadual ou municipal, seja qual for a sua natureza, prescrevem em 5 (cinco) anos, contados da data do ato ou fato do qual se originaram".

O tom imperativo do preceito e a amplitude de que se revestem os seus termos não deixam margem a quaisquer dúvidas. A ação declaratória só pode ser interposta contra a Fazenda Pública dentro do prazo de cinco anos, contados da data do ato ou fato do qual se originou.

Sublinhe-se que o mesmo prazo é aplicável a eventuais demandas contra o INSS, a quem a legislação confere as mesmas prerrogativas adjudicadas à Fazenda Pública.

Para o tema que analisamos aqui, cumpre lembrar as situações, comuns no âmbito tributário, nas quais a incidência objeto de questionamento ocorre periodicamente.

O ato ou fato do qual se origina o direito a ser objeto da declaratória pode ocorrer nos mais diversos momentos no tempo.

Esclarecendo esse ponto, o STJ assentou em Súmula que: "Nas relações jurídicas de trato sucessivo em que a Fazenda Pública figure como devedora, quando não tiver sido negado o próprio direito reclamado, a prescrição atinge apenas as prestações vencidas antes do qüinqüênio anterior à propositura da ação".

Eis o inteiro teor da Súmula 85 daquela alta Corte de Justiça.

Quando surge o direito de crédito do suposto contribuinte, fato que desencadeia no tempo o prazo para a propositura da ação?

A partir da efetivação do comportamento que gerou a incerteza.

Tal comportamento – objeto do comando normativo: "pague o tributo *X*" – concretiza-se em determinado momento, e é a partir desse momento que está constituída, no mundo jurídico, a situação que a declaratória deslindará.

Pagando algo que talvez não seja devido (eis a incerteza que confere interesse de agir ao proponente da ação declaratória), alguém pode, desde logo, provocar o pronunciamento judiciário sobre o assunto. Deverá acionar o Judiciário dentro de cinco anos para que o comportamento possa merecer análise jurídica.

É claro que nas obrigações de trato sucessivo cada pagamento concretiza de novo a situação de incerteza, ensejando a propositura da declaratória.

De todo modo, perece o direito daquele que poderia questionar o pagamento ocorrido em determinado momento no tempo pretérito se deixa decorrer o lapso de tempo de cinco anos entre o tempo do pagamento e o tempo do aforamento da ação.

Perece que direito?

O direito decorrente da posição adotada. Quem pagou o que não devia quererá, decerto, obter a restituição do montante em dinheiro que pagou. Deve cuidar de propor as medidas cabíveis no prazo de cinco anos quando o demandado é o Poder Público.

Concluímos, pois, que não pode ser considerada sem temperamentos a tese tradicional, que conta com a prestigiosa posição de Chiovenda, que sustenta a imprescritibilidade da ação declaratória.[12]

Aliás, Carlos Valder do Nascimento ponderou, com acerto: "(...) a regra de que a ação declaratória é imprescritível não é de índole absoluta, posto que, se vinculada ao direito material prescrito, seu acionamento torna-se imprestável. Neste caso, inexiste interesse de agir derivado de uma situação fática, nem perspectiva da consumação de uma lesão patrimonial".[13]

O art. 166 do CTN integra, segundo entendemos, o regime jurídico da compensação dos tributos.

Também cuida o mencionado preceito de disciplinar os efeitos do pagamento indevido, quanto a quem efetuou o recolhimento.

Estipula o comando em comento que: "Art. 166. A restituição de tributos que comportem, por sua natureza, transferência do respectivo encargo financeiro somente será feita a quem prove haver assumido referido encargo, ou, no caso de tê-lo transferido a terceiro, estar por este expressamente autorizado a recebê-la".

O eixo em torno do qual gravita todo o sistema tributário é o chamado princípio da legalidade.

A legalidade garante aos indivíduos que o poder por eles conferido aos representantes está sendo exercido com equilíbrio e regularidade.

Assim como a compensação é uma exigência da legalidade, vez que revela a existência de obrigações recíprocas entre Fisco e contribuinte, que devem ser colocadas na mesma balança a fim de que se opere a extinção das obrigações, também a restituição deriva da legalidade. É por meio da primeira das figuras que, indiretamente, se opera a restituição a que legalmente faz jus quem pagou algo que não devia, nos termos do art. 166 do CTN.

A compensação é uma forma de restituição, na medida em que a lei faculta ao contribuinte optar seja pela compensação, seja pela restituição.[14]

As normas que regem a restituição também regem a compensação.

O preceito estampado no art. 166, que cuida dos impropriamente chamados tributos indiretos, exige que o interessado comprove haver assumido o encargo financeiro do tributo ou demonstre que recebeu, de quem de direito, a competente autorização para operar a compensação.

O sujeito ativo do tributo é quem deve ser devedor do contribuinte.

O credor da Receita Federal não tem qualquer direito próprio de invadir a esfera jurídica do INSS a fim de satisfazer os seus interesses.

Recursos arrecadados pela Receita Federal no caso da contribuição sobre o lucro e na contribuição para o financiamento da seguridade social devem ser destinados ao sistema de seguridade social. Deveriam, aliás, ser arrecadados pelo órgão competente da seguridade social.

Mas entre o credor constitucional dos recursos que irão custear a saúde, a previdência social e a assistência social interpôs-se nada menos que a União, que é quem, unicamente, pode exigir do contribuinte as referidas contribuições sociais e é quem deve, unicamente, repassar os recursos que arrecadou ao orçamento da seguridade social.

12. *Instituições* ..., cit., v. I, p. 31.

13. "Pressupostos da ação declaratória em matéria tributária", *RT – Cadernos de Direito Tributário e Finanças Públicas* 24/111.

14. É o que estabelece o § 2º do art. 66 da Lei 8.383, de 1991.

Deve, pois, a União – e só ela – devolver, como credora única das contribuições sociais em referência, aquelas que lhe tenham sido vertidas pelo contribuinte.

Se o setor financeiro do sistema de seguridade social deverá, ao depois, recompor o patrimônio da União é *res inter alios*, que nada tem que ver com as relações tributárias e creditícias entre o Fisco Federal e os contribuintes da COFINS e da CSSL.

Se é certo que estão equiparadas as figuras da restituição e da compensação – a equiparação decorre da identidade de regimes jurídicos que regem a vida dos dois institutos –, somente em parte tais direitos devem ser exercidos dentro dos mesmos prazos.

Desses prazos, o primeiro refere-se à decadência e se encontra disciplinado no art. 168 do CTN. O interessado deve pleitear a restituição ou operar a compensação no prazo de cinco anos, contados da data da extinção do crédito tributário ou da data em que se tornar definitiva a decisão administrativa ou judiciária que tenha resolvido a obrigação tributária que enseja o exercício do direito.

Quanto ao segundo, relativo à prescrição da ação cabível, em cada caso, entendemos que o prazo não é o mesmo.

Há preceito expresso definindo o prazo para a propositura da ação anulatória de decisão administrativa que denegue a restituição. Trata-se do art. 169 do CTN, que fixa o prazo de dois anos, dentro do qual o contribuinte deve interpor a medida judicial.

Entendemos, porém, que esse prazo não se aplica à demanda que possa interpor o contribuinte que se considere titular do direito à compensação.

Perderá o direito de reclamar ao Judiciário a compensação o contribuinte que deixar de interpor a medida cabível no prazo de cinco anos, de que cuida o art. 1º do Decreto 20.910, de 6.1.1932.

Encerrando estas considerações, cumpre-nos sublinhar que a semelhança dos institutos jurídicos de que aqui se cogitou vai a tal ponto, em razão da comum finalidade, que estariam a merecer melhor e mais uniforme tratamento pela legislação.

O oportuno debate que se trava nestas páginas será, certamente, considerado pelos responsáveis pela reforma tributária que se avizinha

CADERNOS DE DIREITO TRIBUTÁRIO

EL DERECHO TRIBUTARIO DEL SIGLO XXI: PROBLEMÁTICA DEL COMERCIO ELECTRÓNICO Y LOS PRINCIPIOS DEL DERECHO TRIBUTARIO INTERNACIONAL*

ALFREDO GILDEMEISTER RUIZ HUIDOBRO

Abogado – Especialista en Derecho Tributario Internacional – Doctor en Derecho por la Universidad de Navarra (España) – Catedrático de la Pontificia Universidad Católica del Perú y de la Universidad del Pacífico

I – Introducción. II – Concepto de comercio electrónico. III – Clases de comercio electrónico. IV – Características del comercio electrónico. V – Problemática general del comercio electrónico. VI – Problemática tributaria: 1. Cuestiones tributarias relacionadas con el Modelo de Convenio para Evitar la Doble Imposición elaborado por la OCDE: la problemática del establecimiento permanente – 2. Problemas tributarios en relación al comercio electrónico y los precios de transferencia – 3. El comercio electrónico y la calificación de las rentas – 4. Problemáticas planteadas por el comercio electrónico en la tributación al consumo – 5. Implicancias del comercio electrónico para las Administraciones Tributarias. VII – Problemática tributaria del comercio electrónico en la actualidad: 1. Mejora del servicio al contribuyente – 2. La Administración Tributaria – 3. Tributación al consumo – 4. Criterios de tributación internacional y de cooperación entre las Administraciones Tributarias.

I – Introducción

¿Cuál es el criterio de fuente en el contexto del comercio electrónico? ¿Puede un servidor constituir un establecimiento permanente? ¿Puede un determinado *software* constituirse en agente y por tanto en un establecimiento permanente? ¿Cuál es la naturaleza jurídica de los pagos efectuados por concepto de servicios realizados a través de *Internet*? ¿Constituyen pagos por concepto de ventas, servicios o por el alquiler de un bien? Estas son algunas de las preguntas que se hacía el profesor Kees van Raad el día 7 de octubre de 1998, en el seminario que sobre *Internet* se realizó dentro del Cincuentidos (52) Congreso Anual de la *International Fiscal Association*, que

* El presente artículo está basado en nuestro trabajo titulado "Tributación Internacional y Comercio Electrónico: Aproximación a una grave problemática tributaria actual", publicado en *Themis - Revista de Derecho*, Segunda Epoca, n.39, Lima, 1999.

tuvo lugar en la ciudad de Londres y en la que estuvimos presentes.[1] Estas son algunas de las cuestiones que trataremos de una manera sencilla y concisa en el presente trabajo. Queremos de antemano advertir que el objetivo de nuestro trabajo no ha sido el de brindar respuestas a las cuestiones tributarias que el comercio electrónico viene originando, sino motivar al lector y especialista en derecho tributario a preocuparse y tomar conciencia de la importancia del tema. Lo más probable es que el lector termine de leer nuestro trabajo y le surjan nuevas preguntas, dudas y cuestiones en relación al comercio electrónico y la tributación del futuro. De ser así nos daremos por satisfechos, pues, tal como lo hacía Sócrates con sus discípulos, habremos causado inquietud y curiosidad en el lector por una problemática que en el momento actual preocupa en sobremanera a los mejores especialistas, instituciones y organismos a nivel mundial.

Es innegable que una revolución de grandes magnitudes afecta al mundo en la actualidad. Podría decirse que se trata de una revolución de mayor relevancia y consecuencias que el de las primeras dos revoluciones industriales que afectaron al Planeta en siglos pasados. Se trata de la revolución del comercio electrónico en el ámbito del comercio internacional, el cual implica una nueva forma o modo de realizar transacciones internacionales con las consecuencias económicas y sociales que ello implica. Las formas clásicas de hacer negocios se están viendo profundamente afectadas ya que cualquier persona con una computadora y el acceso correspondiente a *Internet* puede convertirse en un comerciante y acceder a clientes en todo el mundo. De esta manera, cualquier consumidor ubicado en cualquier punto del Planeta tendrá acceso al referido comerciante y podrá adquirir bienes y/o servicios ofrecidos por éste. Surgirán entonces nuevas formas de hacer negocios así como nuevos tipos de relaciones, más cercanas aún, entre comerciante y cliente o consumidor, ya que los clásicos intermediarios, como agentes o distribuidores, se volverán elementos o etapas innecesarias en el ciclo productivo. De la misma manera se podrán ofrecer nuevas formas de productos o servicios y se desarrollarán por tanto nuevas formas de mercados. Debemos también mencionar que el ritmo de crecimiento de los usuarios de *Internet* viene creciendo a un ritmo mucho más rápido que el que ocasionó el invento de la radio, la televisión o las computadoras personales. De acuerdo a los especialistas, se espera que en América Latina los usuarios de *Internet* crezcan a 34 millones para el año 2000, cifra que constituiría el doble de la tasa registrada en otras partes del mundo. Así mismo, las páginas *Web* se triplicarían a 500 mil durante 1999, lo cual nos indica el importante papel que está tomando este instrumento al momento de realizar negocios.[2] El *Internet* pues se

1. International Fiscal Association, "Summary of proceedings of the seminar '*Internet*/I.T. communications issues'", *Yearbook* 1998, pp.140-141.

2. "El comercio electrónico crece en América Latina", información publicada en el diario *El Comercio*, Sección B, p. b3, de fecha 14.4.1999, en donde se mencionan las declaraciones de Bill McAlister, Vicepresidente de Ventas de Sistemas de IBM para América Latina, durante la conferencia organizada por IBM Equipo realizada en Miami. Señala el ejecutivo que en cuanto al movimiento que se espera registrar mediante el comercio electrónico a nivel global, las proyecciones establecen que se alcanzará alrededor de US$ 600 mil millones de dólares en el año 2002, monto del cual la participación de América sería del 6%, es decir, aproximadamente US$ 36 mil millones.

Para que se tenga una idea de la importancia del comercio electrónico hoy en día, debemos mencionar que cualquier persona con acceso a *Internet* desde su computadora puede convertirse en un comerciante dentro de un mercado con más de 320 millones de potenciales consumidores repartido entre más de 200 países y sólo 13 países no están en *Internet*. Siguiendo a Álvaro De Juan Ledesma, podemos afirmar que "dentro de este gigantesco centro comercial sin ubicación geográfica determinada y sin horarios de apertura o cierre se llevaron a cabo ventas por valor de 518 millones de dólares en 1996, y se estima que en el año 2005 el 20% del total de compras se realizará vía *Internet*" ("*Internet* y nuevas tecnologías en telecomunicaciones: nuevos retos de la fiscalidad internacional", *Impuestos* 13/96, Madrid, julio de 1998).

ha convertido en la causa u origen de una tendencia revolucionaria en el comercio cuyos efectos son aún difíciles de predecir.

Estas pues son algunas de las implicancias que está acarreando el comercio electrónico el día de hoy. Ante tales cambios, diversos organismos internacionales y Estados vienen efectuando reuniones y concertando estudios, trabajos, congresos internacionales e investigaciones a fin de poder llegar a un tratamiento uniforme, claro y efectivo en cuanto al tratamiento jurídico del comercio electrónico, especialmente en el ámbito tributario, que es el tema materia del presente trabajo. Sin embargo, antes de entrar propiamente en materia, se hace necesario hacer referencia a algunos conceptos, a fin de poder ubicarnos y analizar mejor la problemática fiscal. Para ello tomaremos como referencia diversos documentos e informes emitidos, especialmente, por la Organización para la Cooperación y Desarrollo Económicos – OCDE, así como por otros organismos internacionales, regionales y nacionales de algunos Estados.[3]

II – Concepto de comercio electrónico[4]

No es nada fácil definir al comercio electrónico. Existen algunos trabajos y pu-

3. Para una mayor información recomendamos la lectura de los siguientes trabajos: Carlos Vattier Fuenzalida, "En torno a los contratos electrónicos", *Revista General de Legislación y Jurisprudencia* 1/75 y ss., enero-febrero de 1999, Época III, Madrid; Edward Parsons, "E-commerce: an introduction", in *Tax Planning International. E-Commerce*, Introductory Issue, BNA, Londres, octubre de 1998, p. 3; David M. Graham y Paul J. Heiselmann, "Electronic business – Managing tax in a changing world", in:*Tax Planning International. E-Commerce*", cit., p. 4; Conrad Young y Robert Tsang, "Taxing business on the *Internet*", in *Tax Planning International. E-Commerce*, cit., p. 8; Machiel Lambooij, "Rethinking corporate residence?", in *Tax Planning International. E-Commerce*, cit., p. 11; Bob Mattson, Ned Maguire, Harold Ullman y Michael Perkins, "Characterisation and source of income", in *Tax Planning International. E-Commerce*, cit., p. 16; Graeme Ross y James Selby, "Beyong Ottawa: how should indirect tax evolve to meet the challenge of e-commerce?", in *Tax Planning International. E-Commerce*, cit., p. 21; Joseph Lurie y David Perrin, "E-commerce – The need for draft guidelines from the OECD", in *Tax Planning International. E-Commerce*, cit., p. 24; Frances M. Horner y Michael Hardy, "The OECD work on taxation and e-commerce", in *Tax Planning International. E-Commerce*, cit., p. 26; David E. Hardesty, "*Internet* – Bases sales to the United States", in *Tax Planning International. E-Commerce*, cit., p. 29; Rosemarie Portner, "Characterisation of revenue from e-commerce in Germany", in *Tax Planning International. E-Commerce*, cit., p. 34; Jean-Luc Pierre y Frederic Subra, "The application of French VAT in the framework of e-business transactions", in *Tax Planning International. E-Commerce*, cit., p. 40; Peter Joy, "E-commerce lawyers face the revolution", in *Commercial Lawyer*, Issue 31, 1991, p. 72; Oliver Ralph, "Changing world leaves permanent establishment standing", in *International Tax Review*, Londres, febrero de 1999, p. 17; Christine Sanderson, "Taxing a borderless world", in *International Tax Review*, Londres, deciembre-enero de 1999, p. 35; Simon Chalton, "*Internet* and electronic trading", in *International Business Lawyer* 26/151, n. 4, Londres, abril de 1998; Ronald E. Myrick y Robert C. Plotkin, "Patents, patent licensing and indemnification on the *Internet*", in *International Business Lawyer* 26/155, n. 4, Londres, abril de 1998; Heather Rowe, "Electronic commerce and consumers", in *International Business Lawyer* 26/165, n. 4, Londres, abril de 1998; Jane A. Kanter y Beth-Ann Roth, "Marketing mutual funds on the *Internet*", in *International Business Lawyer* 26/184, n. 4, Londres, abril de 1998; Oscar Franco, "En el umbral de la ciber economía", in *El Comercio, Revista "Orientación Vocacional"* 41/36, del 4.3.1999; OECD, "OECD Ministerial Meeting – Tax Issues", OECD Comuniqué, in *Tax Planing – International Review* 24/18, n. 7, julio de 1997; Bernhard F. Meyer-Hauser, "Consumer transactions in cyberspace: on-line contracting", in International Bar Association, *International Sales Quarterly* 21/5, junio de 1997; Eosemarie Portner, "Transfer Pricing – *Internet* transactions", in *Tax Planing – International Review* 25/28, n. 5, mayo de 1998; John Morgan, David Graham, Zafar Patel y Christine Sanderson, "Don't be afraid of the *Internet*", in *International Tax Review*, noviembre de 1997, p.19; Mario Castillo Freyre, *Las Doctrinas Tradicionales Frente a la Contratación Computarizada*, Biblioteca de Derecho Contemporáneo, v. 3, Lima, Fondo Editorial de la Pontificia Universidad Católica del Perú, 1996.

4. A fin de comprender mejor los términos utilizados en el presente trabajo, pasaremos a definir algunos conceptos. Siguiendo a De Juan Ledesma, entenderemos por *Internet* al conjunto de millones de computadoras interconectadas entre sí, de esta manera, "el uso del lenguaje o protocolo llamado TCP/IP (*Transmission Control Protocol/Internet Protocol*) es lo que permite que esta inmensa 'telaraña' pueda comunicarse con independencia de las diferencias que existen entre los diversos sistemas

blicaciones en donde se intenta definirlo sin llegar a lograrse un concepto unificado y completo en lo posible. La mejor definición, en nuestra opinión, la encontramos en el excelente trabajo realizado por Richard Doernberg y Luc Hinnekens sobre comercio electrónico y tributación internacional, cuando definen al comercio electrónico como "the modern business use of computers that fulfills the need of firms, customers and management to provide more efficient delivery of goods and services. The breadth of electronic commerce encompasses activities such as exchanging business information within a business or between businesses, electronic funds transfers (EFT) and using the *Web* to communicate with customers and potential customers" (hemos respetado la definición en el idioma Inglés original).[5]

De otro lado, la Comisión de las Naciones Unidas para el Derecho Mercantil Internacional – CNUDMI, mediante Resolución 51/162 de la Asamblea General de 16 de diciembre de 1996, promulgó la denominada "Ley-Modelo sobre Comercio Electrónico".[6] En la resolución aprobatoria la Asamblea General señala lo siguiente: "Observando que un número creciente de transacciones comerciales internacionales se realizan por medio del intercambio electrónico de datos y por otros medios de comunicación, habitualmente conocidos como 'comercio electrónico', en los que se usan métodos de comunicación y almacenamiento de información sustitutivos de los que utilizan papel (...) recomienda que todos los Estados consideren de manera favorable la Ley-Modelo cuando promulguen o revisen sus leyes, habida cuenta de la necesidad de que el Derecho aplicable a los métodos de comunicación y almacenamiento de información sustitutivos de los que utilizan el papel sea uniforme".

El art. 1 de la Ley-Modelo establece que "la presente Ley será aplicable a todo tipo de información en forma de mensaje de datos utilizada en el contexto de actividades comerciales", entendiéndose por mensaje de datos a "la información generada, enviada, recibida o archivada o comunicada por medios electrónicos, ópticos o similares, como pudieran ser, entre otros, el intercambio electrónico de datos (EDI), el correo electrónico, el telegrama, el telex o el telefax". A su vez, se entenderá por intercambio electrónico de datos (EDI) a "la transmisión electrónica de información de una computadora a otra, estando estructurada la información conforme a alguna norma técnica convenida al efecto". La "Guía para la Incorporación al Derecho Interno de la Ley-Modelo de la CNUDMI sobre Comercio Electrónico" señala que "entre los medios de comunicación recogidos en el concepto de 'comercio electrónico' cabe citar las siguientes vías de transmisión

informáticos. El *Internet*, que, como ya se ha dicho, no consta de un ordenador central o cualquier otra localización física, utiliza cientos de miles de ordenadores (*routers*) a modo de vía para transferir los datos a su destino final". "El *www* (*World Wide Web* o red) (...) es un subsistema de *Internet*. La red es un sistema *multimedia* que combina texto, imágenes, vídeo y audio en lugar de sólo texto. También se utilizan los hipertextos (*hypertext*), que permiten a los usuarios acceder a documentos inter-relacionados a través de referencias (*links*) que aparecen en determinado documento (...). El conjunto de documentos colocados en la red por una empresa o un particular se denomina 'sitio *Web*' (*Web site*) o 'página *Web*' (*Web page* o *home page*). Usuarios de todo el mundo pueden acceder a uno de estos emplazamientos *Web* a través de una dirección en *Internet* (*domain – name*). Las empresas normalmente pagan a un proveedor de *Internet* (*Internet service provider*, ISPs) para que mantenga dicho 'sitio *Web*' enm un computador central denominado servidor (*server*) que normalmente coloca varios puntos de accesos estratégicos, ya sean servidores-espejo (*mirror servers*) y/o POPs (*Post Office Protocol* o *Points of Presence*) con el fin de que la conexión se pueda realizar en la localidad del usuario mediante llamada local. La localización geográfica del servidor es irrelevante puesto que puede accederse al mismo desde cualquier punto del Planeta por medio de un *modem*. Muchos de los productos que pueden adquirirse en la red (...) pueden ser enviados al consumidor en formato electrónico (digitalizado) a través de la propia red" (Álvaro De Juan Ledesma, "*Internet* y nuevas tecnologías ...", cit., *Impuestos* 13/97).

5. *Electronic Commerce and International Taxation*, International Fiscal Association, Kluwer Law International, La Haya/Holanda, 1999, p. 72.

6. Documento ubicado en: *http://www.un.or.at/uncitral/spanish/texts/electcom/ml-ec.htm*.

basadas en el empleo de técnicas electrónicas: la comunicación por medio del EDI definida en sentido estricto como la transmisión de datos de una terminal informática a otra efectuada en formato normalizado; la transmisión de mensajes electrónicos utilizando normas patentadas o normas de libre acceso; y la transmisión por vía electrónica de textos de formato libre, por ejemplo, a través de *Internet*. Se señaló también que, en algunos casos, la noción de 'comercio electrónico' sería utilizada para referirse al empleo de técnicas como el telex y la telecopia o fax". Como se puede apreciar, la Ley-Modelo no adopta un concepto unívoco de comercio electrónico.[7]

Para la OCDE, el término "comercio electrónico" hace referencia generalmente a transacciones comerciales, efectuadas tanto por personas naturales como por personas jurídicas, basadas en el procesamiento y transmisión digitalizada de información, lo cual incluye textos, sonido e imágenes visuales, y son realizadas mediante diversos sistemas como son los *open networks* (caso del *Internet*) o mediante sistemas *closed network* (caso del *AOL* o el *Minitel*).[8]

De otro lado, es pertinente citar la doctrina argentina que con mucha claridad define al comercio electrónico como el "conjunto de transacciones comerciales y financieras realizadas por medios electrónicos. Esto es, el procesamiento y la transmisión electrónica de datos, incluyendo texto, sonido e imagen". La misma doctrina considera al comercio electrónico, en un concepto más amplio, como aquél "sistema global que, utilizando redes informáticas y en particular *Internet*, permite la creación de un mercado electrónico (es decir operado por computadoras y a distancia) de todo tipo de productos, servicios, tecnologías y bienes, y que incluye todas las operaciones necesarias para concretar operaciones de compra y venta, incluyendo *matching*, negociación, información de referencia comercial, intercambio de documentos, acceso a la información de servicios de apoyo (aranceles, seguros, transportes etc.) el *banking* de apoyo, y todo en condiciones de seguridad y confidencialidad necesarios".[9] De allí que el comercio electrónico no se encuentre limitado al ámbito del *Inter-*

7. La "Guía para la Incorporación al Derecho Interno de la Ley-Modelo de la CNUDMI sobre Comercio Electrónico" constituye una especie de comentarios al articulado de la Ley-Modelo. En el punto 7 de dicha Guía se menciona que si bien en el art. 2 se da una definición del intercambio electrónico de datos (EDI), "la Ley-Modelo no especifica lo que se entiende por 'comercio electrónico'. Al preparar la Ley-Modelo, la Comisión decidió que, al ocuparse del tema que tenía ante sí, se atendría a una concepción amplia del EDI que abarcara toda una gama de aplicaciones del mismo relacionadas con el comercio que podrían designarse por el amplio término de 'comercio electrónico' (...) aunque otros términos descriptivos sirvieran igual de bien".

8. "Electronic commerce", *Policy Brief* n. 1/ 1997. En: *http://www.oecd.org/subject/electronic_commerce/documents/taxation.htm*. Véanse también los siguientes trabajos publicados por la OCDE: "Business-to-consumer electronic commerce: survey of *status* and issues", *http://www.oecd.org/dsti/sti/it/ec/prod/gd97219.htm*; "Measuring electronic commerce: international trade in software", *http://www.oecd.org/dsti/sti/it/ec/prod/sw.trade.htm*; "Implementing the OECD privacy guidlines in the electronic enviroment: focus on the *Internet*", *http://www.oecd.org/dsti/sti/it/secur/prod/reg97-6e.htm*; "Measuring electronic commerce", *http://www.oecd.org/dsti/sti/it/ec/prod/e_97-185.htm*; "Dismantling the barriers to electronic commerce", *http://www.oecd.org/dsti/sti/it/ec/prod/turkufin.htm*; "Payment for goods and services on the information superhighway: reproduction rights and remuneration in th eelectronic marketplace", *http://www.oecd.org/dsti/sti/it/ec/prod/e_96-137.htm*; "Information infrastructure convergence and pricing: the *Internet*", *http://www.oecd.org/dsti/sti/it/cm/prod/e_96-73.htm*; "The year 2000 problem: impacts and actions", *http://www.oecd.org/puma/gvrnance/it/index.htm*; "The *Internet* in 20 years: cyberspace, the next frontier?", *http://www.oecd.org/sge/au/highligh.htm*.

9. Ministerio de Economía y Obras y Servicios Públicos, *Primer Informe de Progreso del Grupo de Trabajo sobre Comercio Electrónico y Comercio Exterior*, Buenos Aires, setiembre de 1998, p. 6. El referido informe menciona que el comercio electrónico, hoy en día, "incluye una amplia gama de aplicaciones en el ámbito del videotexto, la compra electrónica, el entorno *off-line* (ventas por catálogo a través de CD-ROM), el intercambio electrónico de datos (EDI) etc. A través de estos medios se lleva a cabo una serie de actividades entre las que podemos citar el

net, aunque hoy constituya el medio más dinámico.[10]

Es interesante referirnos al concepto de comercio electrónico plasmado en diversas normas o proyectos de normas en distintos Estados. Así, por ejemplo, en el caso de Colombia, la Ley 527 por medio de la cual "se define y reglamenta el acceso y uso de los mensajes de datos, del comercio electrónico y de las firmas digitales", define al comercio electrónico en su art. 2, "b", como aquel concepto que "abarca las cuestiones suscitadas por toda relación de índole comercial, sea o no contractual, estructurada a partir de la utilización de uno o más mensajes de datos o de cualquier otro medio similar". En el caso de México, el documento de iniciativa que incluye un proyecto de decreto, que reforma y adiciona diversas disposiciones al Código de Comercio, modifica el art. 641 del referido Código, señalando que "el comercio electrónico es aquél donde se utiliza para la comunicación y acuerdo entre las partes el intercambio de datos, a través de medios electrónicos, electromagnéticos, ópticos u otros, de naturaleza análoga".[11]

Cabe mencionar que actualmente existen tres proyectos de ley en el Congreso de la República del Perú referentes al comercio electrónico:

a) Proyecto de Ley que regula la Contratación Electrónica (n. 5.010/1999), el cual toma como base la Ley-Modelo de la CNUDMI. Dicho proyecto regularía, entre otros temas, todo lo relacionado a los mensajes de datos, la firma, la fuerza probatoria de los mensajes de datos, la formación y validez de los contratos etc.

b) Proyecto de Ley de Firmas Electrónicas (n. 5.070/1999), el cual regularía todos los aspectos relacionados a la firma electrónica, requisitos, certificaciones etc.; y

c) Proyecto de Ley de Delitos Informáticos (n. 5.071/1999), que incorporaría al Código Penal un capítulo conformado por dos artículos sobre dichos delitos.

III – Clases de comercio electrónico

Existen diversas maneras en las que se puede comerciar electrónicamente. Las formas más sencillas que podemos considerar como modalidades o clases de comercio electrónico son la del denominado comercio electrónico "indirecto", el cual consiste en adquirir bienes tangibles que necesitan luego ser enviados físicamente, utilizando para ello los canales o vías tradicionales de

envío *on-line* de contenidos digitales, la transferencia electrónica de fondos, el comercio electrónico de acciones y opciones comerciales, compras gubernamentales, *marketing* directo, servicios post-venta, por sólo mencionar algunas". V. también: *Proposal for an European Parliament and Counsil Directive on Certain Legal Aspects of Electronic Commerce in the Internal Market*, presentado por la Comisión (Unión Europea), texto no-oficial del 18 de noviembre de 1998; Comité Conjunto de Exportación del Alca del Sector Público-Privado sobre el Comercio Electrónico, Borrador de Propuesta por el Comité Tripartito, Compendio sobre el "Marco Legal y Regulador Pertinente a la Operación del Comercio Electrónico en Países del Hemisferio Occidental", *FTAA*. ecom/inf/09 del 8.1.1999.

10. En relación a los avances de la legislación sobre comercio electrónico en la República Argentina, pueden verse los siguientes documentos:

• Anteproyecto de Ley de Firma Digital;

• Decreto 427/1998 sobre Firmas Digitales para la Administración Pública;

• Resolución 45/1997 y Anexo;

• Resolución 212/1998 sobre Políticas de Certificación para el Licenciamiento de Autoridades Certificantes; y

• Anteproyecto de Código Civil y Comercial (artículos relevantes) (in *Conference Materials – Responding to the Legal Obstacles to Electronic Commerce in Latin America*, conferencias realizadas del 29.9-1.10.1999 en Washington D.C./USA, organizado por el *National Law Center for Inter-American Free Trade, The Organization of American States* y el *Business Software Alliance*).

11. In *Conference Materials – Responding to the Legal Obstacles to Electronic Commerce in Latin America*. Es pertinente revisar en estos mismos materiales el "Proyecto de Directiva del Parlamento Europeo y del Consejo relativa a determinados aspectos jurídicos del comercio electrónico en el mercado interior" (Bruselas, 18.11.1988, COM 1998 586 final, 98/325 COD).

distribución. Tal es el caso, por ejemplo, de la compra de libros, vinos, computadoras etc.

De otro lado tenemos el comercio electrónico "directo", en donde tanto el pedido como el pago y el envío de los bienes intangibles o tangibles y/o servicios inclusive se producen *on-line*, como es el caso de transacciones u operaciones vinculadas con viajes, venta de boletos (teatros, conciertos etc.), *software*, toda la rama de entretenimientos (música, juegos, apuestas), servicio de banca, ventas de inmuebles, asesoría legal, consejos de salud, temas de educación y servicios por parte del Gobierno.

IV – Características del comercio electrónico

Dentro de las principales características más destacables del comercio electrónico podemos mencionar brevemente las siguientes:

a) las operaciones son realizadas por vía electrónica o digital;

b) se prescinde del lugar donde se encuentran las partes, esto es, no interesa el lugar de residencia o domicilio de los usuarios o partes al momento en que comercian o concluyen el negocio. Los agentes pueden domiciliar en el país o en el extranjero;

c) en el caso del comercio electrónico directo, la importación del bien no pasa por las aduanas correspondientes;

d) se reducen o, en todo caso, desaparecen radicalmente los intermediarios (agentes, comisionistas etc.), lo cual implica reducción de costos (comisiones, márgenes etc.); y

e) se efectúan con mucho más rapidez y simplicidad las transacciones comerciales.[12] Efectivamente, el que ofrece un bien o servicio accede con relativa facilidad a un mercado mundial con infinitas posibilidades. No se hace tan necesario mantener un *stock* físico de bienes o una tienda por ejemplo. El inventario puede ser manejado con más flexibilidad y eficiencia. Así mismo, el ahorro en costos laborales es significativo. Así tenemos que, por ejemplo, el comprar un *software* por *Internet* puede costar entre US$ 0.20 y US$ 0.50 por transacción, al lado de US$ 5 si la compra se hace por teléfono o US$ 15 por un medio más tradicional.

Cualquiera pues que tenga acceso a *Internet* tiene acceso al comercio electrónico. Puede decirse que el éxito y la expansión del comercio electrónico dependen de la rápida y fácil transmisión de información a bajo costo. Sin embargo, debemos mencionar que aún al día de hoy el equipo necesario para obtener dicho acceso sigue significando un cierto costo para la mayoría de las personas, lo cual implica una barrera al libre acceso de todos los potenciales usuarios interesados. Así mismo, todavía puede observarse en diversos países la existencia de medidas o estructuras regulatorias o de control, las cuales limitan a los proveedores el acceso al mercado, aunque estas limitaciones están cambiando poco a poco con la liberalización de las telecomunicaciones.[13]

V – Problemática general del comercio electrónico

Pese a las grandes facilidades y alcances que ofrece el comercio electrónico, existen diversas problemáticas que surgen como consecuencia de ello. Mencionare-

12. Ministerio de Economía y Obras y Servicios Públicos, *Primer Informe de Progreso del Grupo de Trabajo sobre Comercio Electrónico y Comercio Exterior*, cit.. p. 7. Es interesante mencionar que respecto de la *World Wide Web* se distinguen claramente cuatro planos: las relaciones empresa-consumidor; relaciones entre empresas; relaciones Estado-empresas y relaciones Estado-consumidores.

13. Las comunicaciones por *Internet* son generalmente establecidas a través de sistemas telefónicos, los cuales fueron construidos y diseñados para la transmisión de la voz humana más no para la transmisión de data (información). De allí que el sistema deba ser nuevamente desarrollado. Hoy en día la mayoría de usuarios toman conexión con la red mediante el uso de una línea telefónica *standard* lo cual origina que en muchos casos más del 60% del costo telefónico se deba al uso del *Internet*.

mos las más importantes para, a continuación, pasar a analizar la problemática tributaria, que es la que nos interesa para los efectos del presente trabajo.

a) Definitivamente, el desarrollo del comercio electrónico dará origen a grandes beneficios económicos en general. Sin embargo también constituirá causa de desempleo en las estructuras tradicionales de distribución de bienes así como en los sistemas de ventas al por menor. En todo caso, como indica la OCDE, la experiencia demuestra que los cambios en la tecnología crearán nuevas y mejores fuentes de trabajo. Es así que el comercio electrónico se encuentra originando un nivel alto de calidad en los trabajos relacionados con sistemas de computación y comunicaciones, lo cual desarrollará un mercado global digital.

b) Desde un punto de vista empresarial, el costo de hacer negocios utilizando el comercio electrónico es significativamente más bajo si uno lo compara con los costos de utilización de las formas tradicionales. De allí la facilidad de acercamiento de compradores y vendedores mediante el comercio electrónico, la cual es significativa.

c) En cuanto a la seguridad de este medio de hacer negocios, debemos mencionar que, efectivamente, existe un riesgo al encontrarse expuestos, tanto el sistema como la data, al acceso y al uso no-autorizado al sistema; a la posible existencia de apropiaciones ilícitas; a la posibilidad de alteraciones o destrucciones de la data e inclusive del mismo sistema; a la violación de la confidencialidad, integridad y disponibilidad de la información, entre otras amenazas.

d) La confiabilidad de la información obtenida puede también ser materia de riesgos. De allí que sea necesaria la creación de diversos mecanismos de verificación de la información obtenida (caso de información sobre comerciantes, clientes y contratos realizados) o la verificación ante algún organismo gubernamental (Registros Públicos, por ejemplo) en el sentido de que se confirme la existencia de la persona con la cual estoy contratando así como la vigencia de sus poderes o facultades para contratar a nombre de una empresa determinada. Así mismo, en el caso de un comprador, éste deseará tener más información acerca de su comprador, incluyendo su capacidad de pago.

e) Dificultad respecto a la promoción de tecnologías que provean de seguridad y privacidad en la información. En ese sentido, es importante desarrollar métodos de protección al consumidor en cuanto al uso, por ejemplo, de sus tarjetas de crédito. Se persigue controlar las conductas fraudulentas u erradas así como el fácil acceso a material de contenido ilegal o perjudicial. También será importante crear mecanismos de solución de las posibles controversias.

De las problemáticas mencionadas, las que más preocupan a los especialistas y organismos internacionales en la actualidad son la seguridad y la confiabilidad en el comercio electrónico. Efectivamente, como bien señalan Rosa Julia Barceló y Thomas Vinje, "el crecimiento del comercio electrónico depende de la capacidad de los mensajes electrónicos para ser confidenciales y seguros".[14] Lo que desean tanto los consumidores como los hombres de negocios es tener la certeza que el uso del *Internet* es seguro y confiable Que las transacciones que puedan realizarse a través de dicho medio se encuentran a salvo y que tanto la información como la identidad de las partes en una operación serán verificables. Así mismo, las partes querrán tener

14. Rosa Julia Barceló y Thomas Vinje, "Hacia un marco europeo sobre firmas digitales y criptografía", *Revista de Derecho Mercantil* 228/695, abril-junio de 1998, Madrid. Los citados autores observan acertadamente que "la necesidad de confidencialidad y de seguridad se encuentra en varios tipos de comunicaciones electrónicas, en las que cabe incluir, por ejemplo, contratos electrónicos (entre comerciantes, entre comerciantes y consumidores), declaraciones de impuestos por medios electrónicos, historiales clínicos (...) hoy en día, la principal herramienta técnica para asegurar la confidencialidad y seguridad de las comunicaciones electrónicas es la infraestructura de firma digital y la criptografía".

la seguridad absoluta de las consecuencias tributarias, y otros riesgos, que las operaciones por este medio electrónico generará. Este es el motivo por el que los aspectos legales y tecnológicos serán pues esenciales para la creación de una mayor confianza en el comercio electrónico. Actualmente, los regímenes legales en el mundo se encuentran basados en aspectos geográficos territoriales muy bien delimitados y, sin embargo, el comercio electrónico emerge superando estos parámetros con un dinamismo creciente, moviéndose libremente sin tomar en cuenta los aspectos geográficos o jurisdiccionales existentes en el mundo. De allí la urgente necesidad de una cada vez mayor y continua coordinación a nivel internacional entre todos los países a fin de brindar seguridad, facilitando y difundiendo el uso y eficiencia de este medio electrónico.[15]

VI – Problemática tributaria

Con respecto a la problemática tributaria, tema central de nuestro trabajo, debemos mencionar, en primer lugar, que desde los inicios de la historia de la tributación las reglas aplicables en materia jurisdiccional tributaria se han fundamentado en conceptos que implican una presencia física en un lugar geográfico determinado como, por ejemplo, el lugar de suministro de bienes o servicios, o el lugar de residencia del contribuyente o el lugar de utilización de un bien o servicio. En vista que para el comercio electrónico no es imprescindible la existencia de un lugar físico, es dificultoso para las Administraciones Tributarias y para los Estados determinar sus derechos de jurisdicción a fin de gravar las operaciones efectuadas mediante este medio, lo que en los tributos al consumo, por ejemplo, puede generar doble imposición o simplemente que la operación no se encuentre gravada.

Como se puede apreciar, las dificultades surgen a raíz de la incompatibilidad entre la forma en que opera el comercio electrónico y los principios clásicos aplicables en el derecho tributario internacional. Como ya mencionáramos en párrafos anteriores, el *Internet* es pues completamente indiferente a las reglas jurisdiccionales, de fronteras y territorios delimitados, los cuales tienen como fundamento a la Geografía. De otro lado, la tributación internacional se encuentra tradicionalmente basada en una identificación precisa de las partes que intervienen en una transacción comercial y en las características determinadas de dichas transacciones. En *Internet* la identificación de las partes es incierta, especialmente con clientes. La "dirección" en *Internet* no provee de una indicación real respecto de la identidad de las personas o empresas que son parte en una transacción y de sus lugares de residencia. Así mismo, los sistemas tradicionales de tributación internacional dependen de intermediarios o agentes de retención, especialmente en operaciones financieras por ejemplo, a efectos de controlar y retener el tributo correspondiente. Ya se mencionó que para el comercio electrónico los intermediarios ya no son necesarios, como es el caso de los representantes, agentes, *brokers*, e inclusive las instituciones bancarias y financieras, ya que el sistema de uso del dinero electrónico se está volviendo cada vez más extendido y utilizado. Sin embargo, como bien observan Doernberg y Hinnekens, en muchos casos dichos intermediarios son reemplazados por otros intermediarios como son los diseñadores de páginas *Web*, los expertos en seguridad en *Internet*, los especialistas en *marketing* en páginas *Web* etc.[16]

En segundo lugar, la disponibilidad, fiabilidad o seguridad de los registros comerciales o contables generados por el comercio electrónico, incluyendo aquellos registros generados por pagos utilizando la vía electrónica, son materia de preocupación para las autoridades tributarias en general,

15. Teresa Peters, "Introducción", in *Internet Trading*, Alliance of European Lawyers, Bruselas, mayo de 1998, pp. 2-3.

16. Richard L. Doernberg y Luc Hinnekens, *Electronic Commerce and International Taxation*, cit., p. 7.

en cuanto a establecer si la tributación y las cifras registradas son las correctas.

En tercer lugar, muchas formas de tributación y tasas son aplicadas sobre bienes físicos. La habilidad, en el comercio electrónico, para crear substitutos electrónicos, como por ejemplo, libros electrónicos, genera problemas y nuevos retos para la cobranza de determinados tributos, de acuerdo a la clase de bienes físicos que correspondan. La habilidad, mediante el uso de diversos canales de distribución, para evitar alguno o todos los mecanismos clásicos de control entre productor y consumidor acarrea serios problemas a efectos de cobrar los tributos debidos, especialmente la cobranza de tributos utilizando el sistema de retención.

En todo caso, el uso de tecnologías sofisticadas en el comercio electrónico, como sería el caso de *Intranets*, por empresas multinacionales y grupos de empresas, origina el aumento de la utilización de precios de transferencia entre éstas, lo cual dificulta la debida tributación.

Podemos pues apreciar como, en general, existen dos aspectos que surgen como consecuencia del uso de medios electrónicos para el comercio internacional. Así, tenemos aspectos técnicos de la tributación en cuanto se refiere a la forma bajo la cual se gravarán las operaciones efectuadas por *Internet*, y, de otro lado, tenemos aspectos estratégicos en cuanto al reto que surge para las Administraciones Tributarias de los diversos países a efectos de estudiar las mejores maneras de fiscalizar una transacción comercial realizada por medios electrónicos.

Desde hace ya algún tiempo, ante el creciente desarrollo de transacciones comerciales por medios electrónicos, el Comité de Asuntos Fiscales de la OCDE (Organización para la Cooperación y Desarrollo Económico) se encuentra activamente trabajando en el tema materia del presente trabajo, por lo que ha comenzado a desarrollar un proyecto de "Condiciones Tributarias Marco" (CTM), así como un "Programa de Trabajo" cuyo objetivo consiste en establecer las pautas o principales reglas tributarias a fin de regular el comercio por medios electrónicos.

Las CTM fueron adoptadas por el Comité en el mes de junio de 1998 y fueron aceptadas por los Ministros en la Conferencia Ministerial sobre Comercio Electrónico celebrada en Ottawa en octubre del mismo año. La conclusión principal a la que se llegó en el mencionado Congreso fue que los principios tributarios que guían a los Gobiernos en relación al comercio convencional deberán también servir de guía respecto al comercio electrónico. El Comité considera que en la actual etapa de desarrollo tecnológico y comercial los principios tributarios existentes pueden aplicarse a las Condiciones Marco.

Las CTM para el comercio por medios electrónicos incluyen cuatro áreas en especial:

a) reglas de tributación internacional;

b) tributos que gravan el consumo;

c) Administración Tributaria; y

d) servicio al contribuyente.

En cuanto a las reglas de tributación internacional, especialmente en el área de los Convenios para evitar la Doble Imposición (CDI), las CTM establecen que mientras las reglas del derecho internacional vigente sean aplicables al comercio electrónico, tan sólo algunas precisiones deberán ser efectuadas a fin de determinar cómo estas reglas, en especial las del Modelo de CDI de la OCDE, pueden ser aplicadas.

Respecto al área de tributos al consumo, las CTM establecen que la tributación deberá darse en la jurisdicción en donde el consumo es realizado y que el suministro de productos digitalizados no debe ser tratado como suministro de bienes.

En cuanto al área de la Administración Tributaria, los requerimientos de información así como los procedimientos de cobranza de tributos a desarrollar deberán de ser neutrales y justos, de tal manera que el nivel o *standard* sea comparable a los requerimientos aplicables al comercio tradicional, con las diferencias que sean necesarias a fin de aplicar los requerimientos. Por último, existen diversas opciones a fin de utilizar las nuevas tecnologías y mejorar el servicio al contribuyente.

De otro lado, con respecto al "Programa de Trabajo" del Comité, se incluyen, entre otros temas, las siguientes cuestiones:

a) si un sitio *Web* o un servidor puede constituir un establecimiento permanente dando lugar a una jurisdicción tributaria en un Estado determinado;[17]

b) si los pagos efectuados por productos digitalizados pueden ser tratados bajo las reglas de un CDI;

c) en relación a los tributos al consumo, se debe obtener un consenso en cuanto a la definición del lugar de consumo y en cuanto a definiciones internacionales comparables de servicios y propiedad intangible; y

d) analizar la posibilidad de adoptar un sistema de identificación convencional y los requisitos de información internacional compatibles.

Como mencionáramos anteriormente, se puede decir que el desarrollo del comercio electrónico ha revolucionado la forma de hacer negocios ya que no se hace necesaria la presencia física de las partes. Sin embargo, los principios de derecho tributario internacional se fundamentan en conceptos basados en la "presencia física" para los impuestos directos o criterios como el de "lugar del establecimiento" para impuestos indirectos. Adicionalmente, debemos indicar que el desarrollo del comercio electrónico también ha originado una especie de banca paralela y sistemas de pago fuera de los canales convencionales bancarios. Ello lamentablemente conlleva, a su vez, el desarrollo de nuevos mecanismos de elusión y evasión fiscal y problemas para la Administración Tributaria. De allí la importancia y urgente necesidad de analizar la problemática que el tema en cuestión representa a fin de asegurar que los sistemas de tributación y de recaudación tributaria no entren en crisis.

Es así que, a partir de junio de 1996, la OCDE comienza a examinar diversos aspectos con el único objetivo de alcanzar un consenso internacional en cuanto a los principios generales aplicables a la tributación internacional. A continuación tenemos algunas de las cuestiones más destacadas a tratar y resolver por la OCDE originadas por la problemática del comercio electrónico.

1. Cuestiones tributarias relacionadas con el Modelo de Convenio para Evitar la Doble Imposición elaborado por la OCDE: la problemática del establecimiento permanente

Diversos problemas se han presentado a raíz del desarrollo y cada vez mayor utilización del comercio electrónico, que afectan la aplicación de convenios para evitar la doble imposición negociados y firmados en base al Modelo OCDE por diversos países. Los principios tributarios más afectados o cuestionados, plasmados en los convenios firmados en base al Modelo OCDE, serían los siguientes:

a) El criterio tradicional de "fuente" se encuentra fundamentalmente ligado a la relación o conexión existente entre la realización de una actividad económica en una ubicación o espacio geográfico determinado. El desarrollo del comercio electrónico obliga a revisar la validez y utilidad de este principio o criterio de conexión.

b) Del mismo modo, el criterio tradicional de "residencia" (criterio de "domicilio" en nuestra legislación tributaria peruana) se encuentra basado en criterios de presencia física, relaciones personales y económicas entre las personas, lugar de constitución de una empresa o la sede de la casa central o matriz o el lugar de control efectivo de la empresa. Este criterio debe ser revisado.

17. Respecto al concepto y tratamiento tributario del establecimiento permanente, v.: Alfredo Gildemeister Ruiz Huidobro, *Derecho Tributario Internacional: los Establecimientos Permanentes*, Pontificia Universidad Católica del Perú, Fondo Editorial, octubre de 1995.

c) El comercio electrónico posibilita la realización de actividades y negocios sin necesidad de crear un establecimiento permanente en otro Estado. ¿Como deberá de conceptuarse al establecimiento permanente a fin de adaptarse a las nuevas formas de hacer negocios como es el uso del comercio electrónico? ¿Puede acaso un servidor o una página *Web* ser considerado un establecimiento permanente? ¿Estas alternativas se encuentran incluidas dentro del concepto actualmente utilizado de establecimiento permanente?

d) La transferencia de tecnología vía *Internet* es susceptible de generar renta que debe ser gravada en una determinada jurisdicción. Sin embargo, el problema radica en el tratamiento que dársele a dicha renta generada, esto es, si debe tratársele como beneficios empresariales o como regalías.

Como se puede apreciar, podemos darnos cuenta de los problemas planteados que, en palabras del especialista español Jesús López Tello, puede afirmarse que "la revolución de las comunicaciones ha abierto nuevas posibilidades para mejorar la eficiencia de las Administraciones Fiscales, pero al mismo tiempo también las nuevas tecnologías descubren probabilidades antes insospechadas de evasión fiscal. El desafío de las Administraciones Fiscales del siglo XXI (...) consistirá en beneficiarse de las potenciales ventajas que de cara a la recaudación de los tributos presenta la red y simultáneamente proteger las bases imponibles de cada país sin que tal protección suponga el estrangulamiento del desarrollo de esas nuevas tecnologías. En tal sentido (...) la primera aproximación a las implicaciones impositivas del comercio electrónico a través del *Internet* debe consistir en examinar en qué medida los conceptos clásicamente aplicados para someter a imposición el comercio internacional pueden ser aplicados al comercio desarrollado a través de la red".[18]

Efectivamente, los conceptos clásicamente aplicados para someter a imposición el comercio internacional utilizados por el derecho tributario internacional, de acuerdo con el Modelo de Convenio para Evitar la Doble Imposición elaborado por la OCDE, son que solamente se puede gravar al no-residente cuando éste opere en un Estado por medio de un establecimiento permanente ya que se admite actualmente que la empresa de un Estado sólo puede estimarse que participa verdaderamente en la vida económica del otro Estado, con vinculación suficientemente sólida como para estar sometida a su jurisdicción tributaria, si tiene en él un establecimiento permanente. De esta manera, en el caso de existencia de otras rentas que no provengan de la propia actividad del establecimiento permanente, de acuerdo con las normas del Modelo OCDE, no deberían ser gravadas por el Estado en el cual reside dicho establecimiento. Este principio de residencia es completamente opuesto al de fuente, principio en virtud del cual el Estado con derecho a gravar la renta es aquel Estado en donde se origina o tiene su fuente dicha renta. De allí que cuando una empresa ejerce una actividad industrial o comercial por medio de un establecimiento permanente situado en el otro Estado éste Estado puede gravar los beneficios de la empresa sólo en la medida en que sean imputables a dicho establecimiento. Se reconoce pues la potestad tributaria del Estado de la fuente, esto es, del Estado en donde se encuentra ubicado el establecimiento permanente, pero limita dicha potestad sólo en la medida en que los beneficios sean imputables al establecimiento permanente. De allí la importancia de determinar la existencia o no de un establecimiento permanente y de la aplicación del criterio de residencia o fuente.[19]

18. "Problemática jurídica de la contratación en *Internet*", ponencia desarrollada en el *Curso Especializado de Derecho Informático y de las Telecomunicaciones*, organizado por el Grupo Recoletos en Madrid el 18.2.1999, p. 1.

19. Como bien señala Lopez Tello, "la mayoría, por no decir la práctica totalidad, de los Estados determinan la aplicación espacial de sus normas tributarias combinando criterios personales y territoriales. Aparecen así conceptos de "Estado Residencia", que grava en función del criterio de residencia de quien obtiene la renta, y de "Estado Fuente", que grava en función de la adscripción territorial de la

De otro lado, debemos mencionar brevemente que, en armonía con el Modelo OCDE y los convenios para evitar la doble imposición suscritos por los diversos Estados a la fecha, debe entenderse por establecimiento permanente a "un lugar fijo de negocios mediante el cual una empresa realiza todo o parte de su actividad". Como se puede apreciar de esta breve definición, existen elementos que caracterizan a un establecimiento permanente como es la existencia de un lugar de negocios; dicho lugar ha de ser fijo; las actividades de la empresa no-residente deben de efectuarse en esa instalación fija de negocios etc. Como ejemplos típicos de establecimiento permanente tenemos, entre otros, las sedes de dirección, oficinas, sucursales, fábricas, talleres, minas, pozos de petróleo o de gas, las canteras y cualquier otro lugar de extracción de recursos naturales; las obras de construcción, instalación y montaje; así como los agentes con estatuto dependiente. Como excepciones tenemos las actividades con carácter auxiliar o preparatorio; los agentes con estatuto independiente y las filiales.

De allí que podamos decir, siguiendo a López Tello en relación a la importancia del establecimiento permanente, que "si dicho concepto quedare vacío de contenido aplicado al comercio electrónico, los Estados que usualmente son 'fuente' de rentas de gran valor añadido en el tráfico internacional (consumidores del productos y servicios avanzados y sin residencia en su territorio de matrices de grupos transnacionales) podrían verse tentados en el futuro a romper el consenso internacional hoy imperante en el gravamen de beneficios empresariales".[20]

fuente de la renta. Cuando dos Estados someten a tributación una renta obtenida por el mismo sujeto, el uno por la residencia del sujeto y el otro porque la fuente de donde procede la renta se encuentra en su territorio, nos encontramos ante el fenómeno de la doble imposición jurídica internacional (...) el reparto de la potestad tributaria en la imposición internacional sobre los beneficios empresariales gira así en torno al concepto de establecimiento permanente" ("Problemática jurídica ...", cit., *Curso Especializado de Derecho Informático* ..., p. 2).

20. Lopez Tello, idem, ibidem.

Las reglas anteriormente mencionadas, de acuerdo con el Modelo OCDE, exigen pues dos condiciones para que el país de la fuente pueda gravar los beneficios empresariales de una empresa no-residente. En primer lugar, que dicha empresa no-residente realice su actividad en el país en cuestión; y en segundo lugar, que lo haga mediante un establecimiento permanente. Es pertinente aquí hacer referencia a una sentencia de un Tribunal Alemán la cual ha extendido la definición de establecimiento permanente hasta extremos nunca imaginados. La aplicación de dicha sentencia a la problemática creada por el uso del comercio electrónico y el *Internet* ya está siendo analizada por los especialistas.

La jurisprudencia mencionada es la sentencia de la Corte Federal Alemana (*Bundesfinazhof*) del 30.10.1996.[21] La problemática planteada en dicha sentencia consistía en determinar si un oleoducto que transcurría bajo territorio alemán y que pertenecía a una empresa holandesa podía ser considerado como un establecimiento permanente para efectos del impuesto al patrimonio neto empresarial y a efectos del Convenio para Evitar la Doble Imposición firmado entre Alemania y Holanda el 15 de junio de 1959. La empresa holandesa poseía dos estaciones bombeadoras ubicadas en territorio alemán las cuales operaban automáticamente y no se precisaba de personal permanente para su funcionamiento. Pasado un tiempo, dichas estaciones fueron cerradas consiguiéndose la presión necesaria con una única estación de bombeo ubicada en Holanda. Esta estación funcionaba también automáticamente por medio de un sistema informático controlado por una computadora. El único personal que utilizaba la empresa holandesa era el personal estable que trabajaba en Holanda y cualquier operación de mantenimiento o reparación en Alemania se efectuaba por empresas subcontratadas.

21. V.: Marc Lampe, "Broadening the definition of a permanent establishment: the Pipeline Decision", *European Taxation*, febrero de 1998.

La Corte Federal consideró la existencia de un establecimiento permanente en Alemania a efectos del impuesto sobre el patrimonio en cuestión y respecto al Convenio de Doble Imposición. Debemos mencionar que tal decisión se llevó a cabo teniendo en cuenta la existencia de dos sentencias precedentes que trataban sobre máquinas automáticas y la posibilidad de ser consideradas como un establecimiento permanente.[22] Es pues interesante tener en cuenta esta jurisprudencia como un antecedente curioso de lo que puede llegar a considerarse un establecimiento permanente. En nuestra opinión, el concepto de establecimiento permanente determinado de acuerdo al Modelo OCDE es mucho más complejo que un simple cable extendido en un territorio determinado, ya sea este un cable submarino, telefónico o un cable extendido a fin de proveer el servicio de *Internet*. De allí que opinemos que este criterio difícilmente sería aplicable para determinar la existencia o no de un establecimiento permanente. Sin embargo, no deja de ser interesante este antecedente. En todo caso, "en el hipotético caso de producirse efectivamente tal tributación, al proveedor del servicio de *Internet* le basta, como ya se ha mencionado, con establecer su servidor fuera del territorio de Alemania para evitar la doble tributación, por serle indiferente la ubicación geográfica del mismo".[23]

En los Estados Unidos el tema del comercio electrónico y la problemática que éste genera en el ámbito fiscal han conducido a que el Departamento del Tesoro a finales de 1996, "y ante las dificultades o incongruencias interpretativas que pudieren derivarse de aplicar al comercio electrónico los principios generales de tributación internacional adoptados por su Código Tributario (*Internal Revenue Code* de 1986, IRC) (...)",[24] publique un estudio sobre las reglas o pasos que el sistema federal tributario de dicho país deberá adoptar en relación al comercio electrónico como medio de hacer comercio. De acuerdo con el mencionado *Informe*,[25] el principal problema consiste en determinar si una entidad tiene presencia suficiente en Estados Unidos como para que se consideren sus ingresos gravados con tributos estadounidenses y no así si una entidad se dedica o no a realizar negocios o actividades comerciales en dicho país.

Se determinó que si una empresa ubicada fuera de territorio de los Estados Unidos se dedica a ofertar sus productos en dicho territorio a través de publicidad y

22. La primera sentencia es la IR 226/75, *BST* B1 II 1977, la cual juzgaba un caso similar respecto a una tubería, y la segunda es una sentencia del Tribunal sobre lo Penal (*Bundesgerichtshof*) de 24.10.1988 (3 *STR* 533/87) que juzgaba un caso de evasión fiscal y estableció que la actividad empresarial debe realizarse "en" el establecimiento permanente para su consideración como tal (cit. por Álvaro De Juan Ledesma, "*Internet* y nuevas tecnologías ...", cit., *Impuestos* 13/105).

23. Álvaro De Juan Ledesma, "*Internet* y nuevas tecnologías ...", cit., *Impuestos* 13/105. Menciona el citado autor una jurisprudencia pertinente a nuestro tema. Señala De Juan que "es interesante a la determinación de un establecimiento permanente en el sentido de la VI Directiva de 17.5.1977 la sentencia Günter Berkholz de 6.6.1985, del TJCE de Luxemburgo (Caso 168/1984), en un caso relativo a la explotación de unas máquinas 'tragaperras' a bordo de un *ferry* que cubría la ruta entre Alemania y Dinamarca, en que se estableció que dicha explotación no puede calificarse de establecimiento permanente en el sentido del art. 9.1 de la VI Directiva si no existe una presencia permanente de medios humanos y técnicos necesarios para la prestación del servicio y la prestación no se encuentra suficientemente vinculada con el lugar de la actividad económica del prestatario. Si trasladamos esta resolución al ámbito del *Internet*, un servidor no constituiría un establecimiento permanente, puesto que normalmente no se tienen empleados o agentes que se encuentren presentes en el lugar donde se encuentra el mismo. Téngase en cuenta que un servidor puede encontrarse en un edificio, pero también en el ordenador portátil de una persona que cambia constantemente de sitio. Incluso es posible que se cambie el 'sitio *Web*' electrónicamente a otro servidor sin necesidad de trasladar los servidores" (p. 106).

24. Álvaro De Juan Ledesma, idem, p. 99.

25. V. Thomas O'Donnel y Paul A. Disangro, "United States tax policy on electronic commerce", *Intertax* 25, n. 12. También v. *Selected Tax Policy Implications of Global Electronic Commerce*, Department of the Treasury, Office of Tax Policy, Washington D.C., 21.11.1996, *http://www.jya.com/taxpolicy.htm*.

efectúa envíos a los clientes enviando mercadería a los Estados Unidos por correo se considera que dicha empresa no tiene presencia suficiente a efectos tributarios al no tener la empresa la suficiente presencia "física" en Estados Unidos. En el caso de "Piedras Negras Broadcasting Co. *vs.* Commissioner",[26] ocurrido hace más de 50 años y señalado como precedente obligatorio para aquellos casos que han empezado a suscitarse por el comercio electrónico, una empresa mexicana ubicada cerca a la frontera norteamericana poseía una emisora de radio cuya programación iba destinada en un 90% a sus radioyentes del otro lado de la frontera, esto es, en Estados Unidos. Por este motivo, el 95% de sus anuncios publicitarios estaban dirigidos y preparados para el público norteamericano, constituyendo éstos la gran mayoría de los consumidores de los productos publicitados. Pese a la intensa actividad que esta empresa mexicana realizaba en territorio estadounidense, los tribunales de Estados Unidos consideraron que no existía suficiente presencia o entidad "física" de esta empresa en el referido Estado como para que se encuentre sujeta a tributación norteamericana. Debemos mencionar, así mismo, que aquellos que propugnan un *Internet* libre de impuestos utilizan como "caballito de batalla" esta jurisprudencia.[27] Sin embargo, no podemos negar que el comercio electrónico permite realizar una gran actividad comercial en otros Estados sin tener que poseer una base física de negocios o en los otros Estados.[28]

En cuanto al concepto de establecimiento permanente,[29] el punto en cuestión radica en determinar si un servidor (*server*) o la página o sitio *Web* de un vendedor incorporada en un servidor localizado en el país del comprador u otro país constituye un establecimiento permanente o no para efectos fiscales. Esta claro que si un servi-

26. *Board of Tax Appeals* (*BTA*) 297/1941.

27. Recientemente en Estados Unidos una comisión de 19 expertos en Informática y Comercio de ese país ha iniciado la discusión respecto a la posibilidad de gravar con impuestos las ventas a través de *Internet*, ventas que suponen cerca de 200.000 millones de dólares al año. De otro lado, los comerciantes norteamericanos que utilizan la red temen que si se grava con tasas las ventas se produzca un brusco descenso del 30% y se frene esta nueva modalidad de comercio sin fronteras, la cual se encuentra estimulando actualmente la economía norteamericana. La referida polémica de los impuestos ha venido a sumarse a una larga lista de controversias que sacuden a la red informática: privacidad cuestionada, violencia y pornografía, ludópatas arruinados, páginas que enseñan a fabricar bombas o virus electrónicos son algunos de esos problemas. La mencionada comisión tiene de tiempo hasta el mes de octubre del 2001, cuando expire la moratoria federal sobre las nuevas tasas para el comercio electrónico. Cabe mencionar que el comercio en *Internet* alcanzó los US$ 167 millones de dólares en América Latina durante 1998, un alza del 361% en comparación con 1997, según un informe de IDC, empresa de análisis del sector. Para el presente año 1999, la empresa pronostica un crecimiento más moderado del 175% debido a la crisis económica de la región (diario *El Comercio* del 22-23.6.1999, Sección Economía, Lima, p. b16).

28. Cabe mencionar que en opinión de los especialistas norteamericanos, y del propio *Informe* del Tesoro mencionado, la utilización de cables telefónicos o de fibra óptica, como generalmente se viene utilizando en *Internet*, tampoco constituyen elementos suficientes como para determinar una opinión diferente a la jurisprudencia citada de "Piedras Negras". Podemos concluir, de acuerdo con De Juan, que "la comercialización de productos a través de *Internet* en EEUU de acuerdo con su normativa interna está no sujeta a tributación directa por carecer de la suficiente presencia física. El propio *Informe* del Tesoro ya estima que en el caso de que se llegase a considerar que la utilización de un servidor o equipo informático similar en EEUU pudiera dar lugar a algún tipo de tributación directa, aquellas entidades afectadas podrían evitar de manera simple dicha imposición mediante la utilización de servidores en otros países, puesto que la localización del servidor es irrelevante para la entidad". Menciona De Juan el caso de Estados como Arizona, Nevada y Texas, los cuales sujetan a imposición la descarga de programas de ordenador desde *Internet*, aparte del impuesto sobre ventas (*sale tax*) por la prestación del servicio de telecomunicaciones que se aplica en gran número de Estados (ejemplo: Arizona, Alabama, Carolina del Norte y del Sur, Tennessee etc.), quedando sometidos a este impuesto los accesos a *Internet* ("*Internet* y nuevas tecnologías ...", cit., *Impuestos* 13/103-104).

29. V.: Ine Lejeune, Bart Vanham, Isabél Verlinden y Alain Verbaken Alain, "Does cyber-commerce necessitate a revision of international tax concepts?", *European Taxation*, enero y febrero de 1998.

dor o la página *Web* de una empresa es utilizado únicamente para realizar actividades auxiliares o preparatorias como la publicidad de productos o servicios, o la promoción de los mismos, nos encontraríamos ante un caso excluido del concepto de establecimiento permanente, de acuerdo con el Modelo OCDE (utilización de instalaciones con el único fin de almacenar, exponer o entregar bienes o mercancías pertenecientes a la empresa). Sin embargo, si dicho servidor o página *Web* tiene como objetivo funciones que van más allá de la realización de actividades auxiliares o preparatorias (venta directa de los bienes o contratación de servicios, recepción de pedidos u órdenes de compra, servicios post-venta, organizar envíos de mercancías, provisión de un *software* etc.) es cuando nos encontraríamos ante la interrogante de si el referido servidor o página *Web* constituye o no un establecimiento permanente.[30]

Es pertinente citar lo señalado por OCDE en el § 10 de los Comentarios al art. 5 del Modelo, artículo que define al establecimiento permanente, cuando se menciona que: "La actividad de la empresa se realiza principalmente por el empresario o personas que tienen relación laboral con la empresa (personal) (...). Sin embargo, puede existir un establecimiento permanente incluso si las actividades de la empresa se realizan principalmente mediante equipos automáticos, limitándose la actividad del personal a la instalación, el manejo, control y mantenimiento de tales equipos. De esta forma, la cuestión de si las máquinas de juego, expendedoras y otras similares, instaladas por una empresa de un Estado contratante constituyen establecimiento permanente dependerá de que la empresa realice o no una actividad empresarial distinta de la instalación inicial de las máquinas. No existirá establecimiento permanente si la empresa se limita a instalar las máquinas y después las cede en arrendamiento a otras empresas. Por el contrario, puede existir un establecimiento permanente si la empresa que instala las máquinas las explota y mantiene por su propia cuenta. Esto es igualmente aplicable si las máquinas se explotan y mantienen por un agente dependiente de la empresa".[31] Puede apreciarse pues como para el Modelo OCDE cabe la posibilidad de considerar la existencia de un establecimiento permanente cuando la actividad comercial se realiza mediante distribuidores automáticos, aparatos de juego y similares.

En relación al caso del agente dependiente como establecimiento permanente, esto es, aquel agente que actúa por cuenta de una empresa y posee poderes que lo facultan a concluir contratos en nombre de dicha empresa, ya se ha mencionado que una de las ventajas del comercio electrónico radica en la posibilidad, por parte del vendedor o proveedor de servicios, de tomar contacto directamente con el cliente o usuario sin necesidad de emplear agentes intermediarios o distribuidores. Al respecto, refiere De Juan Ledesma que "las nuevas tecnologías han incorporado a los servidores programas informáticos capaces de desarrollar funciones que anteriormente desarrollaban empleados de la empresa (inteligencia artificial). Incluso pueden estar programadas para 'negociar' sobre determinados condicionantes predeterminados. Sin embargo, hasta la fecha no existe aún ningún caso que haya planteado que un servidor autónomo, pero que actúa

30. En relación a la consideración de una página *Web* o de un servidor como establecimiento permanente, López Tello señala que "habría que tomar en cuenta varios posibles escenarios. Así, el servidor puede estar situado en un edificio en un país donde la empresa no tenga ninguna otra presencia o, alternativamente, puede estar situado en un ordenador portátil usado en diferentes lugares. Por otro lado, la empresa puede tener su 'sitio' pero no ser propietaria del servidor o no ser dueña de ninguno de ellos, arrendados ambos por un proveedor de servicios y compartidos entonces con otros usuarios" ("Problemática jurídica ...", cit., *Curso Especializado de Derecho Informático* ..., p. 3).

31. Organización para la Cooperación y el Desarrollo Económicos, *Modelo de Convenio Fiscal sobre la Renta y sobre el Patrimonio*, Comité de Asuntos Fiscales de la OCDE, trad. efectuada por el Instituto de Estudios Fiscales, Madrid, Ministerio de Economía y Hacienda, 1997, p. C (5)-4.

en nombre y por cuenta de la empresa, constituye un establecimiento permanente".[32]

Otra problemática que debe mencionarse en relación al concepto de establecimiento permanente y el comercio electrónico es la planteada por la definición que el Modelo OCDE tiene de "residente", ya que considera que una empresa es residente en el Estado en donde se encuentra su sede de dirección efectiva, entendiéndose por sede de dirección efectiva al lugar desde donde se "dirige efectivamente" la sociedad.[33] No podemos negar que en un mundo globalizado como el de hoy es perfectamente posible que los accionistas de una empresa o los miembros del directorio de la misma residan en distintos Estados por lo que tanto las sesiones de directorio como los acuerdos de juntas de accionistas tengan que llevarse a cabo por medios electrónicos (vídeoconferencias, correo electrónico, fax, teléfono etc.). En estos casos la cuestión que debe determinarse es el definir al Estado en donde debe de considerarse que se encuentra ubicada la sede de dirección efectiva de la sociedad y los Estados en donde la empresa tiene establecimientos permanentes. Además, cabe añadir que los medios electrónicos admiten la posibilidad de que los libros contables, actas, registros etc. de la empresa sean conservados en forma digitalizada. Por lo quê la interrogante de la determinación del Estado en donde se ubique la sede de dirección efectiva de una empresa continúa vigente.[34]

Como se ha podido apreciar, existen múltiples cuestiones y problemáticas que el uso del comercio electrónico se encuentra originando en cuanto a la aplicación del Modelo OCDE. Se han formulado algunas posibles soluciones sin ser éstas del todo satisfactorias. Siguiendo a De Juan Ledesma,[35] podemos mencionar diversas alternativas:

a) Que se establezca la obligación de señalar un lugar por parte de la empresa que sea considerada su principal o sede de dirección efectiva. El resto de conexiones serían consideradas establecimientos permanentes de la empresa. Sin embargo, esta alternativa plantea que la empresa elija como lugar de su sede de dirección países de baja tributación como es el caso de los paraísos fiscales. De otro lado, existirá siempre el problema de la determinación de la renta que corresponda a cada establecimiento permanente, punto que también observa López Tello.[36]

b) Creación de nuevos criterios de residencia aplicables a las personas jurídicas, tales como lugar de constitución o sede de

32. "*Internet* y nuevas tecnologías ...", cit., *Impuestos* 13/108. Recuerda acertadamente el mencionado autor que el Modelo OCDE habla de "persona" al momento de definir al agente, por lo que puede concluirse que un equipo informático no podría constituirse en establecimiento permanente, "pero el hecho de que el § 10 de los comentarios al art. 5 del Modelo vislumbre la posibilidad de que un equipo automático pueda constituir un EP ha sido utilizado por aquellos países tendentes a extender el concepto de EP al ámbito de *Internet*" (p. 108).

33. Organización para la Cooperación y el Desarrollo Económicos, *Modelo de Convenio Fiscal sobre la Renta y sobre el Patrimonio*, cit., art. 4.3 y comentarios al § 3 del art. 4, p. M-8.

34. Cabe mencionar que el primer párrafo del art. 246 de la Ley General de Sociedades, Ley 26.887, publicada el 9.12.1997, relativo a la sociedad anónima cerrada, establece la validez de las denominadas "juntas no-presenciales". Dicho artículo indica lo siguiente: "La voluntad social se puede establecer por cualquier medio sea escrito, electrónico o de otra naturaleza que permita la comunicación y garantice su autenticidad".

35. "*Internet* y nuevas tecnologías ...", cit., *Impuestos* 13/108-109.

36. Efectivamente, López Tello indica al respecto que, "si se aceptara que una empresa que desarrolla el comercio electrónicamente a través de la red en cierto país tiene en él un establecimiento permanente, sería necesario determinar la renta imputable a dicho establecimiento permanente. En tal caso, faltaría el punto de partida usual en dicha determinación, esto es, los registros contables de operaciones entre la sucursal y la casa matriz. Adicionalmente, puede ser muy difícil establecer las transacciones que deberían ser atribuidas al establecimiento permanente (*v.g.*, servidores conectados entre sí y localizados en muchas jurisdicciones que intercambian las señales y actúan alternativamente dependiendo del volumen del tráfico electrónico en cada momento, lo cual plantea enormes problemas prácticos en orden a determinar qué servidor fue usado en un momento particular y para qué actividad)" (Problemática jurídica ...", cit., *Curso Especializado de Derecho Informático* ..., p. 4).

su domicilio fiscal. Sin embargo, continúa sin solución el aspecto de los establecimientos permanentes de dicha empresa.

c) Aplicar la regla del lugar de residencia del *auctor intellectualis* según el cual la tributación correspondería al país de residencia de quién explota la propiedad intelectual de una idea o concepto por intermedio de una empresa virtual. Pese a mantenerse la regla del lugar de residencia, existe la posibilidad que el *auctor intellectualis* cambie de residencia o cree una sociedad intermedia para tributar donde desee de acuerdo a sus intereses, aunque podría exigirse que la explotación se efectúe en forma directa.

d) Aplicar la regla establecida en el art. 17 del Modelo OCDE, esto es, la regla aplicable a los artistas y deportistas según la cual las rentas obtenidas por éstos puedan someterse a imposición en el país en donde se realicen las actividades artísticas o deportivas, sin necesidad de que exista o no un establecimiento permanente. Sin embargo, se mantiene el problema de la cuantificación o determinación de la renta gravable.

e) Aplicar el criterio de la cifra relativa global (cifra relativa de negocios), es decir, repartir los beneficios mundiales de una empresa mediante la aplicación de una fórmula entre las diferentes jurisdicciones en donde la empresa realice actividades (ventas, servicios etc.). Este sistema ha sido prácticamente descartada por la propia OCDE en su Modelo, al optar por el método de contabilidad separada, debido a la aplicación compleja y poco fiable del método.

f) Abandonar el concepto de establecimiento permanente a fin de que las rentas sean gravadas exclusivamente en el país de residencia. De acuerdo con esta regla, el Estado de residencia del cliente o usuario de la red se abstiene de gravar la renta generada en una operación, siendo el Estado de residencia de la empresa que otorga el servicio o vende el bien el que gravará renta generada en la operación. Esta solución es prácticamente inviable ya que estancaría la negociación de convenios entre países en vías de desarrollo y desarrollados, así como que se tendrían que revisar los convenios vigentes, perjudicando la repartición de renta entre los países.

En resumen, podemos afirmar que existen diversos problemas aún sin resolver en relación al Modelo OCDE y la aplicación al comercio electrónico de algunos conceptos contenidos en dicho Modelo, como es el caso del establecimiento permanente, la aplicación del principio de contabilidad separada o independiente de su casa central o matriz, la determinación de la renta gravable y la propia recaudación en sí misma y las dificultades que pueden generarse.[37]

2. *Problemas tributarios en relación al comercio electrónico y los precios de transferencia*

Es un hecho que el comercio electrónico a complicado aún más la tributación de los grupos de empresas, y la determinación de precios de transferencia por operaciones de venta de productos, prestación de servicios etc. entre las empresas pertenecientes a estos grupos. De acuerdo con la OCDE, algunas de las cuestiones más importantes que plantea el uso del comercio electrónico en operaciones de grupos empresariales serían las siguientes:

a) ¿De qué modo las nuevas formas de comunicaciones electrónicas (*e-mail*, vídeoconferencias etc.) están modificando las estructuras de las empresas multinacionales y la manera en que dichas empresas hacen negocios?

b) ¿Cómo atribuir rentas a un grupo de empresas o empresas multinacionales originadas mediante el uso del comercio electrónico?

37. Señala De Juan que "la falta de puntos de tributación identificables (intermediarios, bancos etc.) a los que pueda imponerse la obligación de informar y retener impuestos en *Internet*, al igual que la utilización de nombres de dominio, los cuales no necesariamente tienen por qué vincular una dirección de *Internet* con una localización física, constituyen un grave problema para las administraciones fiscales" ("*Internet* y nuevas tecnologías ...", cit., *Impuestos* 13/109).

Estos son algunos de los planteamientos que se hace la OCDE con respecto a los precios de transferencia y el comercio electrónico. El problema es grave debido a que las empresas multinacionales se encuentran en su mayoría interconectadas por *Intranet* (el *Internet* privado para un grupo de empresas), y las que no lo están ya se encuentran implementándolo, medio que les permite intercambiar información, datos, documentación etc. entre las mismas. Es lo que denominaríamos el correo electrónico para uso interno pero a un nivel multinacional, entre todas las sucursales, subsidiarias y filiales de una empresa a nivel mundial.

Todo ello ha generado que OCDE se preocupe debido al volumen de operaciones "internas" como ventas de equipos, productos, servicios etc. que pueden realizarse mediante transacciones electrónicas. ¿Cómo aplicar los métodos tradicionales de determinación de renta a los precios de transferencia a las nuevas situaciones creadas por el uso del comercio electrónico? EL Modelo OCDE incluye en su art. 9.1 la regla denominada del *arm's lenght*, la cual significa que cuando se realicen transacciones entre empresas económicamente vinculadas se deberá aplicar el mismo precio y condiciones, como si la operación se efectuara entre empresas no-vinculadas o terceras empresas.[38]

Debemos indicar que la OCDE en su *Informe sobre Precios de Transferencia* de 1995 ya hace referencias al problema que desencadenaría el uso del comercio electrónico en los precios de transferencia y la regla del valor de mercado en la producción integrada de productos altamente especializados, bienes inmateriales de carácter exclusivo o servicios personalizados o especializados.[39]

En resumen, es pertinente referirnos a De Juan Ledesma cuando indica lo siguiente: "El comercio electrónico cuenta con dos características: la problemática calificación del objeto de la transacción como material o inmaterial y producto o servicio, y la dificultad de individualizar las diferentes transacciones debido a la velocidad y composición con que se realizan en *Internet*, las cuales han resaltado la debilidad de los actuales métodos de la OCDE ante este nuevo tipo de comercio. En concreto, la velocidad, frecuencia e integración de los intercambios comerciales en *Internet* y el desarrollo de *Intranets* en el seno de las multinacionales requiere, a juicio de la OCDE, un innovador método para la aplicación de los precios de transferencia. La realidad es que cada día es más difícil encontrar transacciones entre partes independientes con el fin de compararlas con las realizadas por medios electrónicos. Además existe la dificultad añadida de detectar y rastrear dichos intercambios y la integración productiva sin horarios ni fronteras. Es cada vez más normal que proyectos en marcha se trasladen vía *modem* al finalizar la jornada a filiales extranjeras en donde el día comienza para que se continúe el trabajo".[40]

38. En la legislación tributaria peruana esta regla se encuentra expresada en el segundo párrafo del art. 32.4 de la Ley del Impuesto a la Renta, aprobada por el Decreto Legislativo 774 (Texto Único Ordenado aprobado por DS 054-99-EF), el cual señala lo siguiente: "Para los efectos de la presente Ley, se considera valor de mercado: (...) 4. Para las transacciones entre empresas vinculadas económicamente, el que normalmente se obtiene en las operaciones que la empresa realiza con terceros no-vinculados, en condiciones iguales o similares; debiendo tenerse en cuenta todos los elementos que sean pertinentes. De no poder determinarse este valor, será el que establezca el mercado".

39. Organisation for Economic Co-Operation and Development, *Transfer Pricing Guidelines for Multinational Enterprices and Tax Administrations*, París, Francia, julio de 1995.

40. "*Internet* y nuevas tecnologías ...", cit., *Impuestos* 13/110. El citado autor agrega que "la ausencia de datos 'externos' comparables a estas operaciones globales entre empresas vinculadas seguramente incrementará en opinión de la OCDE el uso de métodos que no requieran de forma imperiosa de tales datos, como el método de distribución del resultado conjunto de la operación (*profit-split-method*), recogido actualmente como método alternativo a los demás métodos que operan sobre precios de venta o reventa, obtenidos de empresas que operan en el mismo sector en operaciones equiparables concertadas con personas o entidades independientes (pp. 110-111). Este método tiene muchos detractores los cuales critican su aplicación al considerar que su aplicación es

3. El comercio electrónico y la calificación de las rentas

El uso del comercio electrónico en la adquisición de ciertos tipos de bienes o su uso temporal o la prestación de un servicio determinado por medio de *Internet* han originado ciertos problemas al momento de calificar la clase o modalidad de renta a gravar (dividendos, intereses, regalías, ganancias de capital, beneficios empresariales etc.). Es así que si se han vendido bienes por vía electrónica, la empresa vendedora obtendrá beneficios empresariales, pero si esta empresa ha permitido por una sola vez, por ejemplo, el uso de un determinado *software* o la impresión de una imagen digitalizada, la contraprestación o retribución por dicho uso, derecho o concesión podría constituir una regalía (canon), renta gravada de distinta manera que la obtenida por concepto de beneficios empresariales.[41]

De otro lado, se debe analizar si efectivamente la contraprestación por el uso de información o de una imagen digitalizada origina una regalía o no. Hoy día, cualquier tipo de información susceptible de ser digitalizada puede ser transferida por medios electrónicos (música, *software*, libros, documentos, imágenes). De allí que sea importante que el Comité de Asuntos Fiscales de la OCDE revise el concepto de regalías o cánones plasmado en el Modelo OCDE. Así, el art. 12.2 del Modelo entiende por 'cánones' como "*las cantidades de cualquier clase pagadas por el uso, o la concesión de uso*, de derechos de autor sobre obras literarias, artísticas o científicas, incluidas las películas cinematográficas, de patentes, marcas de fábrica o de comercio, dibujos o modelos, planos, fórmulas o procedimientos secretos, o por informaciones relativas a experiencias industriales, comerciales o científicas".

Como se puede apreciar de la citada definición, la frase "por el uso, o la concesión de uso" implica la realización de un análisis de cada caso de "venta" de bien o prestación de un "servicio", a fin de verificar que realmente se trate de la adquisición de un bien o de la prestación de un servicio (beneficios empresariales) y no del uso o concesión de uso (cánones o regalías) de aquellos derechos mencionados en la definición. López Tello observa acertadamente que "algunas de tales transferencias, como la adquisición electrónica de un libro cuyos contenidos están digitalizados, podrían ser meros sustitutos de la compra convencional del objeto físico (el libro en papel) y parecería inapropiado que fueran tratadas como cesiones de derechos generadoras de cánones. Pero, por otro lado, puede también afirmarse que tal adquisición electrónica presenta substanciales diferencias respecto de la compra convencional del objeto físico, pues el adquiriente de un libro en papel no puede manipular sus contenidos, mientras que para quien adquiere una copia digital no existe inconveniente técnico que le impida alterar su formato o modificar sus contenidos".[42]

complicada ya que se hace difícil evaluar y liquidar los datos de las filiales y establecimientos permanentes extranjeros, pues se hace necesario un método de contabilidad común y de ajuste de los gastos a la operación correspondiente, así como que genera casos de doble tributación económica. V.: Frances M. Horner y Jefrey Owens, "Tax and the *Web*: New technology, old problems", *IBFD Bulletin*, noviembre-diciembre de 1996.

41. Como bien observa López Tello, "una persona puede conectarse a la red y 'bajar' (*download*) una imagen digitalizada a cambio del pago de cierta cantidad de dinero. Los derechos de uso de la imagen electrónicamente adquirida pueden variar dependiendo del acuerdo entre las partes. Por ejemplo, el adquirente de la imagen digitalizada puede obtener el derecho a usar una sola copia de la imagen, el derecho a reproducir 10 copias de la imagen para usarlas en un informe interno de empresa, el derecho a reproducir la imagen para usarla en un trabajo académico de difusión limitada, o el derecho a reproducir la imagen en un periódico o revista de circulación masiva. Cabe argumentar que, mientras algunos de esos derechos son equivalentes a la compra de una copia física de una fotografía, lo que supondría un beneficio empresarial para el vendedor, otros son equivalentes a una cesión de derechos de uso, lo que determinaría la percepción por el cedente de un canon, sujeto a tributación en el país de la fuente" (Problemática jurídica ...", cit., *Curso Especializado de Derecho Informático* ..., p. 5).

42. Idem, p. 5. Agrega el citado autor la interesante propuesta presentada por el Departamento del

En resumen, y para concluir con este apartado, podemos decir en palabras de De Juan Ledesma que "no es preciso mencionar que la digitalización de productos lleva consigo que las fronteras desaparezcan y el *Internet* sea considerado una zona franca cibernética sin controles aduaneros".[43] Ya la OCDE ha planteado la reforma de la definición de "canon" o regalía en los convenios para evitar la doble imposición, con la finalidad de incluir los programas para computadoras o *software* y la información digitalizada.

4. *Problemáticas planteadas por el comercio electrónico en la tributación al consumo*

Definitivamente, el comercio electrónico ha revolucionado los tradicionales conceptos o criterios de conexión en relación a los tributos al consumo, como lo constituye el impuesto al valor agregado – IVA (impuesto general a las ventas e impuesto selectivo al Consumo en la legislación tributaria peruana). Ya se ha mencionado como, en relación a los tributos al consumo, una de las cuestiones a determinar es la de la obtención de un consenso en cuanto a la definición del lugar de consumo. Al respecto, algunas de las cuestiones planteadas por la OCDE son las siguientes:

a) ¿Es suficiente el concepto de "lugar fijo" o el de "servicios prestados en el país" para propósitos de la aplicación del IVA a las operaciones efectuadas por medios electrónicos, teniéndose en cuenta que los servicios pueden ser proporcionados dejando de lado dichos criterios?

b) Desde que para efectos del IVA se requiere efectuar la distinción entre "bienes" y "servicios", ¿cómo es posible manejar la distinción entre los dos conceptos mencionados, los cuales son proporcionados a través del *Internet*, teniéndose en cuenta que el concepto de "bien" ya no es tan claro debido a que va perdiendo su identidad física al ser ofrecido y comercializado en el cyber -espacio?

c) ¿Existe la necesidad de cambiar las reglas para la determinación del "lugar de prestación" y el "lugar de establecimiento" para servicios de telecomunicaciones, teniéndose en cuenta la existencia de nuevas oportunidades de evasión del IVA al existir la posibilidad de poder ser considerado un proveedor de servicios no-residente o no-domiciliado sin establecimiento de negocios u otro lugar fijo de negocios (establecimiento permanente) en el Estado en donde se destina la prestación de servicios?

Como puede apreciarse de las cuestiones planteadas, mediante el comercio electrónico podría darse el caso que ocurran ventas de productos conceptuados como servicios y, a su vez, prestación de servicios que en el fondo constituyen venta de bienes o productos. Como bien señala López Tello: "En términos generales entonces, el lugar de gravamen de las prestaciones de servicios en el IVA se relaciona con dos criterios fundamentales: (i) un establecimiento relevante (sea del prestador o del destinatario) o (ii) el lugar donde el servicio se realiza materialmente. Bajo esta perspectiva, *Internet* significa que un gran número de servicios pueden ser prestados sin que el prestador tenga que disponer de un estableci-

Tesoro de los Estados Unidos de América, el cual propone una reinterpretación del concepto de canon aplicable a las transferencias de información digitalizada, basada en las siguientes ideas:

"1. Debe abandonarse la distinción entre propiedad 'tangible' e 'intangible', en cuanto incapaz de capturar características de la información digitalizada. El medio a través del cual se transfiere la información ha de ser irrelevante.

"2. La distinción primaria ha de girar en torno a los conceptos de 'transferencias de derechos de propiedad registrados' (*transfers of copyright rights*) *versus* 'transferencias de bienes u objetos sometidos a derechos de propiedad registrados' (*transfers of copyrighted articles*).

"3. Desde el momento en que la información digitalizada puede ser fácilmente copiada a bajo coste, la transferencia del puro derecho de reproducción no ha de constituir el concepto relevante. La relevancia ha de estar en que el derecho de reproducción vaya acompañado del derecho a vender al público las copias así obtenidas" (pp. 5-6).

43. "*Internet* y nuevas tecnologías ...", cit., *Impuestos* 13/112.

miento identificable en el país destinatario de los servicios. Los prestadores de servicios a través de la red no necesitan personal ni oficinas o instalaciones de ninguna clase en el país de destino".[44] Es definitivo que el derecho tributario internacional tendrá que proporcionar soluciones a estas problemáticas.

Cabe recordar que en el caso peruano la Ley del IGV grava con dicho tributo a los contribuyentes que "utilicen en el país servicios prestados por no-domiciliados" (art. 9.c del Decreto Legislativo 821 – Texto Único Ordenado aprobado por DS 055-99-EF), por lo que si el servicio es prestado por un no-domiciliado y utilizado (consumido) por un contribuyente domiciliado en el país dicho contribuyente se encontrará obligado a pagar el tributo, al margen del lugar (Estado) en donde el proveedor del servicio se encuentre establecido.

5. Implicancias del comercio electrónico para las Administraciones Tributarias

En relación a las Administraciones Tributarias, podemos afirmar que el comercio electrónico constituye un reto muy atractivo y un estupendo instrumento de ayuda para éstas. Podemos indicar algunas de las cuestiones planteadas por la OCDE, como son las siguientes:

a) ¿Son suficientes las medidas aplicadas por las autoridades bancarias y monetarias de cada Estado para minimizar los riesgos de fraude o se hace necesario conocer los requerimientos de las Administraciones Tributarias a fin de identificar a los contribuyentes, verificar las transacciones efectuadas, tributos pagados etc.?

b) ¿Cuales son los principales problemas que surgen a raíz del fenómeno de desintermediación que el comercio electrónico viene originando: dificultades en la retención de tributos, dificultades en la localización de determinadas clases de operaciones?

c) ¿Cómo pueden las Administraciones Tributarias luchar contra la evasión tributaria originada por el uso del comercio electrónico, en cuanto a las formas de realización de pagos?

d) ¿Cómo pueden emplearse las nuevas tecnologías y los propios medios electrónicos para mejorar y perfeccionar la administración de tributos y proveer de buenos servicios a los contribuyentes?

Las Administraciones Tributarias se encuentran el día de hoy ante una revolución en las comunicaciones que las compele imperativamente a analizar y resolver con urgencia las cuestiones, retos y problemáticas planteadas por el comercio electrónico. De allí que el intercambio de información entre las diversas Administraciones deba ser utilizado y aprovechado al máximo a fin de evitar la evasión de tributos. El *Internet* es un excelente instrumento que de una forma rápida, directa y coordinada ayuda al logro de este intercambio. Internamente, muchas Administraciones se encuentran desarrollando programas especializados con diversos objetivos como son, por ejemplo, el de intercambiar información (datos) con los propios contribuyentes, o el obligar a éstos a utilizar medios electrónicos a fin de presentar las declaraciones de impuestos que correspondan.[45]

VII – Problemática tributaria del comercio electrónico en la actualidad

Ante la importancia y cada vez mayor uso del comercio electrónico en el mundo, diversas organizaciones y países han empezado a tomar cartas en el asunto a fin de establecer los principios jurídicos aplicables a esta forma de hacer comercio así como de instaurar las reglas de juego sobre las cuales los principios tributarios puedan seguir jugando un rol fundamental. Entre los países que más preocupación están de-

44. Problemática jurídica ...", cit., *Curso Especializado de Derecho Informático* ..., p. 8.

45. Cabe recordar que el art. 26 del Modelo OCDE prevé el intercambio de información entre los Estados contratantes.

mostrando se encuentran los Estados Unidos. Ya se ha hecho referencia anteriormente al *Informe* del Departamento del Tesoro de EEUU de 1996 en donde se establecen principalmente tres fundamentos básicos sobre los cuales deberán de elaborarse los criterios de política fiscal de ese país:

a) respeto al principio de neutralidad, esto es, las transacciones realizadas por medios electrónicos similares al sistema de comercio convencional o tradicional deberán tributar de manera similar;

b) aplicar en lo posible los actuales principios o reglas establecidas por el derecho tributario internacional. Ya que los principios vigentes en la actualidad gozan de aceptación en la mayoría de países, sustituir dichos principios por otros significaría que los países tendrían que comenzar a estudiar su aplicación y contenido, lo cual conllevaría a una revisión genérica de los convenios para evitar la doble imposición suscritos por los países y mientras tanto, la posibilidad de que ocurran casos de doble imposición;

c) flexibilidad. Se sugiere que el nuevo marco tributario internacional sea lo más flexible posible, claro, genérico y consistente, como para que efectivamente ofrezca soluciones a los problemas que la tecnología electrónica y las nuevas formas de hacer negocios originen hoy y en el futuro próximo.

De otro lado, la Unión Europea, también preocupada por este medio revolucionario de hacer negocios o comercio, ha establecido, a través de "un programa más amplio de liberalización de las telecomunicaciones (programas ESPRIT y ACTS, *Advanced Communication Technologies*), que las iniciativas fiscales que se propongan deberán asegurar un claro y neutral sistema en materia impositiva. Es de la opinión que siendo de aplicación el impuesto al valor añadido a este tipo de transacciones, la aplicación de un nuevo impuesto como el denominado *bit tax* no es adecuada. La Comisión Europea considera, por tanto, que un impuesto alternativo no es apropiado mientras el impuesto sobre el valor añadido (el impuesto con mayor armonización en Europa) sea aplicable".[46]

Por último, al inicio del presente trabajo se ha referido cómo la OCDE a través de su Comité de Asuntos Fiscales – CAF (*Committee on Fiscal Affairs*) ya desde hace varios años se encuentra avocada en el estudio de la problemática que para efectos fiscales origina el comercio electrónico. En un primer momento, en su documento sobre la política en relación con el comercio electrónico, de 1.11.1997, la OCDE plantea la necesidad de analizar y readaptar los diferentes conceptos y criterios utilizados hasta el momento en materia de fiscalidad internacional.[47] Se parte de la premisa que para la realización de negocios es fundamental la presencia física, la cual constituye la base de los criterios de tributación internacional como ya se señalara anteriormente. Inclusive se hace referencia a la creación de un sistema bancario y medios de pago cibernéticos paralelos a la banca y dinero convencional. Para la OCDE se hace necesaria pues la reconsideración de conceptos y principios tan importantes como el de fuente, residencia, establecimiento permanente o el de precios de transferencia. También se llama la atención entre la distinción cada vez más difusa entre bienes y servicios, como ya mencionáramos en apartados anteriores. Los Ministros de los Estados-miembros de OCDE han sostenido pues diversas reuniones (entre otras, Bruselas en febrero de 1995, Bonn en julio de 1997) en donde notaron el gran potencial del comercio electrónico como medio de hacer negocios y las consecuencias que ello conllevaría en el ámbito fiscal.

46. Álvaro De Juan Ledesma, "*Internet* y nuevas tecnologías ...", cit., *Impuestos* 13/101. Respecto a la sugerencia del *bit tax*, v.: COM (97) 157, *A European Initiative in Electronic Commerce*, 15.4.1997, *http://www.ispo.cec.be/Ecommerce*.

47. "The emergence of electronic commerce. Overview of OECD's work", *OECD Policy Brief* 1, novembre de 1997 on Electronic Commerce, *http://www.oecd.org/subject/electronic_commerce/documents/taxation.htm*.

Posteriormente a la emisión del documento de 1.11.1997 se realiza del 19 al 21.11.1997 una reunión en Turku (Finlandia) con el objeto de analizar con más detalle el fenómeno del comercio electrónico.[48] En dicha reunión se trataron diversos aspectos como el potencial del comercio electrónico, principales barreras a su desarrollo, posibles soluciones etc. Así mismo, se efectúa una propuesta en cuanto a señalar los principales criterios que deben orientar una reforma fiscal. Además de los principios ya establecidos por el *Informe* del Tesoro de EEUU, se establece que un buen sistema debe ser equitativo, simple, eficiente, justo y brindar seguridad jurídica a los contribuyentes.

Posteriormente, ya hemos mencionado como las Condiciones Tributarias Marco (CTM) fueron adoptadas por el CAF en el mes de junio de 1998 y fueron aceptadas por los Ministros en la Conferencia Ministerial sobre Comercio Electrónico celebrada en Ottawa en octubre del mismo año. Ya hemos señalado, en párrafos anteriores, que la conclusión principal a la que se llegó en el mencionado Congreso fue que los principios tributarios que guían a los Gobiernos en relación al comercio convencional deberán también servir de guía respecto al comercio electrónico. El CAF considera que en la actual etapa de desarrollo tecnológico y comercial los principios tributarios existentes pueden aplicarse a las CMT.

La mencionada reunión de Ministros en Ottawa coincidió con la reunión anual de la *Internacional Fiscal Association*, celebrada en Londres del 4 al 9.10.1998, a la cual pudimos asistir como miembros de la delegación peruana a dicho evento. Precisamente, el día 7 de octubre se celebró el seminario que trató sobre el comercio electrónico y la tributación internacional, seminario que se realizó en simultáneo e interconectados por vídeoconferencia con los Ministros en Ottawa. El documento que se discutió en dicha reunión es de un contenido muy interesante el cual pasaremos a resumir a continuación.[49]

Cuatro son las áreas desarrolladas en el documento: servicios al contribuyente, Administración Tributaria, tributos al consumo y las normas o reglas de tributación internacional. En la introducción del documento se menciona la intencionalidad del CAF de intensificar las labores de investigación y estudio de la problemática que para la tributación internacional representa el comercio electrónico, debiendo prepararse una agenda para su desarrollo con posterioridad a la reunión de Ottawa. El CAF reconoce la importancia que el comercio electrónico representa para las Administraciones Tributarias, especialmente para mejorar el servicio al contribuyente, reducir costos y trámites burocráticos excesivos etc. Algo de ello ya se había discutido en la reunión de Turku en donde se hizo un llamado a los países para la realización de coordinaciones entre gobiernos y la comunidad de negocios o empresarios, con el objeto de crear reglas de juego claras y transparentes aplicables al comercio electrónico. Así mismo se reconoció a la OCDE como el organismo internacional idóneo para dicho trabajo en materia de tributación, en coordinación permanente con la Unión Europea (respecto de problemas en relación al impuesto al valor agregado por ejemplo) y con el *World Customs Organisation* (WCO) en cuanto a la transferencia de productos físicos. Así mismo, se le encomendó al CAF la elaboración y desarrollo de unas Condi-

48. V.: Electronic Commerce, *The Challenges to Tax Authorities and Taxpayers*, *http://www.oecd.org/dsti/sti/it/ec/prod/TURKUDOC.HTM.*

49. OECD, *Electronic Commerce: a Discussion Paper on Taxation Issues*, a discussion paper prepared by the Commitee on Fiscal Affairs, presented for discussion at the OECD Government/Business Dialogue on Taxation and Electronic Commerce to be held in Ottawa, on 7.10.1998. The paper complements the documentation which will be presented at an OECD Ministerial level meeting, *A Borderless World – Realising the Potential of Global Electronic Commerce*, hosted by the Government of Canada and held in Ottawa on 7-9.10.1998.

El documento citado fue elaborado con la ayuda de la *European Commission* y el *World Customs Organisation*.

ciones Tributarias Marco, aplicables al comercio electrónico.

A estos efectos, el CAF considera que los principios tributarios generalmente aceptados y aplicables a la tributación del comercio electrónico deben ser los siguientes:

a) neutralidad;

b) eficiencia;

c) certeza y simplicidad;

d) efectividad y justicia (equidad); y

e) flexibilidad.[50]

Así mismo, se establece que los principios tributarios aplicables al comercio convencional deben también guiar a los gobiernos en relación al comercio electrónico y que tanto los contribuyentes personas naturales como las personas jurídicas son socias de los gobiernos en este esfuerzo por legislar tributariamente el comercio electrónico. En cuanto a las cuatro áreas mencionadas en el documento en cuestión, señalaremos los aspectos más importantes de las mismas.

1. Mejora del servicio al contribuyente

Las Administraciones Tributarias reconocen que las nuevas tecnologías deben ser aprovechadas a fin de mejorar el servicio que la Administración brinda a los contribuyentes. Bajo este principio, el documento señala diversas recomendaciones, de las cuales las más destacables son las siguientes:

a) Las Administraciones Tributarias deben desarrollar o implementar el uso de páginas o sitios *Web* en donde se ofrezca información al día y se proporcione ayuda e instrucciones a todos los contribuyentes. Debemos mencionar que en el Perú la Superintendencia de Administración Tributaria – SUNAT posee su página *Web*, la cual es de uso constante por parte de los contribuyentes y especialistas en la materia.

b) Las Administraciones Tributarias deben considerar el uso de un servicio telefónico de absolución de consultas por parte de los contribuyentes.

c) Las Administraciones Tributarias deben considerar el uso del correo electrónico como medio de recepción y absolución de consultas rápidas y efectivas por parte de los contribuyentes, especialmente de los que se encuentran continuamente viajando o cambiando de domicilio fiscal por razones del giro propio del negocio.

d) Las Administraciones Tributarias deben considerar el uso de programas mediante los cuales los contribuyentes puedan realizar sus depósitos tanto para el pago de tributos como para solicitar devoluciones.

e) Las Administraciones Tributarias deben considerar la aceptación del *Internet* como medio para la presentación de declaraciones juradas y otros documentos mediante los cuales los contribuyentes puedan informar y mantener al día a las autoridades tributarias, de una forma rápida y sencilla, de los aspectos tributarios o de data relacionados con ellos.

f) Las Administraciones Tributarias deben considerar el *Internet* como medio automático para la realización de pagos a la seguridad social, tributos laborales que afectan a la planilla de las empresas y las retenciones que correspondan.[51]

50. OECD, *Electronic Commerce: a Discussion Paper on Taxation Issues* cit., p. 7. El referido documento también establece la vigencia del principio de no-discriminación en el tratamiento tributario de ambas modalidades de comerciar: "This approach does not preclude new administrative or legislative measures, or changes to existing measures, relating to electronic commerce, provided that those measures are intended to assist in the application of the existing taxation principles, and are not intended to impose a discriminatory tax treatment of electronic commerce transactions". Agrega el referido documento: "(...) any arrangements for the application of these principles to electronic commerce adopted domestically and any adaptation of existing international taxation principles should be structured to maintain the fiscal sovereignty of countries, to achieve a fair sharing of the tax base from electronic commerce between countries and to avoid double taxation and unintentional non taxation".

51. Sería materia de otro trabajo el desarrollo de lo que se ha denominado el "sistema bancario virtual" y la problemática del "ciberdinero", formas de

2. La Administración Tributaria

El documento señala que las Administraciones Tributarias deben ser capaces de identificar a los contribuyentes que negocian mediante el comercio electrónico y la jurisdicción dentro de los cuales realizan u operan sus negocios, de tal manera que las leyes tributarias puedan ser correctamente aplicadas, como sucede en el comercio tradicional o convencional. De hacerse así, el contribuyente podría evitar verse afectado por una doble imposición, una no afectación inexistente. Bajo estos parámetros, el documento señala diversas recomendaciones, de las cuales las más destacables son las siguientes:

a) Las Administraciones Tributarias deben considerar que aquellos negocios involucrados con el comercio electrónico se identifiquen ellos mismos ante las autoridades tributarias así como se identifican bajo las reglas del comercio convencional en un registro y en un país determinado, por ejemplo.

b) Es recomendable que las Administraciones Tributarias se encuentren constantemente informadas acerca de los desarrollos y avances en temas de tecnología moderna como el dominio del *Internet*, la emisión de certificados digitalizados y otros mecanismos que permitan identificar al contribuyente que comercia electrónicamente. Así mismo, también deben las Administraciones Tributarias recurrir constantemente a organismos internacionales como la OCDE con el objeto de estar permanentemente bien asesorados en estas materias, y, de otro lado, para evitar posibles problemas o distorsiones en la economía por la aplicación de políticas equivocadas en materia fiscal por el tema del comercio electrónico.

3. Tributación al consumo

Los problemas concernientes a la tributación al consumo son generalmente reconocidos como los de mayor más inmediatez que los problemas relacionados con los tributos directos. Respecto a la tributación al consumo, los problemas más reconocidos se encuentran vinculados a tres categorías de transacciones:

a) suministro de bienes tangibles de las empresas a los consumidores;

b) suministro de servicios y bienes intangibles de empresa a empresa; y

c) suministro de servicios y bienes intangibles desde empresas a consumidores finales.

El documento considera que se hace necesario un consenso a nivel internacional entre los países-miembros de OCDE con la finalidad de asegurar una efectiva aplicación de los sistemas de tributación al consumo al comercio electrónico, de tal manera que:

a) se prevenga la doble imposición y la no-afectación involuntaria;

b) se proteja la tributación sobre rentas en general;

c) no aumenten las oportunidades de evasión o fraude tributario;

d) se minimicen los costos del negocio; y

e) no constituyan una barrera al desarrollo del comercio electrónico.

Estos elementos constituirán los parámetros a desarrollar en los trabajos que se efectúen con posterioridad a la reunión de Ottawa. Bajo estos lineamientos, el documento señala diversas recomendaciones, de las cuales las más destacables son las siguientes:

a) Las Administraciones Tributarias han concluido que las reglas aplicables a la tributación al consumo en operaciones internacionales deben consistir en que se grave la operación en la jurisdicción en donde el consumo del bien o servicio se ha realizado. Se confirma así el principio de territorialidad en relación a esta clase de tributos. De esta manera, las reglas internas de

constatación de pago, seguridad del mismo como la firma digitalizada, notarios en el ciber-espacio etc. Al respecto recomendamos a: Álvaro De Juan Ledesma, "*Internet* y nuevas tecnologías ...", cit., *Impuestos* 13/ 112-114.

cada Estado deberán establecer aquellos casos en que se considera que se ha efectuado el consumo de un bien o servicio. Existirán diferencias en cuanto a lo que se entiende por servicio y o que se entiende por propiedad o bien intangible. Lamentablemente estas diferencias constituyen oportunidades para la evasión y el fraude tributario. De allí que los conceptos a utilizar deben converger o ser lo más parecidos. De otro lado, también existen problemas en lo referente a la forma de identificación del cliente en las transacciones por medios electrónicos. El proveedor es por lo general responsable de pagar los tributos al consumo y contabilizarlos, debiendo conocer el lugar de residencia o domicilio del cliente o consumidor.

b) Las Administraciones Tributarias concluyen que, a efectos de la tributación al consumo, el suministro de productos digitalizados no debe ser tratado o considerado como suministro de bienes. Tanto determinados servicios como bienes intangibles pueden ser transmitidos en forma digitalizada. Son recibidos por los consumidores en forma directa del proveedor. No se encuentran por tanto sujetos a control aduanero o a la atención de un agente intermediario. Al momento de ser recibidos por el consumidor, éste no los recibe inicialmente en la forma de un producto o bien tangible. El consumidor y el proveedor deben pues crear un bien tangible pero ello se encuentra sujeto a decisión. El CAF concluye que, a efectos de dar certeza al tratamiento de la tributación al consumo sobre la venta de productos digitalizados, dichos productos no deberán ser considerados o tratados como bienes.

c) Cuando una empresa o cualquier otra organización adquiere servicios o bienes intangibles suministrados por proveedores residentes fuera del país, dicho país deberá estudiar la posibilidad de aplicar algún mecanismo a fin de proteger la renta devengada en la operación y la competitividad de los proveedores domésticos o nacionales.

4. *Criterios de tributación internacional y de cooperación entre las Administraciones Tributarias*

El CAF considera que los principios tributarios internacionales desarrollados y plasmados en las áreas de los convenios para evitar la doble imposición y para los precios de transferencia son susceptibles de ser aplicados al comercio electrónico. De allí que considera que debe hacerse una clarificación de la manera como dichos principios o criterios instaurados en el Modelo OCDE pueden aplicarse al comercio electrónico. Sin embargo, a efectos de poder aplicar los criterios establecidos en los convenios tributarios al comercio electrónico, se hace necesario prestar una cuidadosa atención a tres aspectos:

a) definir cuando se considera que existe un establecimiento permanente y qué clases de rentas deben de serle atribuidas;

b) el concepto de renta, especialmente la originada en el suministro de información digitalizada, y el concepto de regalías o cánones; y

c) la aplicación de reglas especiales, originadas en algunos convenios de doble imposición, en relación a la renta proveniente de la prestación de servicios.

Teniendo en cuenta estas cuestiones, el documento señala diversas recomendaciones, de las cuales las más destacables son las siguientes:

a) El CAF acordó clarificar diversos conceptos a nivel de *Comentarios en el Modelo OCDE*, como el referente a la posibilidad de aplicación de la definición de establecimiento permanente a las transacciones en el comercio electrónico, por medio de una página o sitio *Web* o por medio de un servidor ubicado en un Estado determinado. Deberá pues de clarificarse lo que constituye un "lugar fijo de negocios" a través del cual una empresa no-residente realiza todo o parte de su actividad. También hasta qué punto las actividades realizadas a través de un sitio *Web* constituyen o no una actividad "auxiliar o preparatoria" con lo cual, de acuerdo al Modelo OCDE, no sería considerado un establecimiento permanente. Del mismo modo, en el caso de una empresa que posee una página *Web* y recibe servicios de un proveedor de *Internet*, existe la cuestión de si dicho proveedor podría constituir un "agente dependiente" en el sentido del § 5 del art. 5 del Modelo OCDE.[52]

b) Las autoridades tributarias han acordado revisar las normas o criterios para gravar los beneficios empresariales y examinar las propuestas de reglas alternativas para así poder efectuar las recomendaciones del caso si fuese necesario. De un lado se ha comentado que el concepto de establecimiento permanente es insuficiente en relación al comercio electrónico ya que se basa en un criterio de presencia física lo cual no es viable en el comercio electrónico. Se ha sugerido inclusive la posibilidad de considerar a las rentas provenientes del comercio electrónico dentro de una categoría o modalidad de rentas especiales como lo son las provenientes del transporte internacional, actividades artísticas y deportivas etc., las cuales tienen un tratamiento especial y un artículo especial en el Modelo OCDE. Sin embargo, el caso del comercio electrónico no puede ser tratado como el de una clase de renta particular. De ser así, el tratamiento tributario de los beneficios empresariales de las empresas se vería afectado. Actualmente, las transacciones efectuadas mediante el comercio electrónico constituyen todavía un pequeño porcentaje en relación a las cifras globales de transacciones. Pero esto es cuestión de tiempo ya que este porcentaje irá creciendo hasta convertirse en una cifra importante que generará en realidad beneficios empresariales, los cuales deberán ser tratados como tales. Es aquí donde radica la preocupación de el CAF pues llegará el momento en que se tendrá que decidir el tratamiento tributario definitivo a las rentas generadas por este medio electrónico.

c) De allí que las autoridades tributarias hayan acordado revisar los principios o criterios existentes para atribuir las rentas originadas del comercio electrónico a los establecimientos permanentes.

d) Así mismo, las autoridades tributarias han acordado examinar las diversas formas o medios de efectuar pagos por vía electrónica, por concepto de transacciones comerciales, y su adaptación a los convenios de doble imposición, efectuando las necesarias clarificaciones a nivel de *Comentarios en el Modelo OCDE.* Muchas veces se hace difícil el poder distinguir el concepto por el cual se realiza un pago por medios electrónicos, como por ejemplo hacer la distinción entre pagos realizados por una búsqueda en una base de datos a fin de "bajar" (*downloading*) un documento determinado; o un pago por la venta o por el arrendamiento de ciertos bienes; o por la prestación de un servicio; o simplemente un pago por regalías; ya que dependiendo del concepto por el cual se efectúa el pago, las consecuencias tributarias serán diferentes.

e) Finalmente, el documento en cuestión establece que el CAF debe considerar la posibilidad de elaborar un artículo a incluir en el Modelo OCDE que permita la asistencia de un Estado en la cobranza de tributos para otro Estado. Pese a que el contribuyente puede encontrarse domiciliado en otro Estado, y teniendo en cuenta la posibilidad de intercambiar información entre los dos Estados, el uso del comercio electrónico facilita el que un contribuyente opere en un Estado desde otro Estado. De allí la sugerencia de elaborar un artículo a incluir en el Modelo OCDE o, en todo caso, a incluir en los *Comentarios* a dicho Mo-

52. El § 5 del art. 5 del Modelo OCDE establece que cuando una persona, distinta de un agente independiente, "actúe por cuenta de una empresa y ostente y ejerza habitualmente en un Estado contratante poderes que la facultan para concluir contratos en nombre de la empresa, se considerará que esa empresa tiene un establecimiento permanente en ese Estado respecto de las actividades que dicha persona realice para la empresa", a menos que las actividades de esa persona sean de naturaleza auxiliar o preparatoria.

delo, que permita a un Estado asistir a otro Estado en la cobranza de tributos.

Como se ha podido apreciar, el objetivo del presente trabajo ha sido principalmente el de llamar la atención sobre la importancia del comercio electrónico y las consecuencias tributarias que ello conlleva para el comercio internacional.[53] Los principios o criterios tributarios clásicos que hasta la fecha vienen manejando la tributación internacional se están viendo removidos y cuestionados por la dinámica y desarrollo del comercio electrónico. La problemática del comercio electrónico es basto y hay mucho por investigar, especialmente en lo referente a los aspectos tributarios. No

53. Diversas serían las materias a revisar en la legislación tributaria peruana en relación a las futuras consecuencias del desarrollo del comercio electrónico en nuestro país, lo cual no ha sido materia del presente trabajo. Sin embargo, a modo de ejemplos, podemos mencionar algunos temas que, llegado el momento, tendrían que ser materia de revisión. Así tenemos los siguientes puntos:

• Adaptación del concepto de establecimiento permanente plasmado en el reglamento del impuesto a la renta.

• Pagos por adquisición de productos digitalizados.

• Impuestos al consumo: definición del lugar de consumo.

• Concepto de servicio y de prestación de servicios.

• Concepto de propiedad intangible.

• Adopción de un sistema fiable de identificación internacional compatible.

• Revisión del concepto tradicional de tributación en la fuente.

• Revisión del concepto tradicional de residencia o domicilio.

• Transferencia de tecnología: ¿Rentas empresariales o regalías?

• Transferencias de precios en las operaciones entre empresas vinculadas nacionales e internacionales. ¿Cómo determinar la renta imponible, valor de mercado etc.?

• Concepto de domiciliado para efectos del IGV. Prestación de servicios sin un lugar de domicilio o residencia determinado.

• Distinción entre bienes y servicios ya que el concepto de bienes pierde identidad al ser transmitidos por *Internet*.

• Lugar de prestación del servicio en telecomunicaciones y el IGV.

• Riesgo de fraude fiscal y posibilidad de establecer nuevos requisitos de residencia o domicilio por SUNAT.

• La desintermediación en el IGV: ya no son necesarios los intermediarios o agentes (comisionistas, consignación etc.). Ventas directas.

• La SUNAT y las posibilidades de evasión tributaria mediante pagos de dinero (*electronic cash*).

• Posibilidades para la SUNAT de mejorar con medios electrónicos el servicio y control del contribuyente.

• Transferencias de acciones y valores.

• ¿Localización geográfica del servidor como punto de conexión?

• Rastreo o detección por parte de la SUNAT y aparente ausencia física o nexo.

• ¿Tributación por el uso/acceso a *Internet*?

• Posibilidad de doble o triple tributación. ¿Crédito utilizable?

• ¿Lugar fijo de negocios como punto de conexión?

• Caso del agente o representante dependiente.

• Imposibilidad para SUNAT de detectar, identificar y recaudar tributos en transacciones por medios electrónicos. ¿Como superar esto?

• Problemática de identificación y calificación del objeto de la transacción (material o inmaterial, producto o servicio).

• Individualización de las transacciones.

• Recalificación de las categorías de rentas: ¿empresariales (Tercera Categoría) o regalías (Segunda Categoría)?

• El sistema bancario virtual y las implicancias tributarias. El dinero electrónico.

• Intercambio de información con otras Administraciones: regionales e internacionales.

• Puntos en cuestión: Principios o criterios de residencia y fuente. Criterio de utilización y servicio.

• Personas sometidas al Código Tributario peruano.

• Revisión de los siguientes conceptos:

– domicilio fiscal;

– representante y responsable solidario. Formas de acreditar la representación;

– capacidad tributaria;

– formas de extinción de la obligación tributaria;

– facultades de la Administración Tributaria: recaudación y medidas cautelares, fiscalización, presunciones etc.;

– posibilidad de acotar por medios electrónicos;

– obligaciones y derechos de los administrados;

– procedimientos tributarios: posibilidad de realizarlo por medios electrónicos;

– facultades del ejecutor coactivo;

– revisión de las infracciones y sanciones. Delitos tributarios.

podemos negar que nos encontramos ante una verdadera revolución de las telecomunicaciones que está revolucionando el modo de hacer negocios. Es una revolución que está comenzando recién a manifestarse y que afecta a muchos sectores, como el laboral, económico y social, hasta el mundo jurídico del Derecho, en este caso, del derecho tributario internacional el cual, en nuestra opinión, constituirá el derecho tributario del siglo XXI. En el presente trabajo se han planteado varios retos. Debemos enfrentarnos a esos retos y resolver los problemas generados. No tenemos mucho tiempo. El desarrollo del comercio electrónico, de la tecnología informática y de las comunicaciones vía *Internet* avanza a pasos agigantados. De nosotros depende asumir el reto de su desarrollo armónico con criterios tributarios válidos y modernos.

• Base jurisdiccional del impuesto a la renta: domiciliados y no-domiciliados.
• Rentas de fuente peruana.
• Concepto de contribuyente.
• Concepto de regalías y rentas de Segunda y Tercera Categoría.
• Presunciones de renta neta de fuente peruana.
• Concepto de importación de bienes.
• Concepto de venta.
• Concepto de bien mueble.
• Sujetos del IGV.
• Medios de control del IGV, registros etc.
• El concepto de vinculación económica para efectos tributarios.

CADERNOS DE DIREITO TRIBUTÁRIO

LOS PRINCIPIOS BÁSICOS DE LA FISCALIDAD INTERNACIONAL Y LOS CONVENIOS PARA EVITAR LA DOBLE IMPOSICIÓN INTERNACIONAL: HISTORIA, TIPOS, FINES, ESTRUCTURA Y APLICACIÓN

FERNANDO SERRANO ANTÓN
Profesor Titular de Derecho Financiero y Tributario,
Universidad Complutense de Madrid

1. Definiciones y cuestiones básicas. 2. Las bases jurisdiccionales de la fiscalidad internacional: los principios de territorialidad y nacionalidad. 3. El concepto de doble imposición jurídica internacional. 4. Métodos para evitar la doble imposición internacional: 4.1 El método de exención: 4.1.1 La exención como método unilateral para evitar la doble imposición internacional – 4.1.2 La exención como método convenido para evitar la doble imposición internacional – 4.2 El método de imputación: 4.2.1 La imputación como método unilateral para evitar la doble imposición internacional – 4.2.2 La imputación como método convenido para evitar la doble imposición internacional – 4.3 Las cláusulas "Tax Sparing". 5. Introducción histórica del modelo de convenio de la OCDE. 6. Modelos de convenio para evitar la doble imposición internacional: 6.1 Desde el punto de vista subjetivo: 6.1.1 El modelo de la Organización de Naciones Unidas – 6.1.2 El modelo americano – 6.1.3 El modelo holandés – 6.1.4 Modelo de Convenio de la Comunidad Andina – 6.2 Desde el punto de vista objetivo: 6.2.1 Modelo de convenio para evitar la doble imposición internacional en materia del impuesto sobre la renta y el patrimonio y sobre sucesiones y donaciones – 6.2.2 Convenios para evitar la doble imposición internacional de carácter general – "comprehensive" – y de carácter limitado – "limited agreements" – 6.2.3 Convenios bilaterales o multilaterales. Ejemplos – 6.2.4 Convenios de asistencia administrativa y auxiliares 7. Los fines de los convenios de doble imposición. 8. Estructura de los convenios de doble imposición. 9. La aplicación de los convenios de doble imposición.

1. Definiciones y cuestiones básicas

El poder de un Estado para establecer impuestos es una consecuencia de su soberanía. El poder jurisdiccional, desde el punto de vista del derecho internacional, es definido habitualmente como la capacidad de un Estado para crear y aplicar normas legales.

En lo que concierne a la fiscalidad, la capacidad de un Estado para llevar a cabo las anteriores actividades se ve restringida por cuestiones de distinta naturaleza, y en especial cuando se pretende la tributación de personas de nacionalidad extranjera o con residencia en otro país, o de rentas producidas en un territorio extranjero. Estas restricciones proceden de acuerdos internacionales, de los convenios para evitar la doble imposición internacional (en adelante, CDIs) y de las normas domésticas de los propios Estados.[1]

Las normas internacionales pueden limitar el poder tributario de los Estados de distintas maneras:

– por la propia decisión del Estado en cuestión, en el caso en que sea parte de un CDI, por ejemplo; y

– por otras razones como cuando se trata de una restricción de carácter jurisdiccional o cuando ésta procede del derecho internacional consuetudinario.

Las restricciones de carácter jurisdiccional pueden ser:

En general, el poder tributario de un Estado está restringido a las personas físicas o jurídicas que posean su nacionalidad y a personas y objetos presentes en su territorio y a hechos acaecidos en él. En el campo de la imposición directa, la nacionalidad permite a un Estado someter a gravamen a sus nacionales incluso cuando se hallan en territorio de otros Estados. En ausencia del anterior criterio de imposición, el Estado que busca la tributación de personas u objetos debe atenerse a una conexión territorial sobre el que basar su derecho de someterlos a tributación. Al contrario de lo que ocurre con la nacionalidad, el poder tributario fundado en dicha conexión territorial está sujeto a limitaciones geográficas.

La mayoría de los Estados ha aceptado restricciones en la aplicación del principio de territorialidad. Así cuando presentan proyectos de ley o de otras normas legales sobre la tributación de "no-nacionales", los Estados precisan de una conexión relevante con el territorio, debe existir un nexo definido, algún lazo mínimo entre el Estado y la persona, la propiedad o la transacción que pretende hacer tributar. Esta ligazón económica con el territorio fue definida y concretada por el *Informe* de la Liga de las Naciones realizado por los cuatro expertos (Bruins, Einaudi, Seligman & Stamp).[2] En dicho *Informe* se discierne sobre tres posibles nexos económicos entre un extranjero (no-nacional) y el Estado que quiere someterlo a tributación:

A) La persona extranjera mantiene su residencia dentro del territorio del Estado; la *residencia* ha sido reconocida como una base válida bajo el derecho internacional para la tributación de no-nacionales. Los cimientos quizá se pueden encontrar en que la normativa internacional permite la tributación de los extranjeros residentes de la misma manera que los nacionales. Esto quiere decir que la renta obtenida por estos residentes no-nacionales puede ser sometida a gravamen independientemente del lugar donde se obtenga.

El término "residencia" cambia notablemente entre las diferentes legislaciones de los Estados. Los CDIs no han tenido un efecto armonizador de los criterios nacionales para fijar la residencia, de modo que dichos convenios utilizan los métodos domésticos para determinar la residencia. Sólo si las reglas de residencia de los distintos Estados contratantes de un CDI entran en conflicto se aplicarían las normas del CDI en donde se contienen criterios independientes para la determinación de la residencia *(Tie Break Rules)*.

En relación con las personas jurídicas la cuestión de la residencia es más complicada por el hecho de que la residencia es una noción intrínsecamente relacionada con personas físicas. Sin embargo, se puede afirmar que la residencia de las personas jurídicas se refiere mucho más al nexo entre la compañía y el Estado. Es-

1. Cf. K. van Raad, *Non Discrimination in International Tax Law*, Kluwer, Deventer, 1986, p. 19.

2. Cf. *Report on Double Taxation*, Geneve, League of Nations, 1923; *reprinted* in *Legislative History of United States Tax Conventions*, Washington, US Government Printing Office, 1962, pp. 4.009-4.056.

tas conexiones son de dos tipos: el lugar de constitución y el lugar donde se lleva a cabo la dirección efectiva de las actividades económicas.

B) La persona extranjera lleva a cabo una *actividad económica* dentro del territorio del Estado; los ejemplos típicos que se suelen poner para determinar la presencia de actividad económica, en sentido amplio, son el hecho de llevar a cabo negocios y la prestación de servicios tanto de forma dependiente como independiente.

El poder tributario para someter a imposición la actividad económica efectuada por empresas o compañías, como regla general, se atribuye al Estado de residencia de la misma. Si se aplican CDIs se observan algunas excepciones a esta regla general, entre otras, cuando se llevan a cabo dichas actividades empresariales a través de un establecimiento permanente (en este caso, la competencia para gravar los beneficios corresponde al Estado donde radique el establecimiento permanente);[3] actividades empresariales de bienes inmuebles en el extranjero;[4] la tenencia de acciones de empresas extranjeras y los préstamos y licencias a extranjeros.[5]

C) La persona extranjera posee una *propiedad* inmobiliaria que radica en el Estado. Este criterio se ha considerado suficiente a efectos de someter a gravamen las rentas que procedan de dicha propiedad.

2. *Las bases jurisdiccionales de la fiscalidad internacional: los principios de territorialidad y nacionalidad*

La potestad para someter a tributación a los sujetos es un atributo de la propia soberanía de los Estados. La mejor prueba de saber en lo que consiste dicho poder tributario es la decisión de los Estados de gravar aquello que entienden que es justo o prudente.[6]

Normalmente se clasifican los factores de vinculación del poder tributario en personales o reales. Así un Estado puede establecer como factor de vinculación un criterio personal, es decir, somete a tributación a algunas personas ya sea por su condición de residentes o por su condición de nacionales. También puede aplicar un criterio real que atiende a consideraciones de índole económica, o lo que es lo mismo, grava las rentas producidas u originadas en su territorio.[7]

Ahora bien, los principios fundamentales que subyacen en la potestad tributaria de los Estados son:

– el principio de la fuente – territorialidad –, como manifestación del vínculo real. De acuerdo con este criterio, las leyes tributarias sólo se aplicarían a quienes residieran en territorio de un determinado país o tuvieran con el mismo alguna relación, es decir, obtuvieran en él rentas, fueran titulares de determinados bienes sitos en el mismo o tuvieran, en definitiva, relaciones económicas en territorio español;[8] y

– el principio de la nacionalidad, como muestra del criterio personal. Según esta regla, las leyes tributarias se aplicarían a todos los ciudadanos que ostentaran la nacionalidad de un determinado país, fuere cual fuere el lugar en que residieren y fuere cual fuere el lugar en que obtuvieran sus rentas. El vínculo personal de nacionalidad sería el único motivo que determinaría la sujeción a las leyes tributarias. El actual abandono de este principio parece encon-

3. Cf. art. 7.1 y 2 del MCOCDE.
4. Cf. art. 7.6 y 7 MCOCDE.
5. Cf. arts. 10, 11 y 12 MCOCDE.

6. Cf. R. S. J. Martha, *The Jurisdiction to Tax in International Law*, Series on International Taxation, n. 9, Kluwer, Deventer, 1989, pp. 62-63.

7. Cf. S. Zapata, "Tributación sobre la renta mundial. Reflexiones sobre su implementación en América Latina", in *Libro Homenaje a José Andrés Octavio*, Caracas, Asociación Venezolana de Derecho Tributario, 1999, p. 478.

8. Cf. A. Sainz de Vicuña, "El ámbito territorial de las normas tributarias", in *Estudios de Derecho Tributario*, v. I,Madrid, Estudios de Hacienda Pública/IEF, 1979.

trarse en el hecho de que los Estados entienden como suficiente conexión para someter a gravamen a todos los que tienen una relación con un Estado, por ser residentes en él o por obtener en su territorio rentas, o tener relaciones económicas en el mismo, ya que provocan la realización de determinadas actividades públicas, a cuya financiación son llamados a contribuir mediante el pago de tributos.[9] De esta manera se toma en consideración la idea según la cual los lazos de un no-residente con su país de origen pueden ser meramente nominales.

La práctica generalidad de los sistemas tributarios incorpora como principio asimismo el de residencia efectiva, según el cual un Estado grava la renta mundial de las personas residentes en su territorio.[10] Sin embargo, no puede considerarse como un principio distinto al de territorialidad sino que se trata de una confirmación expresa e inequívoca de éste.[11] No puede desconocerse, de todas las maneras, que el criterio de residencia efectiva acompaña a la persona de forma que, sin equipararse a la nacionalidad, es evidente que se trata de una cualidad personal, sobre todo, si se toma en cuenta que la práctica totalidad de los países ha asumido el criterio de la residencia efectiva como principio de sujeción a los tributos de naturaleza personal.[12] La residencia implica lazos fuertes con el Estado, ya que el contribuyente residente usa la infraestructura del Estado, disfruta de la protección que le otorgan las autoridades administrativas y, por tanto, en base a todo ello se justifica el gravamen por renta mundial.

Es innegable la importancia del principio de territorialidad, puesto que todos los Estados hacen tributar de una u otra manera de acuerdo con dicho criterio. Ahora bien, algunos de ellos, entre los que se encuentran Bolivia, Costa Rica, El Salvador, Guatemala, Haití, Nicaragua, Panamá, Paraguay, República Dominicana y Uruguay, gravan exclusivamente en atención a dicho principio. La utilización de dicho principio ha servido para que la doctrina haya observado dos cuestiones relevantes. La primera es que este principio favorece a los nacionales y residentes de estos países para invertir fuera de los mismos, lo que produce que el capital necesario para el crecimiento de aquéllos salga fuera. La segunda tiene que ver con la necesidad de implantar el principio de la fuente debido a las grandes dificultades que tienen las Administraciones Tributarias de estos países si tuviesen que determinar la renta de fuente extranjera obtenida por sus residentes. También es cierto que este último problema pudiera ser resuelto a través de las cláusulas de intercambio de información contenidas en los CDIs, pero, a decir verdad, la práctica nos enseña que el intercambio de información de carácter inquisitivo, es decir, previa petición de uno de los Estados, no es suficiente. En el ámbito de la Unión Europea el problema ha sido muy parcialmente resuelto a través de la Directiva de Asistencia Mutua. El debate sobre las ventajas y desventajas del principio de territorialidad frente al de renta mundial está siendo revisado, dado que la creciente internacionalización del mercado y la deslocalización física de las transacciones plantean la necesidad de revisar los postulados tradicionales de la tributación internacional y, en algunos casos, incluso se ha propugnado la implantación de un sistema basado en el principio de territorialidad.[13]

9. Como ejemplo de las críticas padecidas por el principio de nacionalidad consúltese el *Report on Double Taxation Submitted to the Financial Committee by Professors Bruins, Einaudi, Seligman and Stamp*, Geneve, League of Nations, Doc. E.F.S. 73.F.19, 1923, p. 19.

10. En cuanto al origen del criterio de residencia consúlteseS. Picciotto, *International Business Taxation*, New York, Quorum Books, 1992, pp. 4-5; S. Zapata, "Tributación sobre la renta ...", cit., in *Libro Homenaje* ..., p. 482.

11. Cf. F. Sainz de Bujanda, *Lecciones de Derecho Financiero*, 10ª ed., Madrid, Servicio de Publicaciones de la Facultad de Derecho de la Universidad Complutense de Madrid, 1993, p. 121.

12. Con algunos matices consúltese M. Cortés Domínguez, *El Ordenamiento Tributario Español*, Madrid, Civitas, 1985, p. 205.

13. Cf.: K. Vogel, "Worlwide income *vs.* source taxation of income. A review and re-evaluation of

La utilización del criterio de territorialidad ha estado vinculada históricamente a las legislaciones de los países latinoamericanos.[14] El reconocimiento de la validez y preferencia de este criterio frente al de renta mundial fue una de las principales causas de confrontación entre los países de América Latina y los países industrializados, tanto a la hora de la discusión de los modelos de convenio para evitar la doble imposición[15] como en las negociaciones para la conclusión de CDIs bilaterales. Sin duda, para estos países la conclusión de CDIs significaba renunciar en la mayoría de los casos al principio de territorialidad vigente en sus legislaciones internas. Ello puede explicar la tardanza y lentitud de los países latinoamericanos en desarrollar su red de CDIs.

La gran mayoría de los Estados poseen sistemas tributarios que combinan ambos principios, fuente y residencia; junto con ellos existen algunos otros países, principalmente en vías de desarrollo, cuyos sistemas descansan en el principio de la fuente. El principio de residencia, aunque se basa en la capacidad global de pago, en ocasiones no supone un aumento significativo de la recaudación. Esta situación se produce en especial cuando los residentes de un país no poseen grandes inversiones en el extranjero, o bien cuando la Administración Tributaria en cuestión no está bien equipada o preparada para poder asegurar la aplicación del mismo.

Se señalaba con anterioridad la tendencia a que los países combinen el principio de la renta mundial con el de territorialidad, para residentes y no-residentes, respectivamente. Junto con esta posibilidad, se encuentra la que se aplica en Francia, en la que la imposición sobre sociedades reposa en reglas basadas en el principio de territorialidad, mientras a que las personas físicas se les grava de acuerdo con el criterio de la renta mundial. Se trata de un caso aislado dentro de la Unión Europea, pero pone de relieve la supervivencia del principio de la fuente en un país desarrollado, acompañado, eso sí, de las especificaciones necesarias para evitar planificaciones fiscales a la búsqueda de la evasión del pago de impuestos.[16]

Volviendo por último al principio de nacionalidad, cuya aplicación es excepcional en el panorama internacional actual, hay que citar los dos países en que está vigente: los Estados Unidos de Norteamérica y Filipinas.[17] Este principio se basa en una relación de dependencia política que legitima el ejercicio ilimitado del poder de imposición.[18] Dicho criterio permite al Esta-

principles" (III Part), *Intertax* 10/1988, p. 310; R. Falcón y Tella, "La imposición de las rentas de las empresas en los procesos de integración", Correlatoría General, *XVIII Jornada Latinoamericana de Derecho Tributario*, Montevideo, 1996; M. T. Soler Roch, in VV.AA., *Presente y Futuro de la Imposición Directa en España*, Valladolid, Lex Nova, 1998, pp. 65-78.

14. En 1956, en la *Declaración de Principios* de lo que fueron las primeras Jornadas Latinoamericanas de Derecho Tributario, se propuso la aplicación exclusiva del principio de territorialidad en y entre los países de la región. De ahí en adelante, la predominancia de dicho criterio fue confirmada y sujeta a mayor elaboración en Jornadas posteriores, especialmente las de 1964 y 1975. Cf. K. Vogel, "Worlwide *vs.* source taxation of income – A review and re-evaluation of principles", Part. I, *Intertax* 8-9/1988, p. 221.

15. Estas diferencias aparecen plasmadas, entre otros documentos, en las discusiones y documentación general que precedieron al Modelo de México de 1943 diseñado por el Comité Financiero de la Liga de las Naciones.

16. Cf. S. Zapata, "Tributación sobre la renta ...", cit., in *Libro Homenaje* ..., p. 486.

17. México utilizó este criterio de nacionalidad en su primera Ley sobre el Impuesto de la Renta que estuvo vigente desde el 21.2.1924 hasta el 31.12.1984; desde este momento rige el principio de la renta mundial.

18. El derecho a gravar los nacionales americanos se encuentra previsto y protegido en los CDIs firmados por los Estados Unidos, a través de la llamada *Saving Clause*. En el caso del CDI firmado entre España y los Estados Unidos dicha cláusula aparece contemplada en el art. 1.3. El razonamiento que permite el uso de este principio se basa en que la nacionalidad es vista por los Estados Unidos como una forma de política de seguridad, que permite al nacional americano retomar su residencia cuando lo desee y disfrutar de la protección de los Estados

do respectivo gravar las rentas de sus nacionales de forma ilimitada, independientemente de su origen o del lugar donde residan dichos nacionales.

Ahora bien, el principio de nacionalidad se aplica de manera combinada con el de la fuente y el de residencia. En los Estados Unidos, por ejemplo, el principio de nacionalidad permite que los ciudadanos americanos sean gravados por su renta mundial, con independencia de donde tengan fijada su residencia, con las particularidades derivadas si el contribuyente reside en un país con el que Estados Unidos tenga firmado un CDI. Además, este país somete a tributación por su renta mundial a los residentes en su territorio aunque no posean la ciudadanía americana, y por último, grava también la renta de los no-residentes extranjeros obtenida de fuentes situadas en territorio americano.

Resulta obvio señalar que la elección de uno u otro principio de tributación por parte de un Estado es una elección soberana que exclusivamente le corresponde de acuerdo con sus intereses político-económicos. No obstante, cada vez más resulta evidente como el juego de las regiones y el de las organizaciones supra-nacionales (OCDE, ONU, FMI ...) influyen en la toma de decisiones[19] sin tener en cuenta que, en ocasiones, las condiciones de aplicación y la situación de los distintos Estados. Así, no es extraño encontrar en la actualidad un debate abierto en relación con los criterios de imposición. En este orden de cosas, no podemos dejar de citar algunos de los foros que han levantado sus voces discutiendo las bondades del principio de renta mundial. Así en el Congreso de la IFA de 1984 en Buenos Aires se afirmó:

"Que la imposición de la renta mundial de una empresa aun en el caso en que se le conceda crédito por los impuestos abonados en otros países en general representa una carga adicional sobre las inversiones en el exterior cuando las mismas se hallan allí sujetas a una menor carga efectiva de imposición, al mismo tiempo que puede quitar eficacia a los incentivos fiscales concedidos por el país donde ellas se realizan, y en consecuencia puede disuadir a la empresa de efectuar tales inversiones.

"Que, si se tiene en cuenta lo precedentemente expresado, un sistema de imposición de acuerdo con el principio de la territorialidad (...) es preferible porque respeta en mayor medida la soberanía tributaria de las naciones, elimina las distorsiones a la competencia en el país donde se efectúa la inversión, y, en consecuencia, no interfiere con el libre flujo de las inversiones."[20]

Junto con el pronunciamiento de la IFA, se encuentran otros ejemplos como el *Informe Ruding*[21] en el que se defiende la legitimación del país de la fuente como el mejor sistema para evitar las distorsiones fiscales entre los países-miembros. Se fundamenta dicha afirmación en la idea de que el país en que se realiza la ganancia es el que financia la estructura, los servicios públicos y provee las oportunidades económicas para la realización de dicha ganancia, luego es dicho país el que está calificado para gravarla.[22] En el

Unidos cuando lo precise. Esta "seguridad" es lo que permite a las autoridades americanas la tributación de sus nacionales por la renta mundial. Cf. R. L. Doernberg y K. V. Raad, "The Forthcoming US Model Income Tax Treaty and the Saving Clause", *Tax Notes International* 15/1992, p. 775.

19. Un ejemplo de como un Estado procura, como prioridad, proteger sus propios intereses y eventualmente adaptarlos a la eficiencia en la localización de capitales lo encontramos en la afirmación contenida en un estudio realizado por el *Inland Revenue* del Reino Unido donde se analiza la posibilidad de sustituir el actual mecanismo de crédito por el método de la exención: "United Kingdom's objectives should reflect the national interest, focusing on benefits to the United Kingdom economy, including benefits both to business and to the Exchequer".

20. Las recomendaciones y conclusiones de este Congreso aparecen publicadas en el *Bulletin for International Fiscal Documentation*, 1984, p. 546.

21. Cf. *Informe Ruding o del Cómite de Expertos Independientes en Imposición Societaria*, Comisión de la Comunidad Europea, Luxemburgo, Oficina de Publicaciones de la Comunidad Europea, marzo de 1992.

22. Cf. B. Terra y P. J. Wattel, *European Tax Law*, 2ª ed., Kluwer, Deventer, 1992, p. 128.

mismo sentido se manifestó, en el ILADT, Falcón y Tella al señalar que: "De manera que si bien la legislación interna de los Estados parece orientada cada vez más hacia el criterio de combinar la fuente con el gravamen de los residentes por su renta mundial, este último criterio tiende a neutralizarse a través de mecanismos de exención, al menos entre los países pertenecientes a una misma zona de integración. Y en efecto, sólo la fuente (o la residencia combinada con el método de exención) permite la eliminación de la doble imposición y asegura la inexistencia de discriminación entre residentes y no-residentes, eliminando así distorsiones de origen fiscal en la colocación de las inversiones".[23]

Todo lo anterior junto a la deslocalización física de las transacciones y la creciente internacionalización de la economía nos lleva a un nuevo replanteamiento del criterio de la renta mundial combinado con el método de imputación.[24]

3. *El concepto de doble imposición jurídica internacional*[25]

Aunque hay mucha gente que tiene una idea más o menos formada de lo que es doble imposición, las dificultades se presentan cuando se intenta dar una definición de la misma.[26]

La aplicación actual de los sistemas tributarios basados en algunos o en varios de los criterios más arriba expuestos, residencia, fuente y nacionalidad, da lugar inevitablemente a que las potestades tributarias se solapen, dando lugar a lo que es generalmente conocido como doble imposición internacional. La definición que se dio en el 31 Congreso de la *International Fiscal Association* fue la siguiente: "La doble imposición internacional es el resultado del solapamiento de la competencia tributaria de dos o más Estados".[27] La OCDE ha definido de forma más precisa la doble imposición jurídica internacional como la tributación por impuestos comparables de la misma renta en dos o más Estados sobre un mismo contribuyente por idénticos períodos impositivos. Por tanto, se requiere la cuádruple regla de identidad:[28]

– identidad objetiva: impuestos comparables;

– identidad subjetiva: mismo contribuyente;

– identidad material: misma renta, e

– identidad temporal: idénticos períodos impositivos.

Las razones que se dieron en el mencionado Congreso para explicar el por qué del solapamiento tributario son:

1. Dos Estados pueden someter a tributación a una misma persona (física o

23. Correlatoría del tema "La imposición a las rentas de las empresas en los procesos de integración", *XVIII Jornada Latinoamericana de Derecho Tributario*, Montevideo, Uruguay, 1996.

24. Cf. M. T. Soler Roch, "Una reflexión sobre el principio de residencia como criterio de sujeción al poder tributario del Estado", in *Presente y Futuro de la Imposición Directa en España*, cit., pp. 65-78

25. Se ha delimitado el objeto de estudio a la doble imposición jurídica internacional en contraste con la doble imposición económica internacional. Esta última se produce como consecuencia de la ausencia de la identidad subjetiva. Es decir, se produce la doble imposición cuando la misma renta, transacción o patrimonio resulta gravada(o) en dos o más Estados durante el mismo período impositivo, pero en manos de distintos contribuyentes. Un ejemplo típico de doble imposición económica resulta de la corrección de precios de transferencia por parte de la Administración Tributaria de un país, si no se procede a realizar el ajuste correspondiente en la renta sometida a gravamen en el otro país.

26. Cf. M. Pires, *International Juridical Double Taxation*, Series on International Taxation, n. 11, Kluwer, Deventer, 1989, p. 11.

27. "The International Double Taxation is defined as the result of overlapping the tax claims of two or more countries", 31 IFA Congress, *The Revised OECD Model Double Taxation Convention on Income and Capital, Proceedings of a Seminar Held in Vienna in 1977 during the 31 IFA Congress*, p. 9.

28. Cf. *Introduction to the OECD Model Convention*, par. 1, Paris, september 1995; K. Vogel, *Double Taxation Conventions*, 3ª ed., London, Kluwer, 1997, par. 5; A. Xabier, *Direito Tributário Internacional. Tributação das Operações Internacionais*, 1993, p. 31.

jurídica) por su renta mundial o patrimonio debido a su relación personal con los Estados (domicilio, residencia, nacionalidad, lugar de constitución, sede de dirección efectiva): es la llamada sujeción ilimitada de tributación o *dual residence*. Es lo que ocurre en el caso de concurrencia del principio de nacionalidad, utilizado por los Estados Unidos, y el principio de residencia, adoptado por la práctica totalidad de Estados.[29]

2. Un Estado somete a tributación a una persona por su renta mundial o patrimonio, ya que es residente en este país (sujeción ilimitada de tributación). Otro Estado grava a la misma persona sobre la renta que obtiene en este país o el patrimonio situado en el mismo (sujeción limitada de tributación). Aquí se produce el conflicto del principio de residencia frente al de fuente.

3. Una persona es gravada por sujeción limitada de tributación en dos Estados; el ejemplo sería cuando una sociedad del Estado "A" que posee un establecimiento permanente en el Estado "B" obtiene renta del Estado "C". En este caso concurren dos criterios de sujeción limitada de tributación o *dual source*.[30]

Las consecuencias de la doble imposición internacional son siempre lesivas, no sólo en lo que concierne al contribuyente, sino también en relación con la circulación internacional del capital, de la tecnología y de las personas. De aquélla puede resultar una desigual distribución de la carga tributaria, dependiendo de si los contribuyentes invierten en el extranjero o no. En la situación actual en la que se hallan los tipos de gravamen, la tributación de la misma renta por dos Estados distintos puede suponer una carga fiscal prohibitiva, que podría conducir al declive de las inversiones en el extranjero. Por si esto no fuera poco, la falta de coordinación tributaria puede producir en algunas ocasiones la obtención de beneficios fiscales no esperados o bien buscados deliberadamente en la búsqueda de la eficiencia fiscal – supuestos de doble exención. En cualquier caso, lo que resulta de no eliminar la doble imposición internacional es una distorsión en la localización de los capitales producida por la tributación, con una probable pérdida de eficiencia en el uso mundial de los mismos. Todas estas razones conducen a reafirmar la importancia de la eliminación de los obstáculos fiscales en forma de doble imposición que impiden el desarrollo de las relaciones económicas entre los distintos países.

Desde la perspectiva del derecho internacional, se puede afirmar que no existe una sola norma que prohíba la doble imposición internacional, entendida como fruto de la interacción de los distintos sistemas tributarios nacionales. En tanto en cuanto las normas domésticas de cada uno de los países sean acordes con el derecho internacional, la doble imposición se encontrará formalmente bien fundada. Lo único que está prohibido es el gravamen de un acto por un Estado en el territorio de otro.[31]

4. Métodos para evitar la doble imposición internacional

Una de las consecuencias principales que se derivan de la implantación del principio de la renta mundial es la necesidad de mitigar por parte del Estado de residencia los efectos de la doble imposición sobre los residentes que obtengan renta en el extranjero. Los métodos para eliminar la

29. Un ejemplo sería el nacional americano con residencia en España, que resultaría considerado contribuyente en el IRPF por renta mundial en los dos países. En este caso, dado que existe un CDI aplicable entre España y Estados Unidos, se acudiría al art. 24.3 de dicho Convenio donde se evita dicha doble imposición.

30. Más ejemplos de coincidencia de dos principios de la fuente pueden ser: lugar de la utilización del capital *vs.* lugar desde donde se efectúa el pago. No obstante, los mayores problemas de *dual source* se producen en el caso de rentas pasivas: intereses, cánones y asistencia técnica.

31. Cf. K. Vogel, *Double Taxation Conventions*, cit., par. 8.

lesiva doble imposición pueden ser clasificados según su fuente o según el método.

Desde el punto de vista de la fuente, los mecanismos para evitar la doble imposición internacional pueden estar previstos:

1) en la normativa interna de cada uno de los países;[32] y

2) en la propia estructura de los convenios para evitar la doble imposición internacional.

A las primeras normas se les llama medidas unilaterales (*unilateral relief*) y son aquellas adoptadas por la legislación interna de cada país. Las segundas son las normas contenidas en los CDIs y se les denomina medidas bilaterales o multilaterales (*bilateral/multilateral* o *treaty relief*). Normalmente, las medidas unilaterales son insuficientes para la eliminación de la doble imposición por dos razones: la primera, porque habitualmente estas medidas están dirigidas a un número de supuestos, pero no contemplan todos los posibles casos, y la segunda, ya que al tratarse de doble imposición internacional y verse afectados dos países no son congruentes las normas de ambos Estados. En este sentido, McDaniel e Ault afirman que los CDIs permiten tanto modular el reparto del poder tributario entre los Estados implicados de la forma más adecuada a cada caso concreto, como introducir soluciones técnicas o mecanismos de resolución de este problema más depurados o acabados y que únicamente pueden articularse a través de estos sistemas de coordinación de soberanías fiscales.[33]

Como regla general, el método previsto por los países para eliminar la doble imposición internacional en su legislación interna coincide con el que adoptan en sus CDIs. No obstante, en la práctica no es infrecuente que se encuentren ejemplos de lo contrario, es decir, CDIs donde se reconocen sistemas distintos para evitar la doble imposición que en la legislación interna del país en cuestión. La razón estriba en que los CDIs son acuerdos internacionales que se someten al arte de la negociación entre las misiones de los países interesados en su firma. Es por ello que los métodos para evitar la doble imposición internacional forman parte de la moneda de cambio para recibir otros beneficios por parte del otro país contratante. Ello explica que países que reconocen un sistema de imputación, es decir, una deducción en la cuota, eventualmente otorguen exenciones. Si, como es sabido, los CDIs prevalecen sobre la ley interna, resulta evidente que las inversiones en aquel Estado se verán favorecidas respecto de las inversiones en el resto de países que no tienen CDI firmado, o bien que existiendo conceden un crédito en lugar de una exención como en su legislación interna.

Desde el punto de vista del método adoptado para evitar la doble imposición internacional se puede hablar de la siguiente clasificación:

1) método de exención; y

2) método de imputación.

4.1 El método de exención

4.1.1 La exención como método unilateral para evitar la doble imposición internacional

Según el método de exención, el Estado de residencia del inversor exime de tributación determinados tipos de renta de fuente extranjera. En otras palabras, este país concede al Estado donde la renta es generada – Estado de la fuente – el derecho exclusivo a someter a tributación dicho tipo de renta. El Estado de residencia puede considerar dicha renta a los efectos del cálculo del tipo de gravamen aplicable a la base imponible para así respetar la progresi-

32. Cf. J. A. Rodríguez Ondarza y J. J. Rubio Guerrero, "Doble imposición internacional y mecanismos de corrección. La perspectiva española. Fundamentos y medidas unilaterales (I y II)", *Carta Tributaria, Monografías*, ns. 337 y 338.

33. Cf. *Introduction to US International Taxation*, Boston, Kluwer, 1989, pp. 173-174.

vidad del sistema tributario (método de exención con progresividad). Como regla general, estas exenciones están confinadas a los beneficios obtenidos por establecimientos permanentes y rentas inmobiliarias de bienes situados en el extranjero. La exención íntegra de tributar por la renta de fuente extranjera en el Estado de residencia coloca en la misma situación de igualdad tributaria al inversor extranjero en relación con los residentes en el Estado de la fuente. De esta manera, los beneficios fiscales concedidos por el Estado de la fuente son ni reducidos ni eliminados por el Estado de residencia.

Los países que usan el método de exención normalmente no eximen de gravamen a los dividendos, intereses y cánones obtenidos de fuente extranjera. No obstante, lo que suele ocurrir en el caso de los dividendos procedentes de inversiones directas o también llamados dividendos ínter societarios es ofrecer un régimen fiscal que trate de mitigar o eliminar la doble imposición económica que se produce al gravar la misma renta, primero en manos de la filial y después en manos de la matriz.

4.1.2 La exención como método convenido para evitar la doble imposición internacional

Cuando el método de exención es aplicado como consecuencia de su reconocimiento en un CDI, uno de los Estados contratantes posee el derecho exclusivo a gravar determinados tipos de renta. Como en el supuesto de la exención unilateral, la exención por un Estado contratante de todo o parte de un componente de renta puede ser íntegra o con progresividad. En el caso de exención total o íntegra el país de residencia puede no tener ningún derecho a tomar la renta exenta para determinar la base imponible de la persona residente. En el caso de la exención con progresividad el Estado de residencia se reserva el derecho a tomar la renta exenta para determinar el tipo de gravamen, dado que es progresivo. Una vez calculado se aplicará sólo sobre la renta que no está exenta.

Tanto en el supuesto de exención íntegra como con progresividad, su aplicación se realiza a nivel de la base imponible, al contrario de lo que ocurre con el método de imputación, en el que para evitar la doble imposición el mecanismo se aplica en la cuota.

4.2 El método de imputación

4.2.1 La imputación como método unilateral para evitar la doble imposición internacional

La imputación ha sido el método tradicional de los países angloamericanos. La característica principal de este método consiste en que el país de residencia del inversor trata al impuesto pagado en el extranjero, con ciertas limitaciones legales, como si fuera un impuesto pagado al mismo. Cuando el impuesto pagado en el extranjero posee un tipo de gravamen inferior al del Estado de residencia, sólo el exceso de éste último impuesto en relación con el pagado en la fuente es recaudado por el impuesto del país de residencia del inversor. *Sensu contrario*, cuando el impuesto de la fuente es más alto que el del Estado de residencia, éste país no obtiene ningún ingreso por dicha renta. La efectiva carga fiscal global se determina por el tipo de gravamen más alto bien del Estado de la fuente o el de residencia.

Los países que aplican el método de imputación reducen la cuota de su impuesto sobre la renta correspondiente a los beneficios obtenidos en el extranjero en la cuantía ya pagada por el inversor en el país de la fuente. Por tanto, esto significa que los beneficios fiscales reconocidos por el Estado de la fuente, que reducen la carga fiscal por debajo del nivel del país de residencia en relación con dicha renta, no se tomarían en cuenta para la determinación de la cuota del inversor. No obstante, desde un punto de vista práctico el resultado de lo anterior se ve limitado, ya que las rentas obtenidas por personas jurídicas que llevan a cabo actividades económicas en otros países a través de filiales o establecimientos permanentes no suelen ser sometidas a tributación en el país de la residencia de la matriz, a no ser que sea vía reparto de dividendos o repatriación de beneficios. En este punto debe advertirse que si se aplican distintos tipos de gravamen en el país de la fuente según el país de residencia de quien recibe la renta, esta práctica puede violar el principio de no-discriminación de los CDIs y puede poner en peligro además la deducción en la cuota por impuestos pagados en el extranjero de forma discriminatoria.

4.2.2 La imputación como método convenido para evitar la doble imposición internacional

Cuando el método de imputación es aplicado dentro de la estructura propia de un CDI, cada uno de los Estados grava la renta obtenida, pero el Estado de residencia permite la deducción en la cuota o crédito por el impuesto pagado en el Estado de la fuente con algunas particularidades. En efecto, puede ocurrir que se haya acordado la deducción completa del impuesto pagado en el Estado de la fuente, lo que significa que se estaría en presencia del método de imputación íntegra (*Full Credit*). Asimismo, también puede ocurrir que se haya convenido que el crédito corresponda tan sólo a lo que se debería pagar por dichas rentas de ser obtenidas en el Estado de la residencia, o lo que es lo mismo método de imputación ordinaria (*Ordinary Credit*).

Con el método de imputación la carga fiscal de las inversiones en el extranjero es la misma que la de las inversiones domésticas, salvo en el caso de que el impuesto del país de la fuente sea mayor que el del país de la residencia.[34] Esta tendencia hacia la igualdad en el tratamiento fiscal tiene serias implicaciones para los países en vías de desarrollo, ya que los beneficios fiscales para atraer inversiones no benefician directamente a los inversores sino a las Administraciones Tributarias de sus correspondientes países de residencia.[35]

4.3 *Las cláusulas "Tax Sparing"*[36]

Algunos países desarrollados, especialmente europeos, han introducido en sus tratados con países en vías de desarrollo clausulas *Tax Sparing* o créditos por impuesto no pagado. Debe tenerse en cuenta también la existencia de las cláusulas *Matching Credit*, o lo que es lo mismo un crédito fiscal mayor que lo realmente pagado por el impuesto en la fuente.[37]

Hay que indicar, no obstante, que la filosofía de cada una de estas cláusulas es distinta. Así, en el caso del *Tax Sparing* el país de la residencia permite la imputación del impuesto que habría sido sufrido en el país de la fuente de no haber existido un determinado incentivo. Su aplicación depende de la existencia de un incentivo otorgado por el país de la fuente como medida especial de política fiscal. Se trata de respetar los efectos de la renuncia hecha por el país de la fuente que de otro modo se anularía a favor del país de la residencia.[38] En

34. La aplicación del método de imputación ordinaria ha sido objeto de críticas al no eliminar completamente la doble imposición internacional en los casos en los que el impuesto pagado en el extranjero es superior al impuesto nacional. Por ello se afirma en los *Comentarios* al MCOCDE que "cuando el impuesto debido en el Estado de la fuente es más elevado y la deducción está limitada (imputación ordinaria), el contribuyente no queda redimido del total del impuesto pagado en el Estado de la fuente. En tal hipótesis, la situación será, por consiguiente, menos ventajosa que en el caso que obtuviese la totalidad de su renta en el Estado de residencia". Cf. *Comentario 27* a los arts. 23 A y 23 B del MCOCDE.

35. Cf. A. A. Knechtle, *Basic Problems in International Fiscal Law*, Kluwer, Deventer, 1979, pp. 76-79.

36. Cf. OECD, *Tax Sparing: a Reconsideration*, Paris, 1998.

37. Cf. United Nations, *Tax Treaties between Developed and Developing Countries*, First Report, Part Two, p. 41.

38. Cf. A. Ogley, *The Principles of International Tax*, London, Interfisc Publishing, 1999, p. 35.

el caso del *Matching Credit* el país de la residencia permite la imputación de un determinado porcentaje superior que el que correspondería aplicar al país de la fuente, independientemente de la existencia de incentivo alguno en el país de la fuente. No se trata entonces de respetar los incentivos otorgados por el país de la fuente, sino de una renuncia unilateral por parte del país de la residencia.

Este tipo de cláusulas ha sido abundantemente utilizado en los CDIs firmados por la mayor parte de países exportadores de capital (por ejemplo, Canadá, Francia, Alemania, Japón y el Reino Unido) con países en vías de desarrollo.[39] No obstante, hay que señalar que los CDIs firmados por los Estados Unidos de Norteamérica no incluyen la cláusula *Tax Sparing*. La razón parece ser que se halla en la política de este país sobre la neutralidad en la exportación de capitales.[40] Así se ha mantenido que dicha neutralidad debe ser aplicada en la tributación de inversiones extranjeras. Al considerar esta inversión en países en vías de desarrollo, se ha argumentado por parte de las autoridades de dicho país que puede ser mejor fomentada a través de subvenciones directas en lugar del uso de incentivos fiscales indirectos vía cláusula *Tax Sparing* o *Matching Credit.*[41]

En la actualidad, esta cláusula *Tax Sparing* está siendo muy criticada por distintas razones. La primera, entendemos errónea, por la creencia de que las decisiones de inversión en un país o en otro por parte de inversores que residen en países con un sistema de imputación ordinaria para evitar la doble imposición buscan prioritariamente un CDI en el que se ofrezcan cláusulas *Tax Sparing*. En honor a la verdad, las multinacionales no estudian en la toma de decisiones inversoras exclusivamente la existencia de este tipo de cláusulas, lo que buscan realmente es la propia existencia de un convenio. La segunda razón, más que creíble, es que los países en vías de desarrollo se preocupan cada vez más por las concesiones que deben ofrecer para obtener estas cláusulas cuando negocian los convenios. Estas concesiones toman distintas formas, como tipos de retención en la fuente más bajos o bien reglas más estrictas en relación con los establecimientos permanentes. Dadas estas condiciones, es normal que los países en vías de desarrollo se cuestionen si el precio para obtener estas cláusulas no es demasiado alto dados los beneficios limitados de las mismas.

5. *Introducción histórica del modelo de convenio de la OCDE*[42]

La necesidad de conseguir un grado aceptable de justicia en la tributación de las operaciones transfronterizas condujo a los Estados a convenir la necesidad de alcanzar una cierta coordinación internacional que permitiese asegurar las mismas condiciones fiscales de competencia a nivel mundial.

39. España tiene concedidas cláusulas *Tax Sparing* en los tratados firmados con Argentina, Brasil, China, India, Filipinas y México. Al mismo tiempo somos receptores de estas cláusulas en los CDI firmados con Bélgica, Brasil, Canadá, Dinamarca, Alemania, Japón, Luxemburgo, Noruega, Suecia y Suiza.

40. Cf. P. B. Musgrave, *United States Taxation of Foreign Investment Income*,Cambridge, Harvard Law School, 1969, pp. 109-121.

41. El Comité de Asuntos Fiscales de la OCDE en marzo de 1998 publicó un *Informe* en el que se critican las cláusulas *Tax Sparing* y *Matching Credit*, a la vez que se sugieren medidas alternativas a las mismas.

42. Sobre la historia para prevenir la doble imposición internacional consúltese: A. van den Tempel, *Relief from Double Taxation*, Amsterdam, IBFD, 1967; H. D. Rosenbloom, *Prepared Statement Presented at 1980 Hearing on Income Tax Treaty Policy by the Committee on Ways and Means of the US House of Representatives* (29.4.1980), Serial 96-102, Washington DC, US Government Office Printing, 1980, pp. 61-70; United Nations, *Manual for the Negotiation of Bilateral Tax Treaties between Developed and Developing Countries*, New York, 1979 (Doc. ST/ESA/94), pp. 16-21; K. Mesere, "The precursors and sucessors of the New OECD Model Tax Conventions on Income and Capital", *European Taxation*, 1993, p. 246; P. Baker, *Double Taxation Conventions and International Tax Law*, 2ª ed., London, Sweet & Maxwell, 1994, pp. 1-5.

Llegados a este punto, los Estados creyeron que la mejor manera de alcanzar dicho objetivo era a través de acuerdos bilaterales o multilaterales sobre los principios generales de distribución del poder tributario entre Estados. Lógicamente, esto que parecía tan sencillo se complicó de manera notable cuando se empezaron a considerar las características de cada país en lo que concierne a sus políticas económicas internacionales.[43]

Desde finales del siglo XIX los Estados han estado firmando convenios bilaterales para evitar la doble imposición internacional. Al principio se trataba de convenios entre Estados de una misma Federación, o países aliados, otras veces desde el punto de vista objetivo sólo se referían a rentas obtenidas por miembros de misiones diplomáticas o cláusulas relativas a nodiscriminación por razón de la nacionalidad.[44] El primer CDI que afronta de forma global el fenómeno de la doble imposición internacional fue el firmado el 21 de junio de 1899 entre Austria y Prusia.[45]

El desarrollo de la red de CDIs después de la I Guerra Mundial fue importante principalmente en Europa, debido al crecimiento industrial que convirtió al fenómeno de la doble imposición en el principal obstáculo a las relaciones comerciales entre países. En ese tiempo, Estados Unidos y Gran Bretaña fueron menos activos, pero firmaron algunos convenios en el período de entre-guerras. Sin duda el hito fue marcado por la Liga de Naciones que permitió una asimilación de los CDIs firmados hasta ese momento, a la vez que comenzó a buscar un modelo de convenio que sirviera como punto de partida de futuras negociaciones. Es así como en 1921, el Comité Financiero de la Liga de Naciones nombró a cuatro expertos (Bruins, Einaudi, Seligman y Stamp) para que preparasen un informe sobre cuestiones de fiscalidad internacional, informe que fue presentado en 1923.[46] En 1922, también en el seno de la Liga de Naciones, se convocó a expertos de siete países europeos con el mismo objeto que el Comité de los Cuatro Economistas, es decir, el estudio de los confines de la doble imposición internacional. Tanto el Comité de los Cuatro Economistas como el Comité de Expertos Fiscales (cuyo trabajo final fue presentado en 1925) llegaron a la misma conclusión y es que se debía llevar a cabo un reparto del poder tributario a efectos de la eliminación de la doble imposición entre el país de residencia y el de la fuente.

En octubre de 1928 la Liga de Naciones aprobó por primera vez un modelo global para la eliminación de la doble imposición internacional en materia de renta, asimismo se adoptaron los modelos relativos a la imposición sobre sucesiones, asis-

43. Cf. Sol Picciotto, *International Business Taxation*, New York, Quorum Books, 1992, pp. 35-36.

44. Cf. las exenciones fiscales en favor del personal diplomático y consular en los siguientes convenios firmados por España: Convenio de 3.7.1880, sobre el derecho de protección de Marruecos (Tratado multilateral entre España, Francia, Prusia, Alemania, Hungría, Austria, Dinamarca, Bélgica, Estados Unidos, Reino Unido, Italia, Portugal, Suecia, Noruega y el Sultán de Marruecos), en especial arts. 2, 3, 4, 12 y 13; Convenio entre España y el Imperio Alemán de 22.2.1870, determinando las atribuciones, derechos, privilegios e inmunidades de los agentes consulare; Convenio de 18.5.1871 y 10.2.1873 entre España y Países Bajos, sobre derechos, inmunidades y privilegios recíprocos de los agentes consulares (cits. por J. M. Calderón Carrero, *La Doble Imposición Internacional en los Convenios de Doble Imposición y en la Unión Europea*, Pamplona, Aranzadi, 1997, p. 33).

45. Cf.: M. Carroll, *US Tax Treaties with the European Community Member Countries: Corporate Aspects*, Washington, Tax Management Inc., 1975, pp. 3-7; K. Vogel, *Double Taxation Conventions*, cit., pp. 8-10. J. M. Calderón Carrero, *La Doble Imposición ...*, cit., p. 34. En lo que se refiere a España, siguiendo al profesor Palao, los primeros CDIs firmados se remontan al 27.6.1924 (Convenio Hispano-Británico), 7.8.1926 (Convenio con Francia) y de 28.11.1927 (Convenio con Italia) (cf. C. Palao Taboada, in VV.AA., *Comentarios a la Ley del IRPF*, Madrid, Civitas, 1983, p. 41).

46. *Report on Double Taxation*, Geneve, League of Nations, 1923; reimpreso en *Legislative History of United States Tax Conventions*, Washington DC, US Government Printing Office, 1962, pp. 4.009-4.056.

tencia mutua y asistencia judicial en la recaudación de tributos.[47] Para avanzar todavía más en este proceso, en 1929 se nombró un Comité Permanente sobre Tributación que presentó dos borradores de modelo en 1930 y 1935, si bien nunca fueron adoptados.

Hubo que esperar a los Modelos de Convenio de 1943 y de 1946 para tener un sistema más ordenado y científico, quizás frutos debidos a los estudios realizados para llevar a cabo los borradores de modelo de 1930 y 1935.[48] El primer Modelo de 1943 o Modelo de México fue realizado y aprobado por un Sub-cómite fundamentalmente formado por representantes de los países de América Latina por el desarrollo que en esos momentos acontecía de la II Guerra Mundial. Como no podía ser de otra manera, estos países impusieron sus ideas y así se le dio una mayor importancia al principio de la fuente, en relación con la que había tenido con anterioridad. Su aceptación mundial fue bastante escasa.

El Modelo de Londres (1946) ya con la participación de los países industrializados produjo que se revisasen los postulados del anterior Modelo e hizo que se plasmasen las ideas que defendían los países desarrollados, sobre todo, en lo concerniente a los dividendos, intereses y cánones. Como novedad, se introdujeron normas de reparto del poder tributario dependiendo del tipo de renta, lo que constituyó el primer modelo con una estructura similar al actual.[49]

Como ocurrió con el Modelo bilateral de Convenio de 1928, los Modelos de México y Londres nunca fueron unánimemente aceptados. No obstante, los principios allí contenidos fueron seguidos con algunas variantes en un gran número de CDIs firmados por países desarrollados. Así siguió la situación hasta que la Organización Europea para la Cooperación Económica (OECE) – después del 30 de septiembre de 1961, pasó a denominarse OCDE, Organización para la Cooperación y Desarrollo Económico, una vez que se incorporaron Canadá y Estados Unidos – crease el Comité de Asuntos Fiscales en 1956 y le encargase la tarea de trabajar sobre un modelo bilateral para eliminar la doble imposición internacional sobre los principios de los anteriores, "que resolviese definitivamente los problemas de doble imposición existentes entre los Estados-miembros de la OCDE y que fuese aceptado por todos los países-miembros".[50] La necesidad de un nuevo modelo venía dada por dos razones. La primera radicaba en que los Modelos de México y Londres presentaban en cuestiones esenciales grandes diferencias y lagunas. La segunda era consecuencia de la creciente interdependencia económica de los Estados-miembros de la OECE en el período de postguerra y la cooperación económica establecida entre ellos.

El Cómite de Asuntos Fiscales de la OECE (OCDE, posteriormente) presentó cuatro informes provisionales entre 1956 y 1961 con una serie de modelos de artículos que formarían un hipotético Modelo de Convenio. Es en 1963 cuando se presenta, por fin, un Modelo de Convenio para evitar la doble imposición internacional de carácter general, MCOCDE, al que se le anexó una serie de *Comentarios* sobre su articulado.[51] Estos *Comentarios* interpretan el Modelo de Convenio. Cuando un Estado no está de acuerdo con dicha interpretación, éste introduce una reserva al *Comentario*.

47. Cf. United Nations, *Manual for the Negotiation of Bilateral Tax Treaties ...*, cit., pp. 16-21.

48. Cf. League of Nations, *London and Mexico Model Tax Conventions: Commentary and Text*, Doc. C.88.M.88.1946, ILA (1946).

49. Cf. J. M. Calderón Carrero, *La Doble Imposición ...*, cit., p. 36.

50. Cf. Organization for Economic Co-Operation and Development, *Model Double Taxation Convention on Income and on Capital. Report of the Committee on Fiscal Affairs*, Paris, 1977, p. 8.

51. El 1.7.1963 se presenta el primer Proyecto de Convenio para evitar la doble imposición internacional sobre la renta y el patrimonio, que la OCDE publicó junto con la resolución del 30 de julio de ese mismo año (cf. OECD, *Draft Double Taxation Convention on Income and Capital*, Paris, 1963).

En los años siguientes, el MCOCDE y sus *Comentarios* fueron revisados por el Comité de Asuntos Fiscales. Esta revisión estuvo basada principalmente en la experiencia práctica.[52] En 1977 – 11 de abril – el Comité de Asuntos Fiscales aprueba un nuevo informe con una revisión parcial del MCOCDE y sus *Comentarios*.[53]

Las dos premisas sobre las que se basa el MCOCDE son: en primer lugar, el país de la residencia eliminaría la doble imposición a través del método de imputación (*Credit Method*) o el de exención (*Exemption Method*); y la segunda, el país de la fuente, en consecuencia, reduciría considerablemente el objeto de su poder tributario en la fuente y los tipos de gravamen que aplicaría como retención.

Durante 15 años el Comité de Asuntos Fiscales publicó una serie de informes y trabajos sobre la posición de la OCDE en problemas que iban apareciendo en la escena internacional tributaria; estos informes incorporaban posibles reformas y modificaciones del MCOCDE, siendo muchas de ellas tomadas en cuenta por los negociadores de CDIs, aun a pesar de su no-incorporación en el Modelo. Dichas sugerencias fueron finalmente incorporadas en el nuevo MCOCDE de 1992 – 23 de julio.[54-55] Al mismo tiempo, el Comité anunció que en el futuro intentaría publicar las actualizaciones del MCOCDE y sus *Comentarios* más frecuentemente.[56]

Dicha intención se ha visto plasmada mediante la publicación de nuevas modificaciones en 1994, 1995 y 1997. Estos cambios juntos los de 1977 no han afectado tanto al MCOCDE como a sus *Comentarios*. En efecto, éstos son ahora mucho más amplios que al principio y el número de reservas también se ha visto incrementado notablemente. Aparte de las reservas, algunos Estados-miembros de la OCDE han incluido observaciones. Estas no incorporan ningún tipo de desacuerdo con el texto del Modelo, sino que ofrecen una indicación útil de cómo dichos Estados aplicarían un artículo en concreto del Modelo.[57]

Los últimos Modelos de 1992, 1994, 1995 y 1997 responden, como los anteriores, a una mayor profundización en el consenso del reparto del poder tributario y a la inclusión de nuevas medidas que perfeccionan el Modelo como consecuencia de la experiencia práctica que se va adquiriendo. Al mismo tiempo se puede constatar la introducción de nuevas cláusulas dirigidas a luchar contra la evasión fiscal y en particular contra el *Treaty Shopping*.[58]

No es el momento de glosar la importancia que han adquirido el MCOCDE y sus principios en el ámbito de la tributación internacional. No es arriesgado señalar que dicho Modelo ha permitido una cierta harmonización en las legislaciones nacionales de los países de la OCDE.

6. Modelos de convenio para evitar la doble imposición internacional

Una compilación de convenios para evitar la doble imposición internacional

52. Cf. K. Messere, *Bulletin for International Fiscal Documentation* 47/1993, p. 246.

53. Cf. OECD, *Model Double Taxation Convention* ..., cit., 1977.

54. Ibidem, París, 1992.

55. Sobre los cambios introducidos por la revisión de 1992 consúltese K. Matthews, "OECD Conference Participants Review Changes in 1992 OECD Model Treaty", *Tax Notes International*, 1993, pp. 251-255.

56. Fruto del compromiso ha sido, por ejemplo, que el MCOCDE y sus *Comentarios* son publicados en libros de hojas intercambiables, en lugar del tradicional volumen en el que no se podía añadir ni cambiar los textos de los artículos o comentarios.

57. Cf.: OECD, *Model Double Taxation* ..., cit., 1977, par. 27; K. Vogel, *ouble Taxation Conventions*, cit., par. 19a.

58. El Comité de Asuntos Fiscales se reune dos veces al año. Los representantes en este Comité son funcionarios, generalmente de la Dirección General de Tributos responsables de la política fiscal internacional. El Comité se ha organizado en diversos grupos de trabajo, los principales son: Grupo de Trabajo 1, sobre Doble Imposición; Grupo de Trabajo 6, sobre Tributación y Multinacionales; Grupo de Trabajo 8, sobre Evasión Fiscal (cf. "Committee on Fiscal Affairs: activities 1971-1990 and current work programme", *Bulletin for International Fiscal Documentation* 1990, pp. 558-562).

identifica 24 tipos distintos de convenio.[59] No se trata en este momento de estudiar a fondo todos ellos, nos limitaremos a diferenciar los más importantes y sólo una clasificación será expuesta en razón del sujeto y del objeto.

6.1 Desde el punto de vista subjetivo

Desde el *punto de vista subjetivo* se pueden citar los siguientes modelos de convenio, aparte del de la OCDE:

6.1.1 El modelo de la Organización de Naciones Unidas

Es destacable junto a los trabajos realizados en el seno de la OCDE el llevado a cabo por la ONU. Esta organización constituyó una grupo de expertos, denominado ECOSOC, cuya conclusión fue la creación de un Modelo de Convenio para evitar la doble imposición internacional y evitar la evasión fiscal en 1980.[60] El objetivo de este Modelo es equilibrar las relaciones entre los países desarrollados y los que están en vías de desarrollo. Aquellos imponen sus condiciones a éstos tomando en cuenta lo que pueda más interesar a su condición de países exportadores de capital y tecnología. Tratarán por todos los medios que las rentas producidas sean sometidas a gravamen en el país de la residencia y no en el de la fuente. Este último criterio es el que parece predominar precisamente en el Modelo de Convenio de NU en contraposición al MCOCDE.

El MCONU toma como base la estructura, principios y funcionamiento del MCOCDE. La diferencia entre ambos estriba fundamentalmente en el protagonismo que adquiere el principio de imposición en la fuente, para ello baste el ejemplo del art. 12 MCONU. Por tanto, la ONU recomienda insistentemente a sus países-miembros que en sus negociaciones con países exportadores de capital se atienda a las adaptaciones que el MCONU hace del MCOCDE. Es decir, aferrarse a participar en la imposición de los capitales y rentas generadas, explotadas o situadas en su territorio por inversores extranjeros.

6.1.2 El modelo americano

Los Estados-miembros de la OCDE generalmente usan el MCOCDE como base para la negociación de los CDIs. No obstante, algunos Estados han desarrollado sus propios modelos que presentan en el inicio de cualquier negociación. A decir verdad, estos modelos están basados extensamente en MCOCDE. Ejemplos de lo que se está exponiendo son los casos americano y holandés.

El Tesoro Americano publicó un Modelo en 1977 y dos versiones revisadas en 1981 y 1982. En diciembre de 1996 se publicó la nueva versión del Modelo. Ha sido largamente anunciada una nueva versión del *US Model*, pero hasta la fecha no se puede informar de la misma. Como es lógico, el *US Model* ha sufrido numerosos cambios, uno de ellos supuso la modificación del art. 16 (Cláusula Anti-*Treaty Shopping*).[61] Puede constatarse, y no sólo de este hecho aislado, la constante preocupación de las autoridades americanas en la persecución del uso abusivo de los CDIs.

6.1.3 El modelo holandés

Aunque las autoridades holandesas prefieren no hablar de un Modelo de CDI,

59. Cf. Diamond y Diamond, *International Tax Treaties of all Nations*, New York, Matthew Bender, vs. from 1975.

60. Document ST/ESA/102, New York, United Nations, 1980. Para un comentario sobre dicho Modelo, v. International Fiscal Association, *The UN Draft Model Tax Convention*, Kluwer, Deventer, 1979.

61. Una versión del *US Model* puede ser consultada en K. van Raad, *Model Income Tax Treaties*, Kluwer, Deventer, 1983. Para una comparación entre los Modelos de la OCDE y los Estados Unidos v. H. Shannon, "Comparison of the OECD and US Model Treaties for the Avoidance of Double Taxation", *International Tax Journal* 12/1986, p. 265.

la realidad de los hechos demuestra otra cosa. El *standard* holandés ha sido objeto de publicación en revistas dedicadas al estudio de la fiscalidad internacional[62] y es el documento-base que presentan los responsables holandeses a la hora del inicio de negociaciones para la conclusión de un CDI.[63] El Fisco Holandés prefiere hablar del conjunto de principios y directrices de la política holandesa en materia de fiscalidad internacional que de un convenio propiamente dicho.

6.1.4 Modelo de Convenio de la Comunidad Andina

Hay que reseñar la elaboración de un Convenio multilateral para evitar la doble imposición internacional entre los Estados-miembros de la Comunidad Andina[64] así como el Modelo de Convenio para evitar la doble tributación a utilizar en las negociaciones con otros países. Así pues nos encontramos ante un Modelo de Convenio a la vez que Convenio Multilateral que obliga a los Estados firmantes.

Este Convenio-tipo fue acordado en el seno de la Comisión del Acuerdo de Cartagena en 1971 (Decisión 40/1971, de 16 de noviembre). Tiene como característica fundamental que la distribución del poder tributario se realiza siguiendo principalmente el criterio de imposición en el país de la fuente,[65] tendencia muy seguida hasta recientemente en América Latina. El principio de la fuente allí consagrado sigue siendo aplicado entre estos países en virtud del Convenio Multilateral contenido en el Anexo I de dicha Decisión, vigente desde el 18 de junio de 1980 y aplicable en general desde el 1 de enero de 1981. El Modelo de Convenio para ser utilizado con terceros países contenido en el Anexo II de la misma Decisión también adoptó el criterio de la territorialidad. Sin embargo, un simple vistazo de los convenios concluidos por estos países con terceros Estados evidencia que dicho Modelo ha sido de escasa o nula utilidad.[66]

Ante esta premisa, es lógico que este Modelo de Convenio trate de que los intereses y cánones a pagar por la importación de capitales y tecnología sean sometidos a gravámenes el país donde tienen su origen.[67] Así pues, las reglas de distribución del poder tributario de este Convenio establecen la tributación prácticamente exclusiva del país de la fuente.[68]

Ahora bien no sería justo si no se expusiera cuál es la realidad actual. La práctica internacional nos enseña que este Modelo tiene una escasa difusión, principalmente por dos razones: la primera, porque los Estados desarrollados consideran dicha distribución inaceptable como base de negociación; y segunda, el poder económico de los países desarrollados implica la necesaria adopción del marco de la OCDE para comenzar las negociaciones, con lo qué Estados en vías de desarrollo no les queda más remedio que aceptar las reglas

62. El *Standard Treaty* holandés puede ser consultado en *Bulletin for International Fiscal Documentation*, 1988, p. 396. Para un comentario sobre el mismo, K. van Raad, *The Netherlands Model Income Tax Treaty*, Intertax, 1988, p. 241.

63. Cf. Lyons y Waardenburg, "Some aspects of international tax treaty strategy of the Netherlands", *Bulletin for International Fiscal Documentation*, 1988, p. 374. V. asimismo la Carta del Ministro de Hacienda Holandés a la Cámara Baja del Parlamento de 3 de diciembre de 1987 y publicado como Documento de la Sesión 1987-1988, n. 20.355/1-2.

64. Los países-miembros de la Comunidad Andina son Bolivia, Colombia, Ecuador, Perú y Venezuela.

65. Cf. J. V. Troya Jaramillo, *Derecho Tributario Internacional*, Quito, Corporación Editora Nacional, 1990, pp. 198 y ss.

66. Paradójicamente, dicho modelo fue utilizado como base del Convenio para evitar la doble imposición internacional firmado entre Argentina y Chile el 13.11.1976, aplicable desde el 1.1.1986.

67. Cf.: J. R. Fernández Pérez, "Criterios de reparto de potestad tributaria según los distintos modelos de convenios y recomendaciones externas", in *Estudios de Doble Imposición Internacional*, Madrid, IEF, 1979, pp. 111-113; J. M. Calderón Carrero, *La Doble Imposición* ..., cit., p. 38.

68. Los artículos del Modelo de Convenio de la Comunidad Andina que establecen la tributación en la residencia destacan los arts. 7, 8, 13 y 14, "b".

del juego económico.[69] Además por si estas razones fueran pocas, podemos constatar que incluso los propios países de la región han modificado sus normas tributarias dando entrada al principio de imposición de la renta mundial, lo que demuestra el escaso seguimiento del Convenio, incluso por los propios interesados.[70]

6.2 Desde el punto de vista objetivo

La segunda clasificación que se proponía de los distintos tipos de convenio viene dada desde el *punto de vista objetivo*, así se puede hablar de los siguientes tipos de Modelo de Convenio:[71]

6.2.1 Modelo de Convenio para evitar la doble imposición internacional en materia del impuesto sobre la renta y el patrimonio y sobre sucesiones y donaciones

Una de las clasificaciones típicas que se puede hacer en relación con los Convenios desde el punto de vista objetivo es aquella que toma en consideración, por un lado, los convenios para evitar la doble imposición internacional y la evasión fiscal en materia de los impuestos sobre la renta y el patrimonio; y, por otro lado, aquellos otros convenios que se fijan en el impuesto sobre sucesiones y donaciones.

España ha firmado tres Convenios en relación con el impuesto sobre sucesiones y donaciones con Grecia,[72] Francia[73] y Suecia.[74]

El Comité de Asuntos Fiscales, consecuente con el pensamiento de que el esfuerzo para eliminar la doble imposición internacional tenía que ir más allá que del impuesto sobre la renta y el patrimonio, también efectuó trabajos con vistas a la eliminación de aquélla en el campo de la imposición sobre sucesiones y donaciones. Ante estas premisas, el Cómite recibió la tarea de elaborar un Modelo de Convenio que ofreciese soluciones a los problemas más habituales de la imposición transfronteriza del impuesto sobre sucesiones y donaciones. El Modelo para evitar la doble imposición internacional sobre sucesiones y donaciones se publicó en 1966, y una segunda versión revisada apareció en 1982.

6.2.2 Convenios para evitar la doble imposición internacional de carácter general – "comprehensive" – y de carácter limitado – "limited agreements"[75]

Los CDI de carácter general, como por ejemplo los basados en el MCOCDE, contienen reglas de distribución del poder tributario entre los Estados-partes del mismo para todos los tipos de renta. Los convenios de carácter limitado tratan sólo de alguno de los tipos de renta. Un ejemplo podrían

69. Sobre la situación actual del Modelo de Convenio de la Comunidad Andina v. F. Serrano Antón, "Experiencias y perspectivas en los procesos de armonización tributaria (especial referencia a América Latina y a la Unión Europea)", *Revista CEF* 194/1999.

70. Venezuela ha sido el último ejemplo de país perteneciente a la Comunidad Andina que modifica sus normas tributarias para dar entrada el principio de imposición basado en la renta mundial en su legislación. Este acto demuestra la poca influencia que tiene el Modelo de Convenio en los Estados-miembros aún a pesar de la Decisión 40/1971 tomada en el seno de la Comunidad Andina.

71. Consúltese P. Baker, *Double Taxation* ..., cit., p. 13.

72. Firmado el 6.3.1919 y en vigor desde el 18.12.1920. Siguiendo la aclaración que la OCDE realizó en 1982 en el *Informe* introductorio del Modelo de Convenio sobre sucesiones y donaciones, éste con Grecia no es un Convenio propiamente dicho, sino un Convenio consular que contiene algunas cláusulas tributarias en dicha materia.

73. Firmado el 8.1.1963 y en vigor desde el 29.12.1963.

74. Firmado el 25.4.1963 y en vigor desde el 29.1.1964.

75. Se ha utilizado la traducción de "general" para *comprehensive* en contraposición a los "acuerdos de carácter limitado" para *limited agreements*, siguiendo la que realiza el Ministerio de Hacienda en su libro *Convenios de Doble Imposición Suscritos por España y Disposiciones Reglamentarias*, Madrid, Ministerio de Economía y Hacienda, 1992, pp. 5-6.

ser los Convenios para evitar la doble imposición internacional en relación con el ejercicio de la navegación marítima o aérea.[76] En este último tipo de convenio se distribuyen las competencias tributarias entre los países contratantes de las rentas obtenidas por las empresas que desarrollan actividades empresariales relacionadas con la navegación aérea o marítima. En caso de que con posterioridad a la firma de uno de estos convenios se firme un convenio de carácter general, los de carácter restringido al estar contenidos en el primero dejan de ser aplicables. El art. 8 MCOCDE precisamente trata de la tributación de este tipo de rentas, con lo qué no tendría sentido tener un convenio limitado a estas rentas.

6.2.3 Convenios bilaterales o multilaterales. Ejemplos

La gran mayoría de los CDIs son de carácter bilateral, es decir, son dos los Estados contratantes. De hecho, el MCOCDE está preparado como base de negociación entre dos países. No obstante, existe un pequeño número de CDIs multilaterales en vigor o que han estado en vigor.[77] Algunos ejemplos de dicho tipo de CDIs son:[78]

– El *Acuerdo General de la Organización Común Africana Madagascar y Mauritania (L'Organisation Commune Africaine, Malgache et Mauricienne)*, en lo referente a la cooperación fiscal, firmado el 29.1.1971, entró en vigor el 1.1.1972.[79] En estos momentos, parece que se halla fuera de vigencia, si bien fuentes sin confirmar han precisado su vigencia.[80] No obstante, esta última información hay que tomarla con ciertas cautelas ya que la práctica totalidad de los países que formaban la OCAM son ahora miembros de la ECOWAS.

– *Acuerdo para la Eliminación de la Doble Imposición Internacional y Evitar la Evasión Fiscal entre los Estados de la Unión Económica Árabe*. Dicho Convenio fue firmado el 3.12.1973 y entró en vigor el 13.7.1975. Los países firmantes son Jordania, Sudán, Siria, Iraq, Kuwait, Egipto y Yemen.

– El *Convenio Multilateral para la Eliminación de la Doble Imposición Internacional en Materia del Impuesto sobre la Renta de las Personas Físicas y del Patrimonio firmado por los Estados-Miembros del COMECON* el 27.5.1977, con entrada en vigor el 1.1.1979. Asimismo cabe citar el Convenio Multilateral para la Eliminación de la Doble Imposición Internacional en Materia del Impuesto sobre Sociedades y Patrimonio firmado por los Estados-Miembros del COMECON el 19.5.1978, en vigor desde el 1.1.1979. Los Estados que firmaron estos Convenios inicialmente fueron: Bulgaria, Checoslovaquia, Hungría, República Demócrata de Alemania, Mongolia, Polonia, Rumania y la Unión Soviética. El Consejo del COMECON fue disuelto en 1990, no obstante, las autoridades fiscales de los países firmantes acordaron que las cláusulas de dicho Convenio Multilateral seguirían aplicándose en tanto en cuanto no se subscribiesen nuevos convenios bilaterales entre ellos. La situación se complicó posteriormente, dado que este acuerdo fue tomado con anterioridad a la disolución de la Unión Soviética. Después de este acontecimiento, la Comunidad de Estados Independientes (CIS) acordó, con

76. España tiene firmados cinco Convenios para evitar la doble imposición internacional en relación con la navegación marítima o aérea: Argentina de 30.11.1978, Chile (sólo en relación con la navegación aérea) de 28.12.1976, Irlanda de 25.2.1975, Sudáfrica de 16.10.1973 y Venezuela de 6.3.1986.

77. Sobre el particular consúltese H. H. M. L. Hamaekers, "Multilateral instruments on the avoidance of double taxation", *Bulletin for International Fiscal Documentation* 1986, p. 99.

78. Para consultar el texto de estos CDIs multilaterales: IBFD, *Tax Treaties Database*, Amsterdam, 2000.

79. Los países que son miembros de este Convenio General son: Camerún, República Centro-Africana, Chad, Congo, Benin, Costa de Marfil, Madagascar, Níger, Ruanda, Senegal, Togo, Burkina-Faso y Zaire.

80. Consúltese IBFD, *Tax Treaties DataBase*, cit.

algunas excepciones, la continuación en la aplicación de los convenios internacionales suscritos con anterioridad en tanto en cuanto no se firmasen nuevos bajo su propio nombre.[81]

– *Convenio de la Comunidad Económica de los Países del Este de África (ECOWAS)*.[82] Dicho Convenio fue firmado el 28.5.1975 y entró en vigor el 20.6.1975.

– La *Convención Nórdica* para la eliminación de la doble imposición internacional en los impuestos sobre la renta y el patrimonio fue firmada, en su última versión, el 23.9.1996 y entró en vigor el 1.1.1998 junto con un Protocolo. Dinamarca, Islas Feroe, Finlandia, Islandia, Noruega y Suecia son los países firmantes de dicho Convenio Multilateral cuyo objeto principal es la eliminación de la doble imposición internacional.[83]

En el ámbito de la *Unión Europea* no se han realizado esfuerzos encaminados a desarrollar un convenio multilateral. Lo que sí posee el Tratado de la Unión Europea es un mandato claro a los Estados-miembros. Así, el art. 293 TUE obliga a los Estados-miembros a entablar negociaciones entre sí, en tanto sea necesario, a fin de asegurar la eliminación de la doble imposición dentro de la Unión Europea.

6.2.4 Convenios de asistencia administrativa y auxiliares

Existe un número creciente de convenios específicos que no buscan distribuir el ›oder tributario entre los Estados, sino que ofrecen asistencia administrativa de distinto contenido. Así, el Comité de Asuntos Fiscales de la OCDE preparó un Modelo de Convenio de Asistencia Mutua en relación con la recaudación de deudas tributarias.[84] Además existe un Convenio Multilateral desarrollado conjuntamente con el Consejo de Europa sobre Asistencia Mutua en temas fiscales.[85] En esta categoría debe incluirse también el Convenio para la eliminación de la doble imposición en caso de corrección de beneficios entre empresas asociadas de 23.7.1990.[86]

Los Estados Unidos de Norteamérica llevan a cabo la firma de Convenios de Intercambio de Información con países con los que es difícil concluir un CDI (ejemplos son los Convenios que de este tipo tienen los Estados Unidos con Barbados o Costa Rica, países que por otra parte aparecen continuamente en las listas negras de países considerados paraísos fiscales).

7. *Los fines de los convenios de doble imposición*

Los CDIs pueden ser percibidos desde distintos puntos de vista, dependiendo de si es la Administración o el contribuyente, los objetivos también pueden ser distintos.

Desde el punto de vista de las Administraciones Tributarias[87] una pista de lo que puede ser el fin nos lo encontramos en el mismísimo título que se da a la práctica totalidad de convenios: "Convenio entre el Estado 'A' y el Estado 'B' para la eliminación de la doble imposición internacional y la prevención de la evasión fiscal". Por tanto, si nos atenemos al título de los convenios y desde el punto de vista administrati-

81. Nótese que no se puede aplicar el Convenio ilateral COMECON entre los Estados-miembros Comunidad de Estados Independientes utili-el criterio de la sucesión de Estados (*v.g.*, en-enia y Bielorrusia).

Los países pertenecientes a esta Comunidad n, Gambia, Ghana, Guinea, Guinea Bissau, Marfil, Liberia, Mali, Mauritania, Níger, negal, Sierra Leona, Togo y Burkina Faso.

ra un estudio más profundo, N. Mattson, lateral convention a solution for the nents with reflections on the nordic *tertax*, 1985, p. 212.

84. Cf. OECD, París, 1981

85. Cf. Consejo de Europa, Estrasburgo, 1989.

86. Cf. Convenio 90/436/CEE, de 23 de julio

87. Sobre el particular P. Gravelle, "Tax treaties: concepts, objectives and types", *Bulletin for the International Fiscal Documentation*, 1988, p. 522. El autor diferencia los objetivos de los CDIs entre la promoción del desarrollo económico y la prevención de la evasión fiscal.

vo, los CDIs poseen estos dos objetivos mellizos:

1) eliminar la doble imposición internacional; y

2) prevención de la evasión fiscal.

Las declaraciones que se hacen desde los gobiernos, jueces y tribunales y organizaciones internacionales coinciden en señalar a estos dos fines como primordiales.

El Comité de Asuntos Fiscales de la OCDE, siempre tan exhaustivo, en esta ocasión no se detiene como debiera en este asunto. Tan sólo en la *Introducción* al modelo encontramos todo lo que sobre el tema existe: "International juridical double taxation can be generally defined as the imposition of comparable taxes in two (or more) States on the same taxpayer in respect of the same subject matter and for identical periods. Its harmful efects on the exchange of goods and services and movements of capital, technology and persons, are so well known that it is hardly needed to stress the importance of removing the obstacles that double taxation presents to the development of economic relations between countries".[88]

Resulta interesante quizás recabar la atención en el hecho de que la eliminación de la doble imposición económica no aparece contemplada en los CDIs. De hecho, parece que no es el objetivo de los convenios. De todas formas, no es muy convincente este argumento, porque de alguna manera se puede rastrear algunos artículos que persiguen si no la eliminación, sí la atenuación de la doble imposición económica. Nos referimos al art. 9 MCOCDE, en el que se regulan los beneficios de empresas asociadas y, por tanto, todos los ajustes en materia de precios de transferencia: los ajustes primarios, correspondientes y secundarios. Lo mismo se puede observar en el art. 10 MCOCDE, correspondiente a los dividendos, en donde se observa una reducción de los tipos de retención en la fuente, lo que implica una atenuación de la doble imposición económica.[89]

El grupo de expertos de NU también ha insistido en que el objetivo de los CDIs es eliminar los impedimentos al flujo comercial y de inversiones a través de la eliminación de la doble imposición internacional. Resume esta idea en el siguiente párrafo de la *Introducción al Modelo de Convenio de NU*: "The growth of investment flows from developed to developing countries depends to a large extent on what has been referred to as the international investment climate. The prevention or elimination of international double taxation... constitutes a significant component of a such climate".

El MCNU, a diferencia del MCOCDE, explica algo más cuando afirma, unos párrafos más abajo: "Broadly, the general objectives of bilateral tax conventions may today be seen to include the full protection of taxpayers against double taxation (whether direct or indirect) and the prevention of the discouragement which taxation may provide for the free flow of international trade and investment and the transfer of technology. They also aim to prevent discrimination between taxpayers in the international field, and to provide a reasonable element of legal and fiscal certainty as a framework within which international operations can be carried on (...). In addition, the treaties have as an object the improvement of cooperation between tax authorities in carrying out their duties".

La Corte Suprema Americana[90] también ha tenido oportunidad de pronunciarse sobre los fines de los CDIs, afirmando a tal efecto que el objetivo de los convenios no consiste en asegurar un trato de igualdad completo y estricto – que es virtualmente imposible a la luz de los distintos sistemas fiscales entre dos naciones –, sino como

88. Cf. *Introducción al MCOCDE*, par. 3.

89. Cf. *Comentarios* al MCOCDE a los arts. 9.2 y 10. Consúltese asimismo S. V. Weeghel, *The Improper Use of Tax Treaties*, Series on International Taxation, n. 19, Kluwer, Deventer, 1998, par. 5.2.1.

90. Cf. Maximov *vs. US* (1963) 373 US 49, 10 L. Ed. 2nd. 184-188.

aparece en el título de los convenios, se trata de facilitar el intercambio comercial a través de la eliminación de la doble imposición que resulta de gravar la misma transacción o renta por ambos países; un objetivo adicional es la prevención de la evasión fiscal.

Los objetivos de los CDIs desde el punto de vista gubernamental podrían ser resumidos en los siguientes:

– la eliminación de la doble imposición que tanto aflige al comercio internacional;

– la cooperación entre Administraciones Fiscales para combatir la evasión fiscal;

– la seguridad jurídica y fiscal necesaria para atraer capital y comercio;

– la eliminación de tributación discriminatoria; y

– el justo reparto de las ingresos fiscales entre los Estados.

Siguiendo a P. Baker, llegados a este punto, sería bueno preguntarse hasta qué punto son importantes estos objetivos señalados en la práctica.[91] La verdad es que un Estado preocupado por la internacionalización de su economía, que posea un buen número de medidas unilaterales para prevenir la doble imposición internacional, un CDI le puede aportar más bien poco. El CDI puede conceder un crédito por impuestos pagados en el extranjero que no estaba previsto en la legislación doméstica, o bien conceder un crédito por impuesto no pagado – *Tax Sparing* – que no se contempla en la normativa interna. Quitando estos casos, el CDI no añadirá muchos más atractivos, aparte, de la reducción de los tipos de retención en el país de la fuente que produce el aumento de la recaudación fiscal en el país de la residencia en los que se utiliza como método para evitar la doble imposición, el de crédito por imputación ordinaria.

La prevención de la evasión fiscal se ha ido convirtiendo en un fin primordial de los convenios. Las cláusulas de intercambio de información – art. 26 MCOCDE – son necesarias, si el suministro de dicha información a las autoridades administrativas de otro Estado no fuese permitido, por ejemplo, por obligaciones domésticas de confidencialidad. No obstante, algunos Estados lo que suelen hacer es crear normas que eliminan dichas restricciones domésticas que evitan el suministro de información a otros países. Es el ejemplo del Reino Unido y la transposición que hizo de la Directiva 77/799/CEE relativa a la asistencia mutua entre las autoridades competentes de los Estados-miembros en el ámbito de los impuestos directos e indirectos. Por tanto, en algunas ocasiones, un CDI no será necesario para poder aplicar este tipo de medida anti-evasión. El convenio lo que ofrece como ventaja es la manera del intercambio de información que es recíproca, además de la apertura del canal para este tipo de cooperación.

Ya se ha tenido ocasión de tratar la perspectiva administrativa, resta por ver los fines de los CDIs desde la *óptica del contribuyente*, que son completamente distintos a los anteriores. Irónicamente, se puede afirmar que poco le interesa al contribuyente la lucha contra la evasión fiscal como objeto de un CDI. En el caso del intercambio de información tampoco le debe resultar muy interesante, y si le llama la atención es como preocupación de que la información a efectos tributarios que obtiene su Administración Tributaria pueda ser después comunicada a otro Estado, es decir, la ausencia de confidencialidad. Si seguimos con este comentario un tanto irónico, también incluso se podría afirmar que para muchos contribuyentes el método para evitar la doble imposición internacional no es lo más importante de un CDI, ya que los contribuyentes ingenian otras posibilidades que aseguran no ser gravados dos veces. Eso sí, existen contribuyentes que encuentran atractivos a los CDIs por las oportunidades que ofrecen de planificación, puesto

91. Cf. P. Baker, *Double Taxation* ..., cit., par. B-10.

que operaciones bien diseñadas pueden suponer que algunas rentas o ganancias de capital no sean sometidas a gravamen por la interrelación que se produce en el seno de aquellos.

Si dejamos al lado está visión sarcástica de los fines de los CDIs, hay que referirse a los aspectos positivos de la aplicación de los CDIs. En primer lugar, ofrecen una cierta garantía a los inversores de cómo serán tratados fiscalmente en territorio extranjero. En este punto, tiene una gran importancia el art. 24 MCOCDE, dedicado a la "no-discriminación", como medio de protección a los inversores foráneos. En segundo lugar, se establecen relaciones tributarias entre dos Estados, lo que es fundamental no sólo por el intercambio de información necesario para combatir la evasión fiscal, sino también como medio para obtener información sobre cada uno de los sistemas fiscales de los países en cuestión, sobre todo si dichos cambios en la normativa tributaria requieren una modificación del CDI firmado. Por último, los CDIs deben ser reconocidos como un aspecto de la política de fomento de las inversiones de un país a otro y viceversa, y como medio para la eliminación de los obstáculos fiscales al movimiento de personas y capitales entre Estados. En conclusión, se pueden resumir los fines desde la perspectiva del contribuyente en los siguientes:

– la protección de las inversiones de los no-residentes y la seguridad jurídica;

– la eliminación de la doble imposición internacional;

– el fomento de las inversiones a través de tipos de retención en la fuente bajos y las cláusulas *Tax Sparing* o *Matching Credit*;

– el principio de no-discriminación; y

– la información del sistema tributario del otro país contratante sobre todo si los cambios habidos en el sistema requieren una renegociación del convenio, aparte de la obligación de notificarse anualmente los cambios de calado en las normas tributarias que tengan que ver con los CDIs.

8. Estructura de los convenios de doble imposición

Como ya ha quedado explicado, el fundamento de los CDIs como método para eliminar la doble imposición internacional radica en la distribución que se hace del poder tributario, lo que se traduce en ocasiones en una cesión de soberanía fiscal entre los respectivos Estados.

El reparto internacional del poder tributario pivota sobre los principios de reciprocidad y mutua cesión y condiciona los principios universalmente aceptados del gravamen del Estado de la fuente y el residual del país de la residencia. Esta concepción clásica se ve modulada, sin embargo, atendiendo a distintos factores como la mayor o menor conexión económica con cada Estado, el grado de desarrollo de cada uno de ellos, y las necesidades o intereses prioritarios de éstos. De esta manera, se realiza el reparto del "pastel" de acuerdo con las necesidades de cada uno de los Estados. Resulta normal encontrar CDIs con alteraciones en comparación con el MCOCDE o de la ONU, esta personalización de los CDIs responde a las circunstancias existentes. En este orden de cosas, no debe dejarse de mencionar la instrumentación de estos tratados para alcanzar otros fines como la lucha contra la evasión fiscal internacional.[92]

Sin duda, los CDIs son mini-sistemas fiscales que regulan los principios sustantivos que se refieren a las relaciones fiscales internacionales que fluyen entre dos países. Junto a las reglas de distribución del poder tributario, los CDIs garantizan un entrama-

92. A título de ejemplo de disposiciones que tratan de luchar contra la evasión fiscal internacional se pueden citar: la cláusula del beneficiario efectivo (arts. 17.2, 10.2, 11.2 y 12.1 MCOCDE), las normas antiabuso o *Anti-Treaty Shopping* (arts. 1 y 4 MCOCDE) y las normas de intercambio de información y de asistencia mutua (art. 26 MCOCDE). Cf.: V. Uckmar, "La evasión fiscal internacional", in *Seis Estudios sobre Derecho Constitucional e Internacional Tributario*, Madrid, Edersa, 1980, p. 195; J. M. Calderón Carrero, *La Doble Imposición* ..., cit., p. 58.

do jurídico-tributario que evita incoherencias a la hora de la eliminación de la doble imposición internacional y permiten una resolución técnica más eficaz y acabada que mediante la aplicación de medidas unilaterales. Las consecuencias que se producen son, por un lado, una mayor confianza de los operadores económicos y, por otro lado, se efectúa un mejor reparto de la riqueza a nivel internacional lográndose un clima fiscal más adecuado.[93]

Este epígrafe trata de explicar la estructura habitual de los CDIs. En términos generales, los artículos de éstos se pueden dividir en seis grupos.

(i) Las cláusulas objeto o ámbito de aplicación comprenden a los arts. 1 (personas comprendidas), 2 (impuestos comprendidos), 28 (extensión territorial), 29 (entrada en vigor) y 30 (denuncia). El conjunto de todos ellos da lugar al ámbito de aplicación ya que determinan las personas, impuestos y el momento de aplicación.

(ii) En las cláusulas definitorias se incluyen los arts. 3 (definiciones generales), 4 (residencia) y 5 (establecimiento permanente) así como las definiciones que se contienen en alguna de las cláusulas sustantivas como la definición de propiedad inmobiliaria en el art. 6.2 MCOCDE.

(iii) Las cláusulas sustantivas encuadran a los arts. 6-22, que contemplan las categorías de renta, las ganancias de capital y el patrimonio y dan reglas de reparto del poder tributario entre los dos Estados contratantes.

(iv) Las cláusulas para la eliminación de la doble imposición engloban al art. 23 y al art. 25 (procedimiento amistoso). El art. 23 presenta la alternativa de los dos métodos principales para la eliminación de la doble imposición internacional. Es decir, el art. 23 A para los países que emplean como método el de exención y el art. 23 B para aquellos otros que usan el método de imputación.

(v) Las cláusulas anti-evasión abarcan principalmente al art. 9 (empresas asociadas) y 26 (intercambio de información).

(vi) La miscelánea comprende aquellos artículos de difícil encaje en los demás como el art. 24 (no-discriminación) y el art. 27 (diplomáticos).

Número del artículo	Título	Tipo de cláusula
1	Personas comprendidas	Objeto
2	Impuestos comprendidos	Objeto
3	Definiciones generales	Definición
4	Residencia	Definición
5	Establecimiento permanente	Definición
6	Rendimientos inmobiliarios	Sustantiva
7	Beneficios empresariales	Sustantiva
8	Navegación marítima, aérea e interior	Sustantiva
9	Empresas asociadas	Anti-evasión
10	Dividendos	Sustantiva
11	Intereses	Sustantiva
12	Cánones	Sustantiva
13	Ganancias de capital	Sustantiva
14	Servicios personales independientes	Sustantiva
15	Servicios personales dependientes	Sustantiva
16	Participaciones de consejeros	Sustantiva
17	Artistas y deportistas	Sustantiva
18	Pensiones	Sustantiva
19	Funciones públicas	Sustantiva
20	Estudiantes	Sustantiva
21	Otras rentas	Sustantiva
22	Patrimonio	Sustantiva
23 A y B	Métodos para eliminar la doble imposición internacional de la doble	Eliminación imposición
24	No discriminación	Miscelánea

93. Cf.: R. Lascano, "Tratados tributarios, inversión extranjera y análisis económico", in *Estudios de Doble Imposición Internacional*, Madrid, IEF, 1979, pp. 378 y ss. E. Fernández López, "La doble imposición internacional en los CDIs suscritos por España", *Crónica Tributaria* 52/1985, pp. 80 y ss.

25	Procedimiento amistoso	Eliminación de la doble imposición
26	Intercambio de información	Anti-evasión
27	Miembros de misiones diplomáticas y consulares	Miscelánea
28	Extensión territorial	Miscelánea
29	Entrada en vigor	Objeto
30	Denuncia	Objeto

9. La aplicación de los convenios de doble imposición

Quizás sea reducir muchísimo el método aplicativo de los convenios de doble imposición internacional ya que se obvian los requisitos procedimentales y puede que no sea aplicable a todos los artículos de un CDI. No obstante, puede ser de ayuda para ver como un CDI normal se aplica en la práctica. Pues bien, se observa una serie de fases que se suelen repetir en la aplicación de los mismos:

(i) Determinar si el asunto entre dentro del ámbito de aplicación de un CDI en particular. Es decir, se trata de averiguar:[94]

1ª Fase: lo primero que hay que estudiar es si el contribuyente reúne todas las condiciones para que el CDI le sea aplicable. Es decir, según el art. 1 se requieren "personas residentes en uno o en ambos Estados contratantes". Por tanto, primero se examinará si el contribuyente es "persona" de acuerdo con la definición del art. 3.1.A o si se trata de un establecimiento permanente. Posteriormente, se confirmará si el contribuyente es residente de uno de los Estados contratantes de acuerdo con el art. 4 y en el caso de que lo sea en ambos se aplicarían las *Tie-Break Rules*, contenidas en el art. 4.2 y 3, y diseñadas a dirimir cuál es el Estado de residencia.

Desde el punto de vista objetivo, también se debe observar si el impuesto en cuestión entra dentro de la lista de impuestos contemplados en el art. 2, o al menos que sea sustancialmente similar al impuesto citado en la lista del art. 2.

Desde el punto de vista temporal, es preciso saber si el CDI es aplicable para el período impositivo en el que el impuesto se devengó. Asimismo, y no menos importante es determinar si se han cumplido todos los requisitos legales que las leyes domésticas establecen para que un CDI esté en vigor y sea válidamente aplicable.

2ª Fase: una vez determinado que el CDI resulta aplicable, el siguiente paso consiste en analizar qué cláusula sustantiva resulta aplicable al caso. Es decir, se trata de definir el tipo de renta que se obtiene, en muchos casos esta labor de integración se realiza de forma inmediata, pero en otros supuestos la tarea se complica. Un ejemplo puede ser lo que ocurre con los cánones, cuya renta puede ser considerada como beneficio empresarial (art. 7), como canon (art. 12), como ganancia del capital (art. 13) o incluso como rentas de una actividad de un profesional (art. 14). Como puede verse, resulta complicado en algunas ocasiones llevar a cabo esta labor de integración. Los *Comentarios* al MCOCDE y los informes del Comité de Asuntos Fiscales pueden ser de gran ayuda a la hora de la calificación.

3ª Fase: una vez que el tipo de renta ha sido definido, comienza la aplicación del mismo. Las cláusulas sustantivas generalmente[95] responden a tres tipos de estructura:[96]

(i) el Estado de la fuente puede gravar sin limitación. Esto ocurre en los casos de las rentas derivadas de bienes inmuebles situados en dicho Estado y de los beneficios empresariales obtenidos por un establecimiento permanente;

94. Cf.: K. Vogel, *Double Taxation Conventions*, cit., para 48; P. Baker, *Double Taxation ...*, cit., par. B-20.

95. EL artículo correspondiente a Estudiantes y Profesores no encaja en ninguna de las estructuras que se exponen.

96. Sobre el particular v. los par. 20-23 de la *Introducción al MCOCDE.*

(ii) el Estado de la fuente puede someter a gravamen hasta un máximo, ya que el CDI establece un límite máximo a la tributación en dicho Estado. Ejemplo de ello son las reglas contenidas para la tributación de dividendos e intereses;

(iii) el Estado de la fuente puede no gravar – exención en el Estado de la fuente. En este caso, el Estado de residencia del contribuyente tiene exclusivamente el derecho a someter a gravamen. En el MCOCDE se encuentran los ejemplos de los beneficios empresariales cuando no hay establecimiento permanente en el Estado de la fuente, o los cánones obtenidos de dicho Estado.

4ª Fase: llegados a este punto hay que aplicar la cláusula para la eliminación de la doble imposición. Cada artículo sustantivo (arts. 6-22) debe ser considerado junto con el art. 23, que establece cuáles son los métodos para eliminar la doble imposición internacional. Es un artículo que está dirigido al Estado de la residencia del contribuyente y determina como éste aliviará dicha doble imposición si la renta obtenida procede del primer (i) o segundo (ii) tipo de estructura expuesta supra. Como es sabido existen dos métodos para la eliminación de la doble imposición, teniendo cada uno de los Estados libertad para elegir el que estime más oportuno. En el art. 23 A se señala que los Estados que decidan el método de exención no grava la renta si ésta responde a rentas del tipo (i) anterior y concede un crédito por el impuesto extranjero si se obtienen rentas del tipo (ii). De acuerdo al art. 23 B, los Estados que aplican el método de imputación conceden un crédito por el impuesto pagado en el Estado de la fuente en todos los casos.

5ª Fase: por último, hay que analizar los CDIs en relación con la legislación doméstica de cada uno de los Estados, ya que a veces las cláusulas de los CDIs se dejan vacías de contenido por la normativa interna. Así, los contribuyentes deberán observar si la exención concedida por un CDI, o si el límite de la retención en la fuente, o si el crédito por el impuesto pagado en el extranjero operan realmente. En caso contrario, se estaría en presencia de una tributación en desacuerdo con el CDI, lo que puede producir la incoación de un procedimiento amistoso del art. 25.

CADERNOS DE DIREITO TRIBUTÁRIO

ARGUMENTAÇÃO JURÍDICA E A IMUNIDADE DO LIVRO ELETRÔNICO

HUMBERTO ÁVILA
Professor da PUC/RS (Graduação e Mestrado)
e da Escola Superior da Magistratura do Rio Grande do Sul
– Esp Fin. e Mestre em Direito (UFRS)
– Doutorado em Direito (Universidade de Munique, Alemanha)
– Advogado em Porto Alegre

"Ob der Satz wahr oder falsch ist, wird durch die Erfahrung entschieden, aber nicht sein Sinn." ("A experiência decide se o enunciado é verdadeiro ou falso, mas não o seu sentido.") (Ludwig Wittgenstein)

1. Introdução. 2. Distinguindo os argumentos jurídicos: 2.1 Classificações na Ciência do Direito – 2.2 Proposta de classificação: 2.2.1 Quadro esquemático – 2.2.2 Argumentos institucionais e não-institucionais: 2.2.2.1 Argumentos institucionais: a) Argumentos institucionais imanentes: (a.1) Argumentos lingüísticos – (a.2) Argumentos sistemáticos: (a.2.1) Argumentos contextuais – (a.2.2) Argumentos jurisprudenciais – b) Argumentos institucionais transcendentes: (b.1) Argumentos históricos – (b.2) Argumentos genéticos – 2.2.2.2 Argumentos não-institucionais. 3. Empregando os argumentos jurídicos: 3.1 Obstáculos à rigidez classificatória – 3.2 As condições das quais depende a força justificativa dos argumentos – 3.3 Interação dos argumentos: 3.3.1 Quadro esquemático – 3.3.2 Interação multidirecional – 3.3.3 Interação unidirecional. 4. Valorando os argumentos jurídicos: 4.1 O papel dos princípios constitucionais – 4.2 Regras "prima facie" de interpretação. 5. Conclusão.

1. Introdução

Para decidir pela imunidade dos "livros eletrônicos", parte da doutrina percorre, das premissas até a conclusão, um processo dedutivo análogo a este:

(a) os livros são protegidos pela imunidade;

(b) todas as obras que veiculam idéias e são dispostas em seqüência lógica são livros;

(c) o chamado "livro eletrônico" consiste numa obra que veicula idéias e é disposta em seqüência lógica;

(d) o "livro eletrônico" é um livro;

(e) o "livro eletrônico" é protegido pela imunidade dos livros, jornais e periódicos.

Para decidir pelo não-enquadramento dos "livros eletrônicos" no âmbito material da regra de imunidade outra parte da doutrina percorre, das premissas até a conclusão, um processo dedutivo semelhante ao que segue:

(a) os livros são protegidos pela imunidade;

(b) todas as obras encadernadas e ordenadas em folhas de papel são livros;

(c) o chamado "livro eletrônico" não consiste numa obra encadernada e ordenada em folhas de papel;

(d) o "livro eletrônico" não é um livro;

(e) o "livro eletrônico" não é protegido pela imunidade dos livros, jornais e periódicos.

Como se vê, esse processo dedutivo, que contém o núcleo da fundamentação racional, é o que se convém chamar de justificação interna, mediante a qual se pode avaliar se o juízo decorre logicamente das premissas. A justificação interna não consiste numa fundamentação completa, na medida em que as premissas resolutivas nas duas hipóteses apresentadas (premissas "b"), que decidem efetivamente sobre uma interpretação – restritiva ou extensiva – do vocábulo "livro" e pela inclusão do conceito de "livro eletrônico" no conceito de "livro", são meramente aplicadas na justificação interna. Não são, porém, fundamentadas. É dizer: tanto a premissa "todas as obras que veiculam idéias e são dispostas em seqüência lógica são livros" quanto a premissa "todas as obras encadernadas e ordenadas em folhas de papel são livros" são aplicadas sem ser justificadas. É que sua justificação depende de argumentos: os argumentos são elementos de justificação racional da interpretação jurídica.[1] E a tarefa da interpretação jurídica é, precisamente, fundamentar esse tipo de premissa. Esse trabalho de fundamentação da premissa escolhida convém seja qualificado de justificação externa, mediante a qual são avaliados os argumentos empregados para decidir por uma interpretação em detrimento de outra(s).[2]

A discussão a respeito do enquadramento do "livro eletrônico" na classe de objetos abrangidos pela imunidade dos livros e periódicos tem sido matéria de notáveis estudos doutrinários.[3] Neles torna-se evidente a inevitável discordância dos autores no tocante à conclusão sobre o tema tratado: enquanto alguns concluem pela inclusão do "livro eletrônico" no conceito normativo de "livros", outros decidem pelo seu não-enquadramento. Essa disparidade de interpretação não se restringe à compreensão do "livro eletrônico" no gênero "livros"; a discordância vai além, para alcançar os próprios argumentos que são utilizados pelos autores para justificar as premissas que adotam. E são, afinal, esses argumentos que decidem pela inclusão, ou não, do "livro eletrônico" no âmbito material da regra de imunidade dos livros, jornais e periódicos.

Com efeito, os argumentos empregados para justificar a inclusão do "livro eletrônico" na classe dos "livros" são tão variados quanto os seguintes: o "livro eletrônico" seria usado, atualmente, como uma espécie de "livro"; a inserção do "livro eletrônico" na classe dos "livros" evitaria a contradição com princípios constitucionais fundamentais; o "livro eletrônico" consistiria num simples meio, equivalente ao livro, para garantir a liberdade de expressão e de informação; de acordo com o STF, a imunidade em apreço deveria ser interpretada de acordo com a finalidade que visa a alcançar; o "livro eletrônico" significaria, hoje, aquilo que o "livro" representou ontem.

1. Neil MacCormick e Robert Summers, "Interpretation and justification", in *Interpreting Statutes: a Comparative Study*, org. idem, Aldershot/Brokfield/ Hong Kong/Singapore/Sydney, Dartmouth, 1992, p. 511.

2. Robert Alexy, "Juristische Interpretation", in *Recht, Vernunft, Diskurs: Studien zur Rechtsphilosophie*, 1ª ed., Frankfurt am Main, Suhrkamp, 1995, pp. 71-92.

3. Hugo de Brito Machado (coord.), *Imunidade Tributária do Livro Eletrônico*, São Paulo, Informações Objetivas, 1998; Ives Gandra da Silva Martins, *Imunidades Tributárias*, São Paulo, Ed. RT/ Centro de Extensão Universitária, 1998 (Pesquisas Tributárias, Nova Série, n. 4).

Os argumentos aplicados para fundamentar o não-enquadramento do "livro eletrônico" na classe dos "livros" são igualmente diversificados: a expressão "e o papel destinado a sua impressão" afastaria da imunidade qualquer objeto que não fosse feito de papel; o vocábulo "CD-ROM" teria acepção técnica diversa da de "livro"; o STF já teria decidido só haver livro onde há papel; ao mencionar o papel no dispositivo constitucional o legislador constituinte teria objetivado proteger apenas o livro impresso em papel; a proposta de inclusão do "livro eletrônico" teria sido rejeitada pelo legislador constituinte; não tributar o "livro eletrônico" traria perda significativa de receita para o Estado no futuro.

Que todos esses argumentos podem ser utilizados na interpretação da imunidade em comento não há dúvida; hesitação existe, contudo, quanto a saber se todos eles têm a mesma importância jurídica. Como será analisado, os argumentos usados na interpretação não são juridicamente equivalentes. Eles têm fundamentos desiguais e, por isso, valores diferentes. Não podem, por conseqüência, nem ser empregados indistintamente, nem ser tomados um pelo outro, como se fora a sua escolha e a sua valoração uma manifestação de mero capricho do intérprete.

O objetivo deste estudo não se circunscreve aos argumentos que podem ser utilizados na interpretação jurídica (da imunidade dos "livros eletrônicos"), matéria, essa, já objeto de excelentes publicações; ele abrange, também, o debate sobre a especificidade de cada argumento e sobre a sua própria dimensão de peso no Direito Brasileiro. Não se pretende apenas criar condições para que se saiba por que são escolhidas determinadas alternativas de interpretação (razões explicativas ou subjetivas); intenta-se, também, apresentar critérios para valorar as decisões de interpretação de acordo com o ordenamento jurídico (razões justificativas ou objetivas).[4]

Para tanto é preciso, em primeiro lugar, diferenciar os argumentos em função de seu fundamento; em segundo lugar, valorar cada um deles com base no ordenamento jurídico brasileiro. Lá, um discurso sobre o discurso da Ciência do Direito (discurso metateórico), na medida em que apresenta uma alternativa de qualificação dos argumentos empregados no discurso doutrinário; aqui, um discurso sobre o ordenamento jurídico (discurso teórico), enquanto explica coerentemente quais são as implicações metodológicas dos princípios constitucionais relativamente aos argumentos empregados na justificação de premissas do raciocínio jurídico.

Não se pretende apenas descrever como os argumentos estão sendo de fato aplicados pela doutrina e pela jurisprudência na interpretação jurídica. O fato de eles estarem sendo empregados dessa ou daquela forma não quer dizer que não poderiam ou deveriam ser utilizados de outra maneira. Este trabalho pretende explicar, outrossim, como os argumentos *podem* e *devem* ser utilizados na interpretação jurídica.[5] Para alcançar esse propósito utilizou-se um verdadeiro caso-limite, que proporciona a análise dos vários argumentos empregados na interpretação jurídica.

2. Distinguindo os argumentos jurídicos

2.1 Classificações na Ciência do Direito

As classificações elaboradas pela Ciência do Direito, enquanto voltadas à explicação coerente do ordenamento jurídico, submetem-se a limites dele decorrentes. Com efeito, será a compatibilidade com o ordenamento jurídico que permitirá avaliar a procedência da classificação, por

4. Carlos Santiago Nino, *La Validez del Derecho*, Buenos Aires, Astrea, 1985, p. 126.

5. Franz Bydlinski, *Juristische Methodenlehre und Rechtsbegriff*, 2ª ed., Wien/New York, Springer, 1991, p. 554; Robert Alexy, "Juristische Interpretation", cit., in *Recht, Vernunft, ...*, p. 78.

exemplo, da eficácia das normas constitucionais, dos efeitos das decisões judiciais ou das espécies tributárias; o exame do ordenamento jurídico poderá confirmar ou infirmar a existência de normas de eficácia limitada, a subsistência de decisões sem qualquer efeito declaratório ou mesmo a possibilidade de exclusão da finalidade e da destinação da arrecadação como critérios para a divisão dos tributos em espécies. A nomenclatura e a variedade de divisões e subdivisões dos objetos classificados irá, porém, variar de acordo com a finalidade e o critério a que serve o agrupamento. Nesse quadro, as classificações serão mais ou menos adequadas à explicação de determinado objeto.[6]

É verdade que fazer as distinções entre os argumentos pode conduzir à rigidez classificatória; e a rigidez classificatória pode levar à desconsideração da multiplicidade de relações entre os argumentos diferenciados, bem como pode deixar de fazer frente ao caráter prático-institucional do Direito. Não é menos verdade, no entanto, que deixar de fazer as devidas distinções entre os argumentos pode levar à arbitrariedade argumentativa; e a arbitrariedade argumentativa conduz à não-fundamentação das premissas utilizadas na interpretação jurídica. Com efeito, tanto a ausência de definição dos argumentos utilizados quanto a falta de diferenciação entre eles inserem na interpretação jurídica o germe da ambigüidade e, com ele, a fonte da arbitrariedade. Isso porque a mera menção a argumentos, sem a sua necessária justificação, não só exclui a elucidação das premissas, como permite conclusões díspares e até mesmo inconciliáveis entre si.

Como será demonstrado, não basta mencionar qual o argumento que está sendo empregado para justificar a escolha das premissas utilizadas na interpretação. Dizer que a linguagem, o sistema, o legislador constituinte ou resultados práticos decidem determinada interpretação é simplesmente pretender sejam unidirecionais argumentos que fluem em várias direções.

Classificações dos argumentos empregados na interpretação jurídica existem várias, e de consistência. Há mais discordância com relação à nomenclatura da distribuição em classes do que disparidade com relação à construção dos grupos. Divergências fundamentais existem quanto à relação entre os argumentos e quanto às regras atinentes à prevalência de um sobre outro. A proposta aqui defendida vai além das obras que lhe serviram de alicerce.[7] Propõe-se uma reclassificação dos argumentos jurídicos integrada com uma utilização e valoração móvel e flexível desses mesmos argumentos.

O objetivo deste estudo é construir uma síntese superadora que harmonize a necessidade de discernir os argumentos com a importância de não os separar por completo, diminuindo a inevitável subjetividade da interpretação sem enrijecer o raciocínio para o futuro. Com isso, poder-se-á abandonar qualquer simplismo na argumentação jurídica, quer no sentido de reduzir o raciocínio jurídico à pura lógica ou à pura interpretação literal, quer no sentido de circunscrever a atividade interpretativa ao mero decisionismo ou à simples ponderação de valores de natureza inexplicada.[8]

6. Sobre classificações em geral, v.: Paulo de Barros Carvalho, "IPI – Comentários sobre as regras gerais de interpretação da Tabela NBM/SH (TIPI/TAB)", *Revista Dialética de Direito Tributário* 12/53 e ss., São Paulo, 1996.

7. Robert Alexy, "Juristische Interpretation", cit., in *Recht, Vernunft, ...*, pp. 71-92; Friedrich Müller, *Juristische Methodik*, 7ª ed., Berlin, Duncker und Humblot, 1997, pp. 216-303; Franz Bydlinski, *Juristische Methodenlehre ...*, cit., pp. 553-566; Riccardo Guastini, *Distinguendo: Studi di Teoria e Metateoria del Diritto*, Torino, Giappichelli, 1996, pp. 173-190; Neil MacCormick e Robert Summers, "Interpretation and Justification", cit., in *Interpreting Statutes: ...*, 1992.

8. Franz Bydlinski, *Juristische Methodenlehre ...*, cit., p. 553.

2.2 Proposta de classificação

2.2.1 Quadro esquemático

- Institucionais
  - Imanentes
    - Lingüísticos
      - sintáticos
      - semânticos
        - Ling. ordinária
        - Ling. técnica
    - Sistemáticos
      - contextuais
      - jurisprudenciais
  - Transcendentes
    - Históricos
    - Genéticos
      - semânticos
      - teleológicos
- Não-institucionais
  - Práticos
    - Quanto ao resultado
    - Quanto ao conteúdo

2.2.2 Argumentos institucionais e não-institucionais

A primeira grande divisão dos argumentos empregados na interpretação jurídica é aquela entre os argumentos institucionais e os não-institucionais. Os argumentos institucionais são aqueles que, sobre serem determinados por atos institucionais – parlamentares, administrativos, judiciais –, têm como ponto de referência o ordenamento jurídico. Possuem, nesse sentido, maior capacidade de objetivação. Os argumentos não-institucionais são decorrentes apenas do apelo ao sentimento de justiça que a própria interpretação eventualmente evoca.[9] Possuem, por isso, menor capacidade de objetivação.

Os argumentos institucionais subdividem-se em imanentes e transcendentes ao ordenamento jurídico positivo.[10] Os argumentos institucionais imanentes são aqueles que são construídos a partir do ordenamento jurídico vigente, assim da sua linguagem textual e contextual como dos seus valores e da sua estrutura. Os argumentos institucionais transcendentes são aqueles que não mantêm relação com o ordenamento jurídico vigente, mas dizem respeito ou à sua formação ou ao sentido dos dispositivos que ele antes continha.

2.2.2.1 Argumentos institucionais

a) Argumentos institucionais imanentes

(a.1) *Argumentos lingüísticos* – Os argumentos institucionais imanentes ao sistema jurídico, apesar de unidos numa totalidade de sentido, podem ser teoricamente discernidos em lingüísticos e sistemáticos.

Os argumentos lingüísticos dizem respeito ao significado dos dispositivos ou enunciados prescritivos. Eles podem ser qualificados como semânticos, quando referentes ao significado das expressões; e sintáticos, quando relacionados à sua estrutura gramatical. Os argumentos semânticos podem, ao seu turno, fazer referência tanto ao uso comum da linguagem (linguagem ordinária) quanto à sua utilização técnica (linguagem técnica). A utilização técnica da linguagem pode decorrer tanto de uma definição legislativa ou doutrinária quanto do uso por especialistas na matéria.[11]

9. Robert Alexy, "Juristische Interpretation", cit., in *Recht, Vernunft, ...*, p. 87.

10. José Souto Maior Borges, "O Direito como fenômeno lingüístico, o problema de demarcação da Ciência Jurídica, sua base empírica e o método hipotético-dedutivo", in *Ciência Feliz*, Recife, Fundação de Cultura da Cidade do Recife, 1994, p. 135.

11. Riccardo Guastini, *Distinguendo: Studi ...*, cit., p. 175.

Se as normas são inteligíveis no contexto da linguagem ordinária, elas devem ser interpretadas de acordo com o significado que um cidadão médio iria atribuir-lhes como sendo o significado mais imediato, a menos que existam razões suficientes para uma interpretação diversa.[12]

Na análise da linguagem pode-se utilizar o *argumentum e contrario*, mediante o qual se entende que o dispositivo, ao regular somente um caso, silenciou quanto aos outros ou os excluiu do seu âmbito de aplicação.

Pode-se interpretar a imunidade do "livro eletrônico" com base em argumentos lingüísticos. De acordo com o significado comum das expressões constantes do dispositivo constitucional (argumento semântico relativo à linguagem ordinária), pode-se, focalizando a expressão "livro eletrônico", sustentar que ela é usada como sinônimo de "livro". Nesse sentido, enquadra-se o "livro eletrônico" na imunidade dos "livros". Ocorre que o significado comum das expressões igualmente se presta para interpretar o dispositivo constitucional noutra direção. É que se pode, agora voltando a atenção para o vocábulo "papel" e com o reforço da própria estrutura sintática da frase, excluir do abrigo da imunidade qualquer objeto que não seja feito com esse material.[13] É possível, no entanto, sustentar que a palavra "papel" não é decisiva, na medida em que existem obras que são feitas de papel mas que na acepção constitucional não configuram livros (*e.g.*, livros em branco, caderno em espiral, livro-ponto, livro de atas).[14]

É dizer: o significado comum das expressões contidas no dispositivo constitucional não resolve a questão de saber se o "livro eletrônico" se enquadra na imunidade dos "livros". O significado de "livro" é complexo e ambíguo.[15] Isso porque a relação entre a linguagem e a realidade à qual ela se refere não é natural (causal), mas convencional: é resultado de convenções lingüísticas.[16] Além disso, a significação da comunicação legislada não preexiste ao ato interpretativo: ela deve ser construída pelo intérprete.[17]

O mesmo ocorre com os argumentos ligados ao significado técnico das expressões constantes do dispositivo (argumento semântico relativo à linguagem técnica). De acordo com ele, pode-se, esquadrinhando o significado técnico atribuído ao vocábulo "CD-ROM" por especialistas em Informática, excluir do abrigo da imunidade qualquer objeto que não seja tecnicamente chamado de "livro".[18] Ocorre que o significado técnico das expressões também se presta para atribuir outro sentido ao dispositivo constitucional. É que se pode, desta feita perscrutando o significado técnico do vocábulo "livro", sustentar que sua acepção técnica inclui o próprio "livro em CD-ROM". Vale dizer: também o significado técnico das expressões contidas no dispositivo constitucional não decide a questão de saber se o "livro eletrônico" se enquadra na imunidade dos "livros". Ele corre em várias direções.

No mesmo sentido, utilizando o *argumentum e contrario*, pode-se sustentar tanto que o dispositivo, porque contém a expres-

12. Neil MacCormick e Robert Summers, "Interpretation and justification", cit., in *Interpreting Statutes: ...*, p. 513.

13. Heleno Taveira Torres e Vanessa Nobell Garcia, "Tributação e imunidade dos chamados 'livros eletrônicos'", in Hugo de Brito Machado (coord.), *Imunidade Tributária ...*, cit., p. 86.

14. Roque Antônio Carrazza, "Livro eletrônico – Imunidade tributária – Exegese do art. 150, VI, 'd', da Constituição Federal", in Hugo de Brito Machadi (coord.), *Imunidade Tributária ...*, cit., p. 233.

15. Ricardo Lobo Torres, "Imunidade tributária nos produtos de Informática", in Hugo de Brito Machado (coord.), *Imunidade Tributária ...*, cit., p. 200.

16. Eugenio Bulygin, "Sull'interpretazione giuridica", in Paolo Comanducci e Riccardo Guastini (orgs.), *Analisi e Diritto 1992: Recerche di Giurisprudenza Analitica*, Torino, Giappichelli, 1992.

17. Paul de Barros Carvalho, "Proposta de modelo interpretativo para o direito tributário", *RDTributário* 70/42, São Paulo, Malheiros Editores.

18. Eurico Marcos Diniz de Santi, "Imunidade tributária como limite objetivo e as diferenças entre 'livro' e 'livro eletrônico'", in Hugo de Brito Machado (coord.), *Imunidade Tributária ...*, cit., p. 54.

são "e o papel destinado a sua impressão", teria restringido a imunidade às obras feitas de papel, quanto que o dispositivo, ao utilizar a referida expressão, teria deixado de regular as obras feitas com outros materiais. Lá, é afastada a imunidade dos "livros eletrônicos"; aqui, pelo menos não excluída.

(a.2) *Argumentos sistemáticos* – Os argumentos sistemáticos, a despeito de serem fundados na estrutura do sistema jurídico, dizem respeito aos seus elementos ou à sua aplicação. Eles são decorrência das condições formais de interpretação do próprio sistema jurídico: relação entre parte e todo (consistência e coerência) e entre norma e fato (generalização e individualização). Por meio delas evita-se e supera-se a contradição entre os elementos do sistema, ganhando-se, pela combinação entre os elementos e pela superação das contradições, em consistência, e pelo significado advindo do conjunto de todos os elementos, em coerência.

Os argumentos sistemáticos subdividem-se em argumentos contextuais e jurisprudenciais.

(a.2.1) Argumentos contextuais: os argumentos contextuais dizem respeito às outras normas que, juntamente com a norma objeto da interpretação, fazem parte do sistema jurídico e devem ser consideradas na interpretação. Variados são os argumentos contextuais.

Em primeiro lugar, os relativos aos princípios que possam ser combinados, lógica ou teleologicamente, com a norma objeto de interpretação.[19] A concretização dos princípios constitucionais – enquanto normas imediatamente finalísticas – conduz a técnicas específicas de argumentação.[20] Por exemplo: em razão do princípio da igualdade, e mediante o emprego do argumento *a simili* ou analógico, atribui-se a mesma conseqüência normativa estabelecida para determinado caso a outro caso semelhante.[21] É também nesse âmbito que são aplicados os critérios para solucionar as antinomias.[22]

Também se incluem nesse grupo os argumentos relativos ao lugar onde o dispositivo se encontra no documento legislativo (argumento topográfico) e à constância terminológica.[23]

É possível interpretar a imunidade do "livro eletrônico" com base em argumentos contextuais. Com base nos princípios constitucionais, pode-se sustentar que os "livros eletrônicos" estão abrangidos pela imunidade, na medida em que a tributação poderá envolver atentados à livre manifestação do pensamento; valor que a Constituição de 1988 buscou preservar.[24] Ocorre que os argumentos contextuais se prestam para interpretar o dispositivo constitucional também noutra direção. É que se poderia interpretar as imunidades combinando-as com as regras de competência, para concluir, mediante uma interpretação restritiva, que a única exceção ao poder impositivo constitucionalmente atribuído ao Estado é a tributação dos livros de papel. Isso significa que os argumentos contextuais também não decidem, a rigor, a questão de saber se o "livro eletrônico" se enquadra na imunidade dos "livros". Eles podem ser utilizados em vários sentidos, embora se possa notar uma certa convergência dos argumentos contextuais principiais no sentido de garantir a imunidade do "livro eletrônico".

19. Robert Alexy, *Theorie der juristischen Argumentation*, 2ª ed., Frankfurt am Main, Suhrkamp, 1991, p. 295.

20. Humberto Bergmann Ávila, "A distinção entre princípios e regras e a redefinição do dever de proporcionalidade", *RDA* 215/151-179, 1999.

21. Riccardo Guastini, *Distinguendo: Studi ...*, cit., p. 180.

22. Juarez Freitas, *A Interpretação Sistemática do Direito*, São Paulo, Malheiros Editores, 1995, p. 57.

23. Riccardo Guastini, *Distinguendo: Studi ...*, cit., p. 190.

24. José Souto Maior Borges, "Imunidade tributária dos produtos de Informática (ICMS/IPI/ISS)", *Repertório IOB de Jurisprudência* 24/545, 1996; Roque Antônio Carrazza, "Livro eletrônico – ...", cit., in Hugo de Brito Machado (coord.), *Imunidade Tributária ...*, cit., p. 230.

Quando a finalidade do dispositivo for obtida levando-se em consideração os princípios constitucionais a cuja concretização serve a regra objeto de interpretação, pode-se falar em uma interpretação teleológico-sistemática. Nessa hipótese não se pode separar a interpretação sistemática da teleológica.[25] Sua consideração pode levar à utilização da técnica da redução teleológica (redução do sentido do dispositivo por ser ele muito amplo em relação a sua finalidade) e da extensão teleológica (ampliação do sentido do dispositivo por ser ele muito restrito em relação à sua finalidade).[26]

Pode-se interpretar a imunidade do "livro eletrônico" com base em argumentos teleológicos. Utilizando a extensão teleológica, é possível sustentar que a palavra "livro", se entendida como obra encadernada, é muito restrita em relação à finalidade da imunidade, que é a de garantir a liberdade de informação dos cidadãos; pode-se também sustentar que o sentido comum da palavra "papel" é muito restrito relativamente à garantia de liberdade de acesso à informação, razão por que deve ser interpretada de modo a abranger qualquer material adequado à produção de uma obra cultural. Seja lá como for, o exposto já basta para demonstrar que os argumentos teleológicos, dependendo da finalidade e da técnica interpretativa, também não decidem a questão de saber se o "livro eletrônico" se enquadra na imunidade dos "livros", embora reste evidente, quanto a eles, a existência de uma confluência em direção ao enquadramento dos "livros eletrônicos" na imunidade em pauta.

(a.2.2) Argumentos jurisprudenciais: os argumentos jurisprudenciais dizem respeito aos precedentes do Poder Judiciário relativamente à norma objeto de interpretação. A pertinência dos precedentes depende da norma objeto de interpretação.

Tratando-se de norma constitucional, e sendo o STF o órgão constitucionalmente incumbido de interpretar a Constituição Federal, seus acórdãos exercem papel fundamental na construção do significado de qualquer norma constitucional. Na avaliação da relevância do precedente para o sentido da norma objeto de interpretação é imprescindível ater-se às características da decisão, se de mérito ou de não-conhecimento, se proveniente de uma das Turmas ou do Tribunal Pleno, se por unanimidade ou por maioria, se em controle difuso ou em controle concentrado de constitucionalidade. Mais relevante ainda é a identidade das normas já analisadas às normas objeto de interpretação.

Pode-se interpretar a imunidade do "livro eletrônico" com base em argumentos jurisprudenciais. Nesse sentido, é possível sustentar a imunidade em comento com base na interpretação da jurisprudência do STF, se analisadas aquelas decisões que interpretam de maneira sistemática e extensiva as imunidades.

A 1ª Turma do STF interpreta de modo sistemático e com base no elemento teleológico as imunidades quando, ao examinar o dispositivo constitucional que menciona a imunidade das "instituições de educação e de assistência social, sem fins lucrativos", incluiu na imunidade a eventual renda obtida pela instituição de assistência social mediante cobrança de estacionamento de veículos em área interna da entidade, destinada ao custeio das atividades desta;[27] e também quando entendeu que a palavra "patrimônio" deve ser interpretada de maneira a abranger o imposto de importação e o imposto sobre produtos industrializados, apesar de eles não serem classificados pelo Código Tributário Nacional como impostos sobre o patrimônio.[28]

25. Karl Engish, *Einführung in das juristische Denken*, 8ª ed., Stuttgart/Berlin/Köln, Kohlhammer, 1983, p. 79.

26. Claus-Wilhelm Canaris, *Die Feststellung von Lücken im Gesetz*, 2ª ed., Berlin, Duncker und Humblot, 1983, pp. 82 e ss.

27. RE 144.900-4, rel. Min. Ilmar Galvão, *DJU* 26.9.1997.

28. RE 89.590, rel. Min. Rafael Mayer, *DJU* 10.9.1979.

A 2ª Turma do STF segue a mesma interpretação ampliativa quando não afasta da imunidade a renda obtida pelo SESC na prestação de serviços de diversão pública mediante a venda de ingressos de cinema ao público em geral, que é aproveitada em suas finalidades assistenciais,[29] ou quando inclui na imunidade até mesmo os imóveis utilizados como residência dos membros da entidade beneficente.[30] No mesmo sentido, a 2ª Turma entendeu ser impertinente a característica de generalidade dos participantes e beneficiários para atribuir natureza pública a uma instituição, sendo importantes apenas os fins sociais aos quais a entidade atende.[31] Em todos esses casos a interpretação da imunidade levou em conta a finalidade de garantir a prestação de serviços de assistência social.

Especificamente com relação à imunidade dos livros e periódicos, o STF tem adotado uma interpretação que modifica o sentido mais imediato do dispositivo (interpretação corretiva) com utilização do argumento *a simili*.

Mesmo que o dispositivo constitucional tenha utilizado o vocábulo "papel", o Pleno do STF incluiu no seu campo de aplicação não só o papel utilizado diretamente na confecção dos bens referidos, mas também insumos nela consumidos como são os filmes e papéis fotográficos.[32] Segundo o mesmo Tribunal Pleno, é de se entender que "não estão excluídos" da imunidade os "periódicos" que cuidam apenas e tão-somente de informações genéricas ou específicas, sem caráter noticioso, discursivo, literário, poético ou filosófico, mas de "inegável utilidade pública", como é o caso das listas telefônicas.[33] Ainda: o Pleno do Tribunal entendeu que a razão de ser da imunidade prevista no texto constitucional está no interesse da sociedade em ver afastados procedimentos capazes de inibir a produção material e intelectual de livros, jornais e periódicos, razão por que a imunidade alcançaria não só o papel utilizado diretamente na confecção dos bens referidos, como também insumos nela consumidos como são os filmes e papéis fotográficos.[34]

No mesmo sentido, a 1ª Turma entendeu que a imunidade é de ser entendida como abrangente de qualquer material suscetível de ser assimilado ao papel utilizado no processo de impressão.[35]

Em direção análoga a 2ª Turma: ainda que o dispositivo constitucional tenha feito menção ao vocábulo "periódico", a revista técnica foi incluída no seu campo de aplicação;[36] mesmo que o dispositivo constitucional tenha mencionado os objetos "livros, jornais e periódicos", "estendeu-se" a proteção constitucional à fase de comercialização;[37] o livro, como objeto da imunidade tributária, não é "apenas" o produto acabado, mas o conjunto de serviços que o realiza, desde a redação até a revisão de obra, "sem restrição" dos valores que o formam e que a Constituição protege.[38]

Em todos esses casos, o STF, em vez de se ater isoladamente aos vocábulos constantes dos dispositivos constitucionais, buscou seu sentido em consonância com o princípio constitucional do livre acesso à informação. Embora controvertida essa qualificação, a interpretação da Alta Corte nes-

29. AgRg em AI 155.822-0, rel. Min. Ilmar Galvão, *DJU* 2.6.1995; 1ª T., RE 116.188-4-SP, rel. Min. Sydney Sanches, *DJU* 16.3.1990.

30. RE 221.395-8, rel. Min. Marco Aurélio, *DJU* 12.5.2000.

31. RE 108.796, rel. Min. Carlos Madeira, *DJU* 12.9.1986.

32. RE 190.761-4, rel. Min. Marco Aurélio, *DJU* 12.12.1997.

33. RE 101.441, rel. Min. Sydney Sanches, *DJU* 19.8.1988.

34. RE 174.476, rel. p/ o acórdão Min. Marco Aurélio, *DJU* 12.12.1997.

35. RE 193.883-8, rel. Min. Ilmar Galvão, *DJU* 1.8.1997.

36. RE 77.867, rel. Min. Leitão de Abreu, *DJU* 8.1.1975.

37. 2ª T., RE 109.484, rel. Min. Célio Borja, *DJU* 27.5.1988.

38. 2ª T., RE 102.141, rel. Min. Carlos Madeira, *DJU* 29.11.1985.

ses casos pode ser qualificada como "corretiva" ou "ampliativa". Nesse sentido, a imunidade dos "livros" deveria abranger também os "livros eletrônicos": o "livro eletrônico" também é meio para melhorar o acesso à informação.

Ocorre que é igualmente possível defender o não-enquadramento do "livro eletrônico" na imunidade dos livros com base na mesma jurisprudência do STF, se analisadas aquelas outras decisões que interpretam de maneira "restritiva" ou "literal" as imunidades.

Mesmo que a Constituição exclua da imunidade apenas as atividades com finalidade lucrativa, entendeu a 1ª Turma não haver imunidade no caso de produção e venda de pães.[39] Embora o dispositivo constitucional não faça distinções relativamente à imunidade quanto ao contribuinte de direito e de fato, a 1ª Turma circunscreveu a imunidade aos tributos que repercutem economicamente sobre o contribuinte de direito, excluindo da imunidade aqueles que repercutem sobre o contribuinte de fato, como no caso de ICMS na venda de bens fabricados por entidade de assistência social.[40]

A 2ª Turma do STF também interpreta de modo mais declaratório as imunidades quando, ao analisar o dispositivo constitucional que menciona a imunidade de "impostos", entendeu que a imunidade alcança "apenas" os impostos; não as contribuições;[41] também interpreta literalmente quando entende que não há livro, periódico ou jornal sem papel, por ter a Constituição previsto um dos elementos destinados à obtenção do produto final assegurado pela imunidade.[42] A mesma 2ª Turma interpreta de modo restritivo as imunidades quando cria distinções que não estão previstas no conteúdo mais imediato dos dispositivos constitucionais: embora o significado *prima facie* do dispositivo não contenha uma distinção, a 2ª Turma dissociou, para efeitos de imunidade, os casos em que há violação a outro princípio fundamental, a exemplo do princípio do livre exercício de concorrência, como ocorre na hipótese de exercício de atividade alheia às finalidades essenciais da autarquia.[43] Apesar de a Constituição excluir da imunidade apenas as atividades com finalidade lucrativa, entendeu a 2ª Turma não haver imunidade se houver exercício de atividade atípica pelas instituições de educação, como no caso de exploração de livros e outros artigos.[44]

Relativamente à imunidade dos livros e periódicos, o STF tem decisões que adotam semelhante interpretação literal e restritiva.

A 1ª Turma do STF interpreta de modo restritivo as imunidades quando, ao examinar o vocábulo "periódicos" contido no dispositivo, criou uma distinção nele inexistente, na medida em que excluiu da imunidade as publicações técnicas periódicas com periodicidade fixada pelo Ministério das Comunicações, como as listas telefônicas (entendimento ultrapassado pelo Pleno).[45] Relativamente à imunidade dos livros, a 1ª Turma entende que a tinta especial para jornais não está abrangida pela imunidade.[46]

A 2ª Turma do STF interpreta de modo literal as imunidades quando, ao analisar o vocábulo "papel", entendeu que apenas os materiais a ele relacionados (papel fotográfico; papel telefoto; filmes fotográficos, sensibilizados, não-impressionados, para imagens monocromáticas; papel fotográfico para fotocomposição por laser) é que

39. RE 134.573, rel. Min. Moreira Alves, *DJU* 29.9.1995.

40. RE 191.067-4, rel. Min. Moreira Alves, *DJU* 3.12.1999.

41. RE 129.930, rel. Min. Mário Guimarães, *DJU* 16.8.1991.

42. 2ª T., RE 238.570, rel. Min. Néri da Silveira, *RTJ* do STF 171/356.

43. RE 74.032, rel. Min. Bilac Pinto, *DJU* 16.2.1973.

44. RE 71.009, rel. Min. Antônio Neder, *DJU* 8.3.1974.

45. RE 104.563, rel. Min. Oscar Corrêa, *DJU* 5.9.1986.

46. RE 215.435, rel. Min. Moreira Alves.

estão abrangidos pela imunidade tributária do art. 150, VI, "d", da CF.[47] Essa interpretação focaliza a linguagem ordinária do dispositivo, utilizando o argumento *a contrario*; não, porém, no sentido de entender que a menção apenas ao "papel" indicaria existir uma lacuna a respeito de outros materiais (argumento interpretativo com declaração de lacuna), mas no sentido de que a menção a "papel" teria positivamente excluído outros materiais (argumento produtivo com técnica de integração).[48]

Em todos esses outros casos o STF fixou-se nos vocábulos constantes no dispositivo constitucional, sempre com a finalidade de restringir a imunidade. A interpretação da Alta Corte poderia ser qualificada como "restritiva". Nesse sentido, poder-se-ia sustentar que a jurisprudência do STF estaria direcionada a não englobar os "livros eletrônicos" na imunidade dos "livros".

Como se vê, não é, a rigor, possível falar de uma jurisprudência unidirecional do STF relativamente às imunidades, em especial à imunidade dos livros. O que se pode notar é apenas uma cumulação de argumentos em favor de uma interpretação extensiva das imunidades pelas Turmas e, sobretudo, pelo Tribunal Pleno.

b) Argumentos institucionais transcendentes

(b.1) *Argumentos históricos* – Os argumentos históricos dizem respeito à investigação do problema objeto de regulação pelas normas hoje válidas, de modo a recompor o sentido que a norma tinha ao ser editada, atualizando-a no tempo.[49]

Os argumentos históricos não se confundem com os argumentos genéticos: enquanto os argumentos históricos fazem referência a textos normativos anteriores, e com semelhante âmbito de incidência relativamente ao da norma objeto de interpretação, os argumentos genéticos dizem respeito a textos não-normativos (discussões parlamentares, projetos de lei, discursos legislativos, exposições de motivos), e se referem à formação do próprio dispositivo objeto de interpretação.[50] O argumento histórico faz normalmente apelo à "natureza das coisas", na medida em que procura demonstrar que, em decorrência das mutações históricas, o significado literal do dispositivo não mais se molda à realidade do momento da aplicação.[51]

Os argumentos históricos suscitam várias questões no que diz respeito à imunidade do "livro eletrônico". Com efeito, pode-se sustentar que o "livro eletrônico" significa, hoje, o que "livro" significou no momento da Constituinte. Do ponto de vista histórico-evolutivo, pode-se até mesmo afirmar que o "livro eletrônico" nada mais significa que a interpretação de acordo com o sentido do vocábulo "livro" mencionado pela Constituição no momento da interpretação (interpretação diacrônica).

(b.2) *Argumentos genéticos* – Os argumentos genéticos dizem respeito à vontade do legislador, tanto no que se refere ao significado que o legislador teria ligado a determinada expressão (argumento genético semântico-subjetivo) quanto à finalidade que ele teria pretendido atingir (argumento genético teleológico-subjetivo).

Da mesma forma, com base na vontade do legislador constituinte pode-se tanto incluir quanto excluir o "livro eletrônico" da imunidade dos livros: de um lado, pode-se, focalizando o pretenso significado que o legislador teria ligado à proposta aprovada, sustentar que o "livro eletrônico" teria tido sua imunidade rejeitada; de outro, pode-se, aqui voltando a atenção para a suposta finalidade que o legislador consti-

47. RE 177657-9, rel. Min. Carlos Velloso, *DJU* 30.5.1997.

48. Riccardo Guastini, *Distinguendo: Studi ...*, cit., p. 176.

49. Robert Alexy, "Juristische Interpretation", cit., in *Recht, Vernunft, ...*, p. 87.

50. Friedrich Müller, *Juristische Methodik*, cit., p. 245.

51. Riccardo Guastini, *Distinguendo: Studi ...*, cit., p. 178.

tuinte teria pretendido atingir, defender a imunidade apenas dos livros feitos em papel. Embora sejam ambos argumentos genéticos, eles são de espécies diferentes: enquanto o primeiro avalia o pretenso significado do projeto (argumento genético semântico-subjetivo), o segundo examina a pressuposta finalidade da proposta (argumento genético teleológico-subjetivo). É dizer: simplesmente fazer menção à vontade do legislador não é bastante para justificar nenhuma conclusão.

2.2.2.2 Argumentos não-institucionais

Os argumentos não-institucionais não fazem referência aos modos institucionais de existência do Direito. Eles fazem apelo a qualquer outro elemento que não o próprio ordenamento jurídico. São argumentos meramente práticos que dependem de um julgamento, feito pelo próprio intérprete, sob pontos de vista econômicos, políticos e/ou éticos.[52] As conseqüências danosas de determinada interpretação e a necessidade de atentar para os planos de governo enquadram-se aqui.

Pode-se interpretar a imunidade do "livro eletrônico" com base em argumentos meramente práticos. É possível sustentar que seria absurdo aceitar a incidência de impostos sobre "livros eletrônicos" e sobre quaisquer meios modernos de comunicação e de comércio. Noutro giro, porém, é possível afirmar que a não-incidência de impostos sobre "livros eletrônicos", exatamente por serem eles o mecanismo moderno de comunicação e de comércio, irá excluir a maior fonte de receita estatal nos dias atuais. Os argumentos não-institucionais não são conclusivos relativamente à imunidade do "livro eletrônico". Aliás, justamente pela falta de referência a pontos de vista objetivos ou objetiváveis, os argumentos não-institucionais nunca serão conclusivos, porque manipuláveis arbitrariamente conforme os interesses em jogo.

3. Empregando os argumentos jurídicos

3.1 Obstáculos à rigidez classificatória

Diante do que foi acima exposto, resta evidente a necessidade de especificar, tanto quanto possível, cada um dos argumentos empregados na interpretação jurídica. A particularização de cada argumento encontra, porém, soberbas dificuldades.

Em primeiro lugar, a classificação dos argumentos não pode ser rígida, pois ela não cobre o número de argumentos que podem ser utilizados na justificação da interpretação, que é fundamentalmente ilimitado.[53] Vale dizer: aos que foram aqui mencionados poderiam ser aditados ainda outros, concernentes à eficiência, praticabilidade, justiça, razoabilidade etc. Isso não significa que a classificação aqui proposta seja despicienda. Bem ao contrário: ela é fundamental como projeto móvel de agrupamento segundo o fundamento de cada argumento, ainda que as nuanças de cada um deles não sejam totalmente predizíveis antes mesmo da interpretação.

Em segundo lugar, a classificação dos argumentos não pode ser inflexível, porque antes da interpretação também não se sabe qual dos argumentos será mais seguro ou mesmo qual deles será pertinente à decisão de interpretação.[54] Em alguns casos serão os elementos lingüísticos e sistemáticos que irão decidir qual das alternativas interpretativas deverá ser escolhida; em outros, pela vagueza desses elementos, só os argumentos históricos é que poderão resolver a questão interpretativa. E assim sucessivamente. É dizer: a pertinência dos argumentos depende do próprio problema posto à prova.

Em terceiro lugar, a classificação dos argumentos não pode ser rija, porque, ape-

52. Neil MacCormick e Robert Summers, "Interpretation and justification", cit., in Interpreting Statutes: ..., p. 521; Robert Alexy, "Juristische Interpretation", cit., in *Recht, Vernunft, ...*, p. 89.

53. Arthur Kaufmann, *Rechtsphilosophie*, 2ª ed., München, Beck, 1997, p. 47.

54. Dirk Looschelders e Wolfgang Roth, *Juristische Methodik im Prozess der Rechtsanwendung*, Berlin, Duncker und Humblot, 1996, p. 194.

sar de ela ser elaborada em razão da plausibilidade da recondução de cada argumento ao ordenamento jurídico, essa recondução não está predefinida; ela deve ser construída. Isso suscita, evidentemente, dúvidas a respeito da qualificação desse ou daquele argumento como sendo lingüístico, sistemático, histórico, genético ou meramente prático.

Em quarto lugar, a classificação dos argumentos não pode ser austera, na medida em que os argumentos não são estanques entre si; eles, inversamente, interagem reciprocamente. Algumas vezes serão os próprios argumentos sistemáticos que irão demonstrar a insuficiência dos argumentos lingüísticos; noutras situações somente os argumentos históricos é que irão revelar a deficiência dos argumentos sistemáticos, pela alteração das circunstâncias temporais ou espaciais. Nessas hipóteses não será sequer racionalmente demonstrável a desunião de argumentos que se encontram amalgamados.

3.2 As condições das quais depende a força justificativa dos argumentos

A pertinência e a relevância de cada argumento para a interpretação dependem da implementação de determinadas condições. Como já exposto, e inclusive demonstrado pelo exemplo da imunidade aqui tratado, embora sejam implementadas as condições de aplicação de um argumento, ele pode não ser suficiente para justificar uma interpretação.

Os argumentos lingüísticos podem ser satisfatoriamente empregados na interpretação se a norma for inteligível no contexto da linguagem ordinária. Ocorre que a linguagem ordinária pode, como visto, apresentar várias características que se contrapõem àquela inteligibilidade mais imediata: vagueza, ambigüidade, variedade de uso, falta de especificidade aplicativa, falta de atualidade.[55] Não é por outro motivo que as normas semanticamente mais abertas, e quaisquer outras em menor medida, não podem ter seu significado determinado com apelo apenas à linguagem, como é o caso dos princípios jurídicos e das cláusulas gerais. O recurso aos outros argumentos é imprescindível.

Os argumentos sistemáticos podem ser satisfatoriamente empregados na interpretação se o contexto e os precedentes apontarem para uma só direção. Isso, como visto, pode ocorrer, mas nem sempre é assim. É que o contexto é variado; e os precedentes, nem sempre uniformes. O decisivo, no entanto, é que as relações entre os elementos do sistema não estão predeterminadas; devem ser construídas num verdadeiro "esforço de contextualização".[56] Isso permite uma variedade de composições que irão constituir o que só ao final poderá ser chamado de "contexto". Além disso, somente no processo de interpretação é que se poderá perceber a relevância dos elementos que compõem o contexto normativo: há elementos e elementos no ordenamento jurídico.

Os argumentos transcendentes ao ordenamento jurídico passam a ser relevantes na interpretação no momento em que a linguagem e o sistema já não proporcionam uma justificação para a interpretação. Se o intérprete consegue construir um significado de acordo com argumentos lingüísticos e sistemáticos, não há razão suficiente para o recurso a outros argumentos.[57] Não é noutro sentido que a doutrina constrói as etapas na argumentação jurídica: só se recorre à próxima etapa se a anterior for insuficiente para a justificação da interpretação.[58] De acordo com a tese aqui defendida, os argumentos lingüísticos estão unidos aos

55. Neil MacCormick e Robert Summers, "Interpretation and justification", cit., in *Interpreting Statutes: ...*, p. 516.

56. Paulo de Barros Carvalho, "Proposta de modelo interpretativo ...", cit., *RDTributário* 70/42.

57. Karl Larenz e Claus-Wilhelm Canaris, *Methodenlehre der Rechtswissenschaft*, 3ª ed., Berlin, Springer, 1995, pp. 163 e ss.; Franz Bydlinski, *Juristische Methodenlehre* ..., cit., p. 553.

58. Karl Larenz e Claus-Wilhelm Canaris, *Methodenlehre* ..., cit., pp. 163 e ss.; Dirk Looschelders e Wolfgang Roth, *Juristische Methodik* ..., cit., p. 175.

sistemáticos. Afinal, como lembra Freitas, a interpretação jurídica ou é sistemática ou não é interpretação.[59] Em razão disso, poder-se-ia formular o seguinte quadro explicativo das etapas da argumentação jurídica, da seguinte forma:

LINGÜÍSTICOS

Sistemáticos

Históricos

Genéticos

Práticos

Segundo a proposta aqui defendida, essas etapas argumentativas não são estanques. Trata-se, na verdade, de um modelo que, em vez de negar a ultrapassagem aos argumentos transcendentes ao ordenamento jurídico para a configuração dos argumentos lingüísticos e sistemáticos, admite-a, mas a condiciona à demonstração de que existem razões suficientes para a superação da força justificativa desses argumentos.

A ausência de limites precisos entre as etapas mencionadas fica evidente naqueles casos em que só se pode mesmo verificar a insuficiência justificativa da etapa anterior se se recorre à posterior. Vale dizer: circunscrever a interpretação aos elementos lingüísticos, a pretexto de que eles fornecem uma interpretação satisfatória, é desconhecer que outros elementos podem inverter a primeira impressão. Os argumentos ligados à linguagem ordinária, para o intérprete que possui a adequada dimensão da estrutura do sistema jurídico e analisa qualquer caso "a partir" do sistema, poderão ser superados por argumentos sistemáticos.[60] Os argumentos históricos poderão alertar para uma alteração na situação de fato que motivou a edição da norma, alterando, nesse sentido, o significado imediatamente obtido por meio da análise de outros argumentos. E assim por diante.

Justamente porque os argumentos não são autônomos entre si, mas interagem de diversas formas, é preciso aprimorar um modelo de etapas sucessivas e subsidiárias na interpretação, que pressupõe autonomia dos argumentos entre si, em favor de um modelo de interação e de valoração dos argumentos.

3.3 Interação dos argumentos

3.3.1 Quadro esquemático

- Interação dos Argumentos
  - Multidirecional
    - Conflito
      - Sem força justificativa
      - Força justificativa refutada
    - Imbricamento
      - Força justificativa relativa regrada
      - Força justificativa relativa a regrar
  - Unidirecional
    - Coincidência
    - Cumulação
      - Força justificativa reforçada

59. Juarez Freitas, *A Interpretação Sistemática ...*, cit., p. 49.

60. Aulis Aarnio, *Denkweisen der Rechtswissenschaft*, Wien/New York, Springer, 1979, p. 140.

3.3.2 Interação multidirecional

Os argumentos podem entrar em conflito. Em primeiro lugar, quando um argumento aparenta ter suas condições de justificação preenchidas, mas a análise sob o ângulo de outros logo revela que aquelas condições para que o argumento pudesse justificar uma dada interpretação não estão presentes. É o caso dos argumentos lingüísticos que têm evidenciadas sua ambigüidade e vagueza.[61]

No caso da imunidade dos livros a consideração dos argumentos relativos à linguagem ordinária aparenta permitir a construção de um significado unívoco a respeito da consideração de que só há livros de papel; um exame mais aprofundado logo evidencia a existência de obras que, apesar de serem feitas de plástico ou de papel, como aquelas destinadas às crianças, não deixam de ser consideradas livros; também indica a existência de encadernações que, apesar de feitas de papel, não são havidas como livros para efeitos de imunidade, como é o caso do livro de registro ou dos livros em branco. O importante é que essa ambigüidade é apenas revelada por uma interpretação teleológico-sistemática.

Em segundo lugar quando um argumento, apesar de ter suas condições de justificação implementadas, tem sua força justificativa refutada pela consideração de outros argumentos. Esse é o caso da relação entre os argumentos lingüísticos e os sistemáticos: o sentido imediato da linguagem ordinária é desde logo refutado pela consideração do contexto normativo.

No caso da imunidade dos livros a consideração dos argumentos relativos à linguagem ordinária poderia levar ao entendimento de que a imunidade só protege o livro em papel; a análise dos princípios constitucionais, em especial da liberdade de comunicação, e a interpretação teleológica preconizada pelo STF logo retrucam a força justificativa potencialmente imediata dos argumentos meramente lingüísticos.

Os argumentos podem entrecruzar-se. Esse entrecruzamento dos argumentos impõe o estabelecimento de regras de prevalência. Pode ocorrer que já existam regras de prevalência previamente instituídas pelo sistema, quer pela jurisprudência, quer pelo próprio direito positivo, na hipótese de contar uma disposição de princípios constitucionalmente estabelecida.[62] Nessa hipótese, a convergência de argumentos numa direção também funcionará como critério para a criação de regras de prevalência: o peso relativo a favor de uma interpretação em relação a outra é condicionado pela força, ou força cumulativa, dos argumentos que a suportam, como se demonstra a seguir.[63]

Pode ocorrer, no entanto, que não haja qualquer regra de prevalência previamente estabelecida. Nesse caso, diante das circunstâncias do caso concreto, é preciso atribuir uma dimensão maior de peso a um deles.

3.3.3 Interação unidirecional

Os argumentos dificilmente são empregados separadamente. Mesmo que possam ser agrupados, os argumentos pertencentes a um grupo podem apontar para várias alternativas de interpretação. Pode ocorrer, no entanto, que a interpretação logo revele que os argumentos pertencentes ao mesmo agrupamento, ou mesmo mutuamente independentes, seguem a mesma direção. Quando isso ocorrer, a interpretação ganha uma força justificativa acumulada.[64]

Essa unidirecionalidade normalmente surge em função de determinados argumen-

61. Neil MacCormick e Robert Summers, "Interpretation and justification", cit., in *Interpreting Statutes: ...*, p. 528.

62. Humberto Bergmann Ávila, "A distinção entre princípios e regras e a redefinição do dever de proporcionalidade", *RDA* 215/168, 1999.

63. Neil MacCormick e Robert Summers, "Interpretation and justification", cit., in *Interpreting Statutes: ...*, p. 528.

64. Neil MacCormick e Robert Summers, "Interpretation and justification", cit., in *Interpreting Statutes: ...*, p. 516.

tos serem suportados por princípios. Nessa hipótese entra em cena a idéia de coerência do sistema jurídico: um sistema jurídico é tanto mais coerente quanto maior for a cadeia de fundamentação que ele contiver, e quanto mais proposições forem suportadas pelo menor número de princípios.[65] A idéia de coerência, justamente porque se relaciona com a concepção de racionalidade e generalidade inerente ao Estado de Direito, reforça a justificação de uma determinada interpretação. Quando maior a cadeia de fundamentação, maior a estrutura de estabilidade dos valores, e maior a força justificativa dos argumentos.

4. Valorando os argumentos jurídicos

4.1 O papel dos princípios constitucionais

Se todos os argumentos jurídicos são potencialmente multidirecionais, não é apenas a distinção dos argumentos que irá decidir sobre uma alternativa de interpretação. Isso só será feito se for atribuída a cada argumento uma dimensão de peso. Mas como atribuir uma dimensão de peso?

Nesse sentido, há dois caminhos complementares a serem seguidos para saber o peso de cada argumento na interpretação jurídica. De um lado, é preciso analisar quais são as implicações metodológicas que decorrem dos elementos essenciais da idéia de Direito – justiça, segurança jurídica, adequação – e das condições formais de conhecimento do próprio sistema jurídico – unidade, consistência e coerência.[66]

De outro, faz-se necessário verificar quais são as determinações que resultam das próprias normas constitucionais – sobretudo das normas-princípios – no que se refere ao peso dos argumentos utilizados na interpretação.[67] A idéia é simples: os argumentos têm sua força justificativa na medida em que eles são fundados em valores constitucionalmente instituídos.[68]

Nesse sentido, é preciso inicialmente analisar os princípios imanentes ao princípio do Estado Democrático de Direito (art. 1º da CF de 1988). O princípio do Estado de Direito estabelece a ligação estrutural entre a atividade do Estado e o Direito; o princípio republicano institui a representatividade com responsabilidade; o princípio democrático determina a participação dos cidadãos nas decisões políticas mediante representantes que atuam por meio do procedimento legislativo; o princípio da separação dos Poderes estabelece que cada um dos Poderes deve exercer suas funções com independência e harmonia.[69]

Diante dessas considerações, logo se vê que os argumentos imanentes ao sistema jurídico têm sua força justificativa fundada no princípio da separação dos Poderes (art. 2º da CF de 1988) e no princípio democrático (art. 1º, parágrafo único, e art. 5º, I, da CF de 1988). Isso porque o poder parlamentar tem representatividade democrática para tomar decisões; e o respeito a essas decisões é um elemento necessário ao princípio da separação dos Poderes. Os argumentos sistemáticos decorrem da idéia de coerência do sistema jurídico, que se deixa reconduzir aos princípios fundamentais do Estado Democrático de Direito (art. 1º da CF de 1988), sem os quais, em vez de controle jurídico do Estado, racionalidade do Direito pela clareza e previsibilidade e tutela plena dos direitos, há arbitrariedade.

Os argumentos institucionais transcendentes (argumentos genéticos e históricos),

65. Robert Alexy, "Juristische Begründung, System und Kohärenz", in *Rechtsdogmatik und praktische Vernunft. Symposium zum 80*, Geburtstag von Franz Wieacker, org. von Okko Behrends, Göttigen, Vandenhoeck und Ruprecht, 1989, p. 99.

66. Franz Bydlinski, *Juristische Methodenlehre und Rechtsbegriff*, cit., p. 557; Juarez Freitas, *A Interpretação Sistemática* ..., p. 105.

67. Robert Alexy, "Juristische Interpretation", cit., in *Recht, Vernunft*, ..., p. 90.

68. Neil MacCormick e Robert Summers, "Interpretation and justification", cit., in *Interpreting Statutes:* ..., p. 532.

69. Humberto Bergmann Ávila, *Medida Provisória na Constituição de 1988*, Porto Alegre, Sérgio Fabris Editor, 1997, pp. 48 e 51.

por sua vez, não decorrem da força vinculativa do Poder Legislativo. Eles apenas indiretamente podem ser a ele reconduzidos, na medida em que exploram os trabalhos preparatórios ao conteúdo final dos atos legislativos ou visam a reconstruir um momento histórico anterior. Os argumentos não-institucionais ou meramente práticos nem mesmo indiretamente fazem referência à força vinculativa do Poder Legislativo; eles não se deixam reconduzir, por conseqüência, aos princípios imanentes ao Estado Democrático de Direito.

4.2 Regras "prima facie" de interpretação

Diante da relação existente entre os argumentos empregados na interpretação e os princípios constitucionais fundamentais, pode-se formular algumas regras *prima facie* de interpretação. *Prima facie* no sentido de que podem ser vencidas por razões contrárias.[70] Nessa hipótese, porém, as maiores razões deverão ser seguidas de uma fundamentação justificativa.

Como conseqüência do princípio da separação dos Poderes e do princípio democrático, é adequado afirmar que os argumentos institucionais devem prevalecer sobre os argumentos não-institucionais. Os argumentos institucionais possuem como ponto de referência o próprio ordenamento jurídico. É precisamente o ordenamento jurídico que permite uma argumentação intersubjetivamente controlável. Os argumentos não-institucionais, ao invés de permitirem um debate objetivamente concebível, apóiam-se exclusivamente em opiniões subjetivas e individuais, contrapondo-se, portanto, às exigências de racionalidade e de determinabilidade da argumentação, ínsitas ao princípio do Estado Democrático de Direito.

Em decorrência do princípio da separação dos Poderes e do princípio democrático, e também por razões de segurança jurídica, pode-se afirmar que os argumentos imanentes ao sistema jurídico (argumentos lingüísticos e sistemáticos) devem ter prevalência sobre os argumentos a ele transcendentes (argumentos genéticos e históricos), na medida em que aquilo que foi finalmente estabelecido pelo Poder Legislativo deve prevalecer sobre aquilo que deixou de ser estabelecido.[71] Além disso, a própria racionalidade imanente ao Estado de Direito conduz à idéia de previsibilidade do Direito. Previsibilidade, essa, que só é concebível se as normas puderem ser compreendidas: não é sequer praticável, para que cada norma venha a ser compreendida e seguida, fazer uma pesquisa histórica para ver se o legislador não pretendeu, talvez, dizer algo diferente do que acabou dizendo. As normas devem poder ser compreendidas e seguidas pelos seus destinatários, por isso mesmo que são discutidas, votadas e publicadas.[72] E, se assim é, aquilo que foi dito (argumentos lingüísticos e sistemáticos) deve prevalecer sobre o que deixou de ser (argumentos genéticos).

Relativamente à imunidade do "livro eletrônico", pode-se afirmar que os argumentos lingüísticos e sistemáticos devem ter prevalência sobre os argumentos genéticos (a proposta de inclusão do "livro eletrônico" teria sido rejeitada pelo legislador constituinte). Os argumentos institucionais devem prevalecer sobre os argumentos não-institucionais (não tributar o "livro eletrônico" traria perda significativa de receita para o Estado no futuro).

O problema, contudo, é que os argumentos lingüísticos e sistemáticos não fluem só numa direção: há tanto argumentos a favor da imunidade do "livro eletrônico" (o "livro eletrônico" é usado como uma espécie de "livro"; a inserção do "livro eletrônico" na classe dos "livros" evita a contradição com princípios constitucio-

70. Carlos Alchourrón, "Condicionalidad y la representaci"on de las normas jurídicas", in Alchourrón e Bulygin, *Analisis Lógico y Derecho*, Madrid, Centro de Estudios Constitucionales, 1991, p. 270.

71. Robert Alexy, "Juristische Interpretation", cit., in *Recht, Vernunft, ...*, p. 90.

72. Franz Bydlinski, *Juristische Methodenlehre und Rechtsbegriff*, cit., p. 563.

nais fundamentais; o "livro eletrônico" consistiria num simples meio, equivalente ao livro, para garantir a liberdade de expressão e de informação; o STF interpretaria de modo amplo as imunidades), como há argumentos contra ela (a expressão "e o papel destinado a sua impressão" afastaria da imunidade qualquer objeto que não fosse feito de papel; o vocábulo "CD-ROM" teria acepção técnica diversa da de "livro"; o STF já teria decidido só haver livro onde há papel).

Como solucionar esse problema? Num primeiro passo, é preciso analisar a existência de convergência de vários argumentos em determinada direção. A ênfase é, ela própria, uma forma de valoração. Não qualquer convergência, mas a convergência de argumentos relevantes. Mas como saber se um argumento é relevante? Na medida em que for plausível demonstrar que ele serve de meio para a concretização de um princípio ou que ele se refere a um bem juridicamente protegido. Ora, uma interpretação será tanto melhor fundamentada quanto maior for o apoio que receber dos princípios fundamentais.[73] Isso porque, estreitando-se a relação dos argumentos com os princípios fundamentais de determinado sistema jurídico, afasta-se de uma justificação pessoal da interpretação baseada em sistemas de crenças individuais, em favor de uma justificação objetiva fundamentada em pontos de vista objetiváveis e, portanto, de acesso intersubjetivo. O que é incoerente é ininteligível, porque contraditório, fragmentado, desconjuntado; o que é coerente é inteligível.[74]

Nesse sentido, dentre os significados possíveis da norma deverá ser escolhido aquele que mais intensamente corresponder aos valores estabelecidos pelos princípios e que menos intensamente os contrarie.[75] Quanto mais importante for o princípio no ordenamento jurídico, pelo papel fundante que ele exerce sobre os argumentos, mais será relevante o argumento a ele reconduzível. Afinal, demonstrar que uma interpretação se situa no âmbito de um fim cuja realização é determinada por um princípio é também revelar que a regra é valiosa.[76]

Mas com qual ou quais princípios deve a alternativa de interpretação mais intensamente corresponder? Num segundo passo, é preciso analisar a existência de hierarquia entre os princípios constitucionalmente previstos. A hierarquia é, também ela, uma forma de valoração. Nesse passo entra em cena a idéia de hierarquia axiológica: a Constituição de 1988 põe a lume a maior importância dos seus princípios fundamentais no confronto com outros princípios, como bem expõe Souto Maior Borges.[77]

Diante do exposto, pode-se formular as seguintes regras *prima facie* de interpretação:

(1) Os argumentos institucionais devem prevalecer sobre os argumentos não-institucionais.

(2) Os argumentos imanentes ao sistema jurídico (argumentos lingüísticos e sistemáticos) devem prevalecer sobre os argumentos a ele transcendentes (argumentos genéticos e históricos).

(3) Na justificação com base em argumentos imanentes ao ordenamento jurídi-

73. Aleksander Peczenik, *Grundlage der juristischen Argumentation*, Wien/New York, Springer, 1983, pp. 180 ss.

74. Joseph Raz, "The relevance of coherence", in *Ethics in the Public Domain: Essays in the Morality of Law and Politics*, Oxford, Clarendon, 1996, p. 288.

75. Franz Bydlinski, *Fundamentale Rechtsgrundsätze*, Wien/New York, Springer, 1988, p. 127; idem, *System und Prinzipien des Privatrechts*, Wien/New York, Springer, 1996, pp. 41 e 43; Ronald Dworkin, *Law's Empire*, Cambridge, Harvard, 1986, pp. 219 e 225; Klaus Vogel, "Worldwide *vs.* source of taxation of income – A review and re-evaluation of arguments", *International Tax Review*, org. Fred C. de Hosson, Offprint from Intertax 8-11/1988, p. 393; Riccardo Guastini, *Le Fonti del Diritto e l'Interpretazione*, Milano, Giuffrè, 1993, p. 42.

76. Neil MacCormick, *Legal Reasoning and Legal Theory*, Oxford, Clarendon, 1995, p. 152.

77. "Pró-dogmática: por uma hierarquização dos princípios constitucionais", *RDP* 1/145, São Paulo, Malheiros Editores, 1993.

co deverá ser escolhido o significado que seja mais coerente com os princípios constitucionais axiologicamente sobrejacentes à norma interpretada.

Aplicando essas considerações ao caso em pauta, pode-se afirmar que há mais razões a favor da imunidade dos "livros eletrônicos" do que contra ela: os argumentos sistemáticos contextuais e jurisprudenciais suportam mais enfaticamente a interpretação que inclui o "livro eletrônico" na imunidade dos "livros"; os princípios constitucionais estabelecem como devida a realização da liberdade de comunicação, e a imunidade dos "livros eletrônicos" serve à concretização desse fim; o Tribunal Pleno do STF tem ampliado o sentido imediato do dispositivo constitucional que prevê a imunidade dos "livros" sempre que ele seja muito restrito em relação à finalidade a cuja realização ele visa a servir.

5. *Conclusão*

Diante do exposto, chega-se a duas conclusões. Em primeiro lugar, ao entendimento de que todos os argumentos jurídicos são multidirecionais. A rigor, nenhum deles é, por definição, resolutivo, no sentido de indicar uma única alternativa de interpretação. Isso permite afirmar que a interpretação jurídica não é fundamentada completamente nem com uma justificação interna (indicação da estrutura dedutiva de raciocínio), nem com uma justificação externa (indicação dos argumentos utilizados). A justificação interna apenas permite demonstrar de que maneira as conclusões decorrem logicamente das premissas. Ela não explica, porém, de que modo essas premissas são construídas. A justificação externa, a seu turno, apenas esclarece quais são os argumentos utilizados na construção das premissas do raciocínio jurídico. No entanto, como os argumentos fluem em várias direções, a justificação externa não pode explicar nem como os argumentos devem ser construídos nem quais deles devem prevalecer. Isso não quer dizer que as justificações, interna e externa, sejam desnecessárias. Bem ao contrário: sem uma estrutura racional de pensamento e sem a especificação dos argumento utilizados sequer é iniciado o processo de fundamentação racional das decisões de interpretação.

Em segundo lugar chega-se à conclusão de que os argumentos são multidimensionais. Nesse sentido é inadequado, por insuficiente, pretender justificar uma interpretação fazendo apelo meramente à linguagem, ao sistema, à história ou à vontade do legislador. Cada um desses argumentos se divide em subespécies que, a seu turno, podem ser divididas também em outras.

Pode-se, por exemplo, pretender justificar uma interpretação fazendo menção ao significado das expressões. Mas será preciso saber qual significado: o comum ou o técnico? Comum ou técnico de qual expressão, de "livros" ou de "papel"? Pode-se tentar fundamentar uma alternativa de interpretação mencionando o contexto do sistema jurídico. Ainda nesse caso, caberá a pergunta: qual contexto? O relativo aos princípios da liberdade de expressão e do livre acesso à informação ou o relativo às regras de competência? Também é possível justificar a interpretação com base na finalidade da norma. Nessa hipótese, caberá indagar: qual finalidade? Ainda: utilizando a finalidade com que propósito, para reduzir o sentido imediato do dispositivo ou para ampliá-lo? Mais: reduzir ou ampliar o significado de qual dispositivo, princípio ou regra de competência, ou de qual fragmento de dispositivo, "livros" ou "papel"? É também perfeitamente cabível pretender justificar uma interpretação mediante o recurso às decisões do STF. Nessa hipótese, porém, caberá a pergunta: quais decisões, as que interpretam restritivamente ou extensivamente as imunidades? Por último – mas não por fim –, pode-se lançar mão da vontade do legislador para fundamentar uma decisão de interpretação. Ainda assim, restará a dúvida: em qual sentido? Vontade do legislador ligada ao significado de determinada expressão ou relacionada a determinada finalidade que ele pretendia atingir?

Enfim, a mera menção a argumentos é artifício ineficaz para justificar minimamente uma interpretação. Sob as vestes de uma "fundamentação", pode a simplificação dos argumentos esconder uma mera preferência. É dizer: escolher uma interpretação com base no capricho (pura preferência), em vez de o fazer com algum fundamento racional (preferência fundamentada).[78] Por isso a necessidade de uma sucessiva especificação dos argumentos, sem a qual não há fundamentação intersubjetivamente controlável. E sem uma fundamentação intersubjetivamente controlável não se concretiza o princípio do Estado de Direito, pela inexistência de dois dos seus elementos essenciais: racionalidade do Direito e tutela plena dos direitos.

Mas se nem a justificação interna nem a justificação externa permitem fundamentar completamente a interpretação, o quê torna possível fazê-lo? É a valoração dos próprios argumentos jurídicos que permite saber qual a interpretação mais adequada em face de determinado ordenamento jurídico. Essa valoração deve ser pautada nos próprios princípios constitucionais que fundamentam cada um dos argumentos utilizados na interpretação jurídica. Nessa hipótese, mais do que metodologia do Direito, o que se tem é metodologia "no" Direito: a pretensão de explicar de modo coerente o ordenamento jurídico implica absorver, na argumentação, aqueles fins cuja realização é elevada a dever pelo próprio ordenamento jurídico. Descrever o ordenamento jurídico sem atentar para as implicações metodológicas decorrentes dos seus próprios princípios fundamentais não é explicá-lo; é menosprezá-lo.

Nesse sentido, é preciso dar prevalência aos argumentos que se deixam reconduzir aos princípios inerentes ao Estado Democrático de Direito, como o são os argumentos lingüísticos e sistemáticos. Sendo assim, a privilegiar os princípios fundamentais da Constituição de 1988, deverá ser adotada uma interpretação que conduza à imunidade dos "livros eletrônicos".

A proposta reclassificatória dos argumentos e as regras de prevalência se aplicam, evidentemente, à interpretação de qualquer norma jurídica. É sempre necessário, porque transparente e racionalmente demonstrável, explicar quais argumentos são utilizados. Trata-se de uma tarefa por fazer.

Exemplo paradigmático da função esclarecedora da especificação dos argumentos é o caso das medidas provisórias. É verdade que há argumentos a favor e contra a reedição e a convalidação de medidas provisórias, como há argumentos também a favor e contra a existência de limites materiais para sua edição. Não é menos verdade, no entanto, que os argumentos lingüísticos (segundo o dispositivo constitucional, a medida provisória só pode ser editada em casos de relevância e urgência, e perde eficácia caso não seja convertida em lei em 30 dias) e os sistemáticos (a Constituição dá primazia funcional ao Congresso Nacional, prevê uma hierarquia axiológica do princípio democrático, estabelece a legalidade estrita e mecanismos abreviadores do procedimento legislativo) terminaram sendo suplantados, na prática constitucional brasileira, por argumentos meramente práticos (o Governo precisa de agilidade e flexibilidade para regular a economia, por exemplo).[79]

Todo o exposto termina por explicar, de um lado, a importância dos estudos de linguagem e de teoria dos sistemas para a interpretação do ordenamento jurídico.[80]

78. Georg Henrik von Wright, *Normen, Werte und Handlungen*, Frankfurt am Main, Suhrkamp, 1994, p. 126.

79. Sobre a interpretação sistemática da competência para editar medidas provisórias: Humberto Bergmann Ávila, *Medida Provisória ...*, cit., 1997.

80. Lourival Vilanova, *As Estruturas Lógicas e o Sistema do Direito Positivo*, São Paulo, Ed. RT, 1977; José Souto Maior Borges, "O Direito como fenômeno lingüístico, o problema de demarcação da ciência jurídica, sua base empírica e o método hipotético-dedutivo", in *Ciência Feliz*, Recife, Fundação de Cultura Cidade do Recife, 1994. p. 138; Paulo de

De outro, porém, põe em dúvida a validade dos estudos doutrinários, tão comuns entre nós, que menosprezam os argumentos lingüísticos e sistemáticos em favor do exame de argumentos transcendentes ao ordenamento jurídico (genéticos, históricos ou meramente políticos, sociais, econômicos ou filosóficos), os quais são analisados por meio de um sincretismo metodológico pasmoso e obscurante, sem que o intérprete proceda à demonstração de que todos argumentos que utiliza podem ser, de alguma forma, reconduzidos ao ordenamento jurídico que ele supostamente pretende interpretar.

A classificação e as regras de prevalência aqui propostas visam a oferecer uma estrutura racional para a argumentação jurídica que seja vinculada ao ordenamento jurídico, e com a qual possa ser diminuída a subjetividade na interpretação em favor de uma intersubjetividade cada vez maior. Um resíduo, maior ou menor, de subjetividade é inerente a qualquer interpretação. Quando se afirma que há uma parte objetiva e um resíduo de subjetividade na interpretação não se está pretendendo dizer que há fases que são somente objetivas e fases que são somente subjetivas. Não. Desde a manipulação dos argumentos lingüísticos até o extremo da utilização de argumentos meramente práticos há uma insuplantável dialética entre objetividade e subjetividade. O esforço do intérprete, e a função mesma da argumentação jurídica, é intersubjetivar o subjetivo. No final, restará um quê de subjetivo na argumentação. Mas um subjetivo que se pode ver. Na verdade, a argumentação jurídica não aniquila a subjetividade; mantém-na sob controle crítico.[81]

O que deve ficar claro é que não se pode tolerar, num Estado Democrático de Direito, uma "justificação" que, a pretexto de fundamentar uma interpretação, termine por encobri-la. Ora, fundamentar é justamente proporcionar acesso interpessoal às razões que motivaram determinada decisão de interpretação. Esse esclarecimento é possível de ser feito; e deve ser levado a cabo não só pelo Poder Judiciário, mas também pela doutrina. Fundamentar é, pois, como levar alguém para um passeio informando-lhe o ponto de partida e o de chegada, o veículo de transporte e as razões da viagem. Deixar de informar o passageiro a respeito disso é fazer aquilo que os seqüestradores fizeram com Maruja, personagem do romance de Gabriel García Marques: "No se veía ninguna luz. A Maruja le cubrieron la cabeza con una chaqueta y la hicieron salir agachada, de modo que lo único que veía eran sus propios pies avanzando, primero a través de un patio, y luego tal vez por una cocina de baldosines".[82]

Barros Carvalho, *Curso de Direito Tributário*, 11ª ed., São Paulo, Saraiva, 1999, pp. 1 ss.

81. Hans-Georg Gadamer, "Vom Wort zum Begriff. Die Aufgabe der Hermeneutik als Philosophie", in *Die Moderne und die Grenze der Vergegenständlichung*, org. Bernd Klüser, München, Bernd Klüser, 1996, p. 30.

82. Gabriel García Marques, *Noticia de un Secuestro*, Buenos Aires, Editorial Sudamericana, p. 16.

CADERNOS DE DIREITO TRIBUTÁRIO

REFORMA TRIBUTÁRIA INFRACONSTITUCIONAL

HERON ARZUA
Advogado em Curitiba

Uma reforma tributária voltada para a simplificação, justiça (atendimento ao princípio da capacidade contributiva), neutralidade e equilíbrio das contas públicas e aperfeiçoamento do sistema tributário não implica, necessariamente, na alteração da Constituição de 1988.

Esta não fixa alíquotas, não impõe a criação de contribuições cumulativas (ou de quaisquer outras), não estipula a carga tributária, não é responsável pela "guerra fiscal" entre Federadas, não obriga a criação ou cobrança de qualquer tributo (apenas outorga competências), não impede a integração com o Mercosul e não é culpada pela volúpia de deveres acessórios que acompanham toda exação no Brasil.

O que se quer acentuar, no particular, é que para tornar o nosso conjunto de impostos racional e moderno não é preciso modificações da Constituição de 1988.

2. Princípios geralmente aceitos de tributação — simplicidade, justiça e neutralidade econômica — recomendam a extinção de inúmeros tributos existentes, a saber: (a) Imposto Sobre Operações Financeiras (ISOF), Sobre Produtos Industrializados (IPI) e Sobre Transações Financeiras (CPMF); (b) contribuições ao PIS-PASEP, COFINS, e Contribuição Social Sobre o Lucro.

Tais exações complicam a vida do contribuinte, estimulam a sonegação, distorcem preços relativos, forçam a integração vertical das empresas e acentuam a regressividade do sistema. Mas para extirpá-los do mundo normativo não se faz mister alterar o Texto Básico. Por lei ordinária isso é possível.

No caso do Imposto sobre Produtos Industrializados (IPI), ao invés de erradicado, poderia ser limitado (por decreto do Executivo Federal, cf. art. 153, § 1º, da CF), para apanhar uns poucos produtos nobres (cigarros, veículos, bebidas, jóias etc.), com a redução do número de alíquotas (quatro, por exemplo), diminuindo, dessa forma, a extrema abrangência e complexidade da Tabela de Classificação de Produtos (TIPI), que tem trazido notórios percalços para os contribuintes, Fazenda e Justiça.

3. A incidência das contribuições sobre a folha de salários e faturamento poderia ser minorada por lei ordinária, usando-se da permissão constitucional do § 9º do art. 195 (redação da Emenda 20, de 5.12.1998), pelo qual ditas contribuições poderão ter alíquotas ou bases de cálculo diferenciadas, em razão da atividade econômica ou da utilização intensiva de mão-de-obra. Em se querendo dotar o processo produtivo brasileiro de mais competitividade, pode-se introduzir — também por lei

— o princípio da não-cumulatividade das contribuições incidentes sobre o faturamento ou receita bruta, porquanto tal princípio permeia todo o sistema tributário da Constituição de 1988.

Aliás, a instituição da lei fiscal das microempresas e empresas de pequeno porte (Lei 9.317, de 5.12.1996), conhecida como "Simples", com pagamento unificado de vários tributos — Imposto de Renda das pessoas jurídicas, PIS-PASEP, Contribuição Social sobre o Lucro Líquido, COFINS, IPI, Contribuições para o Seguro Social a cargo das pessoas jurídicas —, com alíquotas que variam de 3% a 7% sobre a receita bruta mensal, é uma prova eloqüente de como se pode fazer uma reforma tributária profunda sem mexer no Estatuto Maior. Ela só não foi mais significativa em virtude das restrições que o seu texto trouxe para o enquadramento de inúmeras atividades econômicas.

4. Na área do Imposto de Renda (IR) — o tributo mais racional que se conhece, gozando de larga preferência no plano tributário dos países desenvolvidos —, alguns ajustes encareciam de ser realizados. Na generalidade das nações fiscalmente civilizadas, o IR tem como princípio incidir sobre pessoas físicas na estrita conformidade com a capacidade contributiva aferida nas declarações individuais de rendimento. No Brasil, o IR, para se integrar aos padrões do primeiro mundo, teria de sofrer radicais alterações, tais como a imputação do imposto de pessoa jurídica ao imposto de pessoa física, o fim da imposição exclusiva na fonte (como sói acontecer com a tributação do mercado financeiro) e o aumento do universo dos contribuintes pessoas físicas.

5. Com o passar dos anos, por razões de ordem administrativa e de facilidade de arrecadação, esse tributo se converteu num imposto recolhido preponderantemente pelas grandes empresas, onerando a renda das pessoas jurídicas e os rendimentos da mão-de-obra. Hoje, na medida em que uma parcela desprezível do IR é aplicável à base de cálculo apurada na declaração de rendimentos das pessoas físicas, o imposto afasta-se da capacidade contributiva e acaba onerando a produção e o consumo. Em rigor, a facilidade no lançamento e arrecadação do IR implica em torná-lo distante dos princípios de justiça fiscal.

6. É pressuposto, pois, de uma reforma tributária séria, modificar a legislação ordinária desse imposto, com o objetivo não só de alcançar a riqueza individual, mas de torná-lo adequado à capacidade econômica das pessoas. A tributação na fonte há de ser toda ela integrada com a declaração de rendas individual. Todo esse cabedal de iniciativas a Constituição não obstaculiza, antes a requer, a ordena.

7. O Imposto sobre a Propriedade Territorial Rural, nada obstante concebido como instrumento de reforma agrária, pode ser descomplicado em patamar infraconstitucional (como já vem sendo), a ensejar considerável volume de recursos à União, sem prejuízo de seus objetivos extrafiscais.

8. Quanto aos Estados, pode-se dizer que o ICMS, que é o principal imposto nacional, só recentemente foi objeto de regulação (Lei Complementar 87, de 13.9.1996), a qual afeiçoou o imposto às suas premissas originárias — de ser um imposto amplo sobre o consumo interno de natureza polifásica e não-cumulativa. É que a Lei 87 reconheceu, em coerência absoluta com o Texto Constitucional, créditos praticamente para todas as aquisições de mercadorias, inclusive de bens de produção e de uso e consumo, e livrou do ônus fiscal a exportação de produtos primários e semi-elaborados. (Os industrializados já estavam imunes.)

A lamentar tão-somente que iniciativa dos Estados tenham reduzido o largo aproveitamento dos créditos tais, como ocorreu recentemente com a edição da Lei Complementar 102, de 11.7.2000. Retrocessos na aplicação do princípio da não-cumulatividade vulneram o imposto federado, tornando-o parcialmente cumulativo.

9. Questão não resolvida satisfatoriamente no âmbito do ICMS é a da divisão da receita entre o Estado de origem (da produção da mercadoria) e do destino (onde se verifica o consumo final). No Brasil, adotou-se esquema de repartição mista, por intermédio de alíquotas interestaduais menores que as praticadas no mercado interno. A principal admoestação é a de que essa concepção tem oferecido facilidades para o incremento da denominada "guerra fiscal", que é o uso do ICMS para atrair investimentos. Todavia, para coibir os excessos dos Estados, não é preciso bulir na Constituição, bastando que ela seja implementada. (O Senado, por via de resoluções, nos termos do art. 155, § 2º, incs. IV e V, da CF, pode fixar as alíquotas do imposto e tomar outras medidas saneadoras, inclusive, se for o caso, introduzir o princípio do destino, com o estabelecimento da alíquota zero nas operações interestaduais.)

Outras medidas seriam objeto de lei complementar, a saber: a) determinação que o montante do imposto não componha a base imponível do ICMS (alíquota "por fora", no linguajar paisano), com exigência de destaque, inclusive, nas vendas a consumidor final (com o que cumprir-se-ia a regra do § 5º do art. 150 da CF, fazendo com que a alíquota real fora igual a nominal); b) desburocratização do reconhecimento dos créditos decorrentes das exportações e da substituição tributária, permitindo o seu imediato aproveitamento, quando (e isso é regra), na hipótese da substituição, a base estimada na fonte for maior do que a praticada no varejo; c) revisão no uso das figuras da isenção, redução da base de cálculo, diferimento, incentivos fiscais, hoje prática intensiva dos Estados para, de um lado, obstar os créditos do imposto, e, sob outro enfoque, atrair investimentos; d) deixar absolutamente expresso no texto da lei que o ICMS não incide sobre a parcela de juros, correção, ou financiamento nas vendas a prestação, ainda que este seja feito pela própria empresa vendedora, sob qualquer modalidade (cartão de crédito próprio, financiamento direto etc.); e) desoneração, no âmbito do ICMS, dos serviços exportados.

Nessa mesma linha, poder-se-ia, por lei complementar, dotar o Imposto Municipal Sobre Serviços (ISS) do caráter da não-cumulatividade, pois são poucas as hipóteses que ele incide sobre serviços intermediários. Do mesmo modo, requerer-se-ia que o § 3º do art. 156 da CF fosse regulado, com a edição de lei complementar fixando as suas alíquotas máximas e exclusão da incidência das exportações de serviços para o exterior.

10. Enfim, muito há fazer com os treze impostos do desenho normativo brasileiro no chão das leis infraconstitucionais. Sem deixar de anotar que uma administração fazendária ágil e eficiente é pressuposto do êxito de qualquer arcabouço fiscal. E tudo isso independe de reforma da Constituição.

Curitiba, outubro de 2000

A INCIDÊNCIA DA NORMA JURÍDICA

O Cerco da Linguagem

GABRIEL IVO
Professor da Universidade Federal de Alagoas
– Mestre e Doutorando em Direito pela PUC/SP

"O sentido não é capaz de permanecer quieto, fervilha de sentidos segundos, terceiros e quartos, de direcções irradiantes que se vão dividindo e subdividindo em ramos e ramilhos, até se perderem de vista, o sentido de cada palavra parece-se com uma estrela quando se põe a projectar marés vivas pelo espaço fora, ventos cósmicos, perturbações magnéticas, aflições". (José Saramago, Todos os Nomes*)*

Apresentação. I – Introdução. II – Generalidades sobre a incidência. III – A infalibilidade da incidência: O cerco lingüístico. IV – Linguagem: A construção da norma jurídica – O sentido do fato. V – Conclusão: A presença humana.

Apresentação

O presente estudo pretende descrever o denominado fenômeno da juridicização. Realça, contudo, que o mundo jurídico é constituído num universo de linguagem. São dois corpos de linguagem. O direito positivo – o objeto – e a Ciência do Direito. Uma é a linguagem do direito positivo – linguagem-objeto –, a outra é uma linguagem de sobrenível, uma metalinguagem. A segunda linguagem fala da primeira, emitindo enunciados descritivos. Por sua vez, a primeira linguagem prescreve como deve ser o procedimento humano, e não como ele efetivamente ocorre.

O objeto de estudo da Ciência do Direito, o Direito tomado como objeto, não se encontra pronto no mundo físico. É construído pelo homem, por isso cultural.[1] No universo do Direito o próprio objeto de

1. "(...) los culturales forman el ámbito propiamente humano de la realidad. Esta categoría de objetos abarca todo lo que el hombre crea o modifica con su acción (...)" (Enrique R. Aftalión, Fernando García Olano e José Vilanova, *Introducción al Derecho*, p. 19).

estudo é ele mesmo construído pelo homem. Assim, a presença humana é encontrada não só no plano da ciência, mas, também, na constituição do objeto. As normas jurídicas não estão aí independentemente do homem. O homem as constrói. E constrói em dois momentos. Quando faz ingressar por meio dos instrumentos introdutores os enunciados prescritivos e depois quando, a partir dos enunciados, postos pelo legislador, constrói a sua significação, a norma jurídica.

Um outro aspecto que deve ser mencionado nesta apertada apresentação é que, ao contrário de outras áreas do conhecimento, a Ciência do Direito influencia o seu objeto de estudo. Como agudamente observa Lourival Vilanova, "a Ciência do Direito é a autoconsciência, em termos de conceitos, do direito positivo: ao mesmo tempo, o Direito vigente incorpora a ciência de si mesmo, autocompondo-se num processo dialético intérmino, sem repouso, entre os dois pólos: a experiência jurídica e a teoria dessa experiência".[2] Desde que incluída em um instrumento credenciado pelo sistema para introduzir normas, pode se tornar objeto. Despe-se, contudo, da sua descritividade e passa a incorporar a prescritividade.

Em outros sítios do conhecimento a distinção entre a ciência e o objeto de que se fala é mais nítida. É que aqui o objeto não se constitui em linguagem. Ninguém confunde a Entomologia com as formigas. Os animais com a Zoologia. Os astros com a Astronomia. As formigas, os astros etc. não falam de si mesmos. Já a linguagem prescritiva (= objeto) fala de si mesma. Segundo Lourival Vilanova "parece ser uma das características do direito positivo o constituir-se ele, também, com a Ciência do Direito. Os fatos físicos, em sentido amplo, não se compõem com as ciências que os têm por temáticos. Uma coisa é a luz; outra, a teoria científica sobre a energia luminosa".[3] Mas, mesmo diante desse aspecto em constituir-se o próprio objeto em linguagem, não é permitido ao estudante do Direito confundir e misturar os dois planos lingüísticos.

Assim, dado o aspecto irrenunciável da linguagem, esta não poderia ficar à margem da incidência das normas jurídicas. A incidência também precisa ser relatada em linguagem. A linguagem é constitutiva da incidência. Sem linguagem não há incidência. É o que pretendemos mostrar.

I - Introdução

O sistema jurídico é composto pelo conjunto das normas jurídicas *válidas*.[4] Validade significa a porta de entrada das normas para o mundo jurídico. Uma norma só se torna jurídica após haver ingressado no sistema prescritivo, plano do objeto, do direito positivo.[5]

Validade, pois, consiste na relação de pertinencialidade de uma dada norma jurídica com um determinado sistema jurídico. Como o sistema jurídico, nomoempírico prescritivo, é composto, apenas, por normas jurídicas, essa relação de pertinencialidade é estabelecida por meio de uma outra norma: *uma norma de hierarquia superior*. Afinal de contas, as normas jurídicas não se encontram umas ao lado das outras, mas dispostas de maneira escalonada, onde as inferiores retiram seu fundamento de validade das superiores.

Validade, como vimos, consiste numa relação de pertinencialidade de uma nor-

2. "Fundamentos do Estado de Direito", *RDP* 43-44/21.

3. Idem, ibidem.

4. A afirmação "norma jurídica válida" não deixa de ser uma redundância. Hans Kelsen já afirmara: "Que uma norma prescribente de uma certa conduta não vale, significa: que esta norma não existe, não é existente. Uma norma válida é um pleonasmo" (*Teoria Geral das Normas*, p. 216). Mas o sentido, aqui, é de evidenciar. Deixar claro.

5. Também aqui estamos diante de um pleonasmo, como agudamente observa Antônio Carlos Cintra do Amaral: "O Direito é o conjunto das normas jurídicas postas em um determinado país, pelo quê *a expressão 'direito positivo' é pleonástica*. A rigor, não tem sentido falar-se em 'direito positivo brasileiro', como se houvesse um Direito que não fosse positivo: 'natural', por exemplo, 'social', ou, como quer Eros Grau (1996), 'pressuposto'" (*Positivismo Jurídico*, p. 58).

ma com um sistema jurídico determinado. Mas essa relação de pertinencialidade, da norma com o sistema jurídico, é conferida por *fato jurídico suficiente*, resultante da *incidência* da norma de produção normativa ou norma de estrutura de hierarquia superior.

É por isso que, quando nos posicionamos, conceptualmente, no interior do sistema jurídico, verificamos que normas regulam a criação de outras normas. O Direito auto-regula-se, por força da incidência das normas jurídicas.

A noção de incidência, portanto, consiste em aparato fundamental para que se possa fazer Ciência do Direito. O presente estudo pretende investigar aspectos deste fenômeno denominado *incidência* da norma jurídica, que permite perceber o Direito no seu aspecto dinâmico. Ou seja, o Direito determinando a sua própria criação num movimento contínuo de auto-referenciabilidade.

II - Generalidades sobre a incidência

Da atuação da norma jurídica válida surgem relações jurídicas ou outras normas jurídicas. Trata-se da fenomenologia da *incidência*. Cumpre, inicialmente, que expliquemos esse fenômeno de a norma jurídica transformar em fato jurídico o suporte fático.

A norma jurídica prevê certa situação factual, decorrente de fatos naturais ou sócio-culturais, que em face da incidência transforma-se em fato jurídico. Temos, portanto, a *norma jurídica*, o *suporte fático* e o *fato jurídico*.

Por meio da hipótese a norma jurídica descreve certa situação de possível ocorrência no mundo natural. A situação prevista representa o suporte fático, "aquele fato ou grupo de fatos que compõe, e sobre o qual a regra incide".[6] Segundo Marcos Bernardes de Mello[7] a incidência é o efeito da norma jurídica de transformar em fato jurídico a parte do suporte fático que o Direito reputou relevante, segundo critérios valorativos,[8] para ingressar no mundo jurídico.

O efeito da norma jurídica é a incidência, que, por sua vez, tem o efeito de juridicizar o fato, tornando-o jurídico, destacando-o do mundo enquanto mundo, e inserindo-o no mundo jurídico . Dessa composição, que adquire existência através da linguagem (ninguém toca ou vê a incidência), decorre a eficácia legal.

Podemos conceituar a eficácia legal, portanto, como o efeito da incidência da norma vigente juridicizando o fato, fazendo-o jurídico.

Visto de outro ângulo, podemos afirmar que o fato jurídico consiste no efeito da eficácia legal.

Do primeiro momento, desse fenômeno complexo que é a juridicização, ou seja, a norma juridicizando o fato, tornando-o jurídico, podemos sacar os conceitos de eficácia legal, suporte fático e fato jurídico.

Eficácia legal significa o efeito da incidência da norma jurídica juridicizando o fato. Para incidir, no entanto, é preciso que a norma esteja vigente. Uma norma pode pertencer a determinado ordenamento jurídico e não estar vigente. Conforme lição de Eurico Marcos Diniz de Santi, "da concatenação dos conceitos de validade e eficácia legal, conforme exposto, extraímos o conceito de vigência como a situação de norma jurídica que irradia eficácia legal, *i.e.*, que incide sobre os fatos, tornando-os jurígenos".[9]

Suporte fático é o fato bruto, base de incidência da norma jurídica, que geralmente é mais rico em propriedades que a hipótese. Por isso não entra ele todo no mundo jurídico. Só as propriedades selecionadas pelo suposto normativo têm acesso ao ambiente normativo. É a norma jurídica, componente do sistema, que determina, de forma prescritiva, como o suporte fático[10] será

6. Pontes de Miranda, *Tratado de Direito Privado*, t. I, p. 19.

7. *Teoria do Fato Jurídico – Plano da Existência*, p. 57.

8. Políticos, portanto metajurídicos.

9. *Lançamento Tributário*, p. 63.

10. Suportes fáticos sociais, políticos, ideológicos, religiosos, econômicos, naturais etc.

recebido pelo mundo jurídico; é questão prevista intra-sistematicamente, após opção política, extra-sistemática.

Fato jurídico representa a parte do suporte fático, desenhada pela hipótese normativa, que entra no mundo do Direito por meio da incidência da norma jurídica. Como observa Lourival Vilanova,[11] é a fração do suporte fático, prefixada na hipótese.[12] Sem norma que incida não há fato jurídico. Conforme Pontes de Miranda, "a técnica que tem o Direito, mero processo social de adaptação, para chamar a si o fato que antes não lhe importava, é a regra jurídica".[13]

Num momento lógico posterior, o fato jurídico que entrou[14] no mundo do Direito propicia o surgimento de efeitos, que são as relações jurídicas ou normas jurídicas. Somente depois de gerado o fato jurídico, por força da incidência, é que poderemos falar de situações jurídicas e todas as espécies de efeitos jurídicos,[15] o que consiste na eficácia jurídica.

Não se pode confundir, portanto, a eficácia legal, da qual nasce o fato jurídico, com a eficácia jurídica, decorrente do fato jurídico já existente. Mirado num recorte lógico, podemos afirmar que uma pressupõe a outra.

Como mostrado, o fato jurídico faz nascer norma jurídica. Assim, procedimento, ou seja, a série de atos necessários para a postura de uma norma jurídica, também significa fato jurídico. O excerto de Lourival Vilanova explica: "As normas de organização (e competência) e as normas do 'processo legislativo', constitucionalmente postas, incidem em fatos e os fatos tornam-se jurígenos. O que denominamos 'fontes do Direito' são fatos jurídicos criadores de normas: fatos sobre os quais incidem hipóteses fáticas, dando em resultado normas de certa hierarquia".[16]

A incidência das normas jurídicas tem como características inafastáveis a *infalibilidade* e a *inesgotabilidade*.

A infalibilidade consiste na situação em que, ocorrido o fato, no mundo fenomênico, descrito na hipótese, a norma incide necessariamente e faz surgir no mundo jurídico os efeitos previstos. Como explica Marcelo Neves, a infalibilidade da incidência importa que ela independe da observância ou aplicação da norma.[17]

Já a inesgotabilidade significa que a incidência sempre ocorre toda vez que o suporte fático se realiza.

Mas essa fenomenologia da juridicização, a incidência, não se dá fora do homem. Não é algo absolutamente objetivo. A observação humana integra a incidência, que é *(re)feita* na mente do aplicador do Direito. Dentro da ontologia dos objetos, o Direito ocupa lugar na região dos objetos culturais, aqueles produzidos pelo homem para o atingimento de uma finalidade desenhada, também, pelo homem.

III - A infalibilidade da incidência

O cerco lingüístico

O Direito, entendido no seu discurso prescritivo, no plano do objeto, tem como finalidade alterar as condutas das pessoas em face de uma finalidade, valiosa, em determinado momento histórico.[18] É o aspecto

11. *Causalidade e Relação no Direito*, p. 16.

12. "Fato jurídico é o fato qualificado por hipótese fática, de norma do costume, legislada, jurisprudencial: pelas fontes dogmáticas do sistema jurídico. Justamente as fontes intra-sistemáticas" (Lourival Vilanova, *Causalidade* ..., cit., p. 34).

13. *Tratado das Ações*, t. I, p. 21.

14. "Não entra, sempre, todo ele. Às mais das vezes, despe-se de aparências, de circunstâncias, de que o Direito abstraiu; e outras vezes se veste de aparências, de formalismos, ou se reveste de certas circunstâncias, fisicamente estranhas a ele, para poder entrar no mundo jurídico" (Pontes de Miranda, *Tratado de Direito Privado*, cit., t. I, p. 20).

15. Marcos Bernardes de Mello, *Teoria do Fato Jurídico* ..., cit., p. 57.

16. *Causalidade* ..., cit., pp. 21-22.

17. "A incidência da norma jurídica e o fato jurídico", *Revista de Informação Legislativa* 84/271.

18. "Nesta dinâmica, a linguagem do Direito condiciona a realidade, alterando e regrando as condutas entre as várias unidades compositivas do teci-

pragmático da linguagem normativa, conforma lição preciosa de Lourival Vilanova: "Usa-se a p-normativa como um dos *outils humains*, como um dos instrumentos para canalizar o processo social da conduta humana dentro de vias sociologicamente funcionais, ou axiologicamente valiosas".[19] O Direito é posto pelo homem e tem como missão modificar o comportamento do próprio homem. Não teria qualquer sentido o Direito coincidir com a realidade. Ao duplificá-la o Direito estaria edificando um sem-sentido deôntico. O Direito, conjunto de normas jurídicas válidas, consiste, então, numa comunicação. Do emissor para o receptor.

A comunicação entre os homens se põe pela linguagem. Linguagem entendida largamente. Só por meio da linguagem o homem se coloca em relações de intersubjetividade. Não só a linguagem escrita ou falada. Mas a linguagem gestual, a linguagem da Arquitetura, a linguagem da Moda etc. Basta a cor exuberante do vestido da mulher esguia que logo nos colocamos em comunicação e entendimento com a época da moda, ou com as novas tendências do mercado. Como ensina Paulo de Barros Carvalho, "devidamente, é também a linguagem que nos dá os fatos do mundo físico e social".[20]

O Direito manifesta-se por intermédio de uma linguagem. Estudar o Direito, ou compreendê-lo, é essencialmente penetrar nas entranhas da sua linguagem. Assim, descrita a fenomenologia da incidência, um ponto, contudo, deve ser ressaltado. Embora seja característica da incidência a sua *incondicionalidade*, esta não prescinde da presença do homem. Não seria exagerado dizer que o homem constitui em linguagem a incidência.

A incidência pressupõe linguagem competente em dois momentos: (i) na construção da norma jurídica e (ii) no sentido do evento (melhor, na construção do fato).

IV - Linguagem

A construção da norma jurídica

Norma jurídica não se confunde com meros textos normativos. Estes são apenas os suportes físicos. Antes do contato do sujeito cognoscente não temos normas jurídicas, e sim meros enunciados lingüísticos esparramados pelo papel. Enunciados postados em silêncio.[21] Em estado de dicionário.[22] Aguardando que alguém lhes dê sentido.[23] E enunciados, conforme a observação de Lenio Luiz Streck, plurívocos,[24] pois não há uma correspondência biunívoca entre a disposição normativa (texto) e a norma jurídica (significação).

A advertência de Eros Grau explica: "Es necesario que se aclare, en este momento, que tomo la interpretación como una actividad que sirve para transformar las disposiciones (textos, enunciados) en nor-

do social" (Eurico Marcos Diniz de Santi, *Lançamento Tributário*, cit., p. 75).

19. *As Estruturas Lógicas e o Sistema do Direito Positivo*, p. 39.

20. "IPI – Comentários sobre as regras gerais de interpretação da Tabela NBM/SH (TIPI/TAB)", *Revista Dialética de Direito Tributário* 12/43.

21. Octávio Ianni, "Língua e sociedade", *Aulas de Português*, p. 16.

22. "Quando um rio corta, corta-se de vez/o discurso-rio de água que ele fazia;/cortado, a água se quebra em pedaços,/em poços de água, em água paralítica./Em situação de poço, a água equivale/a uma palavra em situação dicionária:/isolada, estanque no poço dela mesma,/e porque assim estanque, estancada;/e mais: porque assim estancada, muda,/e muda porque com nenhuma se comunica,/porque cortou-se a sintaxe desse rio,/o fio de água por que ele discorria" (João Cabral de Melo Neto, "Rios sem discurso", *Antologia Poética*, Rio de Janeiro, José Olympio Editor, 1991, p. 23).

23. "Chega mais perto e contempla as palavras/Cada uma tem mil faces secretas sob a face neutra e te pergunta, sem interesse pela resposta, pobre ou terrível, que lhe deres: Trouxeste a chave?" (Carlos Drummond de Andrade, *Procura da Poesia, Poesia e Prosa*, Rio de Janeiro, Nova Aguilar, 1988, pp. 95 e ss.).

24. "As palavras da lei não são unívocas; são, sim, plurívocas, questão que o próprio Kelsen já detectara de há muito" (*Hermenêutica Jurídica e (m) Crise*, p. 17).

mas; la interpretación es un medio de expresión de los contenidos normativos de las disposiciones, un medio por el cual el juez descubre las normas contenidas en las disposiciones".[25] E em outra passagem deixa claro o ilustre professor: "Las disposiciones, los enunciados, los textos, no dicen nada; sólamente significan algo cuando son efectivamente transformados en normas (o sea, cuando – a través y por la interpretación – son convertidos en normas)".[26] No mesmo sentido é a lição de Ricardo Guastini: "Intendo per 'interpretazione (giuridica)' l'attribuzione di senso (o significato) ad un texto normativo".[27] Como também a de J. J. Gomes Canotilho: "deve distinguir-se entre *enunciado* (formulação, disposição) *da norma* e *norma*. A *formulação da norma* é qualquer enunciado que faz parte de um texto normativo (de uma fonte de Direito). *Norma* é o sentido ou significado adscrito a qualquer disposição (ou a um fragmento de disposição, combinação de disposições, combinações de fragmentos de disposições). *Disposição* é parte de um texto ainda a interpretar; norma é a parte de um texto interpretado".[28]

Outro não é o escólio de Eduardo García de Enterría, ao predizer o caráter criativo da interpretação: "(...) toda decisión judicial (y esto puede aplicarse a la integridad del proceso de aplicación del Derecho, aunque no toda tenga la *autoritas* de la aplicación por el juez) se reproduce necesariamente en mayor o menor medida el proceso de creación o producción del Derecho, que en toda interpretación judicial de una norma hay necesariamente una conformación valorativa de esta norma, que toda decisión judicial entraña una decisión originaria sobre el ordem jurídico".[29]

Cuidando do tema, Carlos E. Alchourron e Eugenio Bulygin[30] assim se expressaram: "Toda norma se formula o puede ser formulada em un lenguaje, pero la norma no es um conjunto de signos lingüísticos, sino el sentido que esos signos expresan". E adiante consignam: "Pretender que la norma sea el texto, es decir, un conjunto de signos lingüísticos, sin tener en cuenta su sentido, es pueril".

O próprio Pontes de Miranda, autor da lição genial sobre a *infalibilidade* da incidência,[31] não se descura da interpretação como sendo a construção de sentido realizada pelo ser humano: "Para que se saiba qual a regra jurídica que incidiu, que incide, ou que incidirá, é preciso que se saiba o que é que se diz nela. Tal determinação do conteúdo da regra jurídica é função do intérprete, isto é, do juiz ou de alguém, jurista ou não, a que interesse a regra jurídica".[32] Em outra passagem, ao cuidar da lei inconstitucional, para saber se houve ou não a sua incidência, o sentido normativo dado pelo intérprete é de fundamental importância: "Ora, ou a lei inconstitucional não incidiu, porque incidira a Constituição, ou se deu a revogação da Constituição pela lei, o que é absurdo, ou houve duas incidências de lei contrárias, e caímos na mais grave das contradições *in adiecto*".[33]

Ora, se para que se saiba qual a regra jurídica que *incidiu*, que *incide*, ou que *incidirá*, é preciso que se saiba o que é que ela diz, é o mesmo que afirmar que o sentido da regra é dado pela interpretação. O

25. *La Doble Desestructuración y la Interpretación del Derecho*, p. 13.
26. Idem, p. 70.
27. *Dalle Fonti Alle Norme*, p. 15.
28. *Direito Constitucional e Teoria da Constituição*, pp. 1.075-1.076.
29. *Reflexiones sobre la Ley y los Principios Generales del Derecho*, pp. 21-22.

30. "Definiciones y norma", *Análisis Lógico y Derecho*, Madri, Centro de Estudios Constitucionales, pp. 444-445.
31. "A incidência da lei, pois que se passa no mundo dos pensamentos e nele tem de ser atendida, opera-se no lugar, tempos e outros 'pontos' do mundo em que tenha de ocorrer, segundo as regras jurídicas. *É, portanto, infalível*" (*Tratado de Direito Privado*, cit., t. I, p. 16).
32. *Tratado de Direito Privado*, cit., t. I, p. IX.
33. *Comentários à Constituição de 1967 com a Emenda n. 1 de 1969*, p. 400.

que incide, portanto, é o produto da interpretação. E como o produto da interpretação é a norma jurídica, construída pelo intérprete, o juiz ou alguém a que interesse a regra jurídica, o senhor da incidência não é algo físico ou metafísico. O senhor da incidência é o homem concreto; o construtor do sentido das palavras. O gerador de sentido do texto. E que mesmo dentro de uma mesma escrita pode ter vários sentidos, dada a inesgotabilidade do sentido.[34] A linguagem pode ser registrada a partir dos significados das idéias e a partir dos sons das palavras: *escrita ideográfica*[35] ou *escrita fonográfica*, respectivamente. Conforme a escrita o sentido pode ser ainda mais amplificado. Por isso, antes da presença humana não pode haver incidência. A incidência, portanto, não se situa fora da consciência humana. É produto do homem.

Outra vez é Pontes de Miranda quem alerta para a transformação de sentido, realizada pelo ser humano, que sofrem os textos legais ao passar do tempo: "Hoje, o artigo tal do Codigo não exprime, exactamente, o que, no anno passado, exprimia; porque não diz elle o que está nas palavras, mas algo de mutavel que as palavras quiseram dizer".[36] De novo o homem dando o sentido da incidência. Se a incidência ocorresse sem a intermediação humana não haveria a transformação do sentido. A incidência de ontem não é mesma de hoje. O texto pode ser o mesmo. A norma, contudo, é diversa.

Assim, a automaticidade e infalibilidade da incidência da norma jurídica nada mais significam que a sua obrigatoriedade. Atestada (= construída) a incidência pelo homem, e na medida em que ele atesta (= constrói), os efeitos produzidos pelo fato jurídico são obrigatórios. É relação intranormativa, que se instala entre a hipótese e a tese. A incidência ocorreu no passado, mas todo o sentido dela é construído pelo intérprete no momento da aplicação; no presente. A aplicação *devolve* ao intérprete a competência para construir o sentido da incidência. É incorreto, *data venia*, afirmar-se que a "incidência não erra, quem erra é o aplicador" do Direito.[37] O aplicador do Direito não erra; nunca. Ele prescreve. Ele poderá criar normas jurídicas inválidas, que só poderão ser invalidadas conforme as outras normas do sistema estabelecem. Errar; não. Quem erra é o cientista do Direito. O cientista descreve, e a descrição pode ser errada; falsa.[38]

34. "(...) o sentido é inesgotável. Isso é da sua onticidade mesma (...)" (Raimundo Bezerra Falcão, *Hermenêutica*, p. 31).

35. Na escrita ideográfica apenas a idéia básica é transmitida.

36. *Systema de Sciencia Positiva do Direito*, v. I, p. 83.

37. Tal afirmativa encerra, em suas recônditas significações, uma postura ideológica, interesseira, e nem sempre digna de elogios. Passar como uma verdade, até mesmo jusnaturalista, o que é construção humana. E o mais grave: a sua construção. A que mais atende aos seus interesses particularíssimos. Se é errada a aplicação é porque está relacionada com alguma correção prévia. E quem fixou a correção prévia? A incidência? Pensamos que não; talvez a correção prévia seja a incidência que o intérprete deseja incutir como a correta. É negar todo os homens e se constituir como o único homem; o senhor onipotente da incidência. Por isso Hans Kelsen, o nunca lido e sempre criticado, ao estilo "não li, não gostei", deve, sempre, ser lembrado: não é a ciência jurídica que vai dizer qual é a interpretação correta. Ela apenas indica, dentro de uma moldura, quais as interpretações jurídicas. Afirmar certa uma interpretação é negar a condição de signos às próprias palavras. Vale a pena transcrever a lição de Hans Kelsen: "A doutrina de que uma norma jurídica tem efetivamente apenas um significado e de que existe um método científico que nos capacita sempre a descobrir o seu único significado correto é uma ficção usada pela ciência jurídica tradicional para sustentar a ilusão da segurança jurídica. (...). Se o cientista jurídico recomenda à autoridade jurídica um dos diferentes significados de uma norma jurídica, ele tenta influenciar o processo criador de Direito e exerce uma função política, não científica; *se ele apresenta essa interpretação como a única correta, está atuando como um político disfarçado de cientista. Está escondendo a realidade jurídica*" (*O que é Justiça? A Justiça, o Direito e a Política no Espelho da Ciência*, p. 366).

38. Não se pode confundir a linguagem prescritiva com a linguagem descritiva. A linguagem prescritiva se constitui no objeto da Ciência do Direito. O objeto não pode estar errado. A linguagem prescritiva na sua constante auto-alteração provoca mudan-

A importância da incidência em face da instantaneidade da ocorrência no mundo físico do suporte fático está relacionada com o marco inicial da produção dos efeitos. Não só. Bem como com base em qual linguagem normativa será construída a norma; ou seja, a identificação do instrumento introdutor de normas vigente, o suporte físico. Isto para que tudo não fique entregue à total subjetividade do intérprete.

O Direito dá apenas os elementos para que se identifique o momento do evento e o instrumento introdutor de normas aplicável. O mais é produto do intérprete. Se a incidência fosse algo mecânico, como quer Alfredo Augusto Becker,[39] seria dispensável a presença humana. O aplicador do Direito seria um autômato. Um homem sem alma. Um mero adivinhador da incidência correta. Seria o retorno à Escola da Exegese, que dilacera o sentido e impõe um único e possível significado.

É como se houvesse uma incidência dinâmica, necessária para o funcionamento do sistema jurídico, e uma outra *estática*. A estática seria a construção do sentido da dinâmica. Haveria uma primeira incidência; a dinâmica. Agora, o sentido da primeira incidência seria construído pela segunda incidência; a estática.

ças no objeto. Obstar à alteração do objeto, impingindo a linguagem prescritiva de errada, significa o retorno ao direito natural. O objeto cultural, direito positivo, impedido de cumprir sua finalidade, que é alterar a realidade conforme valores historicamente determinados. Como adverte Raffaele de Giorgi (*Direito, Democracia e Risco*, p. 155): "Na sociedade moderna, Kelsen já havia dito, não existe espaço para o direito natural. O direito natural é incompatível com a democracia. E isso Kelsen dizia no início de um século que veria tantos jusnaturalismos. O direito natural encontra-se sujeito a condicionamentos externos. O direito positivo condiciona-se a partir de si mesmo; cada transformação do Direito deve conter uma redescrição do Direito existente. Em outros termos, o Direito se auto-organiza e só assim se historiciza".

39. "A *juridicidade* tem grande analogia com a *energia* eletromagnética e a *incidência* da regra jurídica projeta-se e atua com automatismo, instantaneidade e efeitos semelhantes a uma *descarga* eletromagnética" (*Teoria Geral do Direito Tributário*, p. 308).

O sentido do fato

A linguagem também está presente na constituição do fato. O fato só se torna fato quando vertido em linguagem. Antes, mero evento[40] que se consome no tempo e no espaço, conforme ensina Tércio Sampaio Ferraz Jr.: "É preciso distinguir entre *fato* e *evento*. A travessia do Rubicão por César é um *evento*. Mas 'César atravessou o Rubicão' é um *fato*. Quando, pois, dizemos que 'é um fato que César atravessou o Rubicão' conferimos *realidade* ao *evento*. 'Fato' não é pois algo concreto, sensível, mas um elemento lingüístico capaz de organizar uma situação existencial como realidade".[41] E quando se trata de fato jurídico, linguagem competente é a linguagem das provas. Adverte Paulo de Barros Carvalho: "Se não há fato sem articulação de linguagem, também inexistirá fato jurídico sem a linguagem específica que o relate como tal".[42] E complementa: "faltando a linguagem jurídica competente para narrar o acontecimento não se poderá falar em fato jurídico. Conserva sua natureza factual porque descrito em linguagem ordinária, porém não alcança a dignidade de fato jurídico por ausência da expressão verbal adequada".

Só serão fatos jurídicos aqueles enunciados que puderem sustentar-se em face das provas em Direito admitidas.[43] As palavras de Paulo de Barros Carvalho, como sempre, tiram o véu que, por vezes, enco-

40. O evento em que se constitui o gracioso movimento de uma bailarina jamais poderá ser captado em sua riqueza e delicadeza pelo fato que o relata.

41. *Introdução ao Estudo do Direito*, p. 253.

42. "IPI – Comentários ...", cit., *Revista Dialética de Direito Tributário* 12/44.

43. Situação interessante nos relata Raimundo Bezerra Falcão quando diz que "o problema da interpretação dos fatos tem no Direito Muçulmano óbvias diferenças em relação ao Direito Ocidental. A prova testemunhal feminina, por exemplo, tem menor valia que a prova testemunhal masculina (Risala fi-l-Figh, XXXVIII)" (*Hermenêutica*, p. 152). O mesmo evento tem para o Direito sentido diverso, seja ele observado por pessoas de sexo diferente. O olhar muda o fato, para o Direito.

bre o raciocínio nos quadrantes do pensamento jurídico: "De ver está que o discurso prescritivo do Direito posto indica, fato por fato, os instrumentos credenciados para constituí-los, de tal sorte que os acontecimentos do mundo social que não puderem ser relatados com tais ferramentas de linguagem não ingressam dos domínios do jurídico, por mais evidentes que sejam".[44] Um fato qualquer só adquire a condição de fato quando revestido em linguagem; antes, mero evento. E no Direito não basta a linguagem natural. Requer mais. Requer linguagem competente, a linguagem das provas, que é prescrita pelo Direito. É o direito positivo que estabelece como os fatos podem ser provados. Como diz o professor Paulo de Barros Carvalho, "fatos jurídicos não são simplesmente os fatos do mundo social, constituídos da linguagem do dia-a-dia".

Quando o professor Marcos Bernardes de Mello afirma que a concreção do suporte fático necessita do conhecimento das pessoas e que esse fato precisa ser provado, obviamente que está pressupondo a linguagem competente das provas. A prova do fato, que atesta a incidência, também é resultante da incidência de outras normas. É o Direito, e não a mera percepção física ou sensorial do homem, que atesta o fato. Ausente a prova jurídica do fato, não há que se falar em incidência. Assim, o professor, ao afirmar que "a *incondicionalidade* da incidência *não pode*, por isto, ser considerada em *caráter absoluto*, isto é, ocorrido o fato dá-se necessariamente a incidência; porque não é a simples atuação física da ocorrência do fato que determinará a incidência, mas, com o seu conhecimento pelas pessoas, a sua integração ao mundo dos pensamentos. Depois de conhecido o fato, sim, a incidência é incondicional",[45] está se referindo a um conhecimento jurídico. Não o teorético, mas o prescritivo. O conhecimento que possa sustentar-se no Direito.

Embora longa, a lição de Hans Kelsen serve para dissipar as confusões: "É um princípio fundamental da técnica jurídica, embora freqüentemente esquecido, que não existem no domínio do Direito fatos absolutos, diretamente evidentes, 'fatos em si', mas apenas fatos estabelecidos pela autoridade competente em um processo prescrito pela ordem jurídica. Não é ao roubo como um fato em si que a ordem jurídica vincula certa punição. Apenas um leigo formula a regra de Direito dessa maneira. O jurista sabe que a ordem jurídica vincula certa punição apenas a um roubo assim estabelecido pela autoridade competente, seguindo um processo prescrito. Dizer que 'A' cometeu um roubo só pode expressar uma opinião subjetiva. No domínio do Direito, apenas a opinião autêntica, isto é, a opinião da autoridade instituída pela ordem jurídica para estabelecer um fato, é decisiva. Qualquer outra opinião quanto à existência de um fato, tal como determinado pela ordem jurídica, é irrelevante do ponto de vista jurídico".[46]

Destarte, a incidência só ocorre depois de conhecido o fato mediante as provas que o Direito prescreve. Não é o conhecimento meramente empírico, mas o conhecimento jurídico. E mais, a própria norma não incide, digamos, com a literalidade de seu texto. A norma, para que incida, necessita da construção humana, que se dá por intermédio da interpretação. Segundo Raimundo Bezerra Falcão, "(...) se se deseja dar vida vivente ao Direito, não se fale em Direito. Fale-se em interpretação dele. Esta é que se aplica à existência efetiva das relações convivenciais".[47]

Assim, construída a norma jurídica (= significação) pela interpretação dos enunciados (= suporte físico) do direito positivo, e provado o suporte fático por meio da

44. *Direito Tributário – Fundamentos Jurídicos da Incidência Tributária*, São Paulo, Saraiva, 1998, p. 98.

45. "Contribuição ao estudo da incidência da norma jurídica tributária", in *Direito Tributário Moderno*, obra coletiva sob a coordenação de José Souto Maior Borges, São Paulo, José Bushatsky Editor, 1977, p. 20.

46. *O que é Justiça? ...*, cit., p. 246.

47. *Hermenêutica*, cit., p. 147.

linguagem competente das provas jurídicas, dá-se a incidência. Antes, não. A integração ao mundo dos pensamentos (psique) ocorre por intermédio de canal juridicamente estabelecido. O que ingressou no mundo dos pensamentos de forma meramente empírica, sem a intermediação normativa, não se constitui em incidência. A incidência, portanto, é uma construção humana. Só o homem pode atestar a incidência. Outro não é o entendimento de Pontes de Miranda,[48] lembrado, inclusive, por Paulo de Barros Carvalho na 2ª edição do seu primoroso *Direito Tributário – Fundamentos Jurídicos da Incidência Tributária* (p. 89): "Quem quiser relatar com precisão os fatos jurídicos, nomeando-lhes os efeitos, que use a teoria das provas, responsável pelo estilo competente para referência aos acontecimentos do mundo do Direito. Anota-o Pontes de Miranda, com segurança: 'Direitos, pretensões, ações e exceções são efeitos de fatos jurídicos: é preciso que se provem os fatos jurídicos para que se tenham por existentes, no tempo e no espaço, esses efeitos'".

A verificação dos fatos como fatos jurídicos também se constitui como um outro momento da tarefa interpretativa. É que o procedimento da subsunção, ou incidência, também é etapa da interpretação. Alf Ross chama esse momento da interpretação de *interpretação por referência*. Diz autor: "Una interpretación del segundo tipo estará dirigida a decidir si un cierto curso de hechos 'satisface' el significado de la expresión, de modo que pueda afirmarse que nos hallamos en presencia de hechos que la expresión designa".[49]

V – Conclusão

A presença humana

Em todos os momentos a presença humana é imprescindível. No ato de vontade de aplicação; o intérprete autêntico no sentido kelseniano. E no ato de conhecimento, de designação do sentido dos textos normativos, ou seja, na construção das normas jurídicas; o intérprete não-autêntico de Kelsen.[50] E ainda na constituição do fato jurídico. Por isso a rigorosa, como sempre, advertência de Paulo de Barros Carvalho: "(...) é importante dizer que não se dará a incidência se não houver um ser humano fazendo a subsunção e promovendo a implicação que o preceito normativo determina. As normas jurídicas não incidem por força própria".[51]

Assim, do ponto de vista do intérprete não-autêntico, aquele que não tem caso para solucionar, haverá tantos relatos de incidências quantas sejam as normas possíveis de serem construídas em face dos suportes fáticos ocorrentes. É comum assistirmos a pessoas diversas, professores, advogados, juristas etc., disputando como ocorrem e se ocorrem determinadas incidências.

Agora, em relação ao intérprete autêntico, órgão do sistema aplicador do Direito, a incidência construída torna-se norma jurídica, e neste sentido é única. Neste sentido porque pode ocorrer, em face da multiplicidade de órgãos aplicadores do Direito, que diante do mesmo texto (enunciado, suporte físico) um outro juiz ou órgão qualquer construa uma norma diferente e altere, completamente, a incidência. E ainda, a incidência pode ser alterada mediante os processos previstos no sistema, direito processual. Transitada em julgado e não havendo possibilidade de rescisão, torna-se definitiva.

É a aplicação, portanto, que dá o sentido da incidência. Separar os dois momentos como se um, o da incidência, fosse algo mecânico ou mesmo divino que nunca erra ou falha, e o outro, o da aplicação, como algo humano, vil, sujeito ao erro, é inade-

48. *Comentários ao Código de Processo Civil*, v. 4, Rio de Janeiro, Forense, p. 209.

49. *Sobre el Derecho y la Justicia*, trad. de Genaro Carrió, Buenos Aires, EUDEBA, 1994, pp. 113-114.

50. Cf. *Teoria Pura do Direito*, trad. de João Baptista Machado, Coimbra, Arménio Amado Editor, 1984.

51. *Direito Tributário – Fundamentos Jurídicos da Incidência Tributária*, p. 9.

quado. É pensar que nada precisa da interpretação. A incidência terá sempre o sentido que o homem lhe der. Melhor: a incidência é realizada pelo homem. A norma não incide por vontade própria; é incidida.

Bibliografia

AFTALIÓN, Enrique R., OLANO, Fernando García, e VILANOVA, José. *Introducción al Derecho*. Buenos Aires, Abeledo-Perrot, 1983.

AMARAL, Antônio Carlos Cintra do. *Positivismo Jurídico*. Recife, ed. do Instituto dos Advogados de Pernambuco, 2000.

BECKER, Alfredo Augusto. *Teoria Geral do Direito Tributário*. 3ª ed. São Paulo, Lejus, 1998.

CANOTILHO, J. J. Gomes. *Direito Constitucional e Teoria da Constituição*. Coimbra, Livraria Almedina, 1998.

CARVALHO, Paulo de Barros. *Direito Tributário – Fundamentos Jurídicos da Incidência Tributária*. São Paulo, Saraiva, 1998.

——————. "IPI – Comentários sobre as regras gerais de interpretação da Tabela NBM/SH (TIPI/TAB)". *Revista Dialética de Direito Tributário* 12. São Paulo, Dialética, setembro de 1999.

ENTERRÍA, Eduardo García de. *Reflexiones sobre la Ley y los Principios Generales del Derecho*. Madri, Editorial Civitas, 1996.

FALCÃO, Raimundo Bezerra. *Hermenêutica*. São Paulo, Malheiros Editores, 1997.

FERRAZ JR., Tércio Sampaio. *Introdução ao Estudo do Direito*. São Paulo, Atlas, 1991.

GIORGI, Raffaele de. *Direito, Democracia e Risco – Vínculos com o Futuro*, Porto Alegre, Sérgio Antônio Fabris Editor, 1998.

GRAU, Eros Roberto. *La Doble Desestructuración y la Interpretación del Derecho*. Barcelona, Editorial M. J. Bosch, 1998.

GUASTINI, Ricardo. *Dalle Fonti alle Norme*. Turim, G. Giappichelle Editore, 1992.

KELSEN, Hans. *O Que é a Justiça? A Justiça, o Direito e a Política no Espelho da Ciência*. Trad. de Luís Carlos Borges. São Paulo, Martins Fontes, 1997.

——————. *Teoria Geral das Normas*. Trad. de José Florentino Duarte. Porto Alegre, Sérgio Antônio Fabris Editor, 1986.

——————. *Teoria Pura do Direito*. Trad. de João Baptista Machado. Coimbra, Arménio Amado Editor, 1984.

MELLO, Marcos Bernardes de. "Contribuição ao estudo da incidência da norma jurídica tributária". In: BORGES, José Souto Maior (coord.). *Direito Tributário Moderno*. Obra Coletiva. São Paulo, José Bushatsky Editor, 1977.

——————. *Teoria do Fato Jurídico – Plano da Existência*. São Paulo, Saraiva, 1995.

NEVES, Marcelo. "A incidência da norma jurídica e o fato jurídico". *Revista de Informação Legislativa* 84. Brasília, Senado Federal, ano 21, outubro-dezembro de 1984.

PONTES DE MIRANDA, F. C. *Comentários à Constituição de 1967 com a Emenda n. 1 de 1969*. 3ª ed., t. I. Rio de Janeiro, Forense, 1987.

——————. *Systema de Sciencia Positiva do Direito*. v. I. Rio de Janeiro, Jacintho Ribeiro dos Santos Editor, 1922.

——————. *Tratado das Ações*. t. I. São Paulo, Bookseller, 1998.

——————. *Tratado de Direito Privado*. t. I. São Paulo, Ed. RT, 1983.

ROSS, Alf. *Sobre el Derecho y la Justicia*. Trad. de Genaro Carrió. Buenos Aires, EUDEBA, 1994.

SANTI, Eurico Marcos Diniz de. *Lançamento Tributário*. 2ª ed. São Paulo, Max Limonad, 1999.

STRECK, Lenio Luiz. *Hermenêutica Jurídica e(m) Crise*. Porto Alegre, Livraria do Advogado, 1999.

VILANOVA. Lourival. *As Estruturas Lógicas e o Sistema do Direito Positivo*. São Paulo, Ed. RT, 1977.

——————. *Causalidade e Relação no Direito*. São Paulo, Saraiva, 1989.

——————. "Fundamentos do Estado de Direito". *RDP* 43-44. São Paulo, Ed. RT, julho-dezembro de 1977.

LA PRESTACIÓN DE SERVICIOS EN EL EXTERIOR: UN CASO DE "RENTIZACIÓN" DEL IMPUESTO GENERAL A LAS VENTAS

JORGE BRAVO CUCCI
Advogado – Professor de Teoria Geral de Direito Tributário
do Curso de Especialização em Direito Tributário
do Colegio de Abogados de Lima
– Membro do Instituto Peruano de Investigación y Desarrollo Tributario

1. Introducción. 2. Los servicios en la Ley del IGV. Algunas consideraciones en torno a los aspectos espacial y subjetivo: 2.1 El panorama actual: 2.1.1 Servicio prestado en el país – 2.1.2 Servicio utilizado en el país – 2.1.3 Exportación de servicios – 2.2 La prestación de servicios en el exterior. 3. Consideraciones finales: un intento de solución.

1. Introducción

De un tiempo a esta parte, es práctica legislativa no poco frecuente en nuestro país, principalmente a través de normas reglamentarias, el hecho de incorporar instituciones y principios propios del impuesto a la renta (IR) a la normatividad del impuesto general a las ventas (IGV). Tal fenómeno es al que denominamos como "rentización"[1] del IGV, e implica, como ya lo hemos adelantado, una migración de regulaciones y normativas propias del IR, produciendo ello en algunos casos severas distorsiones en la estructura técnica adoptada por el IGV. Es claro que el afán del legislador, o en algunos casos del reglamentador, es uniformizar el impacto de las hipótesis de incidencias tributarias del IGV e IR en los hechos sobre los cuales se precipitan conjuntamente. No obstante ello, tal encomiable labor no debe ser ejercida sin el debido conocimiento sobre la materia que se legisla y debe ejecutarse advirtiéndose que se está frente a dos impuestos que pretenden gravar distintas manifestaciones de riqueza, y cuyas estructuras técnicas guardan en muchos aspectos diferencias irreconciliables. Ello nos llama a cavilar, al igual que a otros especialistas de nuestro medio, en torno a la importancia de la función legislativa o reglamentaria en materia tributaria,[2-3] y cómo en algunos casos es delegada inapro-

1. Dispénsesenos por el neologismo.

2. César Luna-Victoria León, "¿Quién legisla en materia tributaria? Una reforma a la función legislativa", *Revista del IPDT* 1.989.

3. Humberto Medrano Cornejo, "Tributación y técnica legislativa", *Derecho y Sociedad* 11/266.

piadamente, produciendo, en palabras expropiadas a François Couperin,[4] un efecto comparable al del foliculario involucrado en temas ignotos para él.

2. *Los servicios en la Ley del IGV. Algunas consideraciones en torno a los aspectos espacial y subjetivo*

El IGV es un impuesto que grava las manifestaciones de riquezas traducidas en consumos, los cuales se producen por la realización de determinadas operaciones que se encuentran descritas y tipificadas en la ley, y que constituyen el aspecto material de la hipótesis de incidencia del citado impuesto. Tal es la razón por la cual se le cataloga como un impuesto indirecto, razón por la cual su aplicación debe regirse por el principio de territorialidad. Así, los hechos imponibles en un impuesto al valor agregado (IVA) deben vincularse necesariamente al territorio sobre el cual el Estado ejerce su soberanía.

Sabido es sin embargo que existen servicios que, siendo prestados en un territorio, son consumidos en otro. Cobran así importancia los denominados principios de imposición en *país de origen* y en *país de destino*. Adoptándose el principio de país de destino, se grava el servicio en el país en el cual se efectúa el servicio, evitándose con ello la eliminación de doble imposición. Un país que adopta dicho principio sólo gravará la importación (utilización) de servicios pero no la exportación de los mismos. Por el contrario, la adopción del principio de país de origen implica la afectación de las exportaciones y la inafectación de las importaciones, evitándose la existencia de *fronteras fiscales*, gravándose las transacciones como operaciones locales, razón por la cual dicho principio es fundamentalmente adoptado por países miembros de bloques de integración avanzados, como es el caso de la Comunidad Europea.

4. "El poeta y yo", *Zoociedad Jurídica* 1.

En cuanto a los servicios, sólo nos queda indicar que estos pueden ser (a) prestados en el país, (b) utilizados en el país o (c) exportados.

2.1 El panorama actual

2.1.1 Servicio prestado en el país

El art. 3º, literal "c", numeral 1, segundo párrafo, del TUO de la Ley del IGV aprobado por Decreto Supremo 055/99-EF establece que el servicio es prestado en el país cuando el sujeto que lo presta se encuentra *domiciliado en él para efecto del impuesto a la renta*, sea cual fuere el lugar de celebración del contrato o del pago de la retribución.

Sin embargo, por Decreto Supremo 064/2000-EF se incorpora un segundo párrafo al literal "b" del art. 2º del Reglamento de la Ley del IGV, indicándose que *no se encuentra gravado el servicio prestado en el extranjero por sujetos domiciliados en el país* o *por un establecimiento permanente domiciliado en el exterior de personas naturales o jurídicas domiciliadas en el país* siempre que el mismo no sea consumido o empleado en el territorio nacional. Tal disposición es expedida con carácter interpretativo, vale decir, nos expresa el reglamentador que ese fue el mandato que emanaba de la norma tributaria.

2.1.2 Servicio utilizado en el país

El art. 2º, numeral 1, literal "b", segundo párrafo, del Reglamento de la Ley del IGV vigente, según texto modificado por Decreto Supremo 064/2000-EF, señala que un servicio es utilizado en el país cuando, siendo prestado por un *sujeto no-domiciliado*, es consumido o empleado en el territorio nacional.

Se agrega en el tercer párrafo del citado numeral que, para efectos de la utilización de servicios, se considerará que el establecimiento permanente domiciliado en el exterior, de personas naturales o jurídicas domiciliadas en el país, es un sujeto no-domiciliado.

2.1.3 Exportación de servicios

Finalmente, de conformidad con el art. 9º, numeral 1, del Reglamento de la Ley del IGV, para que un servicio se considere exportado se requiere (a) que se preste a título oneroso, (b) que el exportador sea una persona *domiciliada en el país*, (c) que el usuario o beneficiario sea una persona *no-domiciliada en el país* y (d) que el uso, explotación o aprovechamiento de los servicios por parte del no-domiciliado tengan lugar íntegramente en el extranjero. Pero no todo servicio que cumpla dichos requisitos se considerará exportado, pues adicionalmente deberá encontrarse incluido en el Apéndice V del TUO de la Ley del IGV.

A continuación graficaremos en el siguiente cuadro todas las alternativas posibles en relación a los servicios.

Caso	***Prestador***	***Usuario***	***Lugar de prestación***	***Lugar de consumo o empleo***	***Apéndice V***
1	Domiciliado	Domiciliado	País	País	N/A
2	Domiciliado	Domiciliado	País	Extranjero	Si
3	Domiciliado	Domiciliado	País	Extranjero	No
4	Domiciliado	Domiciliado	Extranjero	Extranjero	N/A
5	Domiciliado	Domiciliado	Extranjero	País	N/A
6	Domiciliado	No-domiciliado	País	País	N/A
7	Domiciliado	No-domiciliado	País	Extranjero	Si
8	Domiciliado	No-domiciliado	País	Extranjero	No
9	Domiciliado	No-domiciliado	Extranjero	Extranjero	Si
10	Domiciliado	No-domiciliado	Extranjero	Extranjero	No
11	Domiciliado	No-domiciliado	Extranjero	País	N/A
12	No-domiciliado	Domiciliado	Extranjero	País	N/A
13	No-domiciliado	Domiciliado	País	País	N/A
14	No-domiciliado	Domiciliado	Extranjero	Extranjero	N/A
15	No-domiciliado	Domiciliado	País	Extranjero	N/A
16	No-domiciliado	No-domiciliado	Extranjero	País	N/A
17	No-domiciliado	No-domiciliado	País	País	N/A

De una constatación sistemática de los textos legislativos vigentes se pueden desprender las siguientes conclusiones:

1. Calificarán como prestación de servicios los supuestos descritos en los casos 1, 2, 3, 5, 6, 8, 10 y 11.

2. Calificarán como exportación de servicios los supuestos descritos en los casos 7 y 9.

3. Calificarán como utilización de servicios los supuestos descritos en los casos 12, 13, 16 y 17.

4. Se encuentran fuera del ámbito de aplicación del impuesto los supuestos descritos en los casos 4, 14 y 15.

Sobre la base de las conclusiones aparentemente categóricas y pacíficas a las que hemos arribado del mero análisis de los textos positivos se puede desprender una serie de interrogantes que escapan por su amplitud al propósito perseguido en la elaboración del presente artículo, y que se generan, muchas de ellas, por la incorporación del concepto de domicilio, criterio de conexión subjetivo que hasta la modificación introducida en la Ley del IGV a través de la Ley 27.039, y previamente en el Reglamento a través del Decreto Supremo 136/96-EF, era privativo del impuesto a la renta.

Así, por ejemplo, en el supuesto que se describe en el caso 8, es claro que califica como prestación de servicios por *default*, pues en rigor se trata de un supuesto de exportación de servicios no contenidos en el Apéndice V. Sobre el particular, diversos especialistas en nuestro medio han advertido que al gravar dichas operaciones se gravan consumos realizados fuera del territorio nacional y se irrespeta el principio de imposición exclusiva en el país de destino, produciéndose el indeseado efecto de la exportación de impuestos. Es evidente que si el país donde se consumirá el servicio recoge el principio de imposición exclusiva en el país de destino y grava las importaciones (utilización) de servicios, adicionalmente a las distorsiones antes advertidas, se producirá un doble gravamen sobre la misma operación, tornándola más onerosa.

Otro cuestionamiento intrigante se encuentra relacionado a los supuestos de hechos descritos en los casos 16 y 17. ¿Se trata en realidad de supuestos de utilización de servicios? Creemos que la respuesta pasa previamente por resolver cuando un servicio es consumido o empleado en el territorio nacional; vale decir, si se trata de un consumo físico (lugar de disposición del servicio) o por el contrario económico (lugar donde se obtiene el beneficio económico). Lo otro pasa por reconocer que tanto usuario como prestador del servicio son no-domiciliados, a los efectos de determinar si debe mantenerse la regla de "inversión de polaridad" del contribuyente, y en todo caso, establecer a través de normas reglamentarias los procedimientos para el cumplimiento de dichas obligaciones tributarias y los mecanismos de control que resulte necesarios, si es que ello se justifica por razones de política fiscal.

2.2 *La prestación de servicios en el exterior*

Una constatación previa se hace necesaria: un servicio que es prestado en el exterior implica una actividad que ha sido desarrollada fuera del ámbito territorial del país. Ello, sin embargo, no es suficiente elemento para desafectar a la operación, pues, como ya lo hemos expresado, el IGV grava consumos en la medida que los mismos se realicen en el territorio peruano. Así las cosas, la ley prescribe con toda claridad que determinados servicios prestados en el exterior se encontrarán gravados con el impuesto, en la medida que se trate de una utilización de servicios, tal como ha sido descrita en 2.1.2 del presente artículo.

No obstante ello, surge un problema respecto de las prestaciones de servicios en el exterior, que, siendo efectuadas por sujetos domiciliados, son consumidas en el exterior o inclusive en el país. Al incorporarse la institución del domicilio a la legislación del IGV, se estableció que en general calificaba como prestación de servicios en el país aquella realizada por un sujeto *domiciliado*. Y resulta que un sujeto domiciliado puede realizar operaciones fuera del territorio que para efectos del impuesto a la renta eventualmente le retribuirán rentas afectas, en atención a que tributan por sus rentas de fuente mundial, lo que es perfectamente coherente con la estructura técnica adoptada por el legislador del impuesto a la renta. Sin embargo, esa coherencia no se ve replicada en el caso del IGV, por cuanto la adopción de tal criterio implica gravar la generalidad de operaciones que el sujeto realice, sean estas efectuadas en el país o en el extranjero, sin importar si los consumos relacionados a las mismas se realizan en el país o en el exterior.

Evidentemente tal constatación, advertida *ex post facto* por el reglamentador, ha pretendido ser solucionada con la precisión de carácter interpretativo introducida al texto del Reglamento de la Ley del IGV por el Decreto Supremo 064/2000-EF. Se pretende ahora desandar los pasos pero de una manera curiosa, extrayendo una interpretación que no fluye de modo alguno de la ley, más sí de la estructura técnica adoptada por el IGV y del sentido común del ciudadano; que una prestación de servicios en el exterior, aún cuando sea efectuada por un sujeto domiciliado, no se encontrará gravada con el impuesto en la medida que el consumo o empleo se realice en el exterior.[5] ¿Es que acaso el concepto de sujeto domiciliado recogido en la Ley del IGV es distinto al del impuesto a la renta? ¿No sería más conveniente desarrollar conceptos propios y que no colisionen con la naturaleza y con los principios e instituciones sobre los que se soporta la estructura técnica del IGV? Sin la menor hesitación, debemos responder señalando que la naturaleza jurídica de las instituciones termina muchas veces por imponerse a las regulaciones normativas. Creemos firmemente que ello amerita una necesaria modificación en el tenor de la norma, pues de lo contrario el reglamento transgredería el principio de legalidad al variar los aspectos de la hipótesis de incidencia.

De otra parte, si consideramos que dicha interpretación es válida y produce plenos efectos jurídicos, se daría cabida al cuestionamiento de otras operaciones que, no siendo en puridad prestaciones de servicios en el país, califican como tales por el hecho de ser prestadas por un sujeto domiciliado. Así por ejemplo, cabría preguntarse: ¿Por qué razón se encuentran gravadas las prestaciones de servicios a sujetos domiciliados efectuadas en el país cuando el consumo o empleo se realiza en el exterior? ¿Cuál es la diferencia sustancial respecto del supuesto descrito en el caso 15? ¿La calidad de domiciliado del prestador del servicio? ¿Y qué hay respecto del supuesto descrito en el caso 11? Espero que tales interrogantes, más allá de atormentar o no a quien las lea, le sirvan de acicate y lo motiven a efectuar una mayor meditación al respecto.

Otro tema que resulta interesante comentar es el siguiente: de acuerdo a la interpretación efectuada por el Decreto Supremo 064/2000-EF, se ha señalado que en general no se encuentra gravada la prestación de servicios en el exterior que efectúe un sujeto domiciliado en la medida que se consuma en el exterior. Bajo esa hipótesis se advierte que en realidad se tendría que los supuestos descritos en los casos 4, 9 y 10 cumplirían con lo prescrito en la norma interpretativa. Resulta que los casos 9 y 10 son en realidad supuestos de exportación de servicios, con la diferencia que el servicio del caso 9 se encuentra contenido en el Apéndice V. ¿Quiere ello decir que aún cuando el supuesto del caso 10 no califica como exportación de servicios, representa una operación no-comprendida en el ámbito de aplicación del IGV? Válidamente podría concluirse en dicho sentido. Nos explicamos a continuación.

La doctrina ha discutido con ardor si las exportaciones (de bienes o servicios) califican, para efectos de un impuesto al valor agregado (IVA), como operaciones exoneradas, inafectas o por el contrario gravadas con tasa "0".[6] Muy respetables autores, a los cuales adherimos nuestra línea de

5 Aún cuando la norma interpretativa no lo dice, se tendría que inferir *a contrario sensu* que cuando el servicio es consumido en el país la operación se encontraría gravada como una prestación de servicios. No obstante ello, para quienes optan por el consumo o empleo físico del servicio dicha operación no debería encontrarse gravada con el impuesto, pues la disposición del servicio ha ocurrido fuera del territorio nacional. En dicha interpretación un servicio prestado en el exterior nunca podría ser consumido o empleado en el territorio nacional.

6. Pedro Herrera Molina, *El Tipo Cero en el IVA: su Establecimiento por la Ley de Presupuestos y su Adecuación al Derecho Comunitario*; Antonio Martínez Lafuente, *El Tipo Cero y las Exenciones Tributarias*; Ramón Falcón y Tella, *La Ejecución de las Directivas de Armonización Fiscal a través de la Ley Anual de Presupuestos: Fundamento y Límites de esta Técnica*.

pensamiento, consideran que las exportaciones son operaciones gravadas con tasa "0", permitiendo con ello el recupero del impuesto pagado en la adquisición de bienes y servicios relacionados a la operación de exportación, pues si la operación fuese considerada como inafecta o exonerada no habría forma de viabilizar su devolución, por cuanto no estarían destinadas a operaciones por las que se deba pagar el impuesto. Para superar tal inconveniente técnico, hay quienes sostienen que la exportación se encuentra beneficiada con un régimen de exoneraciones con devolución.[7] Otro sector de opinión manifiesta que se trata de supuestos de no-sujeción con descarga del crédito fiscal, posición que, al igual que la anterior, tampoco cuenta con un soporte teórico medianamente adecuado, pues, desde nuestra perspectiva, tratan de adecuar la realidad jurídica a sus esquemas teóricos y no viceversa como correspondería. Así, luego de tales elucubraciones tendríamos que para efectos del IGV las operaciones pueden ser gravadas, exoneradas, inafectas y exportaciones gravadas (pero con tasa "0").

En tal sentido, podría concluirse que, aún cuando el supuesto descrito en el caso 10 no califica como una exportación de servicios, no es una operación que se encuentre dentro del ámbito de aplicación del impuesto, vale decir, es una operación inafecta. Con ello, es claro que el prestador del servicio no "exportará" impuestos, haciendo más competitivos sus servicios en el exterior, pero por otro lado no se beneficiaría con el régimen del saldo a favor del exportador. Ello implicará que no podrá tomar como crédito fiscal, ni podrá pedir la devolución del IGV pagado en las compras de bienes y/o servicios, afectos que fueron necesarios para la operación de exportación, considerando el mismo como gasto o costo para efectos del impuesto a la renta, según corresponda.

7. Es de tal posición Tejerizo López, "Impuesto sobre el valor añadido", *Curso de Derecho Tributario – Parte Especial*, Marcial Pons, p. 620.

De otra parte, dicha operación no calificará como una *operación no-gravada* para efectos del IGV, sino como una operación que no califica como no-gravada (denominadas en el medio como "no no-gravadas"), con lo cual el sujeto que la realice, en caso de tener adquisiciones comunes destinadas conjuntamente a operaciones gravadas y a tales operaciones *no no-gravadas*, no se encontraría obligado a determinar su crédito fiscal empleando la regla de la prorrata recogida en el numeral 6.2 del art. 6º del Reglamento de la Ley del IGV, la cual sólo se encuentra prevista para sujetos que realicen operaciones gravadas y no-gravadas y respecto del crédito fiscal destinado conjuntamente a ambos tipos de operaciones. Pero aquí el problema es más complejo de lo que parece. Si bien hay quienes opinan que en tal supuesto el contribuyente debería tomar como crédito fiscal el 100% del impuesto que afectó las adquisiciones de bienes y servicios,[8] no es menos cierto que existe la certeza en cuanto a que una parte, aún cuando ínfima, del impuesto que gravó tales adquisiciones comunes está destinada a operaciones excluidas del ámbito de aplicación del impuesto, que no pueden otorgar el derecho al crédito fiscal. Es evidente que cabe hacer un replanteamiento en el ámbito legislativo, a los efectos de proponer una normativa que permita solucionar tal situación, que podría consistir en establecer una prorrata especial distinta a la regulada en nuestro actual reglamento.[9]

8. Alex Córdova Arce, "Determinación del crédito fiscal tratándose de sujetos que realizan operaciones gravadas y no-gravadas con el IGV. ¿Está todo dicho?", *Revista Estudios Privados* 3/67.

9. Al respecto existe en nuestro medio una corriente interpretativa que no compartimos, motivada en el Oficio 007-2000-K00000 emitido por SUNAT, en el cual se concluye que las cuotas ordinarias o extraordinarias que pagan los asociados a una asociación sin fines de lucro no califican como operaciones no-gravadas y por ende no deben ser consideradas para efectos de la prorrata del 6.2. Tal posición advierte, al igual que nosotros, que caso un sujeto realice operaciones gravadas y operaciones no comprendidas dentro del ámbito de aplicación

Finalmente, respecto del supuesto de servicios prestados en el exterior por establecimientos permanentes domiciliados en el exterior de sujetos domiciliados en el país, nos queda claro que no estarán gravados (a) si son prestados a sujetos no-domiciliados y (b) si son consumidos o empleados en el exterior. Adicionamente, resulta también clara la norma al señalar que los servicios prestados por dichos establecimientos permanentes a sujetos domiciliados en el país calificará como utilización de servicios. Pero entendemos que ello ocurre únicamente en los casos en los que el servicio es consumido o empleado en el territorio nacional. ¿Qué ocurrirá entonces con aquellos servicios que son consumidos en el exterior? Aún cuando la norma no ha regulado expresamente dicho aspecto, consideramos que dicho servicio no podría calificar como gravado, en tanto se trata de un servicio que no será consumido en el territorio nacional. Es precisamente el supuesto descrito en nuestro caso 14. De otro lado, si dicho establecimiento permanente utiliza un servicio de un no-domiciliado, dicha operación no se encontraría gravada con el IGV cuando el servicio no sea consumido o empleado en el país, ya que en caso contrario se produciría un supuesto de utilización de servicios con la tipología del caso 16.

3. Consideraciones finales: un intento de solución

El propósito del presente artículo ha sido – y es – el de dejar en evidencia algunas de las distorsiones y efectos negativos que produce el fenómeno de la "rentización" del IGV. Concretamente, observamos que la adopción del concepto de domicilio busca simplificar el problema, hasta ahora no zanjado, de cuando un servicio es consumido o empleado en el territorio nacional. Pero hemos visto que la adopción de dicho concepto crea dentro de la estructura del IGV el efecto de una paradoja, haciendo que no sólo se graven consumos realizados dentro del ámbito territorial del país, sino inclusive otros que se realizan en territorios de Estados extranjeros. Dicho efecto se produce al incorporar el elemento de conexión subjetivo del domicilio en la hipótesis de incidencia del IGV.

Como ya lo hemos mencionado, en el caso de las denominadas operaciones internacionales, que involucran a dos o más territorios, serán de aplicación los principios de imposición en país de origen o en país de destino, habiéndose adoptado en nuestro país el último de los nombrados. Sin perjuicio de ello, consideramos que lo importante es optar por uno de los criterios disponibles respecto de cuando un servicio es consumido o empleado en el territorio nacional (utilización de servicios) y cuando lo es en el exterior (exportación de servicios). La adopción de uno de dichos criterios, ya sea el de consumo económico o por el contrario el de consumo físico, deberá aplicarse de manera homogénea a ambas operaciones para evitar incurrir en nuevas distorsiones.

del impuesto, y tuvieran adquisiciones gravadas destinadas comúnmente a ambas operaciones, no correspondería aplicar la prorrata dispuesta en la ley. No obstante ello, luego concluye que lo lógico sería que se aplique el procedimiento de prorrata del crédito fiscal contenido en el reglamento (César Talledo, "Manual de impuesto a las ventas", *Boletín* 119/9).

A IMPOSSIBILIDADE DE LIMITAÇÃO DE 30% PARA COMPENSAÇÃO DE PREJUÍZOS FISCAIS NA APURAÇÃO DAS BASES DE CÁLCULO DO IRPJ E DA CSLL

MARY ELBE QUEIROZ
Mestre (UFPE) e Doutoranda (PUC/SP)
– Membro do 1º Conselho de Contribuintes do Ministério da Fazenda
– Auditora Fiscal da Receita Federal – Professora de Direito Tributário,
Processo Administrativo Tributário e Imposto sobre a Renda: Pós-Gradução
(UFPE, Faculdades Curitiba, IBET/SP, ESAF/DF)

1. O retorno ao tema. 2. A supremacia constitucional na fixação do arcabouço e dos conceitos das exações tributárias. 3. Os conceitos de "renda", de "lucro" e de "prejuízos ou base de cálculo negativa" – Acréscimos e perdas patrimoniais. 4. Impossibilidade de se limitar/restringir a compensação de prejuízos fiscais ou da base de cálculo negativa na apuração do IRPJ e da CSLL.

1. O retorno ao tema

É sempre pertinente o retorno a temas complexos e controvertidos, especialmente quando eles ainda se encontram pendentes de apreciação do STF, como guardião da Carta Magna, no sentido de, por meio da discussão, contribuir para a busca da solução que melhor se adapte à estrutura das exações tributárias, em consonância com o ordenamento jurídico brasileiro.

A questão encerra no seu âmago o questionamento acerca da pretensa limitação de 30% imposta pelas Leis 8.981, de 1995, e 9.065, de 1995, à compensação, em exercícios subseqüentes, de prejuízos fiscais na apuração da base de cálculo do imposto sobre a renda pessoa jurídica – IRPJ e da base de cálculo negativa da contribuição social sobre o lucro líquido – CSLL, apurados em exercícios anteriores.

No presente caso exsurgem aspectos de extrema relevância que cumpre sejam examinados *ab initio*: a supremacia constitucional na fixação do conceito de "renda" e de "lucro" como elementos materiais realizadores das hipóteses de incidência do IRPJ e da CSLL; o entendimento de que "renda" e "lucro" se caracterizam como acréscimo patrimonial, riqueza nova, para fins da incidência dessas exações tributárias; a impossibilidade de o legislador ordinário impor limitações que resultem em alterar os conceitos constitucionais de "renda" e de "lucro" para a apuração da base de cálculo do IRPJ e da CSLL; e o direito intangível e intocável à compensação de prejuízos ou resultados negativos, o qual não é passível de alteração por lei ordinária.

2. *A supremacia constitucional na fixação do arcabouço e dos conceitos das exações tributárias*

Apesar de desnecessário, em face do seu caráter elementar, mas muitas vezes esquecido, é importante considerar que o exame de qualquer questão deverá privilegiar, sempre, a supremacia constitucional. Especialmente em matéria tributária, por a ordem jurídica brasileira consagrar um sistema detalhado e rígido para o disciplinamento das imposições tributárias, a respectiva fonte e origem encontram-se, necessariamente, na subsunção das regras-matrizes de quaisquer exações aos preceitos constitucionais. Em conseqüência, não se poderá interpretar ou aplicar a lei de modo isolado, uma vez que as normas legais se encontram inseridas em um sistema e devem ser vistas no conjunto harmônico desse ordenamento jurídico.

Acerca da supremacia constitucional são relevantes as lições do Min. Celso de Mello, do STF: "O poder absoluto exercido pelo Estado, sem quaisquer restrições e controles, inviabiliza, numa comunidade estatal concreta, a prática efetiva das liberdades e o exercício dos direitos e garantias individuais ou coletivos. É preciso respeitar, de modo incondicional, os parâmetros de atuação delineados no texto constitucional. Uma Constituição escrita não configura mera peça jurídica, nem é simples estrutura de normatividade e nem pode caracterizar um irrelevante acidente histórico na vida dos Povos e das Nações. Todos os atos estatais que repugnem à Constituição expõem-se à censura jurídica – dos Tribunais, especialmente – porque são írritos, nulos e desvestidos de qualquer validade. A Constituição não pode submeter-se à vontade dos poderes constituídos e nem ao império dos fatos e das circunstâncias. A supremacia de que ela se reveste – enquanto for respeitada – constituirá a garantia mais efetiva de que os direitos e as liberdades não serão jamais ofendidos. Ao Supremo Tribunal Federal incumbe a tarefa, magna e eminente, de velar por que essa realidade não seja desfigurada" (cf. ementa do acórdão do Pleno do STF na ADIn 293-7600-DF, *DJU* 16.4.1993).

Quando a Magna Carta estabelece e limita as competências tributárias, paralelamente também delineia e estrutura as espécies tributárias, no sentido de estabelecer o seu arquétipo e ditar as regras atributivas com vista ao exercício das competências impositivas. A Constituição fixa os conceitos e define cada espécie, bem como dá a extensão em que poderá ser exercida a competência para legislar no tocante à instituição, à criação e à alteração das normas tributárias, cabendo apenas ao respectivo sujeito ativo obedecer e implementar aqueles preceitos constitucionais.

E não poderia ser de outro modo, tendo em vista que, vigorando no Brasil um sistema tributário rígido, não se poderia permitir ou deixar no âmbito da liberdade discricionária do legislador ordinário de cada ente tributante a faculdade para escolher, criar e alterar, ao sabor de momentos, interesses, desejos ou necessidade de incremento de arrecadação, as espécies e os conceitos dos tributos e contribuições determinados pela Lei Maior, sob pena de abrir-se a possibilidade de desvirtuamento dos ditames constitucionais e afrontar-se a legalidade, a certeza e a segurança jurídica.

No tocante às espécies tributárias, e especialmente em relação ao IRPJ e à CSLL, é na Constituição Federal que se deve buscar o arcabouço das hipóteses de incidência que foram consagradas como sendo aquelas necessárias às exigências das respectivas imposições.

De acordo com os arts. 145, § 1º, 153, § 2º, e 195, I, da CF de 1988, foram erigidos os parâmetros para o estabelecimento das hipóteses sobre as quais poderiam incidir o IRPJ e a CSLL como sendo a "renda" e o "lucro". Então, quando o legislador ordinário, no exercício dos limites da sua competência, deu efetividade aos mandamentos constitucionais, ele teve de estabelecer como regra-matriz de incidência para o IRPJ a "renda e proventos de qualquer natureza", traduzida sob a forma de lucro, e para a CSLL o próprio "lucro".

Releve-se que apesar de a liberdade no exercício do poder para instituir e criar tributos ser ínsita à competência tributária legislativa ela não pode ser ilimitada, devendo ater-se aos ditames do Texto Constitucional. Após a consagração na Lei Maior do que seja "renda" e "lucro" como hipóteses materiais para as incidências do IRPJ e da CSLL, o alcance ou a alteração das respectivas definições não estava dentro dos limites da competência do legislador tributário ordinário. Tais conceitos, bem como o das demais exações, encontram a sua fixação e limites em sede constitucional, não sendo permitido à lei ordinária estender ou desvirtuar a sua natureza ou essência.

Manifestando-se sobre o assunto, o professor Hugo de Brito Machado expõe que:

"Ao atribuir à União competência para instituir imposto sobre a renda e proventos de qualquer natureza, demarcou o âmbito constitucional desse imposto, limitando a liberdade do legislador na definição de sua hipótese de incidência. A lei ordinária não pode, de nenhum modo, dispor de forma tal que esse imposto recaia sobre algo que renda não é, nem proventos.

"De igual modo, reportando-se ao financiamento da seguridade social mediante contribuição dos empregadores, incidente sobre a folha de salários, o faturamento e o lucro, definiu o âmbito de incidência dessa contribuição" (cf. "A tributação do lucro e a compensação de prejuízos", in *Imposto de Renda – Questões Atuais e Emergentes*, São Paulo, Dialética, 1995, p. 52 – pp. 51-57).

No sentido de dar efetividade ao Texto Maior, ainda, a própria Constituição exige, *ex vi* do art. 146 da CF de 1988, que as normas gerais em matéria de legislação tributária sejam veiculadas mediante lei complementar, as quais encontram sua sede no Código Tributário Nacional. O Código Tributário Nacional, portanto, é a lei que tem por função complementar a Magna Carta, e o faz estabelecendo que deverão ser considerados como renda os acréscimos caracterizados por riquezas novas que aumentem o respectivo patrimônio.

Vale salientar que no caso das pessoas jurídicas essa renda manifesta-se sob a forma de lucro, cujo conceito é estabelecido pela lei comercial e, *ex vi* do art. 110 do CTN, não pode ser alterado pela leis fiscais, por se tratar de conceito de direito privado utilizado expressamente pela Constituição Federal.

Nesse sentido são as lições de João Dácio Rolim, para o qual: "É renda ou lucro tributável o que a CF como Lei Suprema estipulou e o CTN como lei complementar explicitou e não o que a lei ordinária, principalmente quando sob pretextos ou pressupostos não-jurídicos, tentou estabelecer em descompasso com os princípios e regras constitucionais" (cf. "A compensação de prejuízos fiscais – Condições de juridicidade e necessidade – O Direito Comparado e o Direito Brasileiro", in *Imposto de Renda e ICMS*, São Paulo, Dialética, 1995, p. 27 – pp. 11-27).

A respeito do conceito de renda é importante, igualmente, a opinião de Misabel Derzi, a qual entende que: "O conceito de renda decorre diretamente da Constituição. É validamente complementado pelo art. 43 do Código Tributário Nacional, que se presta à elucidação dos conflitos de competência tributária. Mas o legislador ordinário *não pode criar ficções jurídicas de renda-lucro*. Se pudesse fazê-lo estaria falseada a discriminação constitucional de competência tributária, porque ele converteria o que é renda em patrimônio ou capital e vice-versa" (cf. "Correção monetária das demonstrações financeiras – Conceito de renda – Imposto sobre patrimônio – Lucros fictícios – Direito adquirido a deduções e correções – Lei 8.200, de 1991", in *RDTri-*

butário 59/145, São Paulo, Malheiros Editores).

Manifestando-se também sobre o assunto, Aires Barreto assim se expressa: "O arsenal de opções de que dispõe o legislador ordinário para a escolha da base de cálculo, conquanto vasto, não é ilimitado. Cumpre-lhe erigir critério dimensível consentâneo com o arquétipo desenhado na Excelsa Lei. Essa adequação é dela mesma extraível, antes e independentemente da existência de norma legal criadora do tributo. As várias possibilidades de que dispõe o legislador ordinário para adoção da base de cálculo já se contêm na Constituição" (cf. *Base de Cálculo, Alíquota e Princípios Constitucionais*, São Paulo, Ed. RT, 1987, pp. 37-40).

É importante mencionar que são aplicáveis à CSLL os mesmos preceitos e definições legais do imposto sobre a renda, em face da íntima ligação. Tal fato se encontra, inclusive, expressamente colocado nas leis que instituem e disciplinam a imposição da citada contribuição, haja vista que a apuração da base de cálculo de ambas as exações toma como ponto de partida o lucro líquido apurado de acordo com as leis comerciais e princípios contábeis, submetendo-o a posteriores ajustes. Ressalte-se, entretanto, que tal circunstância, apesar de configurar-se como um *bis in idem*, por se tratar de permissivo constitucional, fato, esse, reconhecido pelo próprio STF como guardião da Carta Magna, será aqui aceito sem maiores indagações.

O entendimento de que os conceitos de "renda" e de "lucro" são determinados pelo texto da *Lex Mater* e devem ser visualizados como riquezas novas geradoras de acréscimos patrimoniais (considerando-se o patrimônio como uma universalidade de bens) deriva da conjugação dos princípios da legalidade, igualdade, capacidade contributiva, pessoalidade e do não-confisco, inseridos na Constituição como delineadores das imposições tributárias, e a universalidade e a generalidade, dirigidos especialmente para o IRPJ.

Nesse sentido, a jurisprudência judicial já se encontra pacificada, pois várias vezes o próprio STF manifestou-se no sentido de que não compete ao legislador ordinário estipular o que é renda, uma vez que tal competência se encontra no âmbito constitucional, como, por exemplo, nos seguintes julgados:

"Não obstante isso, não me parece possível a afirmativa no sentido de que possa existir renda ou provento sem que haja acréscimo patrimonial, acréscimo patrimonial que ocorre mediante o ingresso ou o auferimento de algo, a título oneroso. Não me parece, pois, que poderia o legislador, anteriormente ao CTN, diante do que expressamente dispunha o art. 15, IV, da CF/46, estabelecer, como renda, uma ficção legal" (voto do Min. Carlos Velloso proferido no RE 117.887-6-SP, 11.2.1993, unanimemente acolhido pelo Plenário do STF).

"Quaisquer que sejam as nuanças doutrinárias sobre o conceito de renda, parece-me acima de toda dúvida razoável que, legalmente, a renda pressupõe ganho, lucro, receita, crédito, acréscimo patrimonial, ou, como diz o preceito transcrito, aquisição de disponibilidade econômica ou jurídica. Concordo em que a lei pode, casuisticamente, dizer o que é renda ou o que não é renda tributável. Mas não deve ir além dos limites semânticos, que são intransponíveis. Entendo, por isso, que ela não pode considerar renda, para efeito de taxação, o que é, de maneira incontestável, ônus, dispêndio, encargo ou diminuição patrimonial, resultante do pagamento de um débito" (voto do Min. Oswaldo Trigueiro proferido no RE 71.758-GB, 14.7.1972).

É inquestionável que a força e magnitude dos princípios constitucionais no âmbito tributário têm o condão de exigir a respectiva obediência, sob pena de violação da Carta Magna. O respeito à legalidade no tocante aos tributos é traduzido pela exigência de que haja perfeita conformação entre a hipótese prevista em abstrato, na norma, e a realidade factual, que se exterioriza na vida real, para que os fatos não-jurídicos se transmudem em fatos geradores (fatos jurídicos tributários) das imposições tributárias e sobre eles incidam as exações.

3. Os conceitos de "renda", de "lucro" e de "prejuízos ou base de cálculo negativa" – Acréscimos e perdas patrimoniais

Para se adentrar o campo das incidências tributárias do IR e da CSLL, obrigatoriamente, deverá estar presente, como premissa inafastável, o acréscimo patrimonial. Para que haja, portanto, a subsunção de um fato à hipótese da lei é imprescindível que haja perfeita adequação desse fato concreto à norma, o qual somente se transmudará em fato gerador de tributo (fato jurídico tributável) quando se revelar sob a forma de lucro que se caracterize como acréscimo patrimonial, configurando-se como riqueza nova.

No sentido de atender aos princípios constitucionais, assim, qualquer incidência sobre a renda – revelada como lucro – deverá considerar o patrimônio inicial e mais os aumentos e decréscimos posteriormente ocorridos, para que se possa aferir os reais acréscimos patrimoniais que irão gerar a incidência do IRPJ e da CSLL em cada período. Inexistindo acréscimo patrimonial não se configura a hipótese de incidência, quer do IRPJ quer da CSLL, não podendo dar-se como realizados os respectivos fatos geradores. Como decorrência, não poderá subsistir qualquer exigência nesse sentido, sob pena de afronta à própria legalidade em matéria tributária.

A incidência do IRPJ e da CSLL sobre qualquer valor que não seja lucro, que não seja riqueza nova revelada por acréscimo patrimonial, configura-se como um confisco de parte do próprio patrimônio, bem como constitui afronta à igualdade, que se revela em matéria tributária através da capacidade contributiva, por haver impossibilidade de se aferir com precisão a exata capacidade econômica de contribuir do sujeito passivo.

Lucro é expressão de renda para a pessoa jurídica – é a recomposição do patrimônio verificada após o cômputo dos ganhos, da dedução de gastos, custos e dos prejuízos da atividade. Se há prejuízo não há acréscimo. A idéia de prejuízo é imanente ao núcleo intangível do conceito de fato gerador da contribuição. Assim, a impossibilidade ou limitação da compensação de prejuízos, em qualquer período, tem o condão de inverter a natureza dos fatos para tributar a recomposição patrimonial, o próprio capital.

A incidência do IRPJ e da CSLL somente poderá ocorrer sobre expressão econômica que corresponda a efetivo acréscimo, sob pena de desnaturar o conceito constitucional, pois a renda/lucro tem significação jurídica própria – o resultado positivo obtido em um período. E somente haverá acréscimo/lucro se forem considerados as perdas e os prejuízos anteriores; do contrário é mera recuperação de patrimônio.

O prejuízo caracteriza-se como perda patrimonial. O cômputo do prejuízo para a determinação da base de cálculo das exações com vista à tributação não se configura como um favor legislativo, benefício fiscal ou mera liberalidade do Fisco; muito pelo contrário, impõe-se a respectiva compensação como uma exigência natural própria da essência da apuração dos resultados das pessoas jurídicas para a verificação da existência, ou não, de acréscimo patrimonial.

O prejuízo, portanto, salvo quando artificialmente manipulado ou resultante de fraude, cuja investigação e prova competem à Administração Tributária/Fisco e que autoriza o seu lançamento por meio de auto de infração, deve, sempre, ser considerado e computado para fim da verificação de acréscimo, ou não, no patrimônio da pessoa jurídica.

Esse também é o pensamento de João Dácio Rolim, para quem:

"Ora, se o contribuinte possui um patrimônio durável, mas que num determinado exercício sofre um desfalque pela apuração de prejuízo, evidente que a referência para apuração da renda deverá ser o patrimônio nele computada a perda sem qualquer restrição, mediante sua absorção por eventuais lucros futuros.

"Como já tive oportunidade de ponderar, o lucro de exercícios futuros, sempre quando houver prejuízos acumulados anteriores, servirá apenas para recompor o patrimônio da pessoa jurídica, e *na medida em que esta compensação não ocorrer o lucro será nominal e ilusório*" (cf. "A compensação de prejuízos fiscais – Condições de juridicidade e necessidade – O Direito comparado e o Direito Brasileiro", in *Imposto de Renda e ICMS*, São Paulo, Dialética, 1995, p. 15 – pp. 11-27) (os grifos não são do original).

O restabelecimento da situação patrimonial ao *status quo* anterior ao decréscimo, segundo Henry Tilbery (cf. *A Tributação dos Ganhos de Capital*, São Paulo, Resenha Tributária, 1977, p. 158), é mera recomposição de desfalque patrimonial, não caracterizando-se nem como ganho de capital nem como rendimento tributável, não podendo, em conseqüência, o respectivo valor sofrer qualquer tributação, tendo em vista que o resultado da pessoa jurídica, lucro ou prejuízo, é decorrente da própria atividade empresarial. Portanto, o que é lucro não pode ser ditado por lei ou decreto, pois a Constituição e o Código Tributário Nacopnal juridicizaram conceitos econômicos de renda/lucro como acréscimo. Os lucros ou os prejuízos são resultados da pessoa jurídica considerada como atividade empresarial, economicamente organizada e com previsibilidade de duração indeterminada. Portanto, o lucro somente pode ser obtido como resultado do giro normal dos negócios em determinada periodicidade de tempo.

Nas lições do professor Fran Martins o lucro é considerado como:

"Em sentido técnico mercantil, o lucro expressa o resultado pecuniário obtido nos negócios, ou seja, os feitos produzidos pelo capital investido na atividade empresarial.

"(...). Como primeira dedução do resultado apurado em uma determinada gestão de exercício social, a lei impõe o valor dos prejuízos acumulados em períodos anteriores. E não poderia ser diferente, já que, embora a vida da companhia seja dividida em períodos chamados exercícios sociais, dá-se a comunicação inevitável entre eles" (cf. *Comentários à Lei das Sociedades Anônimas*, Rio de Janeiro, Forense, 1984, pp. 653-654).

Cumpre destacar, ainda, com relação aos prejuízos, que se deve distinguir o prejuízo verificado na contabilidade da pessoa jurídica daquele apurado após os ajustes determinados pela lei fiscal. Os resultados contábil e fiscal têm natureza e essência diferentes, podem coincidir, ou não; todavia, não se confundem. A empresa poderá ter um resultado contábil negativo (prejuízo contábil) em um período e nele mesmo, após os ajustes fiscais, apurar lucro real, base de cálculo do IR, ou uma base de cálculo positiva para a CSLL, e ter tributo e contribuição a serem recolhidos, como também poderá ocorrer o inverso, resultado contábil positivo, lucro líquido contábil e base de cálculo ou resultado negativo tanto para o IRPJ como para a CSLL, não havendo tributo ou contribuição devidos.

Considerando-se que o resultado contábil é o que efetivamente demonstra os acréscimos ou decréscimos do patrimônio líquido da empresa, *a priori*, poder-se-ia pensar que seria ele quem determinaria a ocorrência, ou não, do fato gerador, quer para o IRPJ, quer para a CSLL, uma vez que é a partir daquele resultado que são apuradas as respectivas bases de cálculo de ambas as exações. Entretanto, tal não acontece, tendo em vista que, após a edição do Decreto-lei 1.598, de 1978, que adequou as regras da lei comercial para fins fiscais do IRPJ, o que foi posteriormente acompanhado pelas leis que regem a incidência da CSLL, exige-se, para fins da verificabilidade da realização, ou não, do fato gerador dos citados tributos, que seja apurada uma base de cálculo específica para cada um deles, independentemente de qual seja o resultado líquido apurado contabilmente.

Justifica-se, e é imprescindível, a existência de bases de cálculo específicas com vista à apuração do *quantum* tributável, como conseqüência da necessidade de se evitarem evasões, artifícios ou reduções indevidas nos recolhimentos dos tributos.

Nesse sentido, é importante reconhecer que a lei ordinária, até como forma de respeitar a própria legalidade e isonomia tributária, desde que respeitada a materialidade do fato gerador do tributo ou contribuição como determinado na Lei Maior, pode estabelecer limitações às deduções de certas despesas e às compensações de valores com vista a evitar que o resultado tributável seja afetado por gastos decorrentes de meras liberalidades, manipulações, reduções indevidas ou descabidas da base de cálculo do IRPJ e da CSLL. Tais restrições, entretanto, não poderão implicar alteração da base de cálculo dessas exações, que resultem em distorcer o conceito constitucional do respectivo tributo.

Portanto, sob pena de se abrir a possibilidade de que os sujeitos passivos possam livremente escolher e determinar a base de cálculo dos tributos, em relação à legislação tributária do IRPJ e da CSLL, é o lucro fiscal ou a base de cálculo positiva que revela o acréscimo patrimonial sobre o qual incidirão essas exações. Ao contrário, será o prejuízo fiscal ou a base de cálculo negativa que demonstram a perda patrimonial. Ressalte-se que o lucro ou a perda independem da natureza e finalidade dos ajustes previstos na lei fiscal.

Todavia, não poderá o legislador ordinário alterar o conceito de lucro e fazer incidir IRPJ ou CSLL quando inexiste acréscimo. Admitir semelhante possibilidade é permitir que, a seu bel-prazer, o legislador ordinário possa implementar quaisquer alterações ao sabor de interesses e injunções, para poder considerar como lucro somente o que desejar, o que resultaria por invalidar a rigidez dos preceitos constitucionais.

Nesse sentido, são importantes as lições do professor Hugo de Brito Machado, para quem: "Por questão de ordem prática, algumas restrições pode o legislador instituir na apuração da base de cálculo do imposto de renda e da contribuição social. Tais restrições são apenas aquelas tendentes a evitar práticas fraudulentas que terminariam por ocultar parcelas significativas do lucro" (cf. "A tributação do lucro e a compensação de prejuízos", in *Imposto de Renda – Questões Atuais e Emergentes*, São Paulo, Dialética, 1995, p. 54 – pp. 51-57).

Sobre a importância e necessidade de que existam esses ajustes, mister faz-se mencionar as lições de Luciano Amaro, que, discorrendo sobre o conceito de renda, mostra que:

"(...) algumas posições radicais que talvez sejam importantes para que, meditando sobre elas, possamos procurar o ponto de equilíbrio. É comum ouvirmos coisas como: 'renda é um conceito constitucional e, portanto, a legislação tributária não pode fazer isto ou aquilo'.

"Bem, realmente, renda está na Constituição e da previsão constitucional deflui alguma coisa. Porém, saber qual é a extensão desse conceito é outra questão. Não me parece que possamos reduzir o conceito de renda a algumas formulações puramente aritméticas, como a que pretende buscar amparo na letra do Código Tributário Nacional, e diz que a renda é acréscimo patrimonial medido entre dois períodos: o que existe ao final do período menos o que havia no início é renda; o resto terá sido despesa. *Essa colocação prova demais, pois leva ao absurdo de a pessoa que conseguir consumir tudo o que ganha jamais ter imposto de renda a pagar. É óbvio que não pode ser esse o conceito*" (cf. *Temas de Legislação Tributária*, São Paulo, DRJ, 1998, pp. 49-50) (os grifos não são do original).

Conseqüentemente, no sentido de evitar que os sujeitos passivos possam manipular livremente os seus resultados e evitar abusos e sonegações, até como forma de prestigiar a isonomia, a lei ordinária, para fins da imposição de tributos, cria "ajustes" de adições e exclusões, por meio do expurgo ou cômputo de determinados valores eleitos pela lei fiscal, a fim de anular a respectiva influência sobre a base de cálculo do IRPJ e da CSLL.

É imprescindível que sejam colocados esses ajustes sob pena de admitir-se que os sujeitos passivos da relação jurídico-tributária possam livremente escolher pagar ou não pagar tributos, utilizando artifícios ou mecanismos para subtrair valores ao crivo da tributação ou consumindo inteiramente as suas rendas e os lucros.

4. Impossibilidade de se limitar/ restringir a compensação de prejuízos fiscais ou da base de cálculo negativa na apuração do IRPJ e da CSLL

É relevante mencionar, inicialmente, que em sentido contrário à opinião aqui defendida vêm decidindo algumas Câmaras dos Conselhos de Contribuintes do Ministério da Fazenda, bem assim o STJ, que consideram como correta a limitação imposta à compensação de prejuízos. Todavia, saliente-se que o Min. Luiz Delgado, nos seus votos, tem expressado entendimento idêntico ao aqui apresentado, embora ele termine por aceitar, pacificamente, a jurisprudência dominante daquela Corte judicial, como, por exemplo, são os votos proferidos no RE 235.800/CE, em 9.12.1999, e no RE 232.514/GO, em 2.12.1999, a seguir parcialmente transcritos:

"(...).

"4. Ao limitar a compensação dos prejuízos fiscais acumulados em 30% (trinta por cento), a Lei n. 8.981, de 1995, restou por desfigurar os conceitos de renda e de lucro, conforme perfeitamente definidos no CTN. Ao impor a limitação em questão, determinou-se a incidência do tributo sobre valores que não configuram ganho da empresa, posto que destinados a repor o prejuízo havido no exercício precedente, incorrendo na criação de um verdadeiro empréstimo compulsório, porque não autorizada pela *Lex Mater*.

"(...).

"A limitação, como aqui discutida, há de ser escanteada pelo Poder Judiciário, em face de ter incorrido na criação de um verdadeiro empréstimo compulsório, porque não autorizada pela *Lex Mater*. Em assim sendo, a limitação de 30% (trinta por cento), na compensação do prejuízo fiscal, é indevida, em virtude de ir de encontro às definições jurídico-legais de renda e de lucro, consagradas no CTN.

"Ao meditar sobre o assunto, em face das novas argumentações levantadas pelas empresas, inclino-me para o convencimento de que as instruções normativas debatidas extrapolam a pretensão regulamentadora nela contida. Ocorre que de modo diferente vem entendendo a E. 1ª Turma desta Corte, conforme precedentes.

"(...).

"Posto isto, embora tenha o posicionamento acima assinalado, rendo-me, com a ressalva do meu ponto de vista, à posição assumida pela distinta 1ª Turma desta Casa Julgadora, pelo quê há que se prover o especial."

Ressalte-se, entretanto, que, na data de 29.8.2000 a 1ª Turma do STF, apreciando medida cautelar (Petição 2.100-2-SP, rel. Exmo. Sr. Min. Octávio Gallotti), deferiu, em parte, medida liminar no sentido de suspender a exigibilidade de crédito tributário, até julgamento do RE 244.293, relativo à limitação de 30% imposta para compensação de prejuízos fiscais para o IRPJ e da base de cálculo negativa para a CSLL.

Acerca do assunto é importante firmar-se posição no sentido de acolher a impossibilidade de se limitar/restringir a compensação de prejuízos fiscais ou da base de cálculo negativa na apuração, respectivamente, do IRPJ e da CSLL.

Sob pena de serem convalidadas graves distorções e afrontadas a legalidade e a segurança jurídica, o entendimento mais consentâneo com o ordenamento jurídico é aquele que reconhece não poder o legislador ordinário usurpar ou extrapolar a sua competência constitucional por meio da utilização de pseudo-ajustes, com o fim de ampliar o campo de incidência ou, por via oblíqua, majorar a carga tributária, criar empréstimo compulsório, aumentar ou incentivar a arrecadação ou instituir medidas no sentido de coibir sonegações fiscais.

Tal limitação/restrição configura-se como um suposto diferimento de perda para período posterior, o qual poderá protelar-se indefinidamente no tempo na dependência dos resultados subseqüentes da pessoa jurídica, caracterizando-se, na verdade, como uma antecipação de pagamento do tributo, pois a restrição à compensação de valores que necessariamente não materializem hipótese de incidência, como no caso de serem verificados resultados negativos ou prejuízos, por não ensejarem acréscimos e não adentrarem o campo da incidência do IRPJ e da CSLL, representa efetivo empréstimo compulsório e revela um cânon confiscatório.

É importante considerar que, com a pretensão de se limitar o cômputo de resultados negativos ou prejuízos fiscais, não se alteram apenas as regras de arrecadação e de apuração de base cálculo do IRPJ e da CSLL, pois tal compensação não pode ser visualizada como um simples ajuste de base de cálculo ou um mero favor fiscal, mas ela interfere diretamente na formação da base de cálculo das exações que levem em consideração a "renda" e "lucro", ela é parte integrante da própria essência da materialidade da hipótese de incidência tanto do IRPJ como da CSLL – que se revela sob a forma de acréscimo patrimonial/lucro.

Sem que se revele manifestação de capacidade contributiva resultante de acréscimo, não há o que tributar. E tanto é cristalina tal verdade e circunstância que a legislação fiscal ordinária brasileira não vedou a compensação de prejuízos; ela, prestigiando e reconhecimento à intangibilidade dessa compensação, apenas impôs limites.

A limitação à compensação de prejuízos fiscais e base de cálculo negativa caracteriza-se como uma forma de antecipação de tributo, um modo transverso de aumento de carga tributária do IRPJ e da CSLL, o que afronta e desvirtua os preceitos constitucionais, fazendo-se incidir tributo sobre o que não é lucro, onde não há acréscimo patrimonial, ou quando não se tem revelado capacidade contributiva. A necessidade de arrecadar para cobrir caixa do Tesouro ou *déficit* fiscal não pode justificar a desobediência à Lei Maior.

No tocante aos argumentos de que a possibilidade de limitação à compensação de prejuízos é decorrente do fato de que existe independência e autonomia de cada período de apuração do acréscimo patrimonial, são pertinentes as lições do professor Hugo de Brito Machado, o qual, examinando o assunto, assevera que:

"Poderia a lei vedar a compensação do prejuízo anterior na apuração da base de cálculo dos mencionados tributos?

"Entre os argumentos tendentes a justificar uma resposta afirmativa destacam-se: (a) a liberdade do legislador para o estabelecimento de critérios de determinação da base de cálculo dos tributos e (b) a autonomia de cada período de apuração do acréscimo patrimonial. O primeiro desses dois argumentos pode ser refutado em face do que já foi dito a respeito da supremacia constitucional, estando o segundo a reclamar exame.

"Ricardo Mariz de Oliveira, embora afirme tratar-se de assunto complexo que merece continuar sob estudo, parece aceitar aquele segundo argumento, asseverando que: 'se apenas ao final do empreendimento se pode ter certeza absoluta de que houve ganho a tributar, qualquer cobrança de imposto de renda antes desse final poderia assumir a condição de mero empréstimo compulsório, eis que lucros até então gerados poderiam ser total ou parcialmente consumidos por prejuízos supervenientes'.

"O argumento é improcedente porque parte de uma premissa falsa. Não é verdade que apenas ao final do empreendimento se pode ter certeza absoluta de que houve ganho. A constatação e a medida do ganho pode ser periódica, sem que a cobrança do imposto configure empréstimo compulsório.

"Iniciada a atividade, tem-se o capital, ou o patrimônio na mesma empregado. No final de cada período verifica-se o resultado obtido. Se o patrimônio inicial recebeu incremento, tal acréscimo é tributável. Há, neste caso, certeza do acréscimo, embora no futuro possa ocorrer prejuízo. O imposto não é, nem deixa de ser devido, em função de probabilidades, mas em razão de fatos certos, consumados. Terminado o período com um resultado positivo, com acréscimo patrimonial, tem-se fato certo a ensejar tributo" (cf. "A tributação do lucro e a compensação de prejuízos", in *Imposto de Renda – Questões Atuais e Emergentes*, São Paulo, Dialética, 1995, p. 55 – pp. 51-57).

É inquestionável a possibilidade de a lei determinar a segmentação dos exercícios e estabelecer a periodicidade para apuração das bases de cálculo com vista à incidência das exações. É inegável a necessidade de haver cortes objetivando a apuração da base de cálculo e o pagamento dos tributos sem que tal fato descaracterize o princípio contábil da continuidade das pessoas jurídicas. Todavia, em cada período somente poderá haver incidência quando configurada a hipótese prevista na lei. Deverá ser apurado periodicamente o resultado da pessoa jurídica que poderá ser acréscimo ou decréscimo, e somente quando se verificar acréscimo é que poderá dar-se por ocorrido o fato gerador e incidir a exação, independentemente de *a posteriori* serem apurados prejuízos.

Todavia, para ser quantificado esse efetivo acréscimo, mister faz-se que sejam computados os resultados negativos de períodos anteriores, em obediência ao princípio contábil da continuidade da empresa e em prestígio à legalidade e ao não-confisco, sob pena de a incidência dar-se sobre parcela do próprio patrimônio da pessoa jurídica.

Para o perfeito entendimento da matéria, portanto, é imprescindível considerar-se que aplicar a lei em qualquer campo do Direito e, especificamente, em matéria de exações tributárias é visualizá-la não só à luz da legislação ordinária, mas especial e preferencialmente é privilegiar, sempre, os ditames constitucionais sobre quaisquer outros interesses e interpretações.

A ordem jurídica, em conseqüência, não pode acolher e convalidar as limitações impostas à compensação de prejuízos fiscais para o IRPJ e da base de cálculo negativa para a CSLL, pois somente quando a realidade factual, concreta, realizar a materialidade da hipótese prevista em abstrato na norma é que poderá haver a incidência de tributos ou contribuições, nisso resumem-se o cumprimento e a obediência à estrita legalidade em matéria tributária e o respeito à certeza e à segurança jurídica.

ASPECTOS DA INCIDÊNCIA DO IPVA SOBRE A PROPRIEDADE DE AERONAVES

MARCELO KNOEPFELMACHER
Pós-Graduando em Direito Tributário pela PUC/SP
– Membro do Instituto de Pesquisas Tributárias/IPT
– Advogado em São Paulo

A) Introdução. Primeira Parte: 1. Sobre a desnecessidade de edição de lei complementar para a instituição do IPVA pelos Estados – 2. Sobre a materialidade da hipótese de incidência do IPVA: o conceito constitucional de "veículos automotores" contempla as aeronaves?. Segunda Parte: 1. A responsabilidade solidária do mero possuidor a qualquer título do veículo automotor: nova hipótese de incidência não prevista pela Constituição Federal de 1988 – 2. A determinação da base de cálculo do IPVA e a Lei (SP) 6.606, de 1989. B) Conclusões.

A) Introdução

O presente estudo tem por objeto a análise de alguns aspectos da incidência do imposto sobre a propriedade de veículos automotores – IPVA sobre a propriedade de aeronaves.

A Primeira Parte do estudo consiste na abordagem dos aspectos constitucionais relativos (i) ao exercício da competência legislativa pelos Estados para a instituição do IPVA, bem como (ii) ao alcance do critério material da sua hipótese de incidência, especificamente no que diz respeito à tributação da propriedade de aeronaves por meio desse imposto.

A Segunda Parte trata de alguns aspectos peculiares da legislação do IPVA do Estado de São Paulo, concernentes (i) à instituição de novel modalidade de substituição tributária e (ii) à determinação da base de cálculo desse imposto.

O imposto sobre a propriedade de veículos automotores – IPVA, de competência dos Estados, foi inicialmente instituído pela EC 27, de 1985, em substituição à extinta Taxa Rodoviária Única – TRU, que era de competência da União.

Atualmente o IPVA está previsto pelo art. 155, III, da CF de 1988, que manteve a competência dos Estados para a sua instituição.

Com fundamento de validade nesse dispositivo constitucional, os Estados passaram a legislar sobre a instituição do imposto, o que gerou certas manifestações da doutrina e da jurisprudência, em razão da inexistência (que perdura até os dias de hoje) de lei complementar que dispusesse (i) sobre eventuais conflitos de competência entre esses entes da Federação; bem como (ii) sobre normas gerais em matéria tributária, especialmente sobre o "fato gerador", a base de cálculo e os contribuintes do IPVA.

Outras manifestações da doutrina e da jurisprudência não deixaram de abordar a questão relativa à materialidade da hipótese de incidência do IPVA sobre a propriedade de aeronaves, especificamente no que diz respeito ao sentido e alcance do conceito de "veículo automotor".

Passemos, assim, a analisar essas questões, para, então, seguirmos para a Segunda Parte, oportunidade em que analisaremos dois aspectos relevantes acerca da incidência do IPVA sobre a propriedade de aeronaves no Estado de São Paulo.

PRIMEIRA PARTE

1. Sobre a desnecessidade de edição de lei complementar para a instituição do IPVA pelos Estados

O constituinte de 1988, consciente da crise do federalismo, empenhou-se em retomar os fundamentos que definem o Estado Federal.

A despeito desse "retorno" às fontes republicanas do federalismo, a Constituição de 1988 modernizou a repartição de competências da União, dos Estados, do Distrito Federal e dos Municípios. E a repartição de competências, nos dizeres de Carlos Mário Velloso, "serve para identificar as tendências do federalismo constitucional. Pode ser a sede da centralização, com sacrifício da autonomia, como pode se converter na peça do fortalecimento da autonomia".[1]

Assim, inspirada na Lei Fundamental de Bonn, a Constituição de 1988 pulverizou a repartição de competências, para distribuí-la nos domínios da competência *geral* da União (art. 21, I-XXV); competência *privativa* da União (art. 22, I-XXIX, e parágrafo único), competência *comum* da União, dos Estados, do Distrito Federal e dos Municípios (art. 23, I-XII, e parágrafo único) e competência *concorrente* da União, dos Estados e do Distrito Federal (art. 24, I-XVI , e §§ 1º a 4º).

A repartição de competências entre os entes políticos, por sua vez, compõe a própria essência do Estado Federal, regulando-se a verticalização e a descentralização do poder estatal.

A competência para legislar sobre direito tributário não é privativa da União, mas sim *concorrente*. Nesse contexto, e no exercício dessa competência concorrente, a União somente poderá criar normas gerais, veiculadas por meio de lei complementar, sobre os tributos que não forem da sua competência privativa, a fim de não comprometer a autonomia dos Estados e do Distrito Federal.

Daí por que a lei complementar que veicula normas gerais não cria limitações já não existentes na Constituição, não suprime nem amplia o campo por ela delimitado, sob pena de inconstitucionalidade. É dizer, "completa e esclarece as disposições fundamentais, facilitando sua execução de acordo com os fins que inspiram o legislador constituinte".[2] Por essa mesma razão, não pode comprometer ou condicionar o exercício da competência legislativa própria dos Estados.

Ante a ausência da lei complementar que veicule normas gerais sobre a instituição do IPVA, entendemos que os Estados têm competência legislativa plena para exercer a competência que lhes foi outorgada pela Constituição, faculdade que lhes conferem as disposições dos §§ 1º a 4º do art. 24 do texto constitucional, combinado com o art. 155, III, da CF de 1988.

1. *Estudos de Direito Constitucional*, Belo Horizonte, Del Rey, 1995, pp. 522-524, citação de Mizabel de Abreu Machado Derzi e Sacha Calmon Navarro Coelho in *RDTributário* 74/163-164.

2. Mizabel de Abreu Machado Derzi e Sacha Calmon Navarro, in *RDTributário* 74/165.

Raciocínio em sentido contrário levaria à conclusão no sentido de que os Estados devessem aguardar a edição da lei complementar para, então, legislarem apenas e tão-somente de forma suplementar sobre os tributos de sua competência, circunstância que inexoravelmente aboliria a autonomia política desses entes da Federação (pois não se concebe autonomia política sem autonomia financeira), incorrendo-se em manifesta violação à forma federativa do Estado.

Observe-se que essa competência concorrente legislativa plena deve observar, evidentemente, (i) os princípios gerais previstos na Constituição Federal, (ii) as normas estabelecidas pela própria Constituição Estadual e (iii) as leis próprias editadas pelas respectivas Assembléias Legislativas.

No caso específico do IPVA, diferentemente dos demais impostos incidentes sobre o patrimônio atualmente previstos pela Constituição (à exceção do (i) imposto previsto pelo art. 153, VII, da CF de 1988, (ii) das alterações verificadas em relação (ii.1) à competência dos Estados para a instituição dos impostos previstos pelo art. 155, I, da CF de 1988 e (ii.2) à competência dos Municípios para a instituição do imposto previsto pelo art. 156, II, da CF de 1988), não há previsão no Código Tributário Nacional, já que foi inicialmente instituído pela EC 27, de 1985 (posteriormente, portanto, à edição do Código Tributário Nacional).

Essa circunstância levou parte da doutrina (com reflexos na jurisprudência) a crer que a ausência dessas disposições do Código Tributário Nacional acarretaria vedação ao exercício da competência dos Estados para a instituição do IPVA.[3]

Os argumentos em defesa dessa tese levavam em consideração outras manifestações doutrinárias (inaplicáveis ao caso do IPVA), no sentido de que a Constituição de 1988 não teria *recepcionado* os tributos que sofreram alteração da sua alíquota e base de cálculo por meio de lei ordinária, reportando-se a hipótese absolutamente distinta, relativa à taxa para emissão de guia de importação, que, por se tratar de verdadeiro imposto travestido em taxa, deveria atender às disposições do art. 154, I, da CF de 1988.[4]

A tese sustentada também advertia para a questão relativa ao eventual conflito de competência entre os Estados em decorrência da delimitação do aspecto espacial da hipótese de incidência do IPVA, especificamente no caso das aeronaves.

Esses argumentos, todavia, não se mostraram suficientemente fortes para derrubar o exercício da competência dos Estados para a instituição do IPVA.

Primeiro porque, conforme acima destacado, esses entes da Federação não estão condicionados à "boa vontade" do Congresso Nacional para a edição da pretendida lei complementar que disponha sobre normas gerais, aplicando-se no caso a competência legislativa plena, prevista pelo § 3º do art. 24, combinado com o art. 155, III, ambos da CF de 1988.

Segundo porque a genérica alegação de que o exercício dessa competência legislativa plena pelos Estados possa gerar *eventuais* conflitos entre os demais Estados da Federação não constitui óbice intransponível para a instituição dos impostos que lhes foram outorgados pela própria Constituição.

É que eventual conflito de competência entre os Estados não deve ser alegado genericamente; comprova-se-o. Os Estados, por sua vez, a quem compete o produto da arrecadação do IPVA, detêm todos os meios para afastar concretos e *efetivos* conflitos de competência de plano, mediante manifestação do Judiciário.

Ressalte-se, ainda, que há limites já impostos pela própria Constituição relativamente à instituição do IPVA pelos Estados, revelando-se absoluto excesso de zelo

3. Nesse sentido a opinião de Marcelo Viana Salomão, in *RDDT* 13/41-54.

4. Idem, *RDDT* 13/46.

a necessidade da edição da pretendida lei complementar.

Recentemente, todavia, a questão sobre a desnecessidade da edição de lei complementar para a instituição do IPVA pelos Estados foi superada pelo STF, já que tanto a 1ª como a 2ª Turmas decidiram no sentido de que a Constituição, nos termos do art. 34 do ADCT, autorizou a edição, pelos Estados, das leis necessárias à aplicação do sistema tributário nacional.

Daí por que os Estados estão efetivamente legitimados a editar as normas gerais indispensáveis à instituição dos novos impostos (1ª T., RE 236.931-8-SP, rel. Min. Ilmar Galvão, v.u., *DJU* 29.10.1999), "o que foi cumprido, em relação ao IPVA, no exercício da competência concorrente prevista no art. 24 e em seu § 3º da Carta, com vigência até o advento da lei complementar da União (§ 4º), ainda não editada". No mesmo sentido a decisão proferida nos autos do AgRg em AI 167.777-5-SP (2ª T., rel. Min. Marco Aurélio, v.u., *DJU* 9.5.1997).[5]

A jurisprudência do TJSP também não diverge da orientação do STF (4ª C. de Direito Público, Ap. cível 268.077-2, São Paulo, rel. Des. Nélson Schiesari, j. 8.2.1996, v.u.).[6] Ainda nesse sentido a decisão da 3ª Câmara de Direito Público do TJSP nos autos da Ap. cível 11.721-5 (rel. Des. Pires de Araújo, j. 17.2.1998, v.u.).

5. "Imposto sobre a propriedade de veículos automotores – Disciplina. Mostra-se constitucional a disciplina do imposto sobre propriedade de veículos automotores mediante norma local. Deixando a União de editar normas gerais, exerce a unidade da Federação a competência legislativa plena – § 3º do art. 24 do corpo permanente da Carta de 1988 –, sendo que, com a entrada em vigor do sistema tributário nacional, abriu-se à União, aos Estados, ao Distrito Federal e aos Municípios a via da edição de leis necessárias à respectiva aplicação – § 3º do art. 34 do Ato das Disposições Constitucionais Transitórias da Carta de 1988."

6. "IPVA – Aeronaves – Alegada necessidade de lei complementar – Descabimento – Tributo de natureza estadual – Competência – Art. 34, § 3º, do Ato das Disposições Constitucionais Transitórias – Liminar cassada – Recurso provido."

Por essas razões, entendemos ser desnecessária a edição de lei complementar para que os Estados exerçam a competência legislativa plena para a instituição do IPVA.

2. *Sobre a materialidade da hipótese de incidência do IPVA: o conceito constitucional de "veículos automotores" contempla as aeronaves?*

Conforme mencionado no item 1, acima, os Estados têm competência legislativa plena para instituir o IPVA, por força do art. 155, III, da CF, mesmo diante da ausência de lei complementar que (i) regule *eventuais* conflitos de competência entre os Estados e (ii) veicule normas gerais a respeito do IPVA.

Assim é que os Estados passaram a instituir o IPVA, pretendendo tributar (por meio desse imposto), ao lado dos veículos automotores terrestres, a propriedade de aeronaves.

Essa tributação da propriedade de aeronaves por meio do IPVA também gerou certas manifestações doutrinárias e jurisprudenciais, já que para alguns o conceito de "aeronave" não estaria contemplado pelo conceito de "veículo automotor", o que extrapolaria o aspecto material da hipótese de incidência desse imposto.[7]

Mas os argumentos em defesa dessa tese, no sentido de que não incidiria o IPVA sobre a propriedade de aeronaves, deixaram de enfocar a questão com base no conceito constitucional de "veículos automotores", dirigindo os olhos exclusivamente para o plano infraconstitucional.

Daí por que entendemos que, para a perfeita intelecção da materialidade da hipótese de incidência do IPVA, necessário se faz buscar o conceito – utilizado pela Constituição – de "veículos automotores" e cotejá-lo com o conceito de "aeronave", que é espécie do qual "avião" e "helicópte-

7. Nesse sentido a opinião de Ricardo Alvarenga, in *RDDT* 29/65-70.

ro" são subespécies, conforme se verificará adiante.

Segundo a lição de J. A. Lima Gonçalves, "admitindo-se que é a Constituição que confere ao legislador infraconstitucional as competências tributárias impositivas, o âmbito semântico dos veículos por ela adotados para traduzir o conteúdo dessas regras de competência não pode ficar à disposição de quem recebe a outorga de competência".[8] Daí a necessidade de se buscar o conceito constitucional de "veículos automotores".

Não se tem notícia, ainda, de manifestação dos Tribunais Superiores a respeito da possibilidade de enquadramento dos conceitos de "aeronave", "avião" e "helicóptero" à expressão "veículos automotores".

A Lei estadual (SP) 6.606, de 20.12. 1989, exemplificativamente, estabelece como "fato gerador" do IPVA a "propriedade de veículo automotor de qualquer espécie" (art. 1º).

A respeito do lançamento do imposto, a mencionada Lei 6.606, de 1989, determina que a Secretaria da Fazenda estabelecerá o valor venal (base de cálculo) por meio de tabela, levando-se em consideração o peso máximo de decolagem e o ano de fabricação, em relação às aeronaves (art. 6º).

Ao tratar das isenções (art. 9º), a referida lei excetua do critério material de sua hipótese de incidência "as embarcações, *aeronaves* e locomotivas utilizadas nos serviços de transporte público de passageiros e cargas" (inciso VI) e "as embarcações e *aeronaves* com mais de 30 (trinta) anos de fabricação" (grifos nossos).

A partir daí, verifica-se que a legislação do Estado de São Paulo (dentre outras[9]) efetivamente equipara as aeronaves aos veículos automotores. Mas serão as aeronaves veículos automotores?

Como bem acentua Américo Masset Lacombe, "é regra de hermenêutica que as palavras da Constituição devem ser entendidas em seu sentido popular, salvo se o texto as emprega no sentido técnico, repelindo, a toda evidência, o sentido comum".[10]

É relevante considerar, também como premissa, o entendimento que prevaleceu no Plenário do STF por ocasião do julgamento do RE 166.772-9-RS (rel. Min. Marco Aurélio, *DJU* 16.12.1994), em que ficou decidido que: "O conteúdo político de uma Constituição não é conducente ao desprezo do sentido vernacular das palavras, muito menos ao do técnico, considerados institutos consagrados pelo Direito. Toda ciência pressupõe a adoção de escorreita linguagem, possuindo os institutos, as expressões e os vocábulos que a revelam conceito estabelecido com a passagem do tempo, quer por força de estudos acadêmicos quer, no caso do Direito, pela atuação dos pretórios".

Nesse contexto, aeronave "é designação genérica dos aparelhos por meio dos quais se navega no ar", segundo definição extraída do *Novo Dicionário Aurélio da Língua Portuguesa*.[11] Há dois tipos de aeronaves: aeróstatos e aeródinos, conforme o dicionarista Aurélio Buarque de Holanda Ferreira.

Aviões e helicópteros, por sua vez, caracterizam-se como aeródinos, que correspondem à "designação comum a qualquer aparelho de vôo mais pesado que o ar".[12]

8. *Imposto sobre a Renda – Pressupostos Constitucionais*, São Paulo, Malheiros Editores, 1997, p. 171.

9. Para efeito do presente estudo analisaremos apenas a legislação do Estado de São Paulo. Outros Estados também enquadram as aeronaves no conceito de veículos automotores para efeito de incidência do IPVA, como é o caso da legislação do Estado do Paraná.

10. *Imposto de Importação*, São Paulo, Ed. RT, 1979, p. 13.

11. De igual forma a definição do *Dicionário Contemporâneo da Língua Portuguesa Caldas Aulete*: "*Aeronave* (s.f.): nome genérico dos aeroplanos, dos dirigíveis e de quaisquer aparelhos voadores. F. gr. *aer, aeros* (ar) + *nave*".

12. *Novo Dicionário Aurélio da Língua Portuguesa*.

A toda evidência, o conceito de aeronave foi até aqui empregado em seu sentido vulgar, popular, mas nem por isso deve ser desconsiderado para efeito da sua interpretação conforme a Constituição.[13]

Em linguagem prescritiva, o Código Brasileiro de Aeronáutica (Lei 7.565, de 1986) define aeronave como "todo aparelho manobrável em vôo, que possa sustentar-se e circular no espaço aéreo, mediante reações aerodinâmicas, apto a transportar pessoas ou coisas" (art. 106).

Dessas duas definições de "aeronave" (vernacular e legal) verifica-se perfeita sintonia, já que ambas adotam o termo "aparelho" e exprimem a idéia de circulação, navegação (ou seja, tráfego no espaço aéreo), de pessoas ou coisas.

Ao investigar a palavra "aparelho" (do Latim *appariculu, appariculare*) denota-se que o seu significado corresponde ao "conjunto de mecanismos, de finalidade específica, numa máquina, engenho etc."[14-15]

Se a finalidade específica do aparelho denominado "aeronave" é a circulação, navegação no espaço aéreo, de pessoas ou coisas, será possível equipará-lo a um "veículo automotor"?

Acreditamos que sim.

É que o conceito de "veículo automotor" – utilizado pela Constituição – deve ser analisado com muita cautela, e preferencialmente em seu sentido técnico, pois, voltando-se aos ensinamentos de Américo Masset Lacombe,[16] em brilhante citação da lição dos velhos hermeneutas americanos Story, Sutherland, Maxwell e Kent,[17] "se para conceituar com precisão uma palavra recorre-se ao sentido técnico, por ser este sentido indispensável para se ter uma idéia precisa do seu significado, é porque estamos diante de uma palavra técnica".

Separemos, então, as palavras "veículo" e "automotor", a fim de alcançar seu sentido técnico.

O vocábulo "veículo" (do Latim *vehiculu*) comporta diversas significações, dentre as quais (i) "*qualquer dos meios utilizados para transportar ou conduzir pessoas, objetos etc. de um lugar para outro, especialmente os que são construídos pelo homem ou dotados de mecanismo*; meio de transporte; transporte", (ii) "automóvel; carro", (iii) "tudo aquilo que transmite ou conduz"[18-19] (grifos nossos).

O vocábulo "automotor", por seu turno, é definido pela aglutinação dos vocábulos "auto" (termo usado em composição para exprimir a idéia de *próprio, de si mesmo*) e "motor", compondo-se o adjetivo que dá a idéia de algo "que se movimenta por si, automaticamente".[20]

Observe-se que o conceito de "automóvel" também exprime essa significação, já que corresponde ao adjetivo de algo "que se locomove por seus próprios meios",[21-22] e nessa medida não é sinônimo de "carro"

13. Karl Engisch ensina que a interpretação conforme a Constituição "traduz-se afinal em que a referência do sentido de cada norma ao ordenamento jurídico global chama a campo uma interpretação sistemática, fá-la correr em auxílio da pura interpretação gramatical, e é ainda ela quem decide em último termo – pelo quê o que aí há de particular é o facto de aquela referência ou conexidade de sentido render tributo simultaneamente à elevada hierarquia e à grande capacidade irradiante da Constituição" (*Introdução ao Pensamento Jurídico*, 2ª ed., trad. de J. Baptista Machado, Lisboa, Fundação Calouste Gulbenkian, p. 120).

14. *Novo Dicionário Aurélio da Língua Portuguesa.*

15. Em seu sentido técnico geral, segundo o *Dicionário Contemporâneo da Língua Portuguesa*: "*Aparelho* (s.m.): conjunto de peças, instrumentos e utensílios necessários para qualquer operação".

16. *Imposto ...*, cit., p. 15.

17. *Apud* Rui Barbosa, "Impostos interestaduais", *Obras Completas*, v. XXIII, t. II, Rio de Janeiro, MEC, 1958, pp. 3-4.

18. *Novo Dicionário Aurélio da Língua Portuguesa.*

19. "*Veículo* (s.m.): qualquer meio mecânico de transporte ou condução" – segundo o *Dicionário Contemporâneo da Língua Portuguesa Caldas Aulete.*

20. *Dicionário da Língua Portuguesa* de Laudelino Freire.

21. *Novo Dicionário Aurélio da Língua Portuguesa.*

22. "*Automóvel* (adj.): que se move por si automaticamente", na definição do *Dicionário Contemporâneo da Língua Portuguesa Caldas Aulete.*

– que é substantivo (muito embora na linguagem popular o seja) –, pois sua análise, aqui, é técnica.

O conceito legal de "veículos automotores" pode ser extraído do Código Brasileiro de Trânsito[23] (Lei 9.503, de 1997), na parte em que classifica os veículos quanto à tração em (a) *automotores*, (b) elétricos, (c) de propulsão humana, (d) de tração animal e (e) reboque ou semi-reboque (art. 96, I).[24]

Ainda, o art. 4º da referida Lei 9.503, de 1997, faz menção ao conceito constante de seu Anexo I, que define "veículo automotor" como "todo veículo a motor de propulsão que circule por seus próprios meios, e que serve normalmente para o *transporte viário* de pessoas e coisas, ou para a *tração viária* de veículos utilizados para o transporte de pessoas e coisas. O termo compreende os veículos conectados a uma linha elétrica e que não circulam sobre trilhos (ônibus elétrico)" (grifos nossos).

Mas é evidente que o conceito legal de "veículo automotor" estabelecido pelo Código Brasileiro de Trânsito se restringe à circulação nas vias terrestres, conforme prevê o seu próprio art. 1º.

Estabelecidos esses dois conceitos ("aeronave" e "veículo automotor"), denota-se que o segundo abrange o primeiro. Se não, vejamos, esquematicamente:

TABELA 1	
Conceito 1	Se *veículo* = meio utilizado para transportar ou conduzir pessoas ou coisas, especialmente os que são construídos pelo homem ou dotados de mecanismo
Conceito 2	Sendo *aparelho* = conjunto de mecanismos de finalidade específica, numa máquina, engenho etc.
Conceito 3 (síntese dos conceitos 1 e 2)	Logo, *veículo* = conjunto de mecanismos de uma máquina ou engenho = *aparelho* cuja finalidade é o transporte ou condução de pessoas ou coisas

	TABELA 2
Conceito 3	Se *veículo* = *aparelho* cuja finalidade é o transporte ou condução de pessoas ou coisas
Conceito 4	Sendo *aeronave* = *aparelho* utilizado na circulação ou navegação no espaçoaéreo, apto a sustentar-se
Conceito 5 (síntese dos conceitos 3 e 4)	Logo, *aeronave* = *veículo*

TABELA 3	
Conceito 5	Se *aeronave* = *veículo*
Conceito 6	Sendo *automotor* = adjetivo de algo que se movimenta por seus próprios meios
Conceito 7 (síntese dos conceitos 5 e 6)	Logo, ***aeronave* = *veículo automotor***

23. O Código Brasileiro rege o trânsito de qualquer natureza nas vias *terrestres* do território nacional, abertas à circulação (art. 1º).

24. Geraldo Ataliba ensina que não incumbe ao legislador formular definições, já que tal tarefa cabe à doutrina: "É perigosa toda definição legislativa de conceitos constitucionalmente pressupostos. O legislador não é mais lúcido que a doutrina" (*Hipótese de Incidência Tributária*, 5ª ed., São Paulo, Malheiros Editores, p. 119).

A corroborar essa conclusão, o TJSP já decidiu que o conceito de "aeronave" está abrangido pelo conceito de "veículo automotor" para efeito de cobrança do IPVA.

Confiram-se, a propósito, as seguintes ementas de decisões proferidas pelas 3ª e 6ª Câmaras de Direito Público, respectivamente:

"*IPVA – Aeronave – Legalidade*. Nos termos do art. 155, I, 'c', da Constituição Federal (sic)[25] a competência para instituir o imposto sobre a propriedade de veículos automotores – IPVA é dos Estados de do Distrito Federal. A não-edição da lei complementar prevista no art. 146, III, 'a', da Constituição Federal não constitui obstáculos para que o Estado de São Paulo legisle sobre direito tributário, em razão da competência concorrente resguardada pela mesma Carta Magna. Assim, ao editar a Lei n. 6.606/89 o Estado de São Paulo procedeu de acordo com a previsão do art. 34, § 3º, do Ato das Disposições Constitucionais Transitórias. *A aeronave é veículo automotor e como tal sujeito ao IPVA. A base de cálculo e o valor venal foram previstos no art. 5º da Lei n. 6.606/89*. Sentença denegatória da segurança mantida. Recurso não provido" (Ap. cível 4.246-5, Ribeirão Preto, rel. Des. Ribeiro Machado, j. 21.10.1997, v.u.) (grifos nossos).

"*Execução fiscal – IPVA – Aeronave – Espécie de veículo automotor – Competência do Estado não delimitada para instituir o imposto apenas sobre veículos automotores terrestres* – Recurso improvido" (Ap. cível 23.088-5, Marília, rel. Des. Afonso Faro, j. 28.4.1987, v.u.) (grifos nossos).

Por essas razões, entendemos que o conceito de "veículos automotores" adotado pela Constituição, por ser mais amplo, abrange o conceito de "aeronaves" (que é conceito mais restrito), sendo imperiosa a conclusão no sentido da constitucionalidade da instituição do IPVA pelos Estados sobre a propriedade de aeronaves, relativamente ao aspecto material da sua hipótese de incidência.

25. O Relator não atentou para a nova redação do texto constitucional dada pela EC 3, de 1993, pois o julgado é de 21.10.1997.

SEGUNDA PARTE

Passemos, então, a analisar dois aspectos peculiares à legislação do IPVA do Estado de São Paulo, relativos (i) à instituição de novel modalidade de substituição tributária assim como (ii) à fixação da sua base de cálculo.

1. A responsabilidade solidária do mero possuidor a qualquer título do veículo automotor: nova hipótese de incidência não prevista pela Constituição Federal de 1988

A Lei paulista 6.606, de 1989 (posteriormente alterada pelas Leis 7.002, de 1990, 7.644, de 1991, 8.052, de 1992, 8.205, de 1992, 8.490, de 1993, e 9.459, de 1996), estabelece em seu art. 4º os responsáveis solidários pelo pagamento do imposto, nos seguintes termos:

"Art. 4º. *São responsáveis, solidariamente, pelo pagamento do imposto*:

"I – o adquirente, em relação ao veículo adquirido sem o pagamento do imposto do exercício ou exercícios anteriores;

"II – o titular do domínio *e/ou possuidor a qualquer título*;

"III – o proprietário de veículo de qualquer espécie, que o alienar e não comunicar a ocorrência ao órgão público encarregado do registro e licenciamento, inscrição ou matrícula, na forma do art. 18;

"IV – o funcionário que autorizar ou efetuar o registro e licenciamento, inscrição ou matrícula de veículo de qualquer espécie, sem a prova de pagamento ou do reconhecimento da isenção ou imunidade do imposto.

"Parágrafo único. A solidariedade prevista neste artigo não comporta benefício de ordem" (grifamos).

A questão posta em discussão, assim, é saber até que ponto a cláusula "e/ou possuidor a qualquer título", constante do inciso II do supratranscrito art. 4º da Lei (SP) 6.606, de 1989, não desvirtua a própria materialidade da hipótese de incidência do IPVA, qual seja: a circunstância de determinada pessoa ser proprietária de veículo automotor (incluindo-se no conceito de veículo automotor também as aeronaves, conforme visto no item 2 da Primeira Parte deste estudo).

Alfredo Augusto Becker via a responsabilidade solidária como hipótese de substituição tributária, acolhendo a lição de Berliri, ao afirmar que, "toda vez que houver solidariedade jurídico-tributária, inexiste responsabilidade legal tributária".[26]

Para esse autor, na medida em que o Estado outorga a possibilidade de se escolher entre duas ou mais relações jurídicas tributárias simultaneamente existentes, ocorrendo a satisfação da prestação jurídico-tributária por qualquer uma delas (relações jurídicas tributárias), extinguem-se *ipso facto* as demais.[27]

O mesmo não ocorre, segundo Becker, com a responsabilidade legal tributária, uma vez que nesse caso a lei outorga ao Estado o direito de exigir de outra pessoa a satisfação da prestação jurídico-tributária *apenas se* (e tão-somente se) não ocorrer a satisfação da prestação tributária pelo sujeito passivo que promoveu o fato descrito pelo antecedente da norma de tributação.[28]

Fixadas essas premissas, que adotamos integralmente,[29] verifica-se que a norma prevista pelo art. 4º da Lei (SP) 6.606, de 1989, estabelece verdadeira hipótese de substituição tributária,[30] e que nesssa medida deve observar as disposições do art. 128 do CTN.

Esse último dispositivo, por sua vez, determina que "a lei pode atribuir de modo expresso a responsabilidade[31] pelo crédito tributário a terceira pessoa, vinculada ao fato gerador da respectiva obrigação, excluindo a responsabilidade do contribuinte ou atribuindo-a a este em caráter supletivo do cumprimento total ou parcial da referida obrigação".

Já de início salta aos olhos a circunstância de que o substituto tributário (tratando-se de responsabilidade *solidária*) deve estar vinculado ao fato imponível descrito pelo antecedente da norma de tributação ("fato gerador").

Assim, voltando-se às hipóteses do art. 4º da Lei 6.606, de 1989, verifica-se que essa norma elegeu diversos substitutos tributários, dentre eles o titular do domínio útil do veículo automotor *e/ou seu possuidor a qualquer título*.

Diferentemente das demais hipóteses de substituição tributária estabelecidas pelo referido art. 4º da Lei 6.606, de 1989, não vislumbramos qualquer relação de pertinência lógica que vincule o mero possuidor a qualquer título de um veículo automotor ao fato de determinada pessoa ser proprietária do mesmo, sendo que esse último (fato) corresponde justamente ao aspecto material descrito no antecedente da norma de tributação do IPVA, ou, na linguagem do Código Tributário Nacional, ao "fato gerador" desse imposto.

26. *Teoria Geral do Direito Tributário*, 3ª ed., Lejus, p. 558.

27. Alfredo Augusto Becker, idem, p. 559.

28. Idem, p. 560.

29. Não ignoramos que, na linguagem do Código Tributário Nacional, a responsabilidade solidária está dentre uma das subespécies de sujeição passiva indireta por transferência. Já a sujeição passiva indireta por substituição, também na linguagem do Código Tributário Nacional, constitui espécie distinta da sujeição passiva indireta por transferência. Observe-se que o próprio Código Tributário Nacional (art. 128, primeira parte) não esgota todos os casos de sujeição passiva indireta (dentre eles, os de substituição), já que: "Sem prejuízo do disposto neste Capítulo, a lei pode atribuir (...)".

30. Cf., adiante, a nota de rodapé 32.

31. A "responsabilidade pelo crédito tributário" a que alude o art. 128 do CTN foi empregada em sentido lato, já que se trata de disposição geral do Capítulo V do Título II do Livro Segundo, intitulado "Responsabilidade Tributária", na qual também está contemplada a hipótese de substituição tributária.

Deveras, a mera circunstância de determinada pessoa estar na posse de um veículo automotor não a vincula – como exige o art. 128 do CTN – àquela outra pessoa que efetivamente promoveu o fato imponível descrito no antecedente da norma de tributação do IPVA (ser proprietário de veículo automotor), por ser elemento absolutamente estranho à ocorrência desse último.

Daí por que entendemos que a hipótese prevista pela cláusula "e/ou possuidor a qualquer título", constante da parte final do inciso II do art. 4º da Lei (SP) 6.606, de 1989, é incompatível com o art. 128 do CTN.

Mas, ainda que fosse superada a questão no plano infraconstitucional, mesmo assim não seria possível atribuir a responsabilidade tributária *solidária* ao mero possuidor (a qualquer título) de veículo automotor.

Especialmente no caso das aeronaves, em razão do seu elevado valor de mercado (principalmente os jatos e os helicópteros de última geração), é muito comum que pessoas jurídicas ou físicas realizem contrato de arrendamento mercantil (*leasing*) com empresas estrangeiras que são as proprietárias (e arrendadoras) desses veículos.

Nessas frequentes hipóteses o arrendatário estaria equiparado ao responsável tributário *solidário* (de acordo com o inciso II do art. 4º da Lei 6.606, de 1989), já que detém a posse – a qualquer título – da aeronave.

Considerando-se que as referidas empresas estrangeiras (arrendadoras) normalmente não têm representantes no país, é o próprio arrendatário quem arca sozinho com o ônus de pagar o IPVA incidente sobre a propriedade de veículos automotores alheios, o que é manifestamente inconstitucional, conforme se demonstrará.[32]

Em outras palavras, quando se lê – nessas hipóteses de contrato de arrendamento mercantil com empresas estrangeiras – que o possuidor a qualquer título (arrendatário) é o responsável *solidário* pela obrigação de pagar o IPVA, na verdade quer-se dizer – e se fazer entender – que o arrendatário é o próprio contribuinte, fundindo-se e confundindo-se na mesma pessoa.[33]

Mas esse *novo* fato imponível (ser *possuidor a qualquer título* de veículo automotor) não está previsto pelo texto constitucional, que não outorgou competência aos Estados para instituir tal imposto imaginário.

E não o fez (e tampouco o fará) por razões muito óbvias, já que essa nova – e inconstitucional – hipótese de incidência (cujo fato imponível seria *a posse a qualquer título* de veículo automotor) simplesmente desconsidera a existência do princípio constitucional da capacidade contributiva, que é corolário do próprio princípio da igualdade.

Nas palavras do inigualável professor Geraldo Ataliba, o princípio da capacidade contributiva, insculpido no § 1º do art. 145 da CF, "é reforçado pelo preceito do art. 150, II, que supõe conteúdos econômicos dos fatos imponíveis, sob pena de impossibilidade de comparações que tornem aplicável o preceito".[34] E continua: "Ora,

32. Observe-se que nessas hipóteses não se vislumbra a substituição tributária (como equivalente à responsabilidade tributária *solidária*) e sequer a responsabilidade legal tributária referida por A. A. Becker, pois a segunda norma que incidiria nos casos de existência dessa última (e que esse autor chama de "omissão, inadimplência da prestação jurídica") é de impossível incidência em razão de o proprietário ser residente e domiciliado no exterior.

33. Geraldo Ataliba assim enfatiza: "Não me venham com o negócio da substituição ou da responsabilidade, pois isso é outra coisa. São procedimentos esses algumas vezes lícitos para, dando a volta, pegar a capacidade contributiva de alguém que a Constituição já indicou. E se, pela substituição, pelo mecanismo de responsabilidade, terminar sendo diminuído patrimonialmente quem não revelou capacidade contributiva, pelo acontecimento do fato, aquela lei será inconstitucional. De maneira que a substituição ou a responsabilização não autorizam ninguém a dizer que o legislador escolhe o sujeito passivo à vontade" (*RDTributário* 48/92, conferência proferida em 1.3.1989 no Curso de Direito Tributário promovido pelo IDEPE e pelo IBET, com colaboração da ESAF).

34. *RDTributário* 64/162.

igualdade em matéria tributária supõe comparabilidade entre fatos imponíveis. Cotejo econômico. Por isso todos os bons autores sublinham que a isonomia é que exige conteúdo econômico para os fatos tributáveis".

E arremata o saudoso mestre: "O princípio da capacidade econômica ou contributiva, como informador dos impostos, é norma imperativa, plenamente eficaz, obrigatória e insuperável. Dada sua natureza constitucional, implica tornar nula (e, pois, inaplicável) toda lei que, descrevendo hipótese de incidência, não refira fatos com conteúdo econômico efetivo, real, comprovado e substancialmente consistente. E, como desdobramento do art. 5º, I, da Constituição, não pode ser reduzido, nem amesquinhado, nem por emenda constitucional (art. 60, IV)".[35]

Deveras, no caso do mero possuidor a qualquer título de veículo automotor de propriedade de pessoa residente e domiciliada no exterior o legislador ordinário desatendeu à Constituição na parte em que é imperativa ao vincular sua atuação à escolha, para a composição criadora do tributo, exclusiva de fatos que sejam signos presuntivos de renda ou de capital (Becker).

Isto quer dizer que o legislador não pode – por restrição constitucional – introduzir na materialidade da hipótese de incidência de qualquer imposto um fato sem conteúdo econômico, ou com conteúdo econômico incompatível com a materialidade em questão, que é exatamente o fato de ser mero possuidor a qualquer título de veículo automotor.

Os caricatos exemplos citados por Geraldo Ataliba ilustram com muita propriedade essa aberração jurídica: "Dino Jarach fala da inconstitucionalidade do imposto sobre nariz grande. Moschetti, do imposto sobre quem tem cabelos loiros. Giardina menciona o imposto sobre barba etc. A partir de figurações chocantes, querem mostrar a flagrante injuridicidade de fatos imponíveis que nada dizem sobre a capacidade econômica do sujeito. E que, por isso mesmo, não podem ser erigidos em hipótese de incidência".[36]

Observe-se que o conceito de capacidade contributiva está intimamente ligado à exigência de manifestações econômicas reais, e não meramente fictícias. Daí falar-se em aptidão efetiva, concreta, certa, atual, de riqueza, que não ocorre no caso do mero possuidor a qualquer título do veículo automotor, em face da materialidade *ser proprietário* de veículo automotor.

Por essas razões, entendemos que a cláusula que estabelece a responsabilidade *solidária* do mero possuidor a qualquer título de veículo automotor, além de absolutamente incompatível com o regime do art. 128 do CTN (já que esse fato – deter a posse a qualquer título – não está vinculado à ocorrência do fato imponível – ser proprietário), é manifestamente inconstitucional nos casos em que o proprietário do veículo é residente e domiciliado no exterior, pois pretende erigir – por via indireta – em aspecto material de hipótese de incidência tributária fato que não corresponde a signo presuntivo de renda ou capital, em nítida violação ao princípio da capacidade contributiva, corolário que é do próprio princípio da igualdade (que é cláusula pétrea, sequer modificável ou amesquinhável por emenda à Constituição).

2. *A determinação da base de cálculo do IPVA e a Lei (SP) 6.606, de 1989*

Estabelece o art. 6º da Lei (SP) 6.606, de 1989 (na redação das Leis 7.644, de 1991, 8.205, de 1992, e 9.459, de 1996), que:

"Art. 6º. *Para efeito de lançamento do imposto, quanto a veículo usado, a Secretaria da Fazenda estabelecerá o valor venal por meio de tabela, considerando na sua elaboração o que segue*:

35. Idem, ibidem.

36. *RDTributário* 64/164.

"I – em relação a veículos terrestres: marca, modelo, espécie, ano de fabricação e *procedência*;

"II – em relação a embarcações: potência, combustível, comprimento, casco e ano de fabricação;

"III – *em relação a aeronaves: peso máximo de decolagem e ano de fabricação.*

"(...).

"§ 2º. *Para a fixação dos valores serão observados os preços médios de mercado vigentes no mês de setembro; havendo veículo cujo modelo não tenha sido comercializado nesse mês, adotar-se-á o valor de outro do mesmo padrão.*

"(...)" (grifamos).

Pela leitura do *caput* do dispositivo legal supratranscrito já se verifica delegação de função legislativa a órgão do Executivo.

É certo que o próprio *caput* desse art. 6º estabelece que determinados critérios serão seguidos para atuação da Secretaria da Fazenda no tocante à fixação da base de cálculo do IPVA. Tais critérios, todavia, não atenuam a intolerável inconstitucionalidade dessa delegação de competência inerente à função legislativa.

Com efeito, advertem Geraldo Ataliba e J. A. Lima Gonçalves, "a descrição completa e acabada da regra-matriz de incidência tributária é tarefa soberana e exclusiva do Poder Legislativo competente, não podendo ser suprida pelo titular de função administrativa".[37]

Nessa linha, é inconcebível sustentar a constitucionalidade dessa delegação de função, especialmente em relação à instituição de tributos (inclusive das suas bases de cálculo). É que a Constituição foi absolutamente rígida ao estabelecer – e repetir – o princípio da estrita legalidade em matéria tributária (art. 5º, II, combinado com o art. 150, I, ambos da CF de 1988), que é função exclusiva do Legislativo.

O art. 2º da CF estabelece que os Poderes da União (Executivo, Legislativo e Judiciário) são harmônicos e independentes entre si, trazendo nessa cláusula o princípio da separação dos Poderes da República.

Atualmente, a única hipótese prevista pela Constituição em que é permitida a delegação de poder é a da lei delegada, e que definitivamente não se aplica ao caso do IPVA.[38-39]

Na clássica lição de Santi Romano (in *Princípios de Direito Constitucional Geral*, trad. de Maria Helena Diniz, São Paulo, Ed. RT, 1977, p. 346), citada pelos professores Ataliba e Lima Gonçalves: "A delegação é inadmissível quando há uma Constituição rígida que não a permite expressamente; ela, com efeito, importaria uma derrogação a esta Constituição, a qual não se encontra na competência do Poder Legislativo ordinário".[40]

Daí por que o Legislativo não pode – sob pena de inconstitucionalidade – delegar ao Executivo função que a própria Constituição lhe outorgou com exclusividade, devendo exaurir a competência legislativa tributária.

Não obstante a clareza do sentido e alcance dos princípios da indelegabilidade de poderes (pelo menos no tocante à matéria tributária) e da estrita legalidade, a 18ª Câmara Cível do TJSP, estranhamente, avalizou a inconstitucional instituição de "tabela" pela Secretaria da Fazenda para a determinação da base de cálculo do IPVA nos autos da Ap. cível 206.670-2-6 (aptes.: Luwasa Lutfala Wadhy S/A Comércio de

37. *RDTributário* 61/49.

38. Em que pese à jurisprudência do STF, somos da científica opinião no sentido de que, formal e materialmente, as medidas provisórias não poderiam veicular matéria tributária, já que os pressupostos de urgência e relevância não se compatibilizam com a instituição de tributos.

39. No caso dos impostos previstos pelos incisos I, II, IV e V é facultado ao Executivo apenas alterar – mas não instituir – as suas alíquotas, desde que atendidos as condições e os limites estabelecidos em lei.

40. In *RDTributário* 61/49.

Automóveis e outros; apdo.: Delegado Regional Tributário de Ribeirão Preto).

A justificativa para esse estranho aval pode ser extraída da seguinte passagem do voto do Des. Theodoro Guimarães, relator para o acórdão, tendo sido acompanhado pelos Des. José Pacheco e Egas Galbiatti:

"Seria uma graça esperar que o Poder Legislativo fizesse, todo mês, uma lei só para estabelecer o valor venal dos veículos automotores do mês anterior, tarefa simplesmente inexeqüível, que cairia naquilo que a impetrante realmente exora: não pagar tributo algum sobre a respectiva propriedade.

"Não há outra solução cabal, no caso, senão a delegação do estabelecimento da tabela, que a lei estadual atribui à Secretaria da Fazenda, fixando-lhe, todavia, os parâmetros dessa tabela, nos três incisos do art. 6º."

Todavia, não nos parece que essa tenha sido a melhor solução, *data venia*.

Primeiro porque o entendimento adotado afronta os princípios da estrita legalidade e da indelegabilidade da função legislativa, que são peremptórios e não admitem flexibilização (salvo, evidentemente, as exceções constitucionalmente previstas, mas que são inaplicáveis à determinação da base de cálculo do IPVA).

Segundo porque a imposição constitucional de que uma lei aprove anualmente a tabela de valores venais (base de cálculo do IPVA) a ser divulgada pelo Executivo para vigorar no exercício seguinte não parece ser de impossível atendimento, já que outros Estados da Federação conseguem atendê-la sem maiores complicações, como é o caso, por exemplo, do Estado do Paraná.[41]

Registre-se que o entendimento adotado pelo TJSP no sentido da constitucionalidade da instituição da base de cálculo do IPVA por meio de tabela divulgada pela Secretaria da Fazenda desse Estado chegou a ser – surpreendentemente – confirmado pelo STF em decisões monocráticas proferidas em agravos de instrumento.[42]

Diz-se "surpreendentemente" pois referidas decisões monocráticas contrariam a própria iterativa jurisprudência da Suprema Corte, que consagra incondicionalmente o princípio da estrita legalidade e da indelegabilidade da função legislativa, ao menos no que diz respeito à matéria tributária.

No segundo precedente analisado, da lavra do eminente Min. Marco Aurélio (2ª T., AgRg em AI 169.370-4-SP, *DJU* 2.2.1996), a questão foi abordada sob outro enfoque, já que se tratava de impugnar a tabela na medida em que publicada no mesmo ano da cobrança do tributo, o que supostamente violaria o princípio da anterioridade.[43]

Já no terceiro precedente (2ª T., AgRg 216.372-4-SP, *DJU* 24.9.1999) o eminente Min. Néri da Silveira simplesmente se reportou aos dois precedentes acima citados, nada acrescentando em relação à violação

41. O art. 21 da Lei 11.280, de 1995, do Estado do Paraná aprovou a tabela de valores venais para cálculo do IPVA no exercício de 1996. O art. 2º da Lei (PR) 11.643, de 1996, aprovou a tabela divulgada pelo Executivo para vigorar no exercício de 1997. O art. 3º da Lei (PR) 11.972, de 1997, fez o mesmo em relação ao exercício de 1998. Para o exercício de 1999 a tabela foi aprovada pelo art. 3º da Lei (PR) 12.399, de 1998. E para o exercício de 2000 a referida tabela foi aprovada pelo art. 2º da Lei (PR) 12.815, de 1999.

42. A primeira decisão foi proferida nos autos do AI 167.500-SP (1ª T., rel. Min. Ilmar Galvão), nos seguintes termos: "Não há que se considerar que o lançamento do imposto, feito com base em valor fixado pela Administração à vista dos critérios e parâmetros da lei, colide com as disposições constitucionais focalizadas, como entendeu a parte agravante".

43. A ementa ficou assim redigida: "IPVA – Tabela de valores – Correção. A correção da tabela de valores no ano da cobrança do tributo não implica violência aos princípios insculpidos na Constituição Federal. Prevalecem o fato gerador, a base de cálculo e as alíquotas previstas na legislação estadual editada com observância àqueles princípios. A simples correção da tabela não modifica quer o fato gerador, quer a base de cálculo, no que se revelam como sendo a propriedade do veículo e o valor deste".

aos princípios da estrita legalidade e da indelegabilidade da função legislativa.

Assim, entendemos que a matéria, além de não ter sido objeto de pronunciamento definitivo pelo Plenário do STF, ainda não foi apreciada com a serenidade que o tema, em si, requer, já que, a prevalecer o reticente entendimento adotado pelo eminente Min. Ilmar Galvão no primeiro caso analisado (AI 167.500-SP), implicaria renegar a tradicional jurisprudência que já se vem consolidando há muitos anos na própria Suprema Corte.

Tanto isso é verdade que o STF nunca tolerou flexibilizações em relação ao princípio da estrita legalidade em matéria tributária.[44] Essa é a exata conclusão que se extrai, por exemplo, do julgamento pelo Plenário do STF da taxa de licenciamento de importação, cuja ementa ficou assim redigida:

"Constitucional – Tributário – Taxa de licenciamento de importação – Lei n. 2.145, de 1953, art. 10, com a redação da Lei n. 8.387, de 1991.

"I – Licença ou guia de importação ou documento equivalente: a alteração do art. 10 da Lei n. 2.145, de 1953, pela Lei n. 8.387, de 1991, não mudou a natureza jurídica do rédito remunerador da atividade estatal específica, o exercício do poder de polícia administrativa, de taxa para preço público – *Ofensa ao princípio da legalidade tributária, CF, art. 150, I, CTN, art. 97, IV, dado que a lei não fixa a base de cálculo e nem a alíquota. Inconstitucionalidade do art. 10 da Lei n. 2.145, de 1953, com a redação da Lei n. 8.387, de 1991.*

"II – Recurso extraordinário conhecido (letra 'b'), mas improvido" (RE 188.107-1-SC, rel. Min. Carlos Velloso, v.u., *DJU* 30.5.1997 – grifamos).

Do voto do eminente Min. Relator Carlos Velloso destaca-se a seguinte passagem: "Posta assim a questão, segue-se a inconstitucionalidade do citado dispositivo legal, dado que ali não está fixada nem a base de cálculo, e nem a sua alíquota. É dizer, a lei não estabelece a base de cálculo da taxa e nem a sua alíquota, delegando à autoridade administrativa a elaboração da tabela anual para 'ressarcimento dos custos incorridos nos respectivos serviços', violando-se, destarte, o princípio da legalidade tributária (CF, art. 150, I; CTN, art. 97, IV)".

No mesmo sentido foi o julgamento da cota de contribuição incidente sobre as exportações de café, mediante a aplicação de alíquota fixada pelo Instituto Brasileiro de Café – IBC, oportunidade em que o Plenário do STF declarou a sua não-recepção pela Constituição Federal de 1988, por ofensa ao princípio da estrita legalidade e da indelegalidade da função legislativa (RE 191.044-5-SP, rel. Min. Carlos Velloso, v.u., *DJU* 31.10.1997).

Observe-se que nesse último caso o próprio Min. Ilmar Galvão, após pedir vista dos autos para melhor exame da matéria, assim se pronunciou:

"É fácil de ver que o texto transcrito (Decreto-lei n. 2.295/86) se limitou a estabelecer a base de cálculo do tributo (valor em dólar por saca de 60kg de café – art. 4º), deixando o valor da quota (alíquota) para 'ser fixado pelo Presidente do Instituto Brasileiro do Café – IBC, ouvido o Conselho Nacional de Política Cafeeira – CNPC'.

"Vale dizer que o tributo nasceu desprovido de um de seus elementos essenciais, isto é, alíquota fixada por lei, na forma prevista no § 2º do art. 21 da EC n. 1/69.

"(...).

"Por isso mesmo, a Carta de 1988 não encontrou tributo suscetível de ser por ela

44. Já nos idos de 1974 assim decidiu a 1ª Turma do STF (RE 78.846-SP, rel. Min. Aliomar Baleeiro, *DJU* 6.12.1974): "Imposto de renda – Remessa de juros de mútuo contratado no exterior. 1. No sistema jurídico constitucional do Brasil impera o princípio da legalidade do tributo (Constituição Federal, art. 19, I; art. 153, § 29), que o Código Tributário Nacional regulou no art. 97, I, II, III e § 1º, estabelecendo a reserva da lei para instituição ou majoração de impostos, ou alteração do fato gerador e base de cálculo. (...)".

recebido, na forma prevista no art. 34, § 5º, do ADCT. Pelo motivo já apontado de que o Decreto-lei n. 2.295/86 se revelara, desde a sua edição, incompatível com a EC n. 1/69 e, por conseguinte, sem qualquer validade.

"Outra seria a situação se houvesse disposto acerca da alíquota do tributo, hipótese em que a delegação para a modificação dela, nas condições e limites estabelecidos, teria tido vigência até 5 de abril de 1989, data em que, se não prorrogada por lei, teria sido revogada pelo art. 25 do ADCT."

Mas não é só.

É também inconstitucional o inciso I do art. 6º da Lei (SP) 6.606, de 1989 (na redação das Leis 7.644, de 1991, 8.205, de 1992, e 9.459, de 1996), na medida em que estabelece diferença tributária entre os veículos automotores terrestres em relação à sua procedência, uma vez que colide frontalmente com as disposições do art. 152 da CF, que veda aos Estados estabelecer diferença tributária entre bens e serviços, de qualquer natureza, em razão de sua procedência ou destino.[45]

Por fim, poucas palavras merecem ser ditas em relação ao § 2º do referido art. 6º da Lei (SP) 6.606, de 1989 (na redação das Leis 7.644, de 1991, 8.205, de 1992, e 9.459, de 1996).

Isto porque esse dispositivo estabelece que, havendo veículo cujo modelo não tenha sido comercializado no mês de setembro (mês em que são adotados os preços médios de mercado para a divulgação da tabela), adotar-se-á o valor de outro veículo do mesmo padrão, o que é vedado pelo § 1º do art. 108 do CTN, já que o emprego da analogia não poderá resultar na exigência de tributo não previsto em lei.

B) Conclusões

Diante dessas considerações, concluímos em relação à *Primeira Parte* do presente estudo que:

A) O exercício da competência legislativa plena pelos Estados para a instituição do IPVA é constitucional e não depende de lei complementar, conforme já reconhecido por ambas as Turmas do STF.

B) O conceito de "veículo automotor" está vinculado à idéia de circulação de pessoas ou coisas por moto próprio, seja no que diz respeito ao espaço aéreo (Código Brasileiro de Aeronáutica), seja no que diz respeito ao espaço terrestre (Código Brasileiro de Trânsito), variando de acordo com a legislação que discipline o respectivo tráfego.

Assim, o conceito legal de "aeronave" (*aparelho manobrável em vôo, que possa sustentar-se e circular no espaço aéreo, mediante reações aerodinâmicas, apto a transportar pessoas ou coisas*, art. 106 do CBA) está abarcado dentro do conceito de "veículo automotor", que não se restringe aos veículos automotores *terrestres*.

C) A Constituição (art. 155, III) não restringiu a materialidade da hipótese de incidência do IPVA aos veículos automotores terrestres, cujo conceito adotado pelo Código Brasileiro de Trânsito só se aplica à circulação *terrestre* (art. 1º).

D) A jurisprudência do TJSP já apreciou a matéria, concluindo no sentido de que a aeronave é veículo automotor, e, como tal, está sujeita ao IPVA.

E em relação à *Segunda Parte*:

E) A claúsula final do inciso II do art. 4º da Lei paulista 6.606, de 1989 (posteriormente alterada pelas Leis 7.002, de 1990,

45. Considerando-se (i) a manifesta inconstitucionalidade desse dispositivo (em relação à distinção em razão da procedência dos veículos) e (ii) que o presente estudo tem por objeto principal a análise de aspectos da incidência do IPVA sobre a propriedade de aeronaves, não iremos discorrer de maneira mais aprofundada sobre essa questão, já que diz respeito apenas aos veículos automotores terrestres. Essa questão, todavia, já foi analisada pelo STF (AI 281.747-3-RJ, rel. Min. Néri da Silveira, *DJU* 2.10.2000), confirmando o entendimento pela inconstitucionalidade da diferenciação de alíquotas em razão da procedência do veículo.

7.644, de 1991, 8.052, de 1992, 8.205, de 1992, 8.490, de 1993, e 9.459, de 1996), que estabelece a responsabilidade solidária pelo pagamento do IPVA ao "mero possuidor a qualquer título" de veículo automotor (incluindo-se nesse conceito as aeronaves, conforme conclusões "B" e "C", acima), é incompatível com o regime previsto pelo art. 128 do CTN, já que esse fato (deter a posse a qualquer título) não está vinculado à ocorrência do fato imponível (ser proprietário), diferentemente das outras hipóteses estabelecidas pelos demais incisos do referido dispositivo legal.

F) Mesmo que superada a questão no plano infraconstitucional, a aplicação da parte final do inciso II do supra-referido art. 6º da Lei 6.606, de 1989 (atribuição de responsabilidade solidária ao mero possuidor a qualquer título de veículo automotor), é manifestamente inconstitucional nos casos em que o proprietário do veículo é residente e domiciliado no exterior,[46] pois erige – por via indireta, não prevista pela Constituição Federal de 1988 – em aspecto material de hipótese de incidência tributária fato que não corresponde a signo presuntivo de renda ou capital, em nítida violação ao princípio da capacidade contributiva, corolário que é do próprio princípio da igualdade (que é cláusula pétrea, sequer modificável ou amesquinhável por emenda à Constituição).[47]

G) A determinação da base de cálculo do IPVA pelo *caput* do art. 6º da Lei (SP) 6.606, de 1989 (na redação das Leis 7.644, de 1991, 8.205, de 1992, e 9.459, de 1996), é inconstitucional, pois delega poder ao Executivo (Secretaria da Fazenda do Estado de São Paulo) para a sua instituição mediante tabela de valores venais, em inquestionável violação aos princípios constitucionais da estrita legalidade e da indelegabilidade da função legislativa em matéria tributária, conforme iterativamente decidido pelo STF em casos análogos.

H) O inciso I do referido art. 6º da Lei 6.606, de 1989, é inconstitucional na medida em que estabelece diferença tributária entre os veículos automotores terrestres[48] em relação à sua procedência, uma vez que colide frontalmente com as disposições do art. 152 da CF, que veda aos Estados estabelecer diferença tributária entre bens e serviços, de qualquer natureza, em razão de sua procedência ou destino.

I) Por fim, o § 2º do mesmo dispositivo legal (art. 6º da Lei 6.606, de 1989), ao estabelecer que, havendo veículo cujo modelo não tenha sido comercializado no mês de setembro (mês em que são adotados os preços médios de mercado para a divulgação da tabela – base de cálculo do IPVA), adotar-se-á o valor de outro veículo do mesmo padrão, é nitidamente incompatível com o § 1º do art. 108 do CTN, já que esse último dispositivo determina que o emprego da analogia não poderá resultar na exigência de tributo não previsto em lei.

46. Como, por exemplo, nos casos de *leasing* internacional, em que o arrendador é uma empresa estrangeira e o arrendatário tem residência e domicílio no Brasil.

47. Observe-se que o art. 2º da Lei 6.606, de 1989 (critério espacial da regra-matriz de incidência), estabelece que: "O imposto será devido no local onde o veículo deva ser registrado e licenciado, inscrito ou matriculado, perante as autoridades de trânsito, da Marinha ou da Aeronáutica". O seu parágrafo único, por sua vez, assim dispõe: "Não estando o veículo sujeito a registro ou licenciamento, inscrição ou matrícula, o imposto será devido no local de domicílio do seu proprietário".

48. Esse dispositivo não se aplica às aeronaves.

DO FATO JURÍDICO TRIBUTÁRIO

ALESSANDRA GONDIM PINHO
Mestre em Direito Tributário (PUC/SP) – Advogada

1. Introdução. 2. Do fato jurídico. Distinção entre fato e evento: 2.1 A "rebelião do fato" no mundo jurídico. 3. O fenômeno da incidência jurídica tributária: 3.1 Fato como enunciado protocolar – 3.2 O papel das normas gerais e abstratas na formação dos fatos jurídicos – 3.3 Fato jurídico e teoria das provas. 4. Conceito e alcance do fato jurídico tributário/norma individual e concreta que o constrói: 4.1 O papel da norma tributária individual e concreta na formação do fato jurídico tributário – 4.2 Erro de fato e erro de direito na constituição do fato jurídico tributário.

1. Introdução

É a partir da constituição lingüística do evento tributário em fato que se origina o direito do Estado, enquanto poder tributante, à percepção do tributo, e só então a máquina estatal se movimenta no sentido de receber o seu crédito. É o fato jurídico tributário o responsável pela quantificação do tributo, determinando quando, como e onde ele deverá ser pago. Só o fato jurídico tributário é capaz de consignar em linguagem o evento tributário abstratamente previsto na norma geral, ingressando no sistema como fenômeno detonador do início da obrigação tributária. Sem a consignação do evento em linguagem competente não há fato jurídico, obstaculizando a possibilidade de o poder tributante cobrar seus créditos tributários. É, pois, o fato jurídico tributário que faz instalar-se a relação jurídica tributária e, consigo, a obrigação tributária, porque dele depende o ato formalizador inaugural da relação que fará com que o sujeito passivo esteja juridicamente obrigado a pagar tributo ao sujeito ativo.

Operamos, nesse estudo, alguns cortes metodológicos que julgamos imprescindíveis para a compreensão da matéria, sem nos desviar de seu conteúdo científico: primeiramente, ao considerar o Direito como fenômeno de linguagem, tanto o Direito posto – bem cultural cujo plexo de normas jurídicas volta-se para a regulamentação das condutas sociais intersubjetivas – quanto a Ciência do Direito, que descreve aqueloutra e, por isso mesmo, a denominamos de metalinguagem descritiva. A descrição da linguagem do Direito posto (linguagem-objeto) pressupõe gigantescos cortes metodológicos, uma vez que, como se sabe, o Direito é uno e indivisível, tornando falso o problema da autonomia de cada um de seus "ramos" e respectivos "sub-ramos", a não ser por motivos didáticos. Realizamos, assim, nosso primeiro corte nesse campo e obtemos como resultado o direito tributario. Efetivamos novo corte e pinçamos a fenomenologia da incidência jurídico-tributária, donde recortamos, então, o fato jurídico tributário e demais conceitos que configuram recortes menores. É a partir destes últimos, percorrendo o caminho inverso, que iniciamos nossa reflexão.

2. *Do fato jurídico. Distinção entre fato e evento*

Distinção basilar para este estudo é aquela entre evento e fato. O evento é o sucesso, no sentido de suceder, ocorrer. É um acontecimento, para nós, um fenômeno social qualquer (no sentido mais amplo que se possa conceber *evento social*). "Fato" é palavra que deriva do Latim (*factu)* e é "a ação ou coisa feita. Acontecimento, sucesso". Trata-se, portanto, de algo já ocorrido, assim como o evento. Embora nesse primeiro sentido esteja posto como sinônimo de evento, a palavra "fato" carrega outro significado que se ajusta perfeitamente à explicação que se procede, no nosso modelo, relativamente à distinção entre evento e fato. Assim, fato é "aquilo de que se trata". Quando alguém trata de um assunto, isto é, a ele se refere, faz isso em linguagem, relatando o acontecimento. Por esse caminho, temos o evento como o próprio sucesso e o fato como o acontecimento registrado, o relato em linguagem do evento ocorrido. O fato seria, num sentido figurado, a *roupa* do evento. E aqui, de certa forma, aproveitamos a primeira significação dada ao vocábulo pelo dicionário.

Dentro do nosso modelo, portanto, fato não é sinônimo de evento. O evento é o acontecimento que altera o mundo fenomênico, enquanto o fato é a descrição deste evento. Assim, por exemplo, temos como fato que houve no Brasil a Assembléia Constituinte que culminou com a promulgação da Constituição Federal de 1988. Isto, sem dúvida, é um fato. Agora, a promulgação em si, ocorrida em 5 de outubro daquele ano, é um evento aprisionado num determinado espaço e consolidado num ínterim que o torna irrepetível, e mesmo que obtivéssemos o testemunho dos parlamentares que o presenciaram não se repetiria jamais. No direito penal, como se sabe, existe a possibilidade de reconstituir crimes. Essa reconstituição, quando realizada, é um fato que se reporta ao próprio crime. Este último, no entanto, já terá ocorrido quando da realização daquele expediente. e, por mais fiel que ele seja, por mais que do evento criminoso se aproxime, nunca será possível repeti-lo.

Com efeito, nada acontece para o Direito senão por meio da consignação lingüística do evento em fato jurídico, seja em que "ramo" for. Embora não seguindo a mesma linha, Marcos Bernardes de Mello[1] ilustra, de certa forma, nosso pensamento quando diz que: "Ontologicamente, o crime é um fato jurídico (direito penal), como o são um decreto do Presidente da República que nomeia um funcionário público (direito administrativo), o ato de votar numa eleição (direito constitucional), o contratar um empregado (direito do trabalho), a venda da mercadoria pelo lojista (direito comercial), a formalização de um tratado internacional (direito internacional público), os atos de um processo judicial, cível ou criminal (direitos processuais civil e penal), *o lançamento de um tributo* (direito tributário), e assim por diante. Em essência, não há como estabelecer distinção entre eles, porque constituem um gênero" (grifos nossos).

Evidentemente, cada um desses "fatos" tem suas peculiaridades. Utilizamos a expressão entre aspas porque temos uma concepção diferente de fato, como disséramos. Mas não se pode deixar de observar a sensibilidade do citado autor – exceto relativamente ao crime enquanto infração em sua própria essência (ele diz que "ontologicamente o crime é um fato jurídico") – ao enumerar certos comportamentos ou atos que, efetivamente, configuram fatos jurídicos, como o lançamento de um tributo, por exemplo. Aliás, antes de ser um ato jurídi-

1. *Teoria do Fato Jurídico (Plano da Existência)*, São Paulo, Saraiva, 1995, "Apresentação", p. XX.

co administrativo, o lançamento tributário é um fato jurídico.

O "fato jurídico" pressupõe sempre a transcrição do evento em linguagem. Se alguém mata outrem e providências policiais convertem isso em linguagem, pronto estará o campo para a formação do fato jurídico e, depois, numa eventual sentença condenatória – norma individual e concreta que é – ter-se á subsumido o evento à norma geral e abstrata que prescreve: "Matar alguém: Pena – 6 a 12 anos".

Enfim, há uma certa identidade entre todos os eventos aos quais o ordenamento jurídico atribuiu relevância porque sempre que eles efetivamente ocorrerem no mundo social *e* forem devidamente relatados serão erigidos à categoria de *fato jurídico*. Essa identidade como gênero facilita a compreensão do nosso tema exatamente porque, a partir dela, descobrimos o perfil da espécie.

O Direito posto, como se sabe, não altera efetivamente comportamentos, mas tão-somente pretende orientá-los, e só consegue o seu intento quando da concretização da norma, isto é, no momento em que se aplica uma norma geral e abstrata a um caso concreto, por meio da norma individual que caracterizará o comportamento como fato jurídico, leia-se: relevante para o Direito, e para o qual se estipulam conseqüências. Desse modo, não basta a norma geral e abstrata prever como fato *tributável* a industrialização de produtos, pois se alguém, no quintal de sua casa, opera modificações em determinada matéria-prima e não declara ao Fisco sua conduta e se este último nunca vem a tomar conhecimento da operação, jamais ingressará este fato no mundo jurídico. É por isso que se dá maior enfoque, nesse modelo, à norma individual e concreta, não querendo, com isso, pretender torná-la mais importante que a norma geral e abstrata, mas, sim, afirmar que, pragmaticamente, esta última é de pouca utilidade sem aquela.

O fenômeno jurídico normativo, por isso mesmo, envolve quatro momentos distintos e sucessivos, quais sejam: a) a definição, pela norma geral e abstrata, da hipótese de incidência (definição normativa hipotética do evento que a norma elegeu); b) a ocorrência desse evento ao qual a lei deu relevância; c) a colocação desse acontecimento em linguagem própria; d) a juridicização desse fato por meio da norma individual e concreta.

2.1 A "rebelião do fato" no mundo jurídico

Alfredo Augusto Becker dedica um subcapítulo de sua imortal obra *Teoria Geral do Direito Tributário*[2] para falar daquilo que ele denomina "idolatria ao fato e sua suposta virtualidade jurídica". Becker notou que em todos os "ramos", e principalmente no direito tributario, os autores supervalorizam o *fato*, deixando o caráter *jurídico* para um segundo plano, menos importante. A estrutura do fato, assim, acaba por prejudicar a estrutura jurídica. Ora, o *jurídico* existe exatamente para dominar o *fato*, mas os autores, em geral, parecem dar maior ênfase ao fato em si; exemplo disso as expressões correntemente usadas no trato de temas como "sociedade de fato" (no direito comercial), "separação de fato" (no direito de família) e a famigerada expressão "fato gerador", no direito tributario. Nas palavras do eminente autor: "Os juristas estão permitindo que o *dado* (o fato) dispa-se e lance fora o *construído* (o jurídico) como um luxo que se converteu num lixo da civilização burguesa ultrapassada". E, mais adiante: "Este desembaraçar-se do jurídico importa em atribuir ao fato bruto (fato social), por si mesmo, uma virtualidade jurídica: a *eficácia jurídica* (os efeitos jurídicos; exemplo:direito subjetivo) *irradiar-se-ia espontaneamente do fato bruto, dispensando a prévia incidência da regra jurídica*" (grifos nossos).

Perfeita a observação, uma vez que o(s) "fato"(s) colhido(s) no mundo social, de cunho econômico, político ou seja lá de

2. Ob. cit., São Paulo, Saraiva, 1963, p. 83.

que natureza for, e colocado(s) na hipótese de incidência de uma norma qualquer por si só(s) não tem (ou não têm) o condão de tornar(em)-se jurídico(s), senão depois de sofrer(em) a incidência normativa.

Ainda sobre o problema da hipervalorização do *fato* em detrimento do *jurídico*, o próprio legislador (e aí ingressamos no campo do direito positivo), em razão dessa tendência, começou a dar cada vez maior relevância às situações de fato. Veja-se, por exemplo, a "união estável" no campo do direito de família, que já tomou proporções constitucionais, desde 1988, com a Carta vigente concedendo-lhe relevância e valor tais, que quase se pode visualizar o desmoronamento da instituição do casamento.

Da mesma forma, exemplifica Becker, o chamado "contribuinte de fato", que se manifesta pela denominada "realidade econômica" considerada na hipótese de incidência da norma tributária, representa uma sobreposição semântica do vocábulo *fato* em relação ao *jurídico*.

Toda essa ênfase no fato emperra o desenvolvimento da Ciência do Direito, que trabalha em cima de normas, gerais e abstratas, e individuais e concretas (onde o fato é efetivamente juridicizado).

É bom que se ressalte que *jurídico*, gramaticalmente falando, é adjetivo, em relação a *fato*, substantivo. Mas no contexto de nosso estudo não significa que deva ter, este último, posição privilegiada em relação ao primeiro. Que fique claro: ao enunciar a necessidade de explicar o que é *fato* e, posteriormente, o que é *fato jurídico* para o nosso sistema de referência, jamais concordamos com a prevalência do substantivo sobre o adjetivo, afinal trata-se de um trabalho intelectual de natureza jurídica, cujo caráter científico nos reporta a certas descritividades, inevitáveis, especialmente num modelo como o nosso. No caso, só se podia entender o que é fato jurídico se antes compreendêssemos a noção de fato como sendo simples relato em linguagem de um evento.

3. *O fenômeno da incidência jurídica tributária*

O fenômeno da incidência é entendido de diferentes formas conforme o sistema de referência adotado. Autores há que dão especial ênfase à norma geral e abstrata e, mais especificamente, à hipótese tributária, à qual chamam de "fato gerador". Estes os integrantes da corrente doutrinária conhecida por *tradicional*, *clássica*, entre eles Amílcar de Araújo Falcão, Aliomar Baleeiro e outros.

Para Becker, "sem o conteúdo *normativo* (regra de conduta) a regra jurídica seria apenas uma proposição gramatical porque ela não é a narração de um acontecimento, nem a advertência de um efeito cientificamente (lei natural) presumível, mas norma (regra, disciplina) de um dever-ser".[3] A mera narração ou comprovação de acontecimentos é função das leis naturais, que estudam o *ser*, enquanto a prescrição e orientação de condutas são características definidoras das "leis de direção" (para usar a terminologia do autor), isto é, as regras de conduta, as leis do dever-ser. Por essa passagem fica claro que Becker não dá destaque à norma geral e abstrata ou à individual e concreta na fenomenologia da incidência jurídica, mas sim ao aspecto normativo, isto é, ao dever-ser, ao mandamento que provém da norma.

É em função do *dever-ser* que muito diferentes dos enunciados jurídicos, também em sua estrutura, são os enunciados de outras ciências, como a Sociologia, a Ciência Política etc. E é por isso que não se deve confundir enunciados da Ciência das Finanças, por exemplo, com enunciados da Ciência do Direito Tributário, como fazem muitos autores, sob pena de se perder de vista a cientificidade do discurso, por falta de se efetuarem os cortes metodológicos imprescindíveis para um discurso desta natureza. Sim, porque mesmo os enunciados descritivos da Ciência do Direito (em sentido estrito) falam sobre o de-

3. *Teoria Geral* ..., cit., p. 52.

ver-ser; pois, em metalinguagem descritiva, discorrem sobre os enunciados prescritivos do direito positivo, onde o legislador apenas pretende interferir nos comportamentos intersubjetivos, e acabam, muitas vezes, por conseguir o seu intento, por motivos que não se pode apontar com firmeza.[4]

De qualquer forma, dizíamos, seja qual for o modelo adotado pelo estudioso do Direito, independentemente do método que ele utilize para aproximar-se desse objeto de conhecimento (partindo ou não da norma jurídica, e, em caso positivo, dê-se ênfase à norma geral e abstrata ou à regra individual e concreta – ou a ambas), o mundo do dever-ser requer o estudo do fenômeno da incidência jurídica, sem a qual não se opera o Direito.[5]

As unidades normativas abstratas do sistema do Direito posto discorrem sobre acontecimentos do mundo social, denominados "eventos". Essas normas conectam, ao relato lingüístico da efetiva ocorrência desses eventos, o nascimento de uma relação jurídica entre dois ou mais sujeitos de direito, no plano da chamada norma individual e concreta. É assim que no plano da norma geral e abstrata visualiza-se apenas hipoteticamente a prescrição do vínculo de direito e no plano da norma individual e concreta constrói-se o fato jurídico que fará explodir, efetivamente, aquele vínculo, como se fosse um raio, e onde o juízo existente, embora condicional, deixou de ser hipotético porque o antecedente da norma aponta para um acontecimento que já se consumou no tempo.

Dá-se o fenômeno da incidência jurídica, segundo Becker, por meio de duas operações lógicas: a primeira, de *subsunção* (do evento social ao "fato" previsto no antecedente da norma geral e abstrata). A segunda, de *implicação*, pela qual se instala, automaticamente, a relação jurídica entre dois sujeitos. Entendemos – diferentemente de Becker, que defende a tão-só ocorrência do evento para que se opere a *implicação* – que essa relação se instala como conseqüência da caracterização do fato jurídico por meio do procedimento lingüístico competente, operação, esta, pelo homem realizada. Portanto, *a participação humana é imprescindível no fenômeno da incidência jurídica*, e, uma vez constituído em linguagem o fato jurídico, a incidência há de se dar, e não há meio de evitá-la. Com isso queremos dizer que no direito tributario, por exemplo, não fosse a operação humana da transcrição em linguagem competente do evento tributário ocorrido, o fenômeno da incidência jamais se daria (o que só confirma o fato de que o Direito, como ciência humana que é, realiza-se pelo homem e para o homem), ao mesmo tempo em que afirmamos a instantaneidade desse mesmo fenômeno, que ocorre inevitavelmente com a constituição lingüística do fato.[6]

Mais uma vez notamos a relevância e até a essencialidade da linguagem no mundo jurídico. Ora, se o fato jurídico só existe enquanto tal a partir do relato em linguagem competente do evento ocorrido no mundo social, significa dizer que sem o uso da linguagem para a constituição do fato jurídico não há fato para o Direito e, portanto, não há que se falar em relação jurídica. Sem o laudo pericial competente atestando a existência do cadáver e a *causa mortis* não há crime de homicídio. Sem as notas fiscais e sem os registros nos livros próprios, ou sem a conferência no ato por parte do agente fiscal competente (que venha a preencher a respectiva guia), não há circulação de mercadorias para o mundo do Direito, de forma que fica demonstrada a

4. Já disséramos, noutra passagem, que acreditamos no caráter sancionador da norma como fator preponderante na aceitação e cumprimento da mesma pelos seus destinatários.

5. Apesar de admitir que alguns estudiosos possam partir de outras premissas (que não as normas jurídicas) no estudo do Direito, acreditamos ser impossível tê-lo como objeto de conhecimento (enquanto objeto da Dogmática Jurídica) sem estudar o papel da norma jurídica no direito positivo.

6. Sobre esse assunto melhor discorreremos ao abordar a questão da "eficácia jurídica da norma".

imprescindibilidade da transcrição do evento em linguagem competente. O que queremos dizer é: sem prova (e prova é linguagem) não há fato jurídico, porque o evento já ocorreu e o real é irrepetível.[7] Somente através da linguagem se pode descrever o evento e registrar sua ocorrência, o que representa a constituição do fato jurídico.

Por tudo isso, é possível afirmar que o fenômeno da incidência jurídica resulta de um procedimento lingüístico onde o direito positivo, incidindo sobre a realidade social, faz surgir um plano específico onde essa realidade social é juridicizada (para separá-lo da não-juridicizada), ao qual denominamos plano da "facticidade jurídica", expressão proposta por Paulo de Barros Carvalho. Eis as palavras do brilhante mestre: "a linguagem do direito positivo, incidindo sobre a linguagem da realidade social, produz a linguagem da facticidade jurídica".[8]

Formalmente, diz-se isto da seguinte maneira: $(Ldp \cap Lrs) \rightarrow Lfj$.

Desse modo, quando se diz que a hipótese de incidência de um tributo descreve um "fato", como inexiste fato futuro (*fato* é forma irregular do particípio passado do verbo *fazer = feito*), na verdade está-se dizendo que a norma tributária geral e abstrata relata uma situação que, ocorrendo no mundo social, desencadeará uma obrigação (que até então ainda não é jurídica, e cuja melhor denominação provém da doutrina do professor Paulo de Barros Carvalho – *obrigação efectual*) a ser cumprida pelo sujeito passivo em favor do sujeito ativo, que ficará na dependência de uma norma individual e concreta para tornar-se jurídica.

A incidência jurídica tributária, portanto, ocorre a partir do momento em que a linguagem do direito positivo se projeta na linguagem da realidade social, e é nesta última, onde se passam os acontecimentos materiais, reais, que reside o evento. Se analisarmos com rigor, a própria realidade é uma articulação lingüística. No entanto, por uma questão metodológica, vamos partir do ponto em que o evento ocorre. Ele é o próprio acontecimento, no mundo real, a ação ou omissão que terá relevância para o Direito sempre que descrito numa hipótese de incidência de uma norma geral e abstrata. Desse modo, uma vez ocorrido, dá-se a subsunção do *conceito do fato* ao *conceito da norma* que o previu, operando-se a fenomenologia da incidência. Este é o verdadeiro processo de subsunção, afinal colocamos em relevância o fenômeno lingüístico, e se só há fato jurídico a partir do relato do evento em linguagem, é o seu conceito que sofrerá subsunção, que evidentemente só pode ocorrer perante o conceito da norma, atendendo ao rigor do nosso modelo.

O fenômeno da incidência, portanto, pressupõe dois diferentes momentos: no primeiro, uma norma anteriormente posta pelo direito positivo, com verbo(s) sempre indicando tempo futuro, geralmente no *infinitivo*, por referir-se a uma situação de possível ocorrência na faceta do mundo social a que se refere ("industrializar produtos ...", "prestar serviços ...", "matar alguém ..." etc.). É a norma geral e abstrata. Depois, ocorrido o evento no mundo fenomênico, outra norma específica irá protocolizar os dados contidos naquela primeira, inserindo-o no mundo do Direito: é a chamada norma individual e concreta. O(s) enunciado(s) que compõe(m) a primeira é (são) conotativo(s), porquanto se volta(m) para uma situação hipotética, a ser identificada por dados colhidos do ambiente social em que ocorrem e colocados na disposição normativa. Já o(s) enunciado(s) que integra(m) a estrutura da segunda tem (ou têm) caráter protocolizador, denotativo, porque descrevem uma situação concreta.

Assim, por exemplo, uma norma individual e concreta que determine que "a empresa 'W' *industrializou* produtos e por isso deve pagar IPI" é composta de um enunciado protocolar, denotativo, onde o verbo

7. Sobre provas falaremos mais adiante.

8. *Direito Tributário – Fundamentos Jurídicos da Incidência*, p. 90.

nuclear (referente à atividade tributada) está posto no tempo pretérito.

Se observarmos bem, os enunciados que *descrevem* um evento (enunciados factuais) são sempre denotativos. Se não, vejamos: "Moisés atravessou o Mar Vermelho" é um enunciado fático *verdadeiro*, dentro dos sistemas de referência cristão e judeu, pois refere-se ao mundo fenomênico das coisas. Já o enunciado "a empresa 'W' industrializou produtos e por isso deve pagar IPI" também é um enunciado denotativo, também referente ao mundo fenomênico das coisas, só que se trata de um enunciado fático *válido* no nosso sistema, decorrente de uma relação deôntica e que gera uma obrigação tributária, porque este fato é *um fato jurídico tributário*.

É dessa característica protocolizadora do enunciado da norma individual e concreta que nos ocuparemos, muito brevemente, no próximo item.

3.1 Fato como enunciado protocolar

Porque colhe elementos do mundo fenomênico e registra a alteração que nele se deu, dizemos que o fato é um enunciado protocolar (no sentido de protocolizar, identificar, destacar elementos), e assim temos o fato político, social, econômico – enfim, de qualquer natureza, inclusive jurídica. No campo do Direito o chamado fato jurídico é, em princípio, a descrição lingüística do evento ocorrido no antecedente da norma individual e concreta.[9] Em razão dessa característica protocolizadora, Paulo de Barros Carvalho[10] denomina o enunciado factual da norma individual e concreta de *denotativo*, enquanto chama de *enunciado conotativo* aquele contido na hipótese de incidência da norma geral e abstrata, vez que se projeta para o futuro, prevendo uma situação de possível ocorrência, mediante pinçamento de determinados traços ou caracteres. Ora, esses enunciados conotativos trabalham com uma certa indeterminação, vaguidade, pelo quê se fazem imprescindíveis os enunciados denotativos das normas individuais e concretas para dar-lhes dinamismo, justificando sua existência, a partir do momento em que os tornam operativos.

Enfim, no processo de construção do fato jurídico temos como ponto de partida o evento; posteriormente, o relato desse evento (fato em sentido amplo), e, numa etapa final, o fato jurídico. E, assim, podemos falar em linguagem do direito positivo incidindo sobre a linguagem da realidade social (mundo fenomênico, onde ocorrem os eventos) para produzir o fato jurídico (linguagem da facticidade jurídica).

3.2 O papel das normas gerais e abstratas na formação dos fatos jurídicos

Grande parte da doutrina considera o papel da norma geral e abstrata não só fundamental, como até mais importante do que a função à qual se presta a norma individual e concreta no sistema jurídico positivo, quanto à formação dos fatos jurídicos. Pelo menos é o que se depreende das lições daqueles que sobre este tema discorreram. Correntes consideradas tradicionais manifestam-se repetidamente a respeito da matéria, dando maior ênfase sempre à norma em abstrato, que carrega consigo, no seu antecedente, a hipótese de incidência. Para essa escola há relação jurídica com a tão-só existência de normas que prescrevam, hipoteticamente, direitos e(ou) deveres a serem observados e cumpridos pela sociedade, pois, segundo seu entendimento, essas normas contêm fatos jurídicos, lícitos ou ilícitos, cujo cumprimento ou descumprimento (conforme o caso) geram a necessidade da edição de normas individuais e concretas, que seriam meras coadjuvantes no sistema do Direito posto, que subsiste independentemente delas. Nota-se isso ainda com mais nitidez no campo do direito

9. Dizemos "em princípio" porque também é fato jurídico a relação jurídica dele decorrente (fato relacional).

10. *Direito Tributário – Fundamentos* ..., cit., p. 88.

tributario, onde juristas como Amílcar de Araújo Falcão, Ives Gandra da Silva Martins e tantos outros utilizam a expressão "fato gerador" do tributo para designar aquilo que consideram mais importante no estudo do direito tributario: o evento hipotético contido na norma geral e abstrata, demonstrando a muito maior relevância que dão ao papel dessa norma no sistema do direito positivo, do que a importância que reconhecem à norma individual e concreta nesse mesmo sistema. Porém, ainda que a abordagem do tema se dê sob o aspecto do "fato", é a norma geral e abstrata o veículo que ostenta o evento hipotético tributário; é nela que ele está previsto, e disso ninguém esquece.

Para ilustrar as assertivas acima, passamos a transcrever alguns trechos de autoria de Ives Gandra da Silva Martins, extraídos de sua obra *Teoria da Imposição Tributária*. Diz o ilustre autor: "(...), o diagnóstico do fato hipotético escolhido para incidência da exigência tributária é o elemento de *maior relevo* para a compreensão da norma, pois constitui o seu conteúdo, a sua estrutura. Dá-lhe a espinha dorsal, que a norma apenas reverte e remete para o uso relacional"[11] (grifos nossos). Considera esse autor, aqui, que é o fato *econômico* (e a essa natureza do fato o autor dá destaque) que "gera" o tributo, o ponto de partida para o estudo do direito tributario.

O autor critica o formalismo jurídico e os autores dados a tal formalismo, uma vez que, segundo ele, esses juristas "terminam por eleger, na área do direito tributário, determinados conceitos como absolutos e definitivos, à revelia do estudo do componente de maior relevância, que é o corpo coberto pela vestimenta, que pretendem analisar".[12]

E continua: "Ora, a partir desse enfoque limitado e parcial, falta-lhes a visão de conjunto que lhes permita dar a dosagem exata de relevância dos elementos econômicos suscetíveis de gerar incidência fiscal, incapazes como são de perceber que a formulação da política tributária tem maior densidade que a mera técnica de sua aplicação".[13]

Muito bem. Não vamos repetir, aqui, o valor do "formalismo jurídico" para um discurso científico que se pretenda coerente. E assim é que os adeptos da formalização do Direito não pretendem fornecer doutrinariamente conceitos definitivos, mas tãosomente conceitos lógicos e coerentes com o sistema de referência adotado. Ademais, a circunstância de não estudar o direito tributário conjuntamente com o direito financeiro e a Ciência das Finanças, como chega a propor o autor, tendo como ponto de partida nesse estudo o tal "fato econômico", não implica não reconhecer certos elementos econômicos como importantes na determinação da política tributária, mas sim submeter-se a um estudo organizado do Direito, voltado, por isso mesmo, ao aspecto *jurídico* (aliás, já nos manifestamos sobre esse problema) e consoante premissas pinçadas a partir de cortes metodológicos, como sói ser um estudo científico. Além disso, os predicados colhidos no mundo fenomênico pelo legislador para a confecção da hipótese de incidência da norma geral e abstrata não possuem natureza exclusivamente econômica, pelo menos não sempre.

Argumentos como esses servem para demonstrar a fragilidade do discurso que não se apóia num sistema de referência.

Voltamos, assim, ao nosso ponto de partida: os fatos jurídicos são constituídos por normas individuais e concretas, inspirados nos mandamentos contidos nos enunciados conotativos das normas gerais e abstratas. Em princípio, é isto. Contudo, convém destacar como são elaborados os enunciados conotativos das normas gerais e abstratas, afinal, como já dissemos, a regra geral e abstrata é o veículo que ostenta o conceito do evento hipotético ao qual há

11. Ob. cit., p. 195.
12. Idem, p. 196.
13. Idem, ibidem.

de subsumir-se o conceito do fato posto na norma individual e concreta. Para isso, usaremos as palavras do grande mestre Paulo de Barros Carvalho quando ensina que todo conceito definido é seletor de propriedades e o trabalho de seleção dos predicados que a ocorrência deve ter para fazer parte da descrição típica é de natureza axiológica.[14] Isto quer dizer que a elaboração da norma geral e abstrata pelo legislador se dá por meio de um processo seletivo de propriedades, que são captadas após uma apreciação de valores (inclusive econômicos, mas não somente – ainda que se trate de norma de natureza tributária) e que, aglutinadas, compõem a hipótese de incidência de uma norma geral e abstrata.

É de se observar, portanto, que o fato social inspirador da norma não será "transportado" para ela *in natura*, com todas as suas características. E nem seria possível tal feito, vez que o objeto dinâmico é inexaurível.[15] O legislador realmente precisa selecionar propriedades, caracteres do fato social que inspira o tipo legal, e essa tarefa ele realiza utilizando uma escala de valores. É sopesando valores sociais, morais, históricos e, inevitavelmente, valores subjetivos, somando a tudo isso o recurso à chamada "experiência colateral",[16] que o legislador selecionará os predicados do fato social em questão para colocá-los na norma, até porque toda metalinguagem é redutora da linguagem-objeto de que se ocupa, o que significa, neste caso particular, que "a linguagem do direito positivo reduz as complexidades da linguagem social que lhe serve de objeto", diz Paulo de Barros Carvalho. É esse recorte promovido no fato social que irá constituir o enunciado conotativo da norma geral e abstrata e, posteriormente, *servirá de base para a construção do fato jurídico*.

Por tudo isso podemos dizer que o Direito só subsiste e somente pode ser aplicado com a conjunção das regras gerais e abstratas e individuais e concretas. Aquelas, os enunciados conotativos, hipotético-condicionais, aos quais estas hão de se subssumir.

3.3 Fato jurídico e teoria das provas

Articular os enunciados fácticos (num sentido amplo) com os quais o direito positivo trabalha é tarefa própria de todos aqueles que operam o Direito, e aqui se incluem advogados, juízes, procuradores, promotores de justiça, auditores fiscais, fiscais de renda etc. A articulação de um fato juridicamente pressupõe o conhecimento do evento que lhe deu origem. Para isso, o operário do Direito há que se aproximar, o máximo possível, do evento em si (tendo em conta que jamais poderá tocá-lo), utilizando a linguagem competente para descrevê-lo, sempre em busca da *verdade formal*, tão conclamada no processo civil. Em verdade, não é só nessa área processual que se firma como valioso este princípio. Todos os "ramos" do Direito, inclusive o processual penal – que consagrou o denominado *princípio da verdade real* –, voltam-se para a verdade na forma em que se pode alcançá-la, ou do modo que pode ser retratada, isto é, uma verdade formal, já que, como disséramos, a verdade mesma, a realidade material do evento em si, ficou encaixotada num certo ínterim, num espaço determinado, sendo impossível atingi-la. O princípio da verdade formal marca a arti-

14. *Direito Tributário – Fundamentos* ..., cit., p. 24.

15. A Semiótica (ciência que estuda os signos e a relação destes com seus utentes), no estudo do fenômeno da percepção, faz a distinção entre objeto imediato e objeto dinâmico. O primeiro é o objeto tal qual está representado no signo. O segundo está fora do signo, é objeto natural que este último não consegue expressar inteiramente, podendo só indicá-lo, cabendo ao intérprete descobri-lo por experiência colateral, que é o recurso a outros textos, fora da área específica em questão mas a ela ligados. Assim, a Filosofia do Direito, a Sociologia Jurídica, a Psicologia do Direito e até mesmo a Lingüística fazem parte do arcabouço intelectual de que dispõe o jurista para se aproximar do objeto dinâmico, até porque o sistema jurídico positivo é um sistema sintaticamente fechado, mas aberto do ponto de vista semântico e pragmático (fechado operacionalmente, mas aberto, receptivo, para informações exteriores).

16. V. nota 15.

culação lingüística do evento, sua consignação em fato jurídico.

Judicialmente, "*provar*" significa "formar o convencimento do juiz sobre a existência ou inexistência dos fatos relevantes no processo".[17]

Pesquisando no *Grande Dicionário Brasileiro*, descobrimos que, dentre as tantas variações semânticas que possui o vocábulo, "prova", no sentido que estudamos, é:

"1. (*Filos.*) Aquilo que serve para estabelecer uma verdade por verificação ou demonstração.

"2. Aquilo que mostra ou confirma a verdade de um fato.[18]

"3. Testemunho.

"4. Indício, mostra, sinal."[19]

Para a doutrina processualista objeto da prova são os fatos da causa, isto é, cada fato alegado em juízo tem de ser provado, pois o ônus da prova cabe, em princípio, a quem alega o fato. Em direito tributario (mesmo enquanto direito material) não podia ser diferente: uma vez confeccionado inauguralmente o fato jurídico tributário por um ato administrativo próprio (o lançamento tributário), posterior alegação de irregularidade do mesmo há de ser provada, em princípio, pelo contribuinte que deseja vê-lo anulado; afinal, ônus significa "carga", e não dever (não o atendendo o interessado não sofre qualquer sanção, apenas deixa de auferir a vantagem que decorreria da produção da prova).

Os meios apontados pelo sistema jurídico positivo que permitem a articulação lingüística dos fatos são as provas. Em outras palavras, provas são segmentos de linguagem especificamente indicados pelo Direito posto para a constituição de cada fato jurídico. Quando se fala em meios de prova em juízo ou em pleito administrativo, quer-se referir os instrumentos através dos quais os fatos serão representados lingüisticamente em cada uma dessas esferas. Há meios próprios para efetuar essa representação, de acordo com a natureza do fato, e, desse modo, os meios de prova variam conforme seja necessária a utilização de um ou outro método técnico (desde que admissível pelo Direito) à apresentação e confirmação desses fatos em juízo. Assim, por exemplo, o homicídio exige como prova da materialidade do crime o laudo de exame cadavérico. A operação de circulação de mercadorias exige a prévia emissão de notas fiscais e o registro em livro próprio – ou o preenchimento da guia competente pelo fiscal: essas atividades (do contribuinte) constituem deveres instrumentais, dessa forma estipulados pelo Código Tributário pátrio (e daí se pode notar a importância do cumprimento de tais deveres). É dessa forma, através da coleta e apresentação de provas, que se vai constituindo cada fato jurídico nas diversas áreas sociais onde interage o Direito.

Alguns autores acreditam que basta ser *passível de prova* ou ter caído na *ciência de alguém*, como afirma Marcos Bernardes de Mello, para que se considere o fato como jurídico, ou, conforme suas palavras: "concretizado para os fins de incidência das normas jurídicas".[20] E, mais adiante, dá como exemplo, em respeito à circunstância de ter sido conhecido o evento por outrem, o art.141 do CC brasileiro,[21] onde, por raciocínio invertido, admite-se a prova testemunhal como única e bastante nos contratos cujo valor não seja superior a uma certa quantia legalmente prefixada (o art. 401 do CPC dá a disciplina). Ora, não basta ser o fato *passível* de prova, como não é suficiente o mero *conhecimento* do fato por alguém

17. Giuseppe Chiovenda, *Istituzioni di Diritto Processuale Civile*, 2ª ed., v. II, sez. I, Nápoles, Casa Editrice Dott. Eugenio Jovene, 1936, p. 425.

18. Esta é, para nós, uma das mais perfeitas definições encontradas para a palavra "prova", desde que se tenha em conta a acepção formal para o vocábulo "verdade" (ob. cit., v. 4).

19. Convém lembrar que "indício", em Direito, é tratado como começo de prova.

20. *Teoria* ..., cit., p. 66.

21. Marcos Bernardes de Mello, *Teoria* ..., cit., p. 67.

sem que se o registre em linguagem própria: tem de haver a prova testemunhal em juízo para comprovar o fato (no exemplo, o contrato).

Pois bem, é a partir da prova que se reconhece *juridicamente* um fato. Ao Direito não importa o fato social que não seja relatado em linguagem, e este relato se faz por meio das provas, porque prova é linguagem. Reiteramos: por mais relevante que seja um fato social, nenhum significado terá para o Direito se não transcrito em linguagem competente, porque, simplesmente, não terá sido reconhecida a sua existência. Em outras palavras, só é possível constituir fato jurídico provando a ocorrência do fato social que lhe deu origem.

No campo do direito tributario há que se destacar a importância das provas tributárias[22] colhidas para a elaboração do ato formalizador constitutivo do fato jurídico tributário e do crédito tributário: o lançamento. Evidentemente, se o ato formalizador do crédito tributário fundamenta-se em prova falsa, insuficiente, ou, ainda, se ela é malinterpretada pelo agente que o edita, será este ato viciado, passível de anulação administrativa ou judicial, conforme o caso, porque contém um erro de fato ou de direito. Sobre esse tema falaremos em item específico.

4. *Conceito e alcance do fato jurídico tributário/norma individual e concreta que o constrói*

Vimos que fato jurídico tributário, para quase toda a doutrina, é a hipótese tributária (ou "fato imponível", como querem os autores) descrita no antecedente da norma geral e abstrata. Fácil perceber que os autores confundem-no com a *fattispecie tributaria*, e chamam-no, em sua maioria, de *fato gerador*. Roque Antônio Carrazza, numa tentativa de acabar com o problema da duplicidade semântica dessa expressão, ao chamar de *fato gerador em abstrato* a hipótese tributária posta na norma geral e abstrata e *fato gerador em concreto* o fato ocorrido e relatado em linguagem no antecedente da norma individual e concreta, acaba por ingressar no campo do fato jurídico tributário, mas também não chega a reconhecê-lo como fenômeno lingüístico.

O primeiro tributarista a se aproximar do conceito de fato jurídico tributário na forma em que o concebemos foi Alfredo Augusto Becker, cujos ensinamentos, aliás, muito colaboraram para a formação deste modelo jurídico tributário.

Mas foi com Souto Maior Borges que a doutrina brasileira conheceu o fato jurídico tributário como fato constituído pelo ato administrativo tributário do lançamento. Vejamos o que ele diz: "Para a aplicação do Direito impõe-se estabelecer se concretamente ocorre um determinado fato, o fato jurídico tributário. Nisso consiste, em parte, a função concretizadora da norma individual posta pelo ato administrativo do lançamento".[23]

Entendemos por fato jurídico tributário o enunciado protocolar, denotativo, colocado no antecedente da norma individual e concreta. Protocolar e denotativo porque, a essa altura, já terá colhido os elementos específicos para a formação da relação jurídica tributária. É o resultado da transcrição lingüística do evento tributário efetivamente ocorrido no mundo fenomênico (aquele mesmo, até então de possível ocorrência, colocado na hipótese de incidência da norma geral e abstrata). Sua função lingüística, assim como a da norma geral e abstrata, é prescritiva, embora esta última seja hipotética-condicional e apenas *pretenda* alterar comportamento, enquanto aque-

22. Consideramos como prova tributária, como disséramos, os documentos fiscais (como a nota fiscal) e as inscrições nos livros comerciais, fiscais-contábeis, que são os segmentos lingüísticos que constituirão juridicamente a obrigação tributária, uma vez que, como tais, começam a relatar em linguagem o evento tributário ocorrido. Isso, porém, em nada obstaculiza, semanticamente, a utilização da expressão para designar a prova de natureza tributária produzida em juízo.

23. "Lançamento tributário", in *Tratado de Direito Tributário*, v. 4, Rio de Janeiro, Forense, p. 56.

loutra registra efetiva alteração no mundo fenomênico e, por isso mesmo, regulamenta condutas.

Falamos, assim, em *constituição* do fato jurídico tributário porque, para o nosso sistema de referência, o fato só se torna jurídico quando reportado em linguagem competente. Além disso, a norma individual e concreta é construída, montada, obedecendo ao esquema lógico-deôntico ("dado o fato 'F', então deve ser a conseqüência 'C'"), tendo como fundamento de validade a norma geral que previra, abstratamente, aquela situação ora relatada.

Seguindo essa linha de raciocínio, podemos perceber que o instante em que a norma individual e concreta ingressa no direito positivo (a data da constituição do fato) jamais coincide com a data da efetiva ocorrência do evento relatado, posto que este último é muito anterior àquele. Assim, por exemplo, se alguém presta serviço na data de hoje, o fato jurídico tributário da prestação de serviço que enseja pagamento de ISS só ocorrerá quando for constituído, pelo contribuinte, por meio do *accertamento*.[24] Urge salientar que a identificação de cada um desses dois momentos citados é imprescindível para efeito de aplicação do Direito, no seu sentido mais amplo, quer dizer, as normas de direito material que irão determinar a relação jurídica que se instala em virtude da constituição do fato serão as que estiverem em vigor *na data do evento*, incluindo-se, nesse rol, a regra-matriz de incidência. Por outro lado, as regras de estrutura que contêm os atos formais, aqueles que irão viabilizar a constituição do fato jurídico tributário, serão as que estiverem em vigor na época da edição do lançamento.

E aqui cabe, mais uma vez, lembrar a importância da linguagem no mundo jurídico: mesmo querendo pagar, o contribuinte nada pode fazer se não colocar em linguagem o evento ocorrido que gerou a necessidade de pagar tributo. É o que se passa com o lançamento por homologação, em que o sujeito passivo recolhe o valor supostamente devido através do denominado "autolançamento" – que preferimos denominar de "ato-norma de formalização do crédito tributário" –, submetendo-se a posterior chancelamento (homologação expressa ou tácita) ou, ainda, eventual discordância do Fisco. É essa consignação em linguagem que marca a elaboração do fato jurídico tributário.

Por tudo isso, dentre as funções que possui o fato jurídico tributário no sistema do direito positivo destacamos as seguintes:

a) permitir o estudo da fenomenologia da incidência tributária;

b) inaugurar a relação jurídica tributária, porque, a partir do momento em que transcreve o evento em linguagem, faz irromper o vínculo jurídico entre os sujeitos ativo e passivo da obrigação tributária;

c) identificar o momento em que nasce a obrigação jurídica tributária;

d) individualizar o sujeito passivo da obrigação tributária;

e) fixar o *quantum* devido;

f) fornecer subsídio material para, no caso de inadimplemento do tributo devido por parte do sujeito passivo, a entidade tributante efetuar a cobrança do valor devido cumulado à multa, juros etc. (o fato jurídico tributário é a razão da necessidade de se pagar tributo, e este pagamento, por sua vez, é o corolário da realização do fato jurídico tributário, cuja disposição se encontra no conseqüente da norma individual e concreta. A não-observância deste dispositivo implica a incidência de uma norma, a chamada norma secundária, de caráter sancionatório, que em tudo e por tudo depende da norma primária).

4.1 O papel da norma tributária individual e concreta na formação do fato jurídico tributário

Por tudo o que dissemos até aqui, não é difícil concluir que o papel da norma in-

24. Palavra de origem italiana que está para o direito tributário daquele país assim como o vocábulo "lançamento" está para o direito tributário brasileiro.

dividual e concreta é extremamente relevante no mundo do direito positivo e, em especial, na formação do fato jurídico tributário; afinal, a regra jurídica geral e abstrata só alcança seu inteiro teor de juridicidade se se opera a edição da norma individual e concreta,[25] e só se pode cobrar um tributo se existe uma obrigação tributária devidamente formalizada, isto é, se há uma obrigação *jurídica* tributária. Impossível imaginar um caso de incidência específica da regra-matriz numa hipótese individualizada sem a edição de ato próprio, viabilizando-a. Este ato configura a própria norma individual e concreta e pode ser produzido pela entidade tributante ou, nos casos em que a lei permite, pelo próprio contribuinte. É o denominado *lançamento tributário* ou o "ato-norma formalizador da obrigação tributária", respectivamente.

Muito bem. A edição dessa norma individualizadora se dá por meio de um ato de aplicação (da regra-matriz de incidência tributária ao caso concreto), que é "o ato mediante o qual *alguém* interpreta o preceito legal, fazendo-o incidir no caso particular e sacando, assim, a norma individual"[26] (grifamos). Esse *alguém*, como já dito, pode ser a Administração (e aí tem-se o verdadeiro lançamento, como ato administrativo que é – "o lançamento de ofício") ou o próprio sujeito passivo, a quem, no mais das vezes, cabe a atividade de apuração do débito tributário, por delegação da entidade tributante (e sob sua supervisão e controle, evidentemente). Esse controle exercido pela Administração impede que o ato de apuração de débito praticado pelo contribuinte (*autolançamento*) se torne um ato de natureza particular, pois esse *accertamento* praticado pelo sujeito passivo da obrigação tributária depende de um ato expresso (ou um silêncio) posterior da Administração para que se considere aprovado, podendo, ainda, ser rejeitado, no todo ou em parte. Por ser a última palavra (ainda que implícita) sempre da Administração, é que essa espécie de lançamento é denominada de lançamento por homologação.

Essa transferência de atividades para o contribuinte é aceita em muitos ordenamentos jurídicos alienígenas.

Não pretendemos, aqui, ingressar no problema semântico que cerca o vocábulo "lançamento", embora reconheçamos que a plurivocidade de sentidos que se lhe pode atribuir atormenta a doutrina mais atenta (o mesmo se diga com relação ao termo *accertamento* no Direito Italiano). Afinal, ingressar em divagações como essa implicaria o desenvolvimento de outros assuntos próprios do tema *lançamento tributário*.

Assim, emerge como elemento formalizador do fato jurídico tributário o "lançamento", que, numa de suas acepções, é a própria norma individual e concreta, o revestimento material do ato de aplicação da regra-matriz de incidência ao evento tributário.

4.2 Erro de fato e erro de direito na constituição do fato jurídico tributário

O problema da distinção entre o erro de fato e o erro de direito é antigo e sempre foi de difícil compreensão. Entretanto, estudando o objeto jurídico sob o prisma da linguagem, simplifica-se a questão.

Foi assim que Paulo de Barros Carvalho elaborou uma teoria – quase uma regra – através da qual torna-se fácil identificar, na norma individual e concreta, a existên-

25. Convém ressaltar que, às vezes, por não se manifestar explicitamente no texto legal, a norma geral e abstrata primária dispensa a edição da norma individual e concreta respectiva; mas, nesses casos, a norma secundária geral e abstrata é suficiente para a compreensão do mandamento legal e, como não poderia deixar de ser, requer a elaboração da norma individual e concreta para tornar efetivo o direito. Exemplo: "matar alguém: Pena – (...)" – art. 121 do CP. Trata-se de norma geral e abstrata secundária, cuja satisfação plena só se dará (independentemente da conduta homicida) quando de sua efetiva aplicação jurisdicional, com a respectiva elaboração da norma individual e concreta, que identifique e torne juridicamente possível a punição do indivíduo praticante do delito.

26. Paulo de Barros Carvalho, *Curso de Direito Tributário*, 9ª ed., São Paulo, Saraiva, 1997.

cia de um erro de fato ou de um erro de direito, assim como permite, também, discerni-los com muita tranqüilidade, de tal forma que transcrevemos, aqui, suas palavras introdutórias do tema: "o 'erro de fato' diria respeito à utilização inadequada das técnicas lingüísticas de certificação dos eventos, isto é, dos modos cabíveis de relatar-se juridicamente um acontecimento do mundo real. Seria um problema relativo às provas. Constituído juridicamente o fato, observa-se, logo em seguida, que houve engano com relação aos recursos de linguagem utilizados para a sua tipificação. Lidas as provas com mais acuidade, percebe-se que apontam para nova situação jurídica, que não aquela primeira. A conclusão será imediata: houve erro de fato".[27]

Dessas considerações concluímos que o "erro de fato" é o erro na constituição do fato. Ora, se o fato em si mesmo tem essência inacessível, sendo para o Direito mera articulação de linguagem, "erro de fato" nada mais é que o erro no emprego das ferramentas lingüísticas ao compor o enunciado.

Erro de direito na constituição do fato jurídico, por sua vez, seria, como bem observa o citado jurista, "um problema de subsunção". Ocorre toda vez que o enunciado protocolar constituído como fato jurídico busca fundamento de validade em norma diversa daquela à qual efetivamente deveria subsumir-se. Quer dizer, enquanto o erro de fato decorre de incorreta manipulação das provas, consistindo, portanto, num problema intranormativo, o erro de direito resulta de subsunção equívoca operada pelo elaborador da norma individual e concreta, que não tipifica corretamente a situação descrita, pelo quê se apresenta como um problema internormativo (entre normas).

Exemplos hipotéticos ilustrarão bem essas colocações.

Um agente fiscal da Fazenda do Estado comparece ao estabelecimento comercial "W" e, com base em certas anotações em livros comerciais, notifica a empresa para o pagamento de ICMS que supõe devido. Não havia notas fiscais que comprovassem a saída e conseqüente circulação de mercadorias, mas mesmo assim ele editou a norma individual e concreta citada. Tratar-se-á de um "erro de fato" porque a incoerência está contida na *constituição* do fato jurídico em virtude de incorreta manipulação e aplicação das provas. No exemplo dado tal erro equivaleria à assertiva, no documento competente, de que a empresa "W" realizara operação de circulação de mercadorias.

O erro de direito, por sua vez, deriva de um problema de subsunção. Admitamos, agora noutra hipótese, que a empresa "W" efetivamente tenha vendido mercadorias, que saíram do seu estabelecimento, tendo sido, inclusive, regularmente cumpridos os deveres instrumentais, como expedição de notas fiscais, registro no livro de saída de mercadorias etc. A constituição do fato jurídico do enunciado denotativo, protocolar da norma individual e concreta que tem por base essas provas, será perfeita e irrepreensível: não há que se falar em erro de fato. No entanto, suponha-se que a alíquota aplicada, posta no conseqüente daquela norma, seja a vigente em outro Estado da Federação:[28] estaremos diante de um erro de direito; afinal, a tipificação foi equivocada, pois há dissonância entre o elemento quantitativo posto na norma individual e concreta e o critério quantitativo da norma geral e abstrata que efetivamente regula aquele caso concreto (a norma geral vigente no Estado onde se efetivou a operação). Em vez de ser esta última a norma utilizada como fundamento de validade nesse caso, foi aplicada uma outra (norma estadual de outra unidade da Federação), de modo que caracterizado está o problema de equívoco na subsunção, e, portanto, a presença de um erro de direito.

27. *Direito Tributário – Fundamentos* ..., cit., p. 96.

28. Tratando-se de alíquota interna, em virtude de circulação de mercadorias dentro do Estado.

É certo que o fenômeno da subsunção da norma individual e concreta à norma geral e abstrata se dá de modo integral, sem ter em conta a bimembridade da estrutura normativa. Assim é que se admite a possibilidade de existência de um erro de direito, seja no antecedente ou no conseqüente da norma individual e concreta, quando esta apresente um descompasso em relação à regra-matriz de incidência ou mesmo a outras normas gerais e abstratas (uma outra norma jurídica tributária ou uma norma constitucional). Claro, se a regra tributária individual e concreta desrespeita um preceito constitucional conterá ela, evidentemente, um erro de direito da maior gravidade, inclusive.

Paulo de Barros Carvalho, ao discorrer de modo inédito sobre esse assunto,[29] e de cuja fonte bebericamos para transportar para o nosso estudo seus ensinamentos, oferece um resumo conclusivo dos traços diferenciadores do erro de fato e do erro de direito, que aqui transcrevemos:

"1. A linha divisória entre erro de fato e erro de direito fica bem nítida: se o desajuste de linguagem verificar-se no interior de uma única norma, seja no antecedente ou no conseqüente, teremos erro de fato.

"2. Para que se trate de erro de fato, essa norma tem que ser individual e concreta.

"3. Quando os desacertos de linguagem envolverem duas ou mais normas, sendo uma delas, obrigatoriamente, regra individual e concreta, e outra, também necessariamente, geral e abstrata, teremos erro de direito.

"4. Como particularidade das normas jurídicas tributárias, qualquer desalinho com relação à alíquota será sempre erro de direito, porquanto é esse o único fator compositivo da estrutura normativa que não pode ser encontrado *na contextura do fato jurídico tributário*. Sua consideração supõe, necessariamente, o trajeto que vai da norma geral e abstrata à norma individual e concreta."[30]

Importante ressaltar que a presença de um erro de fato ou de um erro de direito no ato do lançamento tributário pode desencadear um problema de pagamento indevido. Também nesse particular se pode perceber a importância do estudo da constituição do fato jurídico tributário, pois se ele é o ponto de partida, o detonador da relação jurídica, se nos encontrarmos diante de um pagamento que se pretenda indevido – por erro do contribuinte que se equivocou na edição do ato de apuração que lhe fora atribuída, ou por erro do órgão próprio da Administração que expediu o lançamento ou, ainda, em razão de reforma, anulação, revogação ou rescisão de decisão condenatória – é porque não terá havido, na realidade, fato jurídico, nem, conseqüentemente, relação jurídica, devendo-se desconstituir o fato notadamente mal-constituído ou declarar inexistente a *relação jurídica* sobre a qual se formou a pretensa obrigação tributária. Caso não se resolva o problema na esfera administrativa, o contribuinte dispõe das vias judiciais para reaver a quantia que pagou indevidamente. As situações que produzem direito à restituição total ou parcial dos valores pagos (conforme tenha sido integral o valor indevido ou simplesmente se trate de um valor pago a maior) vêm enumeradas no art. 165 do CTN. São elas:

"I – cobrança ou pagamento espontâneo de tributo indevido ou maior que o devido em face da legislação tributária aplicável, ou da natureza ou circunstâncias materiais do fato gerador efetivamente ocorrido;

"II – *erro na identificação do sujeito passivo, na determinação da alíquota aplicável, no cálculo do montante do dé-*

29. À época em que escrevemos este trabalho, sua obra *Direito Tributário – Fundamentos Jurídicos da Incidência* ainda não havia sido publicada, sendo que a passagem citada entre aspas não consta da 1ª edição, de 1998. Mantivemos, porém, tal citação, por entendermos extremamente didática na explicação do tema, e por ser a mesma de autoria do mencionado jurista mantivemos, também, as aspas.

30. V. nota 71.

bito ou na elaboração ou conferência de qualquer documento relativo ao pagamento;

"III – reforma, anulação, revogação ou rescisão de decisão condenatória" (grifamos).

Efetuamos grifos no inciso II exatamente para destacar a circunstância de que lançamento tributário maculado com certos erros, de fato (erro na identificação do sujeito passivo, no cálculo do montante do débito ou na elaboração ou conferência de qualquer documento relativo ao pagamento) ou de direito (erro na determinação da alíquota aplicável), pode implicar um pagamento indevido onde o contribuinte há de pleitear a devolução dos valores pagos indebitamente, seja na esfera administrativa ou em posterior procedimento judicial competente (normalmente via *ação de repetição de indébito*).

Outra nuança interessante para esse tema é a atenção à contingência de o contribuinte, quando lhe é dado o dever de apresentar perante o Fisco a apuração de seu débito tributário, sonegar informações ou alterar dados, falsificando ou omitindo provas. Obviamente, isso não pode ser considerado como erro, posto que consiste, antes, num outro defeito do ato jurídico, muito mais grave: o *dolo*, a *simulação* ou a *fraude*, conforme o caso.

ESTUDOS
&COMENTÁRIOS

A LEGALIDADE TRIBUTÁRIA HOJE

HELCÔNIO ALMEIDA
Professor de Direito Tributário da Universidade Federal da Bahia

Apesar da antigüidade secular do princípio da legalidade, sua análise teórica e as distintas possibilidades de sua concreção no direito positivo mantêm uma induvidável atualidade e interesse desde o ponto de vista técnico jurídico.[1] Os problemas de hoje estão de alguma forma relacionados com as constantes transformações do Estado em suas diversas manifestações: políticas, financeiras, econômicas etc. Não só no chamado Primeiro Mundo mas em particular no Continente latino-americano, que, na busca do desenvolvimento a qualquer custo, enfrenta uma série de problemas que costumam ser resolvidos tendo sempre em mira os fatores que determinam a eficiência do sistema capitalista, e não necessariamente as questões relativas ao princípio. A denominada "globalização" exige atitudes imediatas de todos aqueles responsáveis pela produção de normas de comportamentos sociais, inclusive jurídicas, aumentando ou diminuindo, deste modo, sua influencia na vida de todas as pessoas; e, entre estas normas, as tributárias são aquelas que afetam diretamente a vida do cidadão.

A liberdade individual, a propriedade privada, a igualdade de todos, teoricamente, diante da lei são expressões que fundamentam uma espécie de esquema teórico do pensamento que justificam a idéia do moderno poder de império do ente público. A proteção a estes valores é uma forma de dar sentido a este poder. Os tributos não podem representar uma ameaça a eles. "La propiedad privada, inviolable y libre, junto al contrato libremente formado y con valor de ley – diz Masnatta –, son las dos bases de la orden liberal."[2] E a reserva de lei representou neste tempo uma garantia para que a supremacia jurídica do Poder Público não desrespeitasse tais bases.

Modernamente haveremos de cuidar que no denominado Estado dito "Democrático", confundido com Estado de "Direito", a lei, como expressão maior da comunidade, tem sofrido, de variadas formas, profundos ataques dos denominados "doentes políticos". Vemos chefes do Poder Executivo que manobram de alguma forma o Poder Legislativo e conseguem a lei que desejam sem pensar nos direitos e nas garantias fundamentais daqueles que têm, afinal, de forma direta ou indireta, que pagar a "conta". A justiça fiscal não interessa. Deste modo, o princípio que aqui comentamos brevemente permanece repleto de imperfeições.

1. Ramón Valdés Costa, *Estudios de Derecho Tributario Latinoamericano*, Montevidéu/Uruguai, ed. Amalio Fernández, 1992, p. 9.

2. *Las Nuevas Fronteras del Contrato*, Buenos Aires, 1965.

Não é difícil observarmos que, hoje, o substrato deste princípio é outro.[3] O princípio perfila-se com características bem distintas daquelas, todavia a garantia exclusiva da liberdade e propriedade dos indivíduos permanece como objetivos fundamentais do princípio. A reserva de lei como garantia do patrimônio do indivíduo é a posição dominante na doutrina de quase todos os países, pois todos se consideram como "Estados de Direito" mesmo quando testemunhamos nos últimos tempos uma menor preocupação com a função deste princípio nos diversos sistemas tributários espalhados pelo mundo. Quando nos referimos a "Estado de Direito" é necessário que fixemos sem dúvidas a idéia que temos sobre ele. Se voltarmos à clássica formulação de Friedrich Julius Stahl, mencionado por Alberto Xavier,[4] a noção deste "Estado" e sua formulação original têm um duplo sentido, material e formal: o conteúdo material se encontra na afirmação de que a finalidade essencial do Estado consiste na realização da justiça em sua concepção de rigorosa delimitação da livre esfera dos cidadãos como prevenção contra o arbítrio do poder, e oferece, deste modo, a segurança jurídica; o conteúdo formal, por sua vez, tem basicamente a idéia de que, na realização de seus fins, o Estado deve, de forma exclusiva, fazer uso das formas jurídicas, ou seja: *a preferência da lei formal*. E conclui o mestre: "O princípio da legalidade no Estado de Direito não é, pois, a emanação de uma idéia de auto-imposição, de livre consentimento dos impostos; antes, passa a ser uma nova perspectiva, segunda a qual a lei formal é o único modo de expressão da justiça material. Dito com outras palavras: o princípio da legalidade é o instrumento – único válido no Estado de Direito – de revelação e garantia de justiça".

Não se pode deixar de mencionar que em alguns países este "Estado de Direito" é apenas uma idéia. A inflação legislativa[5] representa não um culto demasiado à "lei", mas a produção legislativa não-limitada. À lei se permite tudo, desde que na prática não regule nada. É que na legalidade – lembra Souto Maior – está todo o Direito, a legalidade tem que ser consorciada, para sua eficácia, com o ato administrativo ou judicial.

Não poderíamos falar em "Estado de Direito" sem passarmos brevemente por una pequena crítica a idéia das limitações intergovernamentais. Da forma como conhecemos, estas limitações são muito antigas e acompanham a histórica separação do Poder consagrada por Montesquieu, preocupada em preservar o cidadão da concentração e dos desvios do poder. Garrido Falla escreveu: "La construcción del Estado de Derecho que a lo largo de los dos últimos siglos parece ser – con todas sus imperfecciones – una meta alcanzada por un privi-

3. Segundo o professor Sacha Calmon Navarro Coêlho, "os governos são sustentados pelos partidos. O governo tendo a maioria no Parlamento consegue a tributação que deseja; as Administrações da União, dos Estados-membros e dos Municípios estão mais preocupadas com a obtenção dos ingressos que com a justiça fiscal e os direitos dos contribuintes; os legisladores ora são omissos, ora fazem as leis sem respeitar os princípios e *cânones* constitucionais, pois poucos são iluminados, letrados, sábios, doutores ou especialistas. São pessoas que fazem leis completas do ponto de vista técnico. Estão sujeitas aos 'lobbistas' e aos 'técnicos'. O Executivo ajuda o processo legislativo (projetos de lei) e também na tramitação (assessoramento), tem ao mesmo tempo os mecanismos de iniciativa e de legislação – decretos, medidas provisórias etc.; o Executivo integra a lei através da grande regulamentação em virtude da delegação que fazem os legisladores aos diversos órgãos da Administração Pública" (*O Controle da Constitucionalidade das Leis e do Poder de Tributar na Constituição de 1988*, Belo Horizonte/MG/Brasil, Del Rey, 1992, pp. 319-320).

4. "Der Staat soll die Bahnen und Grensen seiner Wirksamkeit wie freie Sphäre seiner Burger in der Weise des Rechts genau bestimmen und unverbrüchl sicher soll (...) der Staat dessen Zweck die Schaffung und Erhaltung eines materiell gerechten Rechtstands ist, dessen gesamte Tätigkeit in Ubereinstimmung mit der Recht erfolgt." Cf. *Die Philosophie des Rechts*, 3ª ed. II, 1856, p. 137, *apud* Alberto Xavier, *Conceito e Natureza Jurídica do Lançamento Tributário*, São Paulo, Juriscredi, p. 278).

5. José Souto Maior Borges, " A isonomia tributaria na Constituição Federal de 1988", *RDTributário* 64/14, 1994.

legiado y reducido grupo de países, ofrece curiosos elementos de reflexión acerca de aquella famosa observación psicológica de Montesquieu: 'Quien tiene el poder tiende a abusar de él'"[6-7] – acrescentamos por nossa conta: sobretudo se se opõe a reduzi-lo.

No Estado contemporâneo, seja presidencialista como o nosso ou parlamentarista como outros, o Poder Executivo se encontra hipertrofiado e prevalece em relação aos outros Poderes, restando duvidosa a eficácia da função de garantia atribuída à lei formal. Também resultaria questionável a tese clássica da reserva de lei, confirmando a necessidade de atribuir ao procedimento legislativo de criação de tributos uma função diversa – a de tutelar a propriedade dos sujeitos privados, fundamentalmente –, se cabe ao Poder Executivo a potestade de instituir disposições novas a respeito do ordenamento legislativo preexistente. Para Montesquieu a separação dos Poderes não era una teoria abstrata que se satisfizesse com a mera descrição das formas de atuar do Estado. Pelo contrário, a separação orgânica por ele concebida em sua teoria da separação dos Poderes representava uma técnica posta a serviço da contenção do Poder pelo próprio Poder. Nenhum dos órgãos poderia se desmandar ao ponto de instaurar a perseguição e o arbítrio, porque nenhum deles desfrutaria de poderes para tanto. O Poder estatal deste modo compartido seria o contrário daquele outro muito usado pelos antigos e alguns modernos e equivocados governantes, não vinculando suas ações a qualquer ordem jurídica ou colocando-se acima dela e tendo com a impunidade existente o falso amparo de um Estado que eles de forma demagógica entendem ser de Direito.

A idéia de que a lei representa a expressão máxima da vontade do povo e reflete as normas que a comunidade se dá a si mesma, através de seus representantes, permanece em alguns destes países que se consideram, como se vivessem em um "Estado de Direito", mas é somente teórica. A idéia básica de qualquer sistema jurídico-tributário é aquele em que se baseiam e encontram apoio todas as normas que configuram o ordenamento, e deveria encontrar no princípio da legalidade todo seu fundamento, pois só reservando à lei tal sustentáculo o sistema garante a primazia da vontade popular.[8] A lei constitui, deste modo, o eixo das relações entre o Poder Legislativo e o Executivo naquilo que se refere à produção de normas no *Estado de Derecho* e que persegue precisamente excluir para certas matérias a possibilidade de normatização por via distinta da legislativa.[9]

Sem embargo, não se pode imaginar no Direito dos Estados Modernos obrigações que não têm direta ou indiretamente fundamento legal. A faculdade atribuída aos representantes do povo para criar e majorar os tributos necessários à existência do Estado é a mesma que faz sobreviver o regime representativo. Na maioria dos países a cobrança de tributos ou o seu aumento sem lei que os autorize constituem uma das maiores violações ao direito, à liberdade e ao patrimônio particular de cada um dos membros deste Estados.[10]

A expressão do poder de tributar, como temos visto, oferece inicialmente uma faceta legislativa. Quer dizer, traduz-se na forma de poder legislativo e regulamentar.[11] O Poder Legislativo ao fazer a lei tributária não pode ser um simples representante

6. Montesquieu, *Del Espíritu de las Leyes*; trad. de Mercedes Blásquez Pedro de Vega, Barcelona, Altaya, 1993.

7. Fernando Garrido Falla, "Democracia y Estado de Derecho: sometimiento efectivo de todos los Poderes a la ley", *Revista de Administración Pública* 128, Madri, maio-agosto de 1992.

8. Juan José Ferrero Lapatza, "El principio de legalidad y la reserva de ley", *RDTributario* 50, 1990.

9. Fernando Sainz de Bujanda, *Lecciones de Derecho Financiero*, 9ª ed., Madri, Universidad Complutense, Facultad de Derecho, Sección de Publicaciones, 1991, p. 102.

10. Héctor Villegas, *Curso de Direito Tributário*, trad. de Roque Antônio Carrazza, São Paulo, Ed. RT, 1980, p. 86, e também Lapatza, "El principio ...", cit., p. 53.

11. Sacha Calmon Navarro Coêlho, *O Controle da Constitucionalidad* ..., cit., pp. 228 e ss.

do detentor eventual do Poder Executivo, quer seja Presidente, Governador ou Prefeito. A legalidade, como tem posto Dino Jarach, pressupõe um limite preciso ao exercício do poder de imposição , cuja titularidade está no ente público, e tal limite tem como causa maior assegurar que "as invasões do Poder Público nas riquezas particulares transitem sem desrespeito à liberdade do cidadão".[12]

Poderíamos resumir a importância deste tema lembrando que: "Entre os princípios gerais que predominam no regime representativo de governo, nenhum é tão significativo como a faculdade atribuída aos representantes do povo para criar os tributos necessários à existência do Estado. Nada exterioriza mais a posse da plena soberania que o exercício daquela faculdade, já que a livre disposição do próprio, tanto no particular como no público, é o rasgo mais saliente da liberdade civil".[13]

Reconheço que o tema tem sido objeto de vários estudos. Posso afirmar que existe uma grande produção doutrinária em quase todos os países. Que esta abundância literária sirva de estímulo aos cidadãos e em particular àqueles que operam o Direito, e nos incentive a novas descobertas e de alguma forma nos leve à reconstrução da própria teoria do princípio à luz dos dias de hoje.

Salvador, Primavera de 2000

12. *Curso Superior de Derecho Tributario*, Buenos Aires, 1969, pp. 102 e 112.

13. *Fallos* 155/290. esp. P. 297; *Fallos* 178/226; 181/268; 185/150; 195/65, 294 e 152 (*La Ley*, 1976-B); 303/245 e 1.522.

PODER, SOCIEDADE E ESTADO SOB A ÓTICA NORMATIVISTA

RAIMUNDO LUIZ DE ANDRADE
Mestre em Direito do Estado pela PUC/SP
– Doutorando na PUC/SP – Professor na Faculdade de Direito da UCSAL
na matéria Ciência Política – Professor no Curso de Especialização em Direito Tributário
realizado em Salvador pelo IBET (Instituto Brasileiro de Estudos Tributários)
e Fundação Orlando Gomes – Procurador da Fazenda do Estado da Bahia
– Membro Associado da ABDT (Academia Brasileira de Direito Tributário)

1. Introdução. 2. Poder e Estado. 3. A origem formal do poder político moderno. Constituição e Constitucionalismo. 4. O Direito como sistema jurídico (normas e princípios). Supremacia da Constituição. 5. Conclusões.

1. Introdução

O homem é, reconhecidamente, um ser biossocial. "Não há outra maneira de se conhecer o homem senão pela compreensão de sua vida e conduta."[1] O viver em comunidade entre iguais surgiu para o homem como contingência necessária e suficiente da sua descendência biológica de outro ser. Nada surge do acaso. Além disso, pela sua natureza intrínseca, a derivação se fará pela correspondente ação de dois outros seres.

Dos primórdios da Humanidade até os dias de hoje a vida social pressupõe mútuas e constantes relações de colaboração e de interdependência. No princípio a junção dos entes familiares decorria da própria necessidade de conservação da espécie. Sendo mais primitivo o grupo social, maiores os laços que unem os seus pares.

1. Ernst Cassirer, *Ensaio sobre o homem – Introdução a uma Filosofia da Cultura Humana*, p. 25.

Não obstante, o acirramento da luta pela sobrevivência, agravada por fatores externos ao indivíduo (natureza, sexual, "racionais"), bem como pela divisão do trabalho e pela aptidão e dotes físicos, possibilitou o agrupamento de indivíduos em torno de um espaço físico determinado, e sob a égide de regras de condutas estabelecedoras de deveres de colaboração na obra comum ou de abstenção dos atos nocivos aos interesses gerais.[2]

Em verdade, nas sociedades primitivas os bens pertenciam a todos, verificando-se aquilo que Jhering chamou de "comunhão democrática de interesses".[3] A luta desenvolvia-se entre o homem contra a natureza e a sua dominação natural.

2. Marcello Caetano, *Manual de Ciência Política e Direito Constitucional*, p.4.
3. Rudolf von Jhering. *L'Esprit du Droit Romain dans les Diverses Phases de son Developpement*, p. 204.

O surgimento da propriedade privada e sua cada vez mais crescente forma de apropriação fomentaram as primeiras formas de dominação, alcançando todos aqueles que se relacionassem com a coisa apropriada. Cita-se, por excelência, nesta fase, o domínio da propriedade territorial.

Comentando acerca do surgimento da propriedade, diz o professor italiano Luciano Gruppi que:

"A propriedade privada surge da caça, quando nasce a criação do gado. Eis que o caçador se torna proprietário de rebanhos, e quem exerce a caça é o homem. Já existia na tribo essa divisão elementar do trabalho, pela qual a caça era atribuição prevalente de homens.

"Com a formação da propriedade privada, afirma-se também a descendência por linha paterna ou patriarcado; a sucessão da herança é de pai para filho. Começa nessa época a subordinação da mulher (...) com o termo latino *familia* entendia-se a propriedade: os escravos, o gado, a propriedade em seu conjunto. O *pater familias* tinha autoridade absoluta sobre a vida dos filhos e da mulher, além da dos escravos."[4]

Esta inovação nas relações sociais de então favoreceu o surgimento de um poder, o primeiro, externo à sociedade. Como era de se esperar, tal poder, para sua própria subsistência, assumiu feição de poder político. O instrumental de que este poder se utilizava seria o Estado de hoje, unidade política instrumental encarregada de manter a dominação.

Engels, citado por Luciano Gruppi em dissertação sobre as posições do ideólogo marxista acerca do Estado desenvolvidas em sua aclamada obra *A Origem da Família, da Propriedade privada e do Estado*, afirma que o Estado "nasceu da necessidade de refrear os antagonismos de classes mas, contemporaneamente, nasceu no meio do conflito dessas classes; por isso é, via de regra, o Estado da classe mais poderosa, economicamente dominante, que através dele se torna dominante também politicamente e adquire assim um novo instrumento para manter subjugada a classe oprimida e para explorá-la".[5] Nesta concepção o Estado é estudado pela sua função principal, que é a de regulamentar juridicamente a luta de classes e de manter a correlação de forças então existentes para que a luta não represente o fim do próprio Estado.

Dessa forma, o homem, primitivamente socialista, depara-se com toda sorte de opressão política e social, além daquela proporcionada pelos elementos da natureza. A história do homem, desde então, nada mais foi do que a luta e o desejo de se libertar da tirania.

A diretriz é clara. O ser humano resulta da combinação indivíduo/sociedade, com desordens, incertezas e mitos, na ambigüidade permanente da sua complementaridade e concorrência e – por que não dizer? – dos seus antagonismos. A hipercomplexidade da relação homem/natureza/homem levou o filósofo Francês Edgar Morin a propugnar por uma nova concepção antropológica: "O que está hoje a morrer não é a noção do homem, mas sim a noção insular do homem, separado da natureza e da sua própria natureza: o que deve morrer é a auto-idolatria do homem, a maravilhar-se com a imagem pretensiosa da sua própria racionalidade. (...). A antropologia fundamental deve rejeitar toda a definição que faça do homem uma entidade tanto supra-animal (a *vulgata* antropológica), como estritamente animal (a nova *vulgata* pop-biológica); ela deve reconhecer o homem como ser vivo, e para o distinguir dos outros vivos deve ultrapassar a alternativa ontológica natureza/cultura".[6]

4. *Tudo Começou com Maquiavel. As Concepções de Estado em Marx, Engels, Lênin e Gramsci*, p. 29.

5. Ob. cit., p. 31.

6. *O Paradigma Perdido – A Natureza Humana*, p. 193.

Com efeito, o evoluir da Humanidade e a crescente complexidade da vida social começam a requerer uma maior quantidade de decisões por parte dos poderes existentes. Neste ponto da evolução humana, da qual a época medieval é o exemplo mais lapidar, o poder encontrava-se pulverizado por uma gama infinita de instituições – igreja, corporações de ofícios, ordens e cidades.

Assim sendo, torna-se coerente a concentração do poder como única fórmula capaz de subsistência da própria sociedade/comunidade, e como meio expedito de atingimento dos seus fins institucionais.

A convergência do mando em uma única autoridade ou órgão evita a dispersão de forças e os intermináveis conflitos de comandos que indubitavelmente se seguiriam.

Eis que surge, então, o poder monárquico, estribado em condições históricas, sociais e econômicas precedentes.

O Estado Moderno surge sobre as ruínas do Feudalismo, tendo por alicerce o desenvolvimento da economia mercantil e a libertação da sociedade e da comunidade civil do domínio da igreja, assentando-se na concentração do poder nas mãos do príncipe e no despertar da consciência humana (povo), que permitiu encontrar um fundamento e um fim despersonalizados para o poder. Isto posto, segue por necessário que o Estado depende, para sua existência, de haver povo, território e governo (poder de se auto-organizar). Contudo, a práxis tem demonstrado que o elemento integrativo do conceito de Estado, chamado de território, "não é um elemento componente, integrante do próprio Estado, no sentido de exprimir-lhe a essência".[7]

2. *Poder e Estado*

O conceito de Estado encontra-se arrimado no conceito de poder – possibilidade de incontrastável de impor aos outros o respeito da própria conduta ou de tracejar a conduta alheia, donde é extraído o conceito de Poder Social, como sendo a autoridade reconhecida por um grupo, órgão de uma sociedade, para estabelecer normas reguladoras da conduta dos seus integrantes. Normas, estas, obrigatórias para todos, sob pena de o desobediente ser compelido a acatá-las ou a sofrer determinado castigo.

O exercício do poder possui diversas facetas, podendo ser exercido por toda a comunidade ou por algum ou alguns dos seus membros – representação. Em suma, o poder nada mais é do que um definidor de normas de conduta dos indivíduos nas suas relações interpessoais ou com a própria comunidade, fazendo valer estas normas na aplicação de sanções aos faltosos. Entretanto, os interesses temporais e parciais dos indivíduos cederam lugar aos interesses globais, gerais, sobrepostos a todos os outros e que importam a própria continuidade da comunidade: a *res publica*.

Todavia, a compreensão do fenômeno do poder evoluiu no sentido de teóricos do porte de Niklas Luhmann afirmarem, com base em estudos sociológicos e da pragmática da comunicação, que "a causalidade do poder consiste na neutralização da vontade, embora não necessariamente na ruptura da vontade do subalterno. Ela o atinge também e justamente quando este quer agir no mesmo sentido e vem a saber que teria de agir assim de qualquer modo. A função do poder consiste na regulação da contingência".[8]

Atento a esta particularidade é que Paulo Bonavides afirma que o poder político busca sua base de apoio menos na força do que na competência, menos na coerção do que no consentimento dos governados, convertendo-se, então, num poder de direito.[9]

Retomando, para alguns, a origem do poder lastreia-se no caráter racional e

7. Celso Bastos, *Curso de Direito Constitucional*, pp. 10-11. O autor desenvolve, citando Jorge Miranda e Paolo Barile, a teoria da existência de comunidades soberanas desprendidas do elemento "território".

8. Niklas Luhmann, *Poder*, p. 11.

9. *Ciência Política*, pp. 117 e ss..

voluntarista da sociedade política – contrato social. Todavia, a teoria organicista de origem aristotélica e platônica, até os ensinamentos de Rousseau, cedeu lugar à teoria mecanicista de sociedade, propugnando que, apesar da "índole racional e voluntária, não implica necessariamente a idéia de acordo de vontades de todos os seus membros. O pacto de união ou contrato social são hipóteses explicativas, são expressões figurativas, e não realidades históricas".[10]

Independente das especulações filosóficas, o Estado existe como entidade autônoma e institucionalizada, possuindo poder e fazendo-se valer através do Direito posto, ademais, quando os indivíduos pertencem-lhe, independentemente de sua vontade, quer pelo nascimento no território, quer pelos laços de sangue que os ligam a uma família nele integrada.

O traço característico por excelência do Estado é a exclusividade do uso dos meios coercitivos para fazer valer sua autoridade. É certo que mesmo nos Estados Modernos algum poder de coação é atribuído às sociedades civis, porém de forma regrada, dentro dos estritos limites rigorosamente traçados.

A formação do Estado Moderno traz não só a monopolização da força – poder monista –, mas sobretudo faculdade atribuída ao ente público de criar o Direito. O Estado não se contenta em concorrer para esta criação, ensina o insuperável Norberto Bobbio, "mas quer ser o único a estabelecer o Direito, ou diretamente através da lei, ou indiretamente através do reconhecimento e controle das normas de formação consuetudinária. Assiste-se – continua o mestre italiano – ao denominado processo de monopolização da produção jurídica por parte do Estado".[11]

É forçoso aduzir que nem sempre o Direito e o Estado andaram amasiados. Por longo período o Direito não era posto pelo Estado, e sim pela sociedade civil, a exemplo das normas consuetudinárias, restando-lhe, apenas, de vez em quando, naquele ocaso da história, o papel de dirimir as controvérsias, onde o juiz tinha a incumbência de fixar, de quando em quando, a regra a ser aplicada.

O poder político, hodiernamente, é aquele exercido pelo Estado e no Estado. O Direito assumiu, assim, papel decisivo na constituição do Estado, particularmente pela sua personificação ou positivação, para, afinal, submeter o Estado e o próprio poder, mais severamente, às regras do próprio Direito.

Partindo da teoria do discurso e do agir comunicativo, modernamente, Habermas assevera que "o Direito constitui o poder político e vice-versa; isso cria entre ambos um nexo que abre e perpetua a possibilidade latente de uma instrumentalização do Direito para o emprego estratégico do poder. A idéia do Estado de Direito exige em contrapartida uma organização do poder público que o obriga o poder político, constituído conforme o Direito, a se legitimar, por seu turno, pelo Direito legitimamente instituído. É verdade – continua o filósofo alemão – que o código do Direito e o código do poder precisam completar-se mutuamente, para que possam preencher suas respectivas funções".[12]

O fim das antinomias entre o Direito Comum e o Direito Estatal representado pelas codificações (apesar de alguns estudiosos, com razão, enxergarem o seu primórdio nas codificações justinianas) data do final do século XVIII e princípio do século XIX, através das quais o Direito Comum (das gentes) foi absorvido totalmente pelo Direito Estatal.

Neste sentido é que Jean-Yves Calvez, citado por Bonavides, conclui que o "Estado é generalização da sujeição do poder ao Direito: por uma certa despersonaliza-

10. Marcello Caetano, *Manual de Ciência Política*, p. 8; e Paulo Bonavides, *Ciência Política*, p. 56.

11. *O Positivismo Jurídico. Lições de Filosofia do Direito*, p. 27.

12. Jürgen Habermas, *Direito e Democracia – Entre Facticidade e Validade*, pp. 211-212.

ção".[13] O que de fato irá ocorrer de maneira mais efetiva com o advento do Constitucionalismo e a idéia ou conceito de soberania.

Aqui chegando, resta dizer, com apoio nas lições de Kelsen, que "o fenômeno do poder político manifesta-se no fato de as normas que regulam o uso desses instrumentos se tornarem eficazes. O poder não é prisões e cadeiras elétricas, metralhadoras e canhões; o poder não é algum tipo de substância ou entidade por trás da ordem social. O poder político é a eficácia da ordem coercitiva reconhecida como Direito. Descrever o Estado como o poder por trás do Direito é incorreto, já que sugere a existência de duas entidades distintas onde existe apenas uma: a ordem jurídica".[14]

Portanto, buscando a construção de uma explicação científica do objeto que buscamos conhecer e diante dos primados do conhecimento dito científico (avaloratividade, verificabilidade ou refutabilidade e uso da explicação causal), opta-se, no presente estudo, pelo método sistemático normativo compreensivo, sem que isso implique desconhecer os aspectos filosóficos, sociológicos e políticos, éticos e morais, que assume o poder, e a sua redução lógica: o Estado.

De certo, formula com propriedade o professor Lourival Vilanova que "os problemas do Estado são formuláveis como problemas jurídicos, visto que a juridicidade é nota essencial e diferenciadora e caracterizadora do Estado (...). Se as ciências biológicas, psicológicas e sociológicas tiravam a substantividade ou a razão de ser de uma Ciência do Direito, com problemas e métodos próprios, o pensamento ético-político e as ideologias comprometiam a objetividade e neutralidade valorativa dessa Ciência do Direito".[15]

13. *Ciência Política*, p. 64.

14. *Teoria Geral do Direito e do Estado*, p. 192.

15. *O Problema do Objeto da Teoria Geral do Estado*, p. 180.

3. A origem formal do poder político moderno. Constituição e Constitucionalismo

Atribuindo-se a origem da sociedade ao contrato social ou não (organicismo *x* mecanicismo), repousa como verdadeira a assertiva, aqui ou alhures, de que a sociedade é, em última análise, a fonte do Direito. Assim posto, há direitos políticos e individuais da pessoa humana, cuja sociedade/comunidade se obriga a garanti-los, protegendo-os contra qualquer arbítrio. "O Direito não é produto único e exclusivo do Estado: a este cabe somente a função de declará-lo, jamais de produzo-lo" – asseverava Oswaldo Aranha Bandeira de Mello.[16] Contudo, a vivência constitucional dos povos tem-nos ensinado que ao Estado racional Moderno incumbe tracejar as regras sobre as quais se deve dar o jogo político, bem como estabelecer, racionalmente ou programaticamente, disposições normativas tendentes a conduzir a sociedade a um fim racionalmente previsto, desejado ou necessário para o desenvolvimento social (teoria voluntarista).

Portanto, da supremacia e aglutinação da autoridade em um único órgão surge o Estado criado pelo poder social.

Isto posto, toda comunidade ou sociedade possui uma norma fundante ou pacto, no sentido de conjunto de regras delimitadoras dos direitos e deveres comuns. Tais regras são basilares na conformação e atribuição dos detentores do poder, forma de exercício do mesmo, alternância de cargos, funções e órgãos instrumentais das decisões políticas etc. A rigor, é verdadeiro afirmar-se que "qualquer Estado, seja qual for o tipo histórico a que se reconduza, tem Constituição, na medida em que necessariamente se acompanha de uma institucionalização jurídica do poder".[17]

Um dos marcos característicos do Estado é a regulamentação em termos jurídi-

16. *Teoria das Constituições Rígidas*, p. 23.

17. Jorge Miranda, *Manual de Direito Constitucional*, t. II, p. 7.

cos dos fatores reais de poder, representados por um conjunto de normas fundamentais em que se assenta todo o seu ordenamento.

Por certo, o vocábulo "constituição" presta-se a inúmeros significados, tais como: essência de alguma coisa; ato de estabelecer, criar, temperamento, organizar, ato de formar etc. A Constituição de um Estado pode e deve ser considerada como a sua lei fundamental, significando, no conceito abalizado do professor José Afonso da Silva, "um sistema de normas jurídicas escritas ou costumeiras, que regulam a forma do Estado, a forma de seu governo, o modo de aquisição e exercício do poder, o estabelecimento de seus órgãos e os limites de sua ação".[18]

No conceito de Constituição contemporânea, no sentido do conjunto de regras jurídicas definidoras das relações de poder, limitadoras da ação dos governantes e de legitimação ou de funcionalidade dos atos do Estado, existe um lapso temporal engendrado pela história, correspondente aos primórdios da sociedade e no século XVIII.

Com efeito, apesar de alguns doutrinadores citarem como precedentes a Constituição de Cronwell em 1953 na Inglaterra – *Instrument of Government* – e as Constituições da Grécia e Atenas, em verdade, foi nas Colônias da Inglaterra na América, em 1776 – Declaração de Virgínia, posteriormente substituída pela Constituição da República Federativa de 1787 e 1789 – que as idéias de Locke, Rousseau e Montesquieu grassaram a forma de um instrumento jurídico próprio, daí surgindo as Constituições francesas pós-revolução.

A idéia de configurar em um único texto escrito todas as funções e limites do poder político promana de uma lenta e gradual tensão entre o conceito da legitimação dos governantes, ou seja, da origem do poder e da sua titularidade. O racionalismo francês, primeiramente abraçado pela Carta Magna Americana, e só após efetivado na sua terra pátria, consubstancia a tensão existente entre o direito constitucional inglês de cunho costumeiro e histórico e as idéias jurídicas continentais da superioridade de uma lei fundamental escrita.

Como premissa, firmamos que é inevitável o poder político. Sendo assim, urge saber por que existem governantes e governados, para daí podermos inferir a sua essência (poder político).

Para responder à indagação proposta é necessário retroceder no tempo e constatar que na sociedade antiga e medieval o poder encontrava sua justificação e titularidade no teocentrismo, ou seja, a titularidade do poder repousava na divindade, admitindo-se a participação de Deus no governo dos povos, não de forma direta como acontecia no Egito dos faraós. Acresça-se que o Cristianismo teve papel importante quanto à legitimidade do poder. Sobre esta particularidade formaram-se duas correntes: a do Direito Divino sobrenatural e a do Direito Divino providencial. A primeira corresponde à escolha dos governantes feita diretamente por Deus, baseada em revelações. A última diz respeito à interveniência de Deus na escolha dos dirigentes políticos, de forma extraordinária e esporádica – o milagre. Deus criou a natureza e as suas leis, pelas quais a sua providência atende à harmonia das coisas e às necessidades dos homens. Portanto, a instituição dos governantes obedecia inexoravelmente a essa ordem providencial. O governante eleito recebia o poder em razão do seu estado de rei, de nobre etc.

As lutas desenvolvidas entre a igreja e os reis e entre a própria religião na Idade Média criaram as condições materiais e filosóficas para o surgimento de doutrinas que conclamavam a supremacia do poder político na coletividade organizada, e não no conjunto de indivíduos. O fundamento jurídico da autoridade política, conforme a doutrina de Marcello Caetano, "residia num contrato de submissão pelo qual o povo

18. *Curso de Direito Constitucional Positivo.*, p. 8.

voluntariamente instituía o poder que o regesse"[19] (base contratualista).

A máxima podia assim ser reduzida: "Fora o povo quem, mediante uma lei, conferiu o seu poder e autoridade aos governantes: mesmo que o governante tivesse conquistado o poder, só o consentimento popular expresso ou tácito podia legitimá-lo". A transferência do poder, então, poderia se dar de forma irrevogável ou definitiva para o governante que o exerceria por direito próprio, ou então o poder era concedido ao príncipe só para o uso ou exercício do mesmo, permanecendo, assim, o povo como detentor do poder, na qualidade de superior ao próprio governante.

O acirramento das lutas religiosas entre protestantes e católicos, especialmente em França, e a luta pura e simples pelo poder político entre os reis e o Papa e a revolta, ainda que incipiente, das populações oprimidas de então fermentaram e alargaram, nos séculos XVI e XVII, as idéias da origem popular do poder no seu aspecto inalienável. Atribui-se ao Padre jesuíta Mariano não só a defesa da intransferibilidade do poder, como também a punição dos seus detentores que extrapolassem este mesmo poder concedido.

Mas foi o jurista e professor de Coimbra Francisco Suarez quem melhor delineou em bases sólidas a titularidade do povo em relação ao poder político: "Os homens nascem livres, assim nenhum dos homens pode arrogar-se de domínio sobre os outros, e nem Deus conferiu a qualquer homem o poder de mando sobre os demais. Portanto, o poder pertence à generalidade dos homens".

Insistindo na teoria de que o poder reside no povo enquanto entidade organizada, Suarez e as idéias dominantes da sua época possibilitaram o surgimento dos órgãos representativos na sociedade daquele período (clero, nobreza e "povo"), como superiores aos reis.

19. *Manual de Ciência Política e Direito Constitucional*, p. 259.

Foi Rousseau, continuando as idéias de Locke, quem melhor sistematizou, com cunho de definitividade, os ensinamentos do fundamento último do poder popular inalienável. "O Homem nasce livre, e por toda a parte encontra-se a ferros. O que se crê senhor dos demais não deixa de ser mais escravo do que eles."[20]

Porém, os obstáculos da natureza não lhe permitiram que ele continuasse isolado, em estado de natureza. Assim, para a perpetuação das espécies, os seres humanos resolveram formar a sociedade política, calcada na liberdade de cada um (contrato social). Essa associação voluntária implica a abdicação do indivíduo em benefício do social, o que assegurava a liberdade individual, vez que é uma obrigação igual para todos. A associação criou o Estado, corpo político ou república, em que todos devem diretamente participar das decisões.

O professor Dick Howard, da Universidade de Virgínia (EUA), com sugestiva síntese, resumiu em um parágrafo aquilo que o carrilhão da História levou séculos para fazê-lo. Vejamos: "Ao longo de toda Idade Média o Direito Natural se constituía essencialmente numa visão teológica do mundo. Nos séculos XVI e XVII, especialmente na Europa Ocidental, o Direito Natural absorveu uma certa característica de direitos naturais individuais. Evoluiu de uma visão orgânica do mundo para uma visão individualista baseada nos direitos do indivíduo. Evoluiu no sentido de se tornar mais secular, divorciou-se mais da Teologia em comparação com os tempos de São Tomás de Aquino e outros grandes pensadores da igreja".[21]

O Direito Natural veio, assim, a se constituir em fator de aliado dos constituin-

20. Jean-Jacques Rosseau, *Do Contrato Social*, p. 28.

21. "Por que uma Constituição?", separata de conferência realizada no Seminário Brasil/Estados Unidos sobre Constituinte, Rio de Janeiro, dezembro de 1986, *RDP* 85/198-203, janeiro-março de 1988.

tes da nação americana. Sem dúvida, um dos mais influentes destes pensadores foi John Locke, esse grande filósofo inglês que, de várias maneiras, reuniu em seus escritos o espírito da revolução "gloriosa" da Inglaterra do século XVII.

Locke via a ordem social como um produto de um contrato social, um acordo, uma teoria de consenso, segundo a qual aqueles que viviam na sociedade civil consentiram em ser parte daquela sociedade sob aquela ordem. Parte dessa teoria do consentimento comportava a noção de governo limitado e a idéia de que haveria uma separação de poderes entre os componentes do Legislativo, Executivo e Judiciário.[22]

Ínsito ao desenvolvimento das idéias iluministas, subjacente, está o conceito de Constituição como o "ato pelo qual um povo se dá uma organização, tendo adquirido uma convicção jurídica da necessidade e exercendo por si poderes de soberania".[23]

Na idéia de Constituição passa a prevalecer o sentido de organização ou estrutura unitária essencial da sociedade civil e do Estado, a partir de determinados princípios ou parâmetros postos na base do sistema de normas diretoras de determinada convivência.

Fica evidente, outrossim, que da noção de pacto fundante da sociedade, o conceito de Constituição, sob o jugo benéfico do Constitucionalismo, alarga-se para abarcar fundamentalmente a proteção que se conquista em favor dos indivíduos, dos homens-cidadãos (Constituição como instrumento em oposição à visão institucional do conceito de Constituição da época anterior ao Constitucionalismo).

Na sua plenitude, a Constituição querida inicialmente pelo Constitucionalismo é a material, indo além daquela que regulamentava juridicamente a atividade do Estado. Constituição material é, na doutrina de Jorge Miranda, "o conjunto de regras que encerram o estatuto do Estado e o da sociedade perante o Estado, cingindo o poder político a normas tão preciosas e tão minuciosas como aquelas que versam sobre quaisquer outras instituições ou entidades".[24]

A rigor, o movimento constitucional não olvidou a importância da superioridade hierárquica da Constituição. Isto só ocorreria efetivamente *a posteriori*; porém, a validade da classificação material da Constituição possibilitou tal consistência e forma, como que a preparar o terreno para o entendimento da Constituição no seu sentido formal, vinculado obrigatoriamente à Constituição material. Asseveramos que os países com Constituição material são também países de Constituição formal.

A única exceção é a Inglaterra, que seguiu processo histórico diverso. Portanto, por Constituição formal entende-se o modo particular de expressão da Constituição material de forma escrita em um único documento racionalmente projetado, onde se apóiam todas as pretensões do Direito da comunidade.

4. O Direito como sistema jurídico (normas e princípios). Supremacia da Constituição

A supremacia da Constituição, aparentemente, poderá ser explicada através do conceito que o cientista do Direito adote nas suas formulações dogmáticas. Conceituada materialmente, a supremacia resultará, como afirmava Georges Burdeau, do fato de que a ordem jurídica repousa sobre ela, nela se origina e só nela obtém o seu fundamento de validade. Do fato de ser a Constituição a organizada das competências resulta sua superioridade material; criando, assim, competências, ela é necessariamente superior às autoridades nestas investidas.

Formalmente conceituada, a supremacia constitucional promana da sua rigidez

22. Idem, *RDP* 85/199.

23. Jorge Miranda, *Manual de Direito Constitucional*, t. II, p. 18.

24. Jorge Miranda, *Manual de Direito Constitucional*, t. II, p. 16.

jurídica, ou seja, do modo mais solene previsto para a sua reforma ou revisão; da distinção entre normas – leis constitucionais e/ou leis ordinárias. A imutabilidade relativa ou o grau de estabilidade das regras constitucionais fomentam o conceito de rigidez constitucional.

Do conceito de Constituição formal segue-se o texto escrito e rígido. Rigidez, conforme usaremos, significará imutabilidade da Constituição por processos ordinários da elaboração legislativa. Portanto, só as Constituições escritas entrariam nessa conceituação.

A Constituição que buscamos estudar, tendo em vista a análise proposta neste trabalho, diz respeito, por decorrência lógica, ao sistema de normas jurídicas que regulamenta o poder, e em cujo ápice encontra-se a Lei Maior, enquanto norma superior da sociedade política, porém jamais desvinculada da realidade social ou vazia de conteúdo axiológico. Analisá-la-emos como uma estrutura em conexão de sentido, envolvendo-a num conjunto de valores positivados que a sociedade almeja ver implementados.

Quer se adote um sentido sociológico, político ou jurídico de Constituição, o Direito fundamental de uma sociedade política vai muito além dos debates filosóficos e metodológicos propostos pela doutrina.

Em verdade, no sentido sociológico de Constituição de Ferdinand Lassalle (a soma dos fatores reais de poder que vigoram em determinado País) abstraído restaria o produto da razão humana, como conquista do movimento constitucionalista.

Em sentido político, do qual Carl Schmitt é o expoente máximo, a Constituição é considerada como decisão política fundamental e concreta do modo e forma de existência da unidade política. Desse modo, a Constituição não se dá a si mesma, mas vale em virtude da vontade política existencial do poder (constituinte). A essência da Constituição se encontra não na norma, mas na decisão política do titular do poder constituinte. Este conceito serviria tanto para as democracias como para os regimes autoritários, além de desprezar a idéia da norma, enquanto entidade autônoma, e como veículo de uma vontade consciente do atingimento de fins racionais previamente propostos.

Já em sentido jurídico a Constituição, considerada como norma, assume a feição de um "complexo normativo estabelecido de uma só vez, na qual, de uma maneira total, exaustiva e sistemática, se estabelecem as funções fundamentais do Estado e se regulam os órgãos, o âmbito de suas competências e as relações entre eles".[25]

A Constituição é a norma fundamental de organização do Estado e da vida jurídica do país. Nessa visão, acrescida pelos estudos do genial Hans Kelsen, a Constituição é considerada como norma pura. O Direito é o Direito posto, o positivo, não cabendo qualquer tentativa de fundamentá-lo em posições filosóficas, políticas e sociológicas. O que ocorre antes da Constituição é assunto metajurídico, não competindo ao jurista estudá-lo.

Para Kelsen a Constituição possuirá dois sentidos: a) lógico-jurídico – norma fundamental hipotética, servindo de fundamento para a Constituição positiva; b) jurídico-positivo – equivalendo a norma positiva suprema, que serve de validade, regulação e criação de outras normas.

Nesta última asserção o conceito de Constituição encontra-se dissociado do mundo fático e histórico em que se encontra inserido; resume-se a uma operação lógica.

Todavia, o Direito não pode ser reduzido a pura norma, mas, como ensina García-Pelayo, "à síntese da tensão entre norma e realidade com que se defronta",[26] o que vem ao encontro da teoria semiótica. É nesse sentido que José Joaquim Gomes

25. García-Pelayo, *apud* José Afonso da Silva, *Aplicabilidade das Normas Constitucionais*, p. 18.

26. Idem, ibidem, p. 20.

Canotilho concebe a Constituição como Lei Fundamental, porém aberta e temporalmente adequada, não como Constituição técnica, mas como Constituição produto de um consenso, compromisso e tensão, sendo resultante do jogo político e dependente da conciliação da norma e do fato social. Assim a Constituição há de ser concebida sob a visão normativa, porém relativizada na sua conexão com a realidade social. "Cuida-se de um complexo, não de partes que se adicionam ou que se somam, mas de elementos e membros que se enlaçam num todo unitário" – ensina o professor José Afonso Silva.[27]

A vida social influencia de maneira decisiva a vontade dos constituintes e legisladores ordinários.

Ora, a adoção do método positivista do Direito como forma de apreender e conhecer o fenômeno jurídico não implica obrigatoriamente acatamento da ideologia do Positivismo.

Sobre o método, diz Norberto Bobbio que ele "não é senão um meio para atingir um determinado fim, e, portanto, trata-se de avaliar se tal meio é idôneo para atingir o fim em questão, e saber avaliar precisamente a conveniência do próprio meio".[28]

Na Ciência Jurídica o método positivista é o método científico de conhecimento desse ramo do saber, sendo, portanto, basilar a sua adoção por todos aqueles que querem fazer Ciência (descrição avaliatória da realidade) Jurídica ou Teoria do Direito, pois assim não procedendo o estudioso do Direito estará entrando em campo da Filosofia ou da Sociologia Jurídica.

Neste sentir prelecionou o jusfilósofo recifense Lourival Vilanova: "Com o esquema lógico da causalidade normativa, no qual o efeito é deonticamente vinculado à causa (ao fato jurídico), *não poderemos sair do sistema* para correlatar fatos econômicos e normas ou instituições jurídicas; fatos religiosos e textos legislativos; fatos demográficos, geopolíticos e decisões judiciárias, mobilidade social vertical ou horizontal e validade (legalidade, constitucionalidade) dos atos administrativos; macrossociologia ou microssociologia dos grupos e validez de uma resolução legislativa, de um decreto legislativo, de um decreto-lei ou de uma lei de reforma constitucional".[29]

Em regra, podemos falar que a visão do Direito como um todo unitário é obra de Positivismo Jurídico, pois antes do seu desenvolvimento faltava ao pensamento jurídico método específico de estudo do Direito, considerado a partir de então não como norma singular ou como um acervo de normas singulares, mas como entidade unitária, constituída pelo conjunto sistemático de todas as normas. Foi Kelsen o responsável pela visão unitária do Direito, representado pelos seus caracteres essenciais de unidade, coerência e completude.

O Direito constitui-se numa unidade porque suas normas são postas pela mesma autoridade, podendo, assim, todas ser reconduzidas à mesma fonte originária constituída pelo poder legitimado para criar o Direito, ou seja, a hierarquização das suas fontes (do Direito), chegando ao final na norma hipotética fundamental, premissa lógica necessária para o fechamento do sistema jurídico.

Na coerência do sistema ou do ordenamento jurídico reside a negativa de existência de antinomias entre normas e a completude encontra-se na plenitude de regramento do sistema, e não na existência de situações não normadas pelo Direito posto.

Assim, faz-se mister dizer que as normas jurídicas de maior relevância encontram-se na Constituição. As normas componentes de um dado ordenamento jurídico apresentam-se dispostas segundo uma hierarquia, formando, numa linguagem metafórica, uma pirâmide, em que a Constituição está no ápice e as demais normas, que vêm logo abaixo, apresentam-se subor-

27. *Aplicabilidade das Normas Constitucionais*, p.22.

28. *O Positivismo Jurídico*, p. 237.

29. *Causalidade e Relação no Direito*, p. 18.

dinadas, sendo que as individuais e concretas ocupam a base da pirâmide.

Esta reunião de todos os textos legais de direito positivo forma um conjunto integrado por elementos que se inter-relacionam, formando um sistema, numa relação de coordenação e subordinação – hierarquia.

A criação mental, lógica, e o caráter orgânico das realidades componentes do mundo que nos cerca aguçaram a mente privilegiada do mestre Geraldo Ataliba, que, doutrinando em torno do conceito de sistema, dizia- nos que tudo isso conduz o homem a abordar as realidades que pretende estudar sob critérios unitários de alta utilidade científica e conveniência pedagógica, em tentativa de reconhecimento coerente e harmônico da composição de diversos elementos em um todo unitário, integrado em uma realidade maior.[30]

É esta composição de elementos, sob perspectiva unitária, que o federalista supracitado cognomina de sistema. É, pois, na ciência das partes, sustentadas mutuamente, em que as últimas se explicam pelas colocadas na primazia da pirâmide, que devemos conceber o sistema.

5. Conclusões

A idéia de Direito que utilizamos exprime funcionalidade, ou seja, um sistema de procedimentos potencialmente coercitivos destinados a controlar alguns padrões de conflitos, cuja proliferação ameaçaria o grau de violência suportável na sociedade.

Neste sentido é que se fala numa crise do Direito em vigor na periferia do Capitalismo Ocidental, no dito mundo subdesenvolvido. Em nosso país, escreve o professor João Maurício Adeodato, por exemplo, axiomas fundamentais dos sistemas jurídicos nas sociedades desenvolvidas não têm aplicabilidade generalizada, tais como a hierarquia normativa que culmina no princípio da supremacia constitucional, o primado da lei, a isonomia ou a neutralidade da decisão judicial.

Em lugar da cultura do distanciamento burocrático, de diferenciação de papéis, temos a cultura de troca de favores e da boa vizinhança, ao invés da neutralidade eficiente do Estado, o culto da família e do cooperativismo.[31]

Em suma, ocorre ruptura no significado semântico da Constituição e da opção de Direito, ao longo do seu sentido normativo, e a sua aplicação aos casos concretos.

A supremacia da Constituição enquanto norma fundante da sociedade política, limitadora do próprio poder e garantidora dos direitos individuais e sociais mínimos e necessários à convivência social, aparentemente, poderá ser explicada através do conceito que o cientista do Direito adote nas suas formulações dogmáticas. Conceituada materialmente, a supremacia resultará, como afirmava Georges Burdeau, do fato de que a ordem jurídica repousa sobre ela, nela se origina e só nela obtém o seu fundamento de validade. Do fato de ser a Constituição a organizada das competências resulta sua superioridade material; criando, assim, competências, ela é necessariamente superior às autoridades nestas investidas.

A despeito de exprimir funcionalidade, o método sistemático normativo não se presta a explicar totalmente o fenômeno jurídico, posto que "todo o Direito, quer seja estabelecido como fruto de um processo legislativo, quer seja outorgado, vale em virtude de um procedimento racional, estabelecido, por sua vez, tendo em vista um fim ou um valor, ou os dois ao mesmo tempo. O conjunto das regras de Direito constitui um mundo abstrato de prescrições técnicas ou de normas; a justiça consiste na aplicação das regras gerais aos casos particulares, enquanto a administração tem por objeto proteger os interesses, nos limites

30. *Sistema Constitucional Tributário Brasileiro*, p. 4.

31. *Filosofia do Direito/Dogmática Jurídica*, p. 49.

das regras do Direito, graças a órgãos e instituídos para tal fim".[32]

Percebe-se, com muito mais vigor, que o sistema jurídico, o Direito, "as normas não incidem por força própria. Numa visão antropocêntrica, requerem o homem, como elemento intercalar, movimentando as estruturas do Direito, extraindo de normas gerais e abstratas outras gerais e abstratas ou individuais e concretas e, com isso, imprimindo positividade ao sistema".[33]

Tanto esta assertiva é mais verdadeira quando observamos que o Direito na sua relação própria com o poder social e político representa uma opção e corresponde ao Direito do grupo hegemônico na sociedade. O Direito influencia e é influenciado pelo Estado donde promana formalmente. Por seu turno, o conceito de Estado, e a sua práxis, dependerá de momentos históricos e culturais determinados e de aspectos econômicos, sociológicos e políticos empiricamente verificáveis.

Por fim, são falaciosas as argumentações doutrinárias que buscam justificar a imparcialidade do poder no Estado Democrático de Direito, vez que numa sociedade liberal as normas não são apresentadas de forma neutra, posto que soa absurdo separar o produto do processo e ainda mais que toda legislação representa, de per si, determinados valores. Incorpora, como quer Mangabeira Unger, "certa idéia de como o poder deve ser distribuído na sociedade e de como resolver os conflitos".

Salvador, junho de 2000

Bibliografia

ABBAGNANO, Nicola. *Dicionário de Filosofia*. Trad. de Alfredo Bosi. São Paulo, Mestre Jou, 1982.

AGUILLAR, Fernando Herren. *Metodologia da Ciência do Direito*. São Paulo, Max Limonad, 1996.

BASTOS, Celso. *Curso de Direito Constitucional*. São Paulo, Saraiva, 1994.

BERTALANFFY, Ludwig von. *Teoria Geral dos Sistemas*. 3ª ed., trad. de Francisco M. Guimarães. Petrópolis, Vozes, 1977.

BOBBIO, Norberto. O *Positivismo Jurídico – Lições de Filosofia do Direito*. Trad. de Márcio Pugliese. São Paulo, Ícone, 1995.

————. *Teoria do Ordenamento Jurídico*. 4ª ed., trad. de Maria Celeste Cordeiro L. Santos. Brasília, UnB, 1994.

BONAVIDES, Paulo. *Ciência Política*. 10ª ed., 9ª tir. São Paulo, Malheiros Editores, 2000.

CAETANO, Marcello. *Manual de Ciência Política e Direito Constitucional*. Rio de Janeiro, Forense, 1963.

CANOTILHO, J. J. Gomes. *Constituição Dirigente e Vinculação do Legislador*. Coimbra, Almedina, 1995.

CASSIRER, Ernest. *Ensaio sobre o Homem – Introdução a uma Filosofia da Cultura Humana*. São Paulo, Martins Fontes, 1994.

CAVALCANTI, Arthur José Faveret. *A Estrutura Lógica do Direito*. Rio de Janeiro, Renovar, 1996.

MEIRELLES TEIXEIRA, José Horácio. *Curso de Direito Constitucional*. Rio de Janeiro, Forense, 1991.

MELO FRANCO, Afonso Arinos de. *Direito Constitucional – Teoria da Constituição*. 3ª ed. Rio de Janeiro, Forense, 1987.

MONTORO, André Franco. *Introdução à Ciência do Direito*. 22ª ed. São Paulo, Ed. RT, 1994.

NADER, Paulo. *Filosofia do Direito*. 3ª ed. Rio de Janeiro, Forense, 1994.

NEVES, Marcelo. *A Constitucionalização Simbólica*. São Paulo, Acadêmica, 1994.

OLIVEIRA, Manfredo Araújo de. *Reviravolta Lingüístico-Pragmática na Filosofia Contemporânea*. São Paulo, Loyola, 1996.

PEIRCE, Charles Sanders. *Semiótica*. Trad. de José Teixeira Coelho Neto. São Paulo, Perspectiva, 1995.

PONTES DE MIRANDA, F. C. *Comentários à Constituição de 1967*. 2ª ed. São Paulo, Ed. RT, 1974.

POPPER, Karl. *A Lógica da Pesquisa Científica*. Trad. de Leônidas Hegenberg. São Paulo, Cultrix, 1993.

ROMANO, Santi. *Princípios de Direito Constitucional Geral*. Trad. de Maria Helena Diniz. São Paulo, Ed. RT, 1977.

32. Luiz Antônio Nunes, *A Lei, o Poder e os Regimes Democráticos*, p. 79.

33. Paulo de Barros Carvalho, *Direito Tributário. Fundamentos Jurídicos da Incidência Tributária*, p. 9.

ROMESÍN, Humberto Maturana, e GARCÍA, Francisco J. Varela. *De Máquinas e Seres Vivos – Autopoiése – A Organização do Vivo*. 3ª ed. Porto Alegre, Artes Médicas, 1997.

SEABRA FAGUNDES, Miguel. *O Controle dos Atos Administrativos pelo Poder Judiciário*. Rio de Janeiro, Forense, 1967.

SILVA, José Afonso da. *Aplicabilidade das Normas Constitucionais*. 2ª ed. São Paulo, Ed. RT, 1982.

——————. *Curso de Direito Constitucional Positivo*. 8ª ed. São Paulo, Malheiros Editores, 1992.

SIMPSON, Thomas Moro. *Linguagem, Realidade e Significado*. 2ª ed., trad. de Paulo Alcoforado. Rio de Janeiro, Francisco Alves, 1979.

TEMER, Michel. *Elementos de Direito Constitucional*. 10ª ed. São Paulo, Malheiros Editores, 1994.

TERÁN, Juan Manuel. *Filosofía del Derecho*. México, Porrúa, 1952.

UNGER, Roberto Mangabeira. *O Direito na Sociedade Moderna*. Rio de Janeiro, Civilização Brasileira, 1979.

VILANOVA, Lourival. *As Estruturas Lógicas e o Sistema do Direito Positivo*. São Paulo, Max Limonad, 1997.

——————. *Causalidade e Relação no Direito*. São Paulo, Saraiva, 1989.

——————. *O Problema do Objeto da Teoria Geral do Estado*. Recife, tese (cátedra), Faculdade de Direito do Recife, UFPE, 1953.

——————. "Teoria das formas sintáticas". *Revista de Estudos Universitários* 3/5-75. Recife, UFPE, 1969.

WARAT, Luiz Alberto. *O Direito e sua Linguagem*. Porto Alegre, Fabris, 1984.

WATZLAWICK, Paul, BEAVIN, Janet Helmick, e JACKSON, Don D. *Pragmática da Comunicação Humana*. São Paulo, Cultrix, 1998.

"LANÇAMENTO POR HOMOLOGAÇÃO": DEZ ANOS PARA O FISCO LANÇAR?

WALTER GAZZANO DOS SANTOS FILHO
Mestrando em Direito Tributário pela PUC/SP – Professor Assistente dos Cursos de Graduação e Pós-Graduação *Lato Sensu* (Especialização) de Direito Tributário da PUC/SP – Especialista em Direito Tributário pelo Centro de Extensão Universitária (São Paulo) – Professor Assistente do Curso de Especialização em Direito Tributário do Centro de Extensão Universitária (São Paulo) – Advogado

1. Circunscrição do tema e metodologia. 2. Lançamento tributário (o art. 142 do CTN): 2.1 "Lançamento por homologação" (o art. 150 do CTN). 3. Decadência e prescrição no Código Tributário Nacional: 3.1 Decadência e prescrição para tributos sujeitos a "lançamento por homologação". 4. Prescrição da ação de repetição de indébito (os acórdãos do STJ). 5. Dez anos para o contribuinte = dez anos para o Fisco (a falsa isonomia). 6. Hipóteses factuais distintas para a contagem dos prazos de decadência e prescrição nos tributos sujeitos a "lançamento por homologação": 6.1 Tributo declarado e pago – 6.2 Tributo declarado e não pago – 6.3 Tributo não declarado e não pago – 6.4 Tributo não declarado e pago. 7. Conclusões.

(...) procurar a verdade, quer dizer que aspiro a dizer uma palavra válida para todos, que se destaca sobre o fundo de minha situação como um universal. Não quero inventar, dizer o que me agrada, mas aquilo que é. (P. Ricouer, *Histoire et Vérité*)

1. Circunscrição do tema e metodologia

Prescrição e decadência sempre foram dois termos, diríamos, provocativos em matéria de direito tributário. Institutos inerentes à estrutura da obrigação, na medida em que têm o poder de extinguir o crédito tributário que lhes é objeto, não rara é a dissonância de entendimentos acerca do tema. Na sua função de elemento interpretativo e aplicador do Direito, vale dizer, em última instância, a quem cabe dizer o que o direito positivo é, o Poder Judiciário, na figura do STJ, entendeu em termos dogmáticos que para o Fisco constituir o crédito tributário nos tributos sujeitos ao chamado "lançamento por homologação" o prazo é de 10 anos, o que acabou contrariando seguidas manifestações doutrinárias e jurisprudenciais anteriores no sentido de que referido lapso temporal era de cinco anos. Trilham como pontos indispensáveis ao exame do tema definições relativas a lançamento, crédito, homologação e outros tão importantes acerca da matéria.

Na feitura deste trabalho recordamos o projeto apresentado por Paul Ricoeur de redescobrir a autenticidade do sentido graças a um considerável esforço da desmistificação. Incursionando por aquilo que considera a desastrosa alternativa entre explicar e compreender, Ricoeur alerta ainda sobre a inexistência de um lugar axiologicamente neutro, definindo que "a Hermenêutica é a teoria das operações da compreensão em sua relação com a interpretação dos textos (...). Esta atividade de discernimento é, propriamente, a interpretação: consiste em reconhecer qual a mensagem relativamente unívoca que o locutor construiu apoiado na base polissêmica do léxico comum".[1] Alerta este autor para os diversos planos existentes na interpretação, além dos variados níveis de compreensibilidade, como o do discurso (fala), sua relação com a escrita, donde se extrai "o mundo do texto", que faz explodir "o mundo do autor", culminando com a última dimensão, que é a do leitor que capta o sentido do texto, retirando dele o que lhe parece ser verdadeiro. Neste sentido, propõe os cinco temas que, tomados em conjunto, constituem os critérios da textualidade: (a) a efetuação da linguagem como discurso; (b) a efetuação do discurso como obra estruturada; (c) a relação da fala com a escrita no discurso e nas obras de discurso; (d) a obra de discurso como projeção de um mundo; e (e) o discurso e a obra de discurso como mediação da compreensão de si.

Com esta proposição refuta-se a impossibilidade de se identificar pura e simplesmente texto e escrita. A uma porque não é a escrita enquanto tal suscitadora do problema hermenêutico, mas sim a dialética da fala e escrita. A duas porque a dialética a que aludimos é construída sobre uma dialética de distanciamento mais primitiva do que a oposição de escrita a fala, já pertencendo ao discurso oral enquanto tal, donde decorre que é no próprio discurso que se deve procurar a raiz das dialéticas subseqüentes. A três, finalmente, porque entre a efetuação da linguagem como discurso e a dialética da fala e da escrita interpõe-se como noção fundamental a da efetuação do discurso como obra estruturada.

Ao final do intróito temos que a trípode discurso/obra/escrita constitui o tripé que suporta a problemática informadora do projeto do mundo da obra, no qual o filósofo em comento vê o centro de gravidade da questão hermenêutica. Chama-nos atenção a última dimensão apontada como o "compreender-se diante da obra", que diz respeito à subjetividade do leitor. Como dito, o texto é a mediação pela qual o leitor se compreende a si próprio. É a questão da apropriação (ou aplicação) do texto à situação presente do locutor. O que Hans Georg Gadamer[2] chama de "a coisa do texto" Ricoeur refere como sendo "o mundo da obra". Aquilo de que o leitor se apropria é uma proposição de mundo, que não se encontra atrás do texto como uma espécie de intenção oculta, mas, sim, diante dele, como aquilo que é desvendado, descoberto, revelado pela obra. Destarte, compreender é compreender-se diante do texto. "Não se trata de impor ao texto sua própria capacidade finita de compreender, mas de expor-se ao texto e receber dele um si mais amplo, que seria a proposição de existência respondendo, da maneira mais apropriada possível, à proposição de mundo."[3]

Nosso objetivo foi o de iniciar alertando que, não obstante as diversas dimensões apontadas por Ricoeur, paira, ainda, a final, a questão da subjetividade do ser humano, na sua percepção pelos seus sentidos, daquilo que se lhe mostra como ver-

1. *Interpretação e Ideologias*, pp. 17-19.

2. *Wahrheit und methode. Grundzuge either philosophischen hermeneutik*, 1960.

3. Ricouer, *Interpretação ...*, cit., p. 58.

dadeiro. Os perigos que esta realidade apresenta são, sem exagero, incomensuráveis, na medida em que não encontram limitação conceitual alguma; física ou metafísica. De qualquer forma, acreditamos existir um senso comum capaz de permitir que a percepção da verdade pelos sentidos não ganhe conotações tão díspares por um grande número de pessoas. Haverá, sim, sempre uma diferença nesta percepção; mas, a nosso ver, prevalecerá uma noção majoritária.

Colocada esta ressalva introdutória, passamos à análise do tema proposto.

2. *Lançamento tributário (o art. 142 do CTN)*

O conceito legal de lançamento encontra-se inserto no Título III do Código Tributário Nacional ("Crédito Tributário") e inaugura o Capítulo II, intitulado "Constituição do Crédito Tributário". Define, pois, o art. 142 do CTN que "compete privativamente à autoridade administrativa constituir o crédito tributário pelo lançamento, assim entendido o procedimento administrativo tendente a verificar a ocorrência do fato gerador da obrigação correspondente, determinar a matéria tributável, calcular o montante do tributo devido, identificar o sujeito passivo e, sendo caso, propor a aplicação da penalidade cabível".

A larga abrangência do enunciado não foi capaz de o salvar das mais contumazes críticas pela doutrina, voltada à extração de um número máximo de elementos que servissem a dar segurança às construções jurídicas que dele partissem. Assim, permitimo-nos inicialmente apor nossa concordância com o conceito eleito pelo legislador, que procurou atribuir à figura o mais amplo sentido.

Certo é que inúmeras questões advêm da redação posta, o que, aliás, é inevitável em qualquer ramo científico, na medida em que se afigura impositiva a coexistência de um enunciado para com os demais que compõem o sistema considerado, posto que sua interação é imperiosa. Destarte, questões relativas a ser o lançamento declaratório ou constitutivo, ato ou procedimento, privativo ou não da autoridade administrativa, dependem, unicamente, do sistema de referências eleito pelo autor. Neste espírito é que nos propomos examinar a matéria.

Uma análise pormenorizada do art. 142 do CTN revela a riqueza de conteúdo que o mesmo carrega, bastando, para iniciar, que fracionemos o texto considerado. Adotando-se tal metodologia, extraímos que o lançamento é o meio adequado à constituição do crédito tributário, cuja competência foi atribuída, com exclusividade, à autoridade administrativa ("compete privativamente à autoridade administrativa constituir o crédito tributário pelo lançamento"). Mas o que vem a ser o lançamento? O próprio artigo cuidou de defini-lo como sendo "o procedimento administrativo tendente a verificar a ocorrência do fato gerador da obrigação correspondente, determinar a matéria tributável, calcular o montante do tributo devido, identificar o sujeito passivo e, sendo caso, propor a aplicação da penalidade cabível". Esta atividade (lançamento), ressalte-se desde já, é que é privativa da autoridade administrativa. Como veremos adiante, nos tributos sujeitos a lançamento por homologação os atos praticados pelo obrigado são suficientes à formalização do tributo.

Não obstante a definição legal, a doutrina se ocupou de atribuir ao lançamento as mais variadas definições, ora como ato, ora como procedimento, por vez declaratório, por outra constitutivo. Particularmente, sempre tivemos que a diferenciação dos qualificativos que lhe são atribuídos reside no objeto referencial considerado. Sendo assim, visto o lançamento como produto final, por certo que seria o mesmo um "ato". De outro lado, considerado o lançamento como uma atividade, seria tido como um "procedimento", pois compreenderia desde o primeiro até o último ato administrativo fiscal. Portanto, parece-nos mais adequado considerar o lançamento como um procedimento formado através de vários atos administrativos, dentre os quais teremos o inaugural e o final.

Vindica a favor de tal conceito, dentre outras considerações, a de que a verificação de vício (formal ou material) no curso deste procedimento pode invalidá-lo como um todo ou, ao menos, quanto ao processado posteriormente ao ato maculado. Assim, se dentre os diversos atos que compõem o procedimento for atestada a existência de um ato ilegal, por certo que o mesmo não produzirá os efeitos outrora desejados, decorrendo daí diversas conseqüências que caminham em sentido contrário ao do aperfeiçoamento do procedimento de lançamento.

A outra observação acima referida diz respeito à condição declaratória ou constitutiva do lançamento. Novamente invocamos o objeto referencial adotado como elemento definidor da conceituação pretendida. Enfim, o que declara ou constitui o lançamento? A assunção da teoria de que a ocorrência do fato jurídico tributário desencadearia automática e infalivelmente o nascimento da obrigação tributária por si só serviria à assertiva de que o lançamento é meramente declaratório daquele liame jurídico já nascido no passado. Entretanto, parece-me que a inexistência de lançamento não tem o condão de determinar o surgimento da obrigação tributária, ainda que tenha ocorrido o fato jurídico tributário.

Realmente, já aludimos que a função precípua do lançamento, a teor da legislação vigente, é *constituir* o crédito tributário. Logo, se não existir lançamento não haverá crédito tributário constituído. E esta constituição é que irromperá efeitos jurídicos para os sujeitos da relação, seja quanto ao titular do direito subjetivo de exigir, bem como para aquele que tem o dever jurídico de realizar determinada conduta. Um singelo exemplo bastará para ilustrar o pretendido: uma determinada Municipalidade colige todos os elementos necessários ao lançamento do IPTU; já verificou a ocorrência do "fato gerador" da obrigação correspondente, determinou a matéria tributável, calculou o montante do tributo devido e identificou o sujeito passivo. Apenas não o intimou. Diante disto, indaga-se: houve lançamento? Por certo que não. O suposto sujeito passivo ainda desconhece a existência do crédito tributário, posto que sua formalização se aperfeiçoará no momento em que do mesmo lhe for dada ciência. Antes disto, não. O lançamento, assim, ao declarar acontecimento passado como fato ensejador do nascimento da relação jurídica tributária, constitui o crédito tributário e, por conseguinte, a respectiva obrigação tributária, da qual aquele (crédito) é o objeto.

Com isto, temos que o lançamento declara a ocorrência de um fato que se subsume à descrição normativa que o qualifica como de conotação jurídico-tributária. Ao assim fazê-lo estabelece o liame da relação jurídica preconizada pela lei, fazendo com que o mesmo surja para o mundo do Direito, tornando-o, pois, constitutivo, sob esta ótica. Atenhamo-nos, portanto, a tais considerações, que serão imprescindíveis para a evolução do presente trabalho.

2.1 "Lançamento por homologação" (o art. 150 do CTN)

Figura presente de forma abundante em nosso ordenamento jurídico, o chamado "lançamento por homologação" a cada dia que passa assume foros mais importantes, na medida em que os tributos de maior expressão arrecadatória vêm sendo objeto deste tipo de procedimento contemplado pelo Direito Brasileiro. Como não poderia ser diferente, o "lançamento por homologação" suscita fervorosas discussões e embates da mais qualificada doutrina, o que impõe um maior cuidado e esmero por parte do autor que objetiva transitar pela matéria.

Encontra-se o mesmo previsto como uma das modalidades de lançamento, precisamente no enunciado do art. 150 do CTN, ao prescrever que o "lançamento por homologação, que ocorre quanto aos tributos cuja legislação atribua ao sujeito passivo o dever de antecipar o pagamento sem prévio exame da autoridade administrativa, opera-se pelo ato em que a referida autoridade, tomando conhecimento da atividade assim exercida pelo obrigado, expressamente a homologa".

Servindo-nos, vez mais, do fracionamento do enunciado, verificamos que no "lançamento por homologação" a legislação do tributo atribui ao sujeito passivo o dever de antecipar *o pagamento* do tributo independentemente de exame da autoridade administrativa. Isto feito, continua o dispositivo, operar-se-á o chamado "lançamento por homologação" pelo ato da autoridade que, tomando conhecimento da atividade do obrigado de antecipação do pagamento, expressamente a homologa.

Perfeitamente coerente com o disposto no *caput* do art. 142 do CTN, que confere competência privativa à autoridade administrativa para lançar. De fato, o art. 150 aduz que (1) o obrigado antecipa o pagamento sem exame prévio de autoridade; (2) tomando conhecimento desta atividade de pagamento antecipado, a autoridade a homologa; e (3) este ato da autoridade é que caracteriza o "lançamento por homologação". Portanto, também nos tributos sujeitos a "lançamento por homologação" a atividade de lançamento continua privativa da autoridade administrativa, posto que se caracteriza pelo ato homologatório da atividade do obrigado. A este fica atribuído somente o dever de antecipar o pagamento sem prévio exame administrativo. Irrepreensíveis, portanto, os ensinamentos de Marco Aurélio Greco ao invocar doutrina estrangeira para nomear tal figura de "tributos sem imposição, caracterizados por serem aqueles em que o contribuinte procede ao recolhimento da prestação independentemente de qualquer manifestação prévia da entidade tributante, que só poderá realizá-la *a posteriori*".[4] Nesta modalidade os atos praticados pelo obrigado, em cumprimento a determinação legal, são suficientes à formalização do tributo, sendo que em muitos casos pode nem ocorrer ato expresso da autoridade competente, vindo o crédito tributário a ser extinto pelo decurso do prazo previsto para a manifestação da Administração.

Tais considerações expõem à evidência que a denominação "autolançamento" é inapropriada, sendo utilizada pela doutrina apenas como referencial para indicar os tributos que se sujeitam à modalidade do "lançamento por homologação". Isto porque o sujeito passivo nada lança, mas – repise-se – somente antecipa o pagamento, atividade, esta, que vem a ser homologada pela autoridade competente, caracterizando, pois, o chamado "lançamento por homologação".

Este pagamento antecipado, prossegue o Código Tributário Nacional (art. 150, § 1º), "extingue o crédito, sob condição resolutória da ulterior homologação do lançamento". Vale dizer, os atos praticados pelo contribuinte dão ciência da obrigação tributária, bem como do seu respectivo crédito, que pelo pagamento antecipado que é efetuado fica desde logo extinto, aguardando apenas sua ulterior homologação.

Estas são apenas algumas observações atinentes ao "lançamento por homologação", aqui aduzidas como indispensáveis à análise do tema proposto, especificamente sobre os prazos de decadência e prescrição que fulminam o crédito tributário nos tributos sujeitos à modalidade de lançamento ora em comento. Antes disto afigura-se inevitável o trânsito sobre as regras previstas no Código Tributário Nacional acerca da matéria.

3. *Decadência e prescrição no Código Tributário Nacional*

Pode parecer curioso, mas em todos estes anos de estudo deparamo-nos com os mais variados entendimentos doutrinários sobre decadência e prescrição. A jurisprudência não podia ser diferente e durante

4. *Dinâmica da Tributação e Procedimento*, p. 201.

muito tempo oscilou até fixar posição que lhe parece ser a mais correta, mas que ainda não encontrou ecos de absolutismo nas instâncias ordinárias. Quando tal se deu, no entanto, ela veio a ser alvo de críticas por parte de ambos os sujeitos, ativo e passivo, da relação jurídica tributária, o que será examinado mais adiante.

Já previstas no art. 156, VI, do CTN, a decadência e a prescrição têm suas regras jurídicas fixadas na Seção IV ("Demais Modalidades de Extinção") do Capítulo IV ("Extinção do Crédito Tributário") do Título III ("Crédito Tributário") do Código. Interessam-nos, a princípio, dois artigos, os arts. 173 e 174, o primeiro que trata do prazo para a constituição do crédito tributário, e o segundo do lapso temporal para o ajuizamento da sua ação de cobrança.

Comecemos pela decadência, definindo-a como o fato jurídico que extingue um direito material pelo seu não-exercício durante um certo lapso de tempo. Previu o art. 173 do CTN duas regras de contagem de um prazo de cinco anos para a extinção do direito da Fazenda Pública de constituir o crédito tributário. Seu inciso I dispõe que o início da contagem se dá "do primeiro dia do exercício seguinte àquele em que o lançamento poderia ter sido efetuado". Isto significa que, dada a ocorrência de um acontecimento ("fato jurídico tributário") que se subsume à fenomenologia da incidência tributária ("hipótese tributária"), já existe o direito da Fazenda Pública de proceder à constituição do respectivo crédito tributário. Este direito prolongar-se-á no tempo pelo prazo de cinco anos, contados do primeiro dia do ano (exercício) seguinte ao da ocorrência do chamado "fato gerador". Recorremos novamente aos exemplos, pois afiguram-se os mesmos bastante ilustrativos da dimensão e alcance do enunciado jurídico em comento. Contempla uma lei municipal que o "fato gerador" do IPTU considera-se ocorrido no primeiro dia de cada exercício civil (1º de janeiro). Assim, todo aquele que em 1º de janeiro do ano 1 for proprietário de imóvel situado em zona municipal urbana sujeitar-se-á à imposição tributária prescrita na lei respectiva. Pois bem, desde o dia 1º de janeiro do ano 1 já tem o sujeito ativo o direito de constituir o crédito tributário relativo ao IPTU. Mas durante quanto tempo persistirá este direito? Previu a lei (art. 173, I, do CTN) o prazo de cinco anos, a contar do primeiro dia do exercício seguinte (1º de janeiro do ano 2) àquele em que o lançamento poderia ter sido realizado. Neste passo, se a contagem se inicia em 1º de janeiro do ano 2, o lapso temporal de cinco anos esgotar-se-á em 1º de janeiro do ano 7. Até esta data, se a Fazenda Pública não diligenciar no sentido de proceder ao lançamento para o fim de constituir o crédito tributário, seu direito a tanto será considerado extinto.

A segunda forma de contagem, prevista no inciso II do art. 173 do CTN, define o termo inicial para aqueles mesmos cinco anos como sendo a data em que se torna definitiva a decisão que anula lançamento anterior por vício formal. Não obstante sua importância resida em diversas considerações, em especial o desmoronamento da mística de que a decadência não se suspende nem se interrompe, seu conteúdo não interfere nas conclusões do presente trabalho, razão pela qual vale a consignação de seu registro, dada sua existência no Código Tributário Nacional.

O parágrafo único do art. 173 suscitou inconformismos no decorrer dos anos, estando assim sedimentada sua apresentação redacional: "O direito a que se refere este artigo extingue-se definitivamente com o decurso do prazo nele previsto, contado da data em que tenha sido iniciada a constituição do crédito tributário pela notificação, ao sujeito passivo, de qualquer medida preparatória indispensável ao lançamento". Mas, como assim, "extinção definitiva"? Seriam outros cinco anos a partir do início dos procedimentos fiscais de lançamento? Se examinarmos a estrutura do art. 173 do CTN constatamos que o seu *caput* previu o prazo de cinco anos para a extinção do direito da Fazenda Pública de constituir o crédito tributário. Seus incisos I e II cuidaram de especificar o início da contagem daquele lapso temporal, conforme a situação neles especificada. E, finalmente, o parágrafo único tratou de prever uma situação que poderia se interpor à contagem dos cinco anos. Trata-se da previsão de uma nova regra, para uma nova situação. A da fiscalização que é iniciada dentro do prazo de cinco anos previsto no *caput*. Com efeito, pode o Fisco iniciar os procedimentos necessários à constituição do crédito tributário dentro do prazo de cinco anos previsto no art. 173 e incisos do CTN. Preocupou-se o seu parágrafo único em prever que, uma vez iniciados tais procedimentos, tem a Fazenda Pública cinco anos para concluí-los e constituir o crédito tributário, sob pena de perecimento do seu direito. Vale dizer, fixa uma nova contagem de prazo para o momento em que são iniciados os procedimentos atinentes à constituição do crédito tributário. Assim, ocorrido o fato jurídico tributário, flui o prazo previsto no inciso I do art. 173 do CTN para que a Fazenda Pública proceda ao lançamento. Se dentro desta contagem a autoridade lançadora iniciar atividades objetivando constituir o crédito tributário não mais se fala naquele inciso I, aplicando-se ao caso a contagem prevista no parágrafo único do art. 173, que é de cinco anos a contar desta notificação ao contribuinte de conteúdo preparatório ao lançamento. Com isto, obriga-se a Fazenda Pública a encerrar os procedimentos iniciados, sob pena de perda do seu direito, contribuindo, assim, o dispositivo para impedir que se eternize a atividade de lançamento e permitir ao sujeito passivo a regular continuidade das atividades que constituem seu objeto social.

Estas as breves considerações acerca do instituto da decadência, tal como regulado pelo art. 173 do CTN. Passemos, pois, à prescrição, por seu turno, correspondente a um fato jurídico que extingue o direito material de ação pelo seu não-uso durante um certo lapso de tempo. Cuida dela o art. 174 do CTN , prevendo em duas linhas que a "ação para a cobrança do crédito tributário prescreve em 5 (cinco) anos, contados da sua constituição definitiva". Seu parágrafo único trata de dispor sobre matéria tipicamente processual, e, novamente, não interferirá com os objetivos e conclusões a que se pretende, aqui, chegar. Da redação transcrita extraímos inequivocamente que o prazo prescricional para o ajuizamento da ação de cobrança do crédito tributário é de cinco anos. Dúvidas surgirão quanto ao seu termo inicial, dada a multiplicidade de sentidos que é dada à expressão "constituição definitiva". De nossa parte, invocamos as críticas tecidas por Paulo de Barros Carvalho[5] no sentido de que "um ato administrativo tem-se por pronto e acabado quando, reunindo os elementos que a ordem jurídica prescrever como indispensáveis à sua compostura, vier a ser oficialmente comunicado ao destinatário. A contingência de estar aberto a refutações é algo que o próprio sistema prevê e disciplina, mas que não elide a definitividade da figura". Do contrário – prossegue o eminente Professor – "os Ministros de Estados, por exemplo, seriam provisórios, porquanto os respectivos atos de nomeação poderiam ser impugnados. Todas as sentenças seriam provisórias, uma vez que delas a parte vencida poderá recorrer. Os acórdãos dos tribunais também seriam provisórios, na medida que pudessem suscitar novos apelos". Sob esta réstia, portanto, não se há falar em constituição provisória ou definitiva. O crédito tributário estará, ou não, constituído. A possibilidade de impugnação do lançamento não interfere na condição de definitividade do ato administrativo de lançamento, pronto e acabado. Estas observações serão, igualmente, indispensáveis às conclusões que se pretende traçar.

3.1 Decadência e prescrição para tributos sujeitos a "lançamento por homologação"

Expôs-se, acima, interpretação relativa às figuras da decadência e prescrição do

5. *Direito Tributário: Fundamentos da Incidência Tributária*, pp. 230-232.

crédito tributário em face da regulação que lhes deu o CTN através de seus arts. 173 e 174. Surge agora a necessidade de se verificar sua aplicação aos tributos sujeitos a "lançamento por homologação", mormente à vista da redação do § 4º do art. 150, nos seguintes termos: "Se a lei não fixar prazo à homologação, será ele de 5 (cinco) anos, a contar da ocorrência do fato gerador; expirado esse prazo sem que a Fazenda Pública se tenha pronunciado, considera-se homologado o lançamento e definitivamente extinto o crédito, salvo se comprovada a ocorrência de dolo, fraude ou simulação".

Ao comentar o art. 173 do CTN já aludimos que o enunciado contido no parágrafo deve guardar relação de pertinência lógica e, em alguns casos, hierárquica com as disposições constantes no *caput* e incisos, se houver.[6] Neste passo, para determinarmos a extensão e o alcance do § 4º do art. 150, de rigor que retomemos os contornos atribuídos ao *caput* deste mesmo artigo. Com efeito, concluímos no sentido de que (1) o obrigado antecipa o pagamento sem exame prévio de autoridade; (2) tomando conhecimento desta atividade de pagamento antecipado, a autoridade a homologa; e (3) este ato da autoridade é que caracteriza o "lançamento por homologação". Partindo destas premissas, resulta claro que a homologação a que alude o § 4º do art. 150 do CTN é da atividade de *pagamento* antecipado do obrigado. E mais, como dissemos, esta homologação é que configura o lançamento da autoridade competente. Coisa distinta é o prazo determinado pela legislação para que se dê a homologação do pagamento pelo ato da autoridade então caracterizado como lançamento. É ele de cinco anos a contar da ocorrência do "fato gerador". Para melhor esclarecer o raciocínio, colocamos na ordem direta: *ocorrido o "fato gerador", deve o obrigado antecipar o pagamento do tributo sem prévio exame da autoridade administrativa competente. Antecipado este pagamento, tem a Fazenda Pública cinco anos para homologar esta atividade do obrigado, cuja contagem do lapso temporal se inicia coincidindo com a data do "fato gerador" do tributo. A atividade do obrigado não é lançamento, nos termos do art. 142 do CTN, mas, apenas, de antecipação do pagamento sem prévio exame da autoridade. Esta autoridade exercita o lançamento no momento em que homologa aquele pagamento antecipado, configurando-se, pois, o "lançamento por homologação".*

Logo, é impositiva a conclusão de que o § 4º do art. 150 do CTN aplica-se apenas aos casos em que existe pagamento a homologar. Vale dizer, ocorrido o fato jurídico tributário, o sujeito passivo *efetua* o pagamento antecipado do tributo sem o prévio exame da autoridade administrativa competente. *A contrario sensu*, caso não ocorra o pagamento antecipado do tributo, a despeito de ter ocorrido o seu "fato gerador", não há o que a autoridade possa vir a homologar, hipótese na qual não se aplica o dispositivo em apreço.

Se avançarmos no enunciado verificaremos a confirmação das assertivas expostas. O *caput* do art. 150 faz referência a ato administrativo que expressamente homologa a atividade de pagamento exercitada pelo obrigado. Justamente para se evitar a perenização das relações jurídicas, o Direito impõe certas regras voltadas à garantia da imutabilidade de atos jurídicos passados, objetivando traduzir segurança nas relações intersubjetivas que tende a regular, que é o que, em última instância, o faz triunfar. Imaginar um Direito que não traga figuras definitivas seria distribuir insegurança entre os seus sujeitos, motivando, inclusive, sua desobediência diante da ausência da cogência normativa. Por tal motivo é que o § 4º do art. 150 previu o prazo de cinco anos para a homologação expressa da atividade do contribuinte, sob pena de, decorrido tal lapso, considerar-se tacitamente homologada esta mesma atividade, salvo, por certo, a ocorrência de dolo, fraude ou simulação,

6. V. art. 11, III, "c", da Lei Complementar 95, de 26.2.1998 (*DOU* 27.2.1998).

figuras específicas, cujo estudo desborda os limites do presente trabalho.

À vista do exposto, para efetuarmos a contagem dos prazos de decadência e prescrição nos tributos sujeitos a "lançamento por homologação" será imprescindível que se tenha conhecimento das circunstâncias de fato atinentes ao fato jurídico tributário. Neste passo, é de rigor saber se ocorreu o fato jurídico tributário, se o obrigado antecipou o pagamento, bem como os atos tidos como necessários à formalização do tributo. A combinação destas variáveis interferirá na contagem dos aludidos prazos não por capricho nosso, mas sim por obediência ao conjunto de enunciados do nosso direito positivo que tratou da matéria. Tal análise será feita adiante, imediatamente após o exame da jurisprudência do STJ, fonte originária dos motivos que ensejaram a escolha do tema.

4. Prescrição da ação de repetição de indébito (os acórdãos do STJ)

De imediato deve ser feita uma distinção que nos parece tem sido esquecida. A contagem do prazo prescricional da ação de repetição de indébito *absolutamente não se confunde* com o prazo prescricional da ação de cobrança do crédito tributário não pago a seu devido tempo. Realmente, não se pode confundir a figura do pagamento indevido (e seu conseqüente pedido de restituição) com a da falta de pagamento (e conseqüente ação de cobrança). Por se tratar de figuras distintas, cuidou o Código Tributário Nacional de atribuir-lhes enunciados próprios.

Assim, por ocasião do julgamento de ação de repetição de indébito o STJ decidiu que "o direito de pleitear a restituição extingue-se no prazo de cinco anos, contados da data da extinção do crédito (art. 168 do CTN)",[7] bem como que "o tributo, a que se denominou empréstimo compulsório, está sujeito a lançamento por homologação, não se podendo falar antes desta em crédito tributário e pagamento que o extingue. Não tendo ocorrido a homologação expressa, o direito de pleitear a restituição só ocorrerá após o transcurso do prazo de cinco anos, contados da ocorrência do fato gerador, acrescido de mais cinco anos, contados daquele data em que se deu a homologação tácita, isto é, em 1986, quanto aos fatos impositivos mais remotos".[8] Nestes casos entendeu o STJ que o prazo para ajuizar a ação de repetição de indébito iniciava-se a partir da extinção do crédito tributário (art. 168, I, do CTN). Transpondo tal conceito para os tributos sujeitos a "lançamento por homologação", pautou-se o entendimento de que dita extinção ocorre somente com a homologação dos atos do obrigado. Assim, naqueles casos concretos, como inexistiu ato expresso da Administração, a referida homologação se deu de forma tácita, com o decurso do prazo de cinco anos da ocorrência do "fato gerador" do tributo, a que alude o § 4º do art. 150 do CTN. Por conseguinte, após estes cinco anos é que teria ocorrido a extinção do crédito tributário, possibilitando o início do prazo prescricional de mais cinco anos, a contar desta data da extinção.

Com isto, a Corte Especial entendeu que nos tributos submetidos a "lançamento por homologação" o pagamento antecipado não extingue o crédito tributário senão quando de sua homologação, como consta do art. 150, § 4º, do CTN. A este respeito já tecemos algumas críticas acima, quando nos referimos à definitividade de alguns atos jurídicos. Na espécie, pretender atribuir efeito nulo a este pagamento antecipado, parece-nos, poderia contrariar a integração sistêmica do ordenamento positivo, na medida em que referido pagamento extingue o crédito mediante ulterior condição resolutória. Ou seja, seus efeitos se produzem desde logo, resolvendo-se com a posterior homologação, seja por ato expresso

7. REsp 42.668-RS, rel. Min. Garcia Vieira, *DJU* 11.4.1994.

8. REsp 44.221-PR, rel. Min. Antônio de Pádua Ribeiro, *DJU* 23.5.1994.

ou pelo decurso do marco temporal fixado na lei complementar. Vale dizer, o ato homologatório, expresso ou tácito, reconhece que existiu um crédito tributário, e que o mesmo foi extinto pelo pagamento realizado pela pessoa a tanto obrigada.

Estas observações são importantes no intuito de manter a linha desenvolvida, e em momento algum têm a intenção de desconstituir ou abalar a construção jurídica contida nos acórdãos referidos. É que a existência deste torna-se indispensável para o prosseguimento do tema, posto que, uma vez atribuídos 10 anos para o contribuinte ressarcir-se do tributo pago indevidamente, nova jurisprudência cuidou de conceder os mesmos 10 anos para o Fisco cobrar o crédito tributário do contribuinte inadimplente.

5. *Dez anos para o contribuinte = dez anos para o Fisco (a falsa isonomia)*

Alertamos no tópico anterior para a distinção absoluta entre as ações de repetição de indébito e a de cobrança do crédito tributário não recolhido. As peculiaridades de cada uma delas não permitem que se imponha tratamento isonômico quanto ao lapso temporal unicamente porque, vistas por outros olhos, tais ações se assemelham quanto ao seu objeto (numa é o tributo não pago, noutra é o tributo pago de forma indevida), apresentando seus pólos ativo e passivo reciprocamente invertidos. Não. Disto não se trata. Entretanto, o mesmo STJ teve a oportunidade de examinar a questão relativa ao prazo decadencial que corre contra o Fisco nos tributos sujeitos a "lançamento por homologação". Nestes casos entendeu tratar-se igualmente de 10 anos, sob a fundamentação de que o art. 173, I, do CTN deve ser interpretado em conjunto com o art. 150, § 4º, do CTN. Com a palavra o colendo Tribunal: "A dificuldade desaparece quando se examina o art. 173, em conjunto com o preceito contido no art. 150, § 4º, do CTN. O art. 150 trata do lançamento por homologação. Seu § 4º estabelece o prazo para a prática deste ato. Tal prazo é de cinco anos, a contar da ocorrência do fato gerador. O § 4º adverte para a circunstância de que, expirado este prazo sem que a Fazenda Pública se tenha pronunciado, considera-se definitivo o lançamento. Vale dizer que o lançamento apenas se pode considerar definitivo em duas situações: a) depois de expressamente homologado; b) cinco anos depois de ocorrido o fato gerador, sem homologação expressa. Na hipótese de que agora cuidamos, o lançamento poderia ter sido efetuado durante cinco anos, a contar do vencimento de cada uma das contribuições".[9]

A partir deste posicionamento fixou-se o entendimento de que, ocorrido o "fato gerador" do tributo, o Fisco tem o direito de rever e homologar o "lançamento" (leia-se o ato) praticado pelo contribuinte, pelo prazo de cinco anos (art. 150, § 4º, do CTN). Decorrido este lapso temporal inicia-se a contagem a que alude o art. 173, I, do CTN, segundo a qual mais cinco anos são conferidos ao Poder Público para constituir o crédito tributário. Examinemos com mais vagar tais conclusões. A primeira observação deve ser feita quanto ao conceito de lançamento supra-adotado. É por demais pertinente, e imprescindível, invocarmos as diferenças semânticas que o termo suscita, conforme estudo empreendido por Eurico Marcos Diniz de Santi: "Assim, no uso técnico-contábil temos o emprego da expressão 'lançamento' como (i) ação ou (ii) efeito de escriturar uma verba em livros de escrituração comercial, (iii) a própria verba que se escritura e (iv) efetuar o cálculo, conferir liquidez a um crédito ou débito".[10] Considerando estas diferenciações, bem como o conceito jurídico de lançamento adotado pelo Código Tributário Nacional (atividade privativa etc.), já se depreende que o precedente jurisprudencial atribui aos atos do contribuinte a denominação de "lançamento" quando, na verdade, este continua privativo da autoridade competente. Reto-

9. REsp 58.918, invocado pelo REsp 69.308-SP, rel. Min. Humberto Gomes de Barros, *RSTJ* 83/63, *DJU* 4.3.1996.

10. *Lançamento Tributário*, pp. 124-126.

mando, no momento em que o agente administrativo homologa os atos do obrigado é que efetua o lançamento. Se o faz expressamente, tem-se a homologação expressa. Se o faz pelo decurso do lapso temporal previsto (cinco anos), tem-se a homologação tácita.

Portanto, *repetimos*, o prazo previsto no § 4º do art. 150 do CTN somente se aplica quando houver ato de pagamento do obrigado a ser homologado. Daí decorre a necessidade de examinarmos as situações distintas quanto à aplicação dos dispositivos do Código Tributário Nacional que cuidam da prescrição e decadência.

6. *Hipóteses factuais distintas para a contagem dos prazos de decadência e prescrição nos tributos sujeitos a "lançamento por homologação"*

6.1 Tributo declarado e pago

Ocorrido o "fato gerador" do tributo, surge para o obrigado o dever de, independentemente de qualquer ato da Administração, proceder ao pagamento antecipado do tributo devido, bem como cumprindo todos os deveres instrumentais a ele inerentes. Neste caso temos que o tributo devido é declarado pelo sujeito passivo, que o recolhe aos cofres públicos ao seu devido tempo. Ora, se toda a extensão da obrigação tributária já foi adimplida, o que mais resta à Fazenda Pública? Mediante ato expresso ou postura tácita, homologar este pagamento antecipado, com o quê realiza o lançamento, sua atividade privativa, a teor do art. 142 do CTN. Neste caso não há que se falar em decadência, posto que nada há para formalizar, além daquela parcela já declarada pelo obrigado. De igual forma, também não se fala em prescrição, posto que não há tributo que deixou de ser pago e que suscitasse o direito de ação por parte do Fisco, com vistas a cobrá-lo judicialmente. Portanto, tratando-se de tributo declarado e pago a seu devido tempo não fluem os prazos de decadência e prescrição. A obrigação e o crédito tributários já foram formalizados pelos atos do contribuinte, tendo o crédito sido extinto pelo pagamento antecipado. Haverá, tão-somente, a fluência do prazo previsto no § 4º do art. 150 do CTN para homologação do pagamento, na extensão em que o mesmo tenha sido efetuado. Verificando a autoridade administrativa que o pagamento ou a declaração não foram formalizados na abrangência total do fato jurídico tributário, a parcela relativa a esta diferença já não mais compõe a presente modalidade, de tributo declarado e pago, mas sim, conforme o caso, uma das que passaremos a examinar em seguida.

6.2 Tributo declarado e não pago

Nesta modalidade, ocorrido o fato jurídico tributário, o contribuinte procede à formalização da existência do mesmo, o que faz através dos deveres instrumentais previstos em cada legislação ordinária, e que, devidamente cumpridos, dão conta da existência da obrigação e do crédito tributários. Ocorre que o obrigado, embora tenha cumprido todas as chamadas obrigações acessórias, não efetua o recolhimento do tributo no prazo previsto em lei, sujeitando-se aos efeitos daí decorrentes (mora etc.). Pergunta-se, pois: qual o prazo decadencial para a constituição do crédito tributário? A nosso ver, nenhum. A uma porque a obrigação tributária já foi devidamente formalizada, e a duas porque, não existindo a figura do pagamento antecipado, não há o que o Fisco homologar. Logo, contra ele, Fisco, não corre prazo de decadência, o que se coaduna com a assertiva prévia de que os atos praticados pelo obrigado são suficientes à formalização do tributo. Por conseguinte, resta ao sujeito ativo o prazo de prescrição. Rememoramos que o prazo de prescrição da ação de cobrança do crédito tributário encontra-se previsto no art. 174 do CTN, aplicando-se a *todas* as espécies tributárias, dentre as quais as sujeitas a "lançamento por homologação". Destarte, o prazo prescricional é de cinco anos, contados da data da constituição definitiva do crédito tributário. Resta-nos, pois, determinar quando ocorre esta constituição definitiva. A nosso ver, a partir do momento em que houve a formalização do tributo por parte do obrigado. De fato, este ato do contribuinte é inequívoco quanto à existência do tributo a ser pago. Tanto que não enseja a fluência de prazo decadencial. Assim, estando o tributo formalizado, surge o termo *a quo* para o ajuizamento da respectiva ação de cobrança do crédito tributário; no caso, a execução fiscal (Lei 6.830, de 1980). Aliás, com a impontualidade no cumprimento da obrigação é que surge o direito de ação.

É exatamente neste ponto que desponta a divergência com a jurisprudência supracolacionada, que confere ao Poder Público pouco mais de 10 anos para efetuar o lançamento do crédito tributário. Com efeito, para o STJ, se o tributo não foi pago fluiriam cinco anos (§ 4º do art. 150) para que o "lançamento" do contribuinte fosse homologado. Decorrido este lapso, extinguir-se-ia o chamado "direito potestativo" de o Fisco homologar, e somente então surgiria o termo inicial do prazo decadencial previsto no art. 173, I, do CTN para que se desse a constituição do crédito tributário. Noutras palavras, embora declarado, não sendo o tributo pago nos cinco anos seguintes ao da ocorrência do seu "fato gerador", teria o Poder Público o "direito potestativo" de homologar os atos do obrigado. Finalizado este prazo é que se aplicaria a contagem do art. 173, I, do CTN, conferindo à Fazenda Pública cinco anos para a constituição do crédito tributário.

À vista disto, indagamos: se o ato de formalização do tributo pelo contribuinte não tem qualquer validade, posto que dependente de posterior atuação estatal para a constituição do crédito tributário, o que pretende homologar o assim chamado "direito potestativo"?

A prova definitiva da improcedência do aludido prazo de 10 anos encontramos no próprio STJ, tendo reiteradamente decidido que, "tratando-se de débito declarado e não pago pelo contribuinte, torna-se despicienda a homologação formal, passando a ser exigível independentemente de prévia notificação ou da instauração de procedimento administrativo fiscal. Descogita-se da ofensa ao 'devido processo legal'".[11] Mas há trechos mais explícitos, que passamos a transcrever: (a) "O lançamento com base nas declarações do próprio devedor é constitutivo do débito tributário, independentemente de qualquer outra solenidade, especialmente da homologação subseqüente. O lançamento e a homologação são institutos jurídicos incompossíveis, porquanto só há mister de se efetivar o lançamento de tributo impago e a homologação só se torna necessária quando o imposto é recolhido, antecipadamente, pelo contribuinte. Desde que a autoridade lançadora disponha de todas as informações pertinentes à ocorrência do fato imponível e a identificação do sujeito passivo – no caso, as declarações do contribuinte –, terá condições para celebrar o ato de lançamento, independentemente de outras providências suplementares";[12] (b) "Tratando-se de débito declarado e não pago, caso típico de autolançamento, não tem lugar a homologação formal".[13]

Nestes casos tem entendido o STJ que a declaração do contribuinte, por si só, já é suficiente a permitir a inscrição na dívida ativa do débito declarado e não pago, bem como o ajuizamento da respectiva execução fiscal. Ou seja, entendeu-se, há muito, que, uma vez declarado o débito, a falta de seu pagamento suscita o direito de ação do credor, sendo, pois, suficiente para permitir o ajuizamento da ação de cobrança independentemente de qualquer homologação, "direito potestativo"[14] ou posterior constituição do crédito tributário.

11. REsp 98.805-SP, rel. Min. Mílton Luiz Pereira, *DU* 30.3.1998.

12. REsp 60.610-1-SP, rel. Min. Demócrito Reinaldo, *RSTJ* 81/100, *DJU* 19.6.1995.

13. REsp 35.785-SP, rel. Min. Peçanha Martins, *RSTJ* 88/79.

14. Cuidemos de relembrar a existência de precedente unânime do Plenário do STF (*RTJ* 106/263) no sentido de que a partir da ocorrência do fato jurí-

Em conclusão, entendemos que o tributo declarado e não pago não enseja a fluência de prazo decadencial em face da ausência do quê constituir, bem como homologar. Em tais hipóteses o inadimplemento faz nascer o direito de ação, e, portanto, flui o prazo prescricional, contado desde a formalização do tributo pelo obrigado (art. 173, I, do CTN).[15]

6.3 Tributo não declarado e não pago

Examinemos a hipótese de total inércia do sujeito passivo que, diante da ocorrência do fato jurídico tributário, se exime de formalizar o tributo, pelo cumprimento dos deveres instrumentais correlatos, bem como de recolhê-lo aos cofres públicos. Novamente, se não há pagamento nada pode a Fazenda Pública homologar, dada a inexistência de objeto para tanto. Não há, muito menos, qualquer dever instrumental do contribuinte que dê conta da existência do tributo. É certo – e a ressalva se faz necessária – que as circunstâncias factuais podem variar. Um determinado contribuinte sequer emite nota fiscal, e o faz, muitas vezes, com intuito fraudulento. Outro, por sua vez, tem todos os registros fiscais e contábeis devidamente escriturados, mas deixa de formalizar o tributo através do documento que deve ser periodicamente entregue ao Fisco. Portanto, assumamos a premissa de que débito não declarado equivale àquele que o contribuinte deixa de dar ciência de sua existência ao Fisco pela falta de entrega do documento fiscal pertinente (GIA, DCTF etc.). Posta esta premissa, se já apontamos por inaplicável o § 4º do art. 150 do CTN, resta à espécie o prazo decadencial do art. 173, I, do CTN, que flui, pois, durante cinco anos a contar do primeiro dia do exercício seguinte àquele em que o lançamento poderia ter sido efetuado. Neste passo, ocorrido o fato jurídico tributário, já existe a possibilidade de o mesmo vir a ser constituído pelo lançamento. Portanto, como atualmente os exercícios fiscal e civil coincidem, a partir de 1º de janeiro do ano seguinte ao da ocorrência do "fato gerador" começa a correr o prazo decadencial de cinco anos para que o Fisco, sujeito ativo da obrigação tributária, proceda à constituição do crédito tributário respectivo.

Como conseqüência, apenas posteriormente à constituição do crédito tributário é que se poderá falar em prazo de prescrição. Com efeito, a par de o art. 174 contar o prazo prescricional de cinco anos desde a data da constituição do crédito tributário, com esta constituição o sujeito ativo notificará o sujeito passivo para pagar o tributo lançado. Não o fazendo, surge o direito de ação e, inerentemente, embora não simultâneos no tempo, o prazo de prescrição.

Pelo exposto, concluímos que o tributo não declarado e não pago submete-se ao prazo decadencial previsto no art. 173, I, do CTN. Após a constituição do crédito tributário não mais se fala em prazo decadencial, surgindo o prazo prescricional, que é contado a partir da data em que se deu a referida constituição do crédito tributário.

6.4 Tributo não declarado e pago

Embora factualmente possível, esta modalidade não traz grandes relevâncias ao crédito tributário, objeto da obrigação tributária principal, na linguagem do Código. E isto porque, ocorrendo o pagamento antecipado, extingue-se o crédito tributário

dico tributário surge "para o Fisco o direito potestativo de efetuar o lançamento, e direito potestativo a ser exercido dentro de prazo determinado, que, *por ser prazo de exercício de direito potestativo, é prazo de decadência*" (grifamos). Segue-se daí que após a declaração do tributo pelo contribuinte "não há mais direito potestativo a ser exercido".

15. Observamos que a data do termo inicial da prescrição não se confunde com a data da formalização do crédito. Assumimos que o contribuinte declara a seu devido tempo, pois do contrário tratar-se-ia da hipótese seguinte, de tributo não declarado e não pago. Assim, cada situação fática deve ser analisada isoladamente. Por exemplo, pode um sujeito passivo não formalizar hoje, mas daqui a um mês. O objetivo foi o de traçar as diretrizes, das quais os casos concretos não poderão se desvincular.

mediante condição resolutória de sua ulterior homologação (art. 150, § 1º, e art. 156, VII, ambos do CTN). Poderíamos, pois, considerar o pagamento como a própria declaração do tributo e a situação se resolveria. Mas, ainda que visto sob uma outra ótica, certo é que, uma vez pago em toda sua extensão, flui apenas o prazo do art. 150, § 4º, do CTN para que o Fisco homologue o pagamento. Nada há a ser constituído. Certamente, abre-se a possibilidade de o Fisco imputar ao sujeito passivo a penalidade pelo descumprimento das obrigações de natureza formal, previstas na legislação, sem que haja interferência quanto aos efeitos do adimplemento do tributo devido.

7. Conclusões

Seria por demais pretensioso, em tão curto espaço, deduzir conclusões que esgotassem a matéria na sua plenitude. Tratando-se de tema tão rico e vasto, a exposição de linhas gerais objetivou demonstrar que o ordenamento vigente contempla regras específicas para as figuras da decadência e prescrição, aplicáveis, em toda a sua extensão, aos tributos sujeitos ao chamado "lançamento por homologação". Neste particular, tornou-se imperiosa a delimitação da espécie quanto ao comando específico que o § 4º do art. 150 do CTN lhe atribuiu, o que possibilitou descrever as quatro probabilidades fáticas traçadas pelo conjunto possível das duas variáveis consideradas (1: declaração do tributo; e 2: pagamento do tributo). Seguindo esta ordem de desenvolvimento, iniciamos por aduzir que a definição legal de lançamento realiza contornos abrangentes acerca da figura, atribuindo-a à competência privativa do agente administrativo. Esta assunção não destoa do "lançamento por homologação", que ocorre no instante em que a autoridade pública, expressa ou tacitamente, homologa o pagamento antecipado realizado pelo obrigado. Partindo especificamente para os institutos da decadência e prescrição, constatamos que os arts. 173 e 174 do CTN cuidaram de ambos, aplicáveis a todas as espécies de tributos (inclusive os sujeitos a "lançamento por homologação"), sendo reservado o § 4º do art. 150 do CTN tão-somente para a homologação do pagamento antecipado pelo obrigado. Daí surgiu a incompatibilidade da construção efetuada pelo STJ em face dos dispositivos do Código Tributário Nacional, pretendendo que ao Fisco fossem concedidos 10 anos para efetuar o lançamento dos tributos submetidos a "lançamento por homologação", o que, a princípio, teria sido feito posteriormente a julgamento de ação de repetição de indébito cuja contagem do prazo prescricional resultou em cerca de 10 anos. Especificamente neste tópico, a que aludimos como falsa isonomia, foi rigorosa a afirmação de que são absolutamente distintos os prazos prescricionais da ação de repetição de indébito e da ação para a cobrança de crédito tributário não recolhido. Por fim, cuidamos de apontar as quatro possibilidades de contagem de prazos, em função das duas variáveis antes referidas, sempre atentos para ressaltar que as peculiaridades de cada caso podem ditar novo rumo à aplicação das normas em questão, entretanto sem desvirtuar as premissas básicas que pretendemos colocar, *todas apontando para a inexistência de um prazo de 10 anos para o Fisco efetuar o lançamento tributário.*

Bibliografia

O que somos é conseqüência do que pensamos. (Buda)

AMARO, Luciano. *Direito Tributário Brasileiro*. São Paulo, Saraiva, 1997.

BALEEIRO, Aliomar. *Direito Tributário Brasileiro*. 9ª ed., 1ª tir. Rio de Janeiro, Forense, 1979.

CARRAZZA, Roque Antônio. *Curso de Direito Constitucional Tributário*. 14ª ed. São Paulo, Malheiros Editores, 2000.

CARRIÓ, Genaro R. *Notas sobre Derecho y Lenguaje*. Buenos Aires, Abeledo-Perrot.

CARVALHO, Paulo de Barros. *Curso de Direito Tributário*. 5ª ed. São Paulo, Saraiva, 1995.

————. *Direito Tributário: Fundamentos da Incidência Tributária*. São Paulo, Saraiva, 1998.

COLEÇÃO PENSAMENTOS DE SABEDORIA. *A Essência da Verdade*. v. 3, "A Arte de Viver". São Paulo, Martin Claret, 1996.

FERRAZ JR., Tércio Sampaio. *Introdução ao Estudo do Direito*. São Paulo, Atlas, 1996.

GRECO, Marco Aurélio. *Dinâmica da Tributação e Procedimento*. São Paulo, Ed. RT, 1979.

HORVATH, Estevão. *Lançamento Tributário e "Autolançamento"*. São Paulo, Dialética, 1997.

KELSEN, Hans. *Teoria Pura do Direito*. São Paulo, Martins Fontes, 1996.

MACHADO, Hugo de Brito. *Curso de Direito Tributário*. 11ª ed. São Paulo, Malheiros Editores, 1996.

MORAIS, Bernardo Ribeiro de. *Compêndio de Direito Tributário*. Rio de Janeiro, Forense, 1996.

NASCIMENTO, Carlos Valder do (coord.). *Comentários ao Código Tributário Nacional*. Rio de Janeiro, Forense, 1997.

RICOEUR, Paul. *Interpretação e Ideologias*. 4ª ed. Rio de Janeiro, Francisco Alves, 1990.

ROSS, Alf. *Sobre el Derecho y la Justicia*. 5ª ed. Buenos Aires, Editorial Universitaria de Buenos Aires, 1994.

SANTI, Eurico Marcos Diniz de. *Lançamento Tributário*. São Paulo, Max Limonad, 1996.

XAVIER, Alberto. *Do Lançamento – Teoria Geral do Ato do Procedimento e do Processo Tributário*. 2ª ed. Rio de Janeiro, Forense, 1998.

ACORDOS INTERNACIONAIS E PREÇO DE TRANSFERÊNCIA

ELEN ORSINI

1. Preços de transferência. Legislação brasileira. 2. Acordos internacionais para evitar a bitributação: 2.1 Dupla tributação jurídica – 2.2 Dupla tributação econômica. 3. Art. IX da Convenção-Modelo. 4. Prevalência ou não do acordo internacional. 5. Conclusão.

Muita polêmica tem sido levantada desde a implantação da Lei 9.430, de dezembro de 1996, no tocante às regras de preços de transferência, gerando incertezas e dúvidas para as pessoas que trabalham na área e para alguns empresários, que necessitam de informação precisa para poderem tomar decisões.

A dúvida mais freqüente refere-se à legalidade e à aplicabilidade dessas novas regras, principalmente quando há acordo internacional entre o Brasil e o país em que está situada a outra empresa, a qual mantém relações comerciais ou financeiras com a empresa brasileira.

A aplicabilidade e a interpretação dos tratados internacionais em matéria tributária são assuntos complexos, mesmo para professores e estudiosos do direito internacional tributário. Não pretendemos, com este breve artigo, esgotar o assunto, mas apenas dar uma visão geral, de forma simples e resumida, do contexto em que se inserem as regras de preço de transferência.

Para esclarecermos estas polêmicas existem alguns "mitos/conceitos" que devem ser esclarecidos. Entre eles estão o problema da "bitributação" e o teor e o alcance do art. IX dos Tratados Internacionais, assim como da definição do princípio do preço sem interferência (*arm's length principle*) em relação à legislação brasileira de preço de transferência.

Considerando que, para fins de celebração das convenções internacionais para evitar a bitributação, embora o Brasil não seja membro dessa Organização, adotou a Convenção-Modelo da Organização para Cooperação e Desenvolvimento Econômico – OCDE (*Organization for Economic Cooperation and Development – OECD*), basearemos nosso estudo principalmente nos *Comentários* ao Modelo de Convenção,[1] elaborados pelo seu Conselho, e nos ensinamentos do professor Heleno Taveira Torres.

Para facilitar o entendimento iniciaremos discorrendo primeiro sobre a aplica-

1. *Comentários Relativos aos Artigos da Convenção-Modelo da OCDE*, publicados pelo Centro de Estudos Fiscais do Ministério das Finanças de Portugal, Lisboa, 1955, Caderno de Ciência e Técnica Fiscal.

bilidade das regras de preços de transferência, depois genericamente sobre o objetivo dos tratados internacionais, para finalmente enfocarmos o problema do art. IX da Convenção-Modelo da OCDE em relação à legislação interna, quando pretendemos demonstrar que não há a bitributação e que a legislação interna não contraria o princípio do preço sem interferência, sendo, portanto, válida a sua aplicação.

1. Preços de transferência. Legislação brasileira

Preço de transferência pode ser conceituado como a prática de transferência de resultados para o exterior, mediante a manipulação dos preços pactuados nas importações ou exportações de bens, serviços ou direitos, em operações com pessoas vinculadas, residentes ou domiciliadas no exterior, ou residentes em países de tributação favorecida, quer sejam ou não vinculadas.

A legislação brasileira aplica-se a pessoas físicas ou jurídicas sediadas no Brasil (contribuintes) que pratiquem operações com pessoas, físicas ou jurídicas, residentes ou domiciliadas no exterior (não-residentes):

a) consideradas vinculadas (art. 23 da Lei 9.430, de 1996, e art. 2º da Instrução Normativa 38, de 1997), tais como: matriz, filial ou sucursal, controladora, controlada, coligada, quer a vinculação seja direta ou indireta, associada e que goze de exclusividade, como seu agente, distribuidor ou concessionário – não-residente vinculado;

b) pessoas físicas ou jurídicas, ainda que não-vinculadas, residentes ou domiciliadas em paraísos fiscais (art. 24 da Lei 9430, de 1996, e arts. 37 e 38 da Instrução Normativa 38, de 1997) – não-residente sediado em paraíso fiscal; e

c) efetuadas por meio de interposta pessoa, não caracterizada como vinculada à empresa no Brasil, por meio da qual esta opere com outra no exterior, caracterizada como vinculada (§ 5º do art. 2º da Instrução Normativa 38, de 1997) – não-residente vinculado (pois a intermediação com pessoa que não seja vinculada, a qual poder ser domiciliada no país ou não, não descaracteriza a vinculação entre o contribuinte e a pessoa vinculada residente no exterior).

Para se verificar se há ou não a manipulação dos preços pactuados nas operações de importações ou exportações de bens, serviços ou direitos realizadas entre os contribuintes brasileiros e os não-residentes vinculados ou sediados em paraísos fiscais deve-se efetuar a comparação entre o preço praticado nessas operações e os preços pactuados em operações idênticas ou semelhantes entre pessoas físicas ou jurídicas não-vinculadas (operações entre independentes).

Com este objetivo o legislador brasileiro determinou que se comparasse o preço médio praticado nas operações efetuadas pelos contribuintes, denominado de *preço praticado*, com o preço médio apurado nas operações efetuadas entre empresas independentes, o qual passa a ser denominado *preço-parâmetro*. Se da comparação entre os dois preços médios (o praticado e o parâmetro) houver diferença, significa que o contribuinte manipulou os preços pactuados nas operações de importações ou exportações, de forma que o valor do lucro tributável no Brasil deve ser ajustado, para permitir que o preço das vendas de bens, serviços e direitos, no âmbito de um grupo, seja, para efeitos fiscais, equivalente aos que seriam pactuados entre empresas independentes. Dessa forma objetiva-se tributar o *quantum* é devido, ou impedir que determinado contribuinte deixe de pagar o imposto devido ao Estado Brasileiro.

Caracterizando-se o direito tributário brasileiro como um direito positivo, coube ao legislador nacional estabelecer os critérios a serem utilizados para efeito de cálculo tanto do preço médio praticado nas operações sujeitas aos controles das regras de preços de transferência como dos métodos e margens de lucro para cálculo do preço médio-parâmetro apurado nas operações entre empresas independentes.

Sem analisar detalhadamente os critérios e métodos estabelecidos na legislação, os quais estão detalhados na Instrução Normativa SRF-38, de 30.4.1997, podem assim ser resumidos:

I – Para efeito de cálculo do preço praticado nas operações do contribuinte deve-se considerar:

1) o valor médio por bem, serviço ou direito adquirido do exterior – custo médio praticado na importação;

2) o valor médio por bem, serviço ou direito vendido para o exterior – receita média praticada na exportação, e

3) o valor da despesa ou receita com juros decorrentes de contratos de mútuo não registrados no Banco Central do Brasil – operações financeiras.

II – Para efeito de cálculo do preço-parâmetro nas operações entre empresas independentes deve-se considerar o preço médio apurado segundo os métodos e as margens de lucros estabelecidos para cada tipo de operação:

Métodos do custo de importação

1) PIC – Preços Independentes Comparados;

2) PRL – Preço de Revenda Menos Lucro (com margem de lucro de 20% – sem agregação);

3) PRL – Preço de Revenda Menos Lucro (com margem de lucro de 60% – com agregação, aplicação a partir do ano-calendário de 2000);

4) CPL – Custo de Produção Mais Lucro (com margem de lucro de 20%).

Métodos de receita de exportação

1) PVEx – Preços de Venda nas Exportações;

2) PVA – Preço de Venda por Atacado no país de destino, diminuído do lucro (com margem de lucro de 15%);

3) PVV – Preço de Venda a Varejo no país de destino, diminuído do lucro (com margem de lucro de 30%);

4) CAP – Custo de Aquisição ou de Produção, mais tributos e lucro (com margem de lucro de 15%).

Operações financeiras

1) Despesas com Juros – somente serão dedutíveis até o montante que não exceda o valor calculado com base na taxa Libor para depósitos em dólares pelo prazo de seis meses, acrescida de 3% anuais a título de *spread*, proporcionalizados em função do período;

2) Receita com Juros – valor mínimo a ser reconhecido como receita financeira, deverá ser calculado com base na taxa Libor para depósitos em dólares pelo prazo de seis meses, acrescida de 3% anuais a título de *spread*, proporcionalizados em função do período.

2. *Acordos internacionais para evitar a bitributação*

Os acordos internacionais sobre matéria tributária são celebrados com três objetivos: para evitar a dupla tributação jurídica internacional, prevenir a evasão fiscal e evitar a discriminação entre os nacionais e os não-nacionais em ambos os Estados contratantes.

Efetivamente, os acordos internacionais cumprem o objetivo de evitar a dupla tributação, evitando que o mesmo contribuinte tenha determinado rendimento tributado em ambos os Estados contratantes, o que caracterizaria a dupla tributação jurídica.

A não-discriminação está contemplada em artigo próprio, o art. 24 da Convenção-Modelo. Da mesma forma que todos os artigos em suas definições, como nos comentários do Comitê de Assuntos Fiscais da OCDE, se relacionam com o problema da evasão fiscal, sendo a prática mais usual o uso incorreto das convenções, o qual tem no art. 26, sobre a troca de informações, o instrumento para que as Administrações Tributárias possam lutar contra tais abusos.

Existem dois tipos de dupla tributação: a jurídica e a econômica.

A bitributação ou *dupla tributação jurídica* ocorre quando estiverem presentes cumulativamente três pressupostos:

1) o mesmo fato gerador nos dois Estados contratantes;

2) este mesmo fato gerador deve sofrer a incidência de impostos contemporaneamente equivalentes, no caso imposto sobre a renda, em ambos os Estados contratantes; e

3) ser o mesmo contribuinte em ambos os Estados contratantes.

Para que ocorra a dupla tributação econômica basta que estejam presentes os dois primeiros pressupostos, ou seja:

1) o mesmo fato gerador nos dois Estados contratantes;

2) sobre este mesmo fato gerador devem incidir impostos contemporaneamente equivalentes, no caso o imposto sobre a renda, em ambos os Estados contratantes.

Note-se que nessa segunda hipótese os contribuintes são distintos em ambos os Estados contratantes.

2.1 Dupla tributação jurídica

A dupla tributação à qual os acordos se referem é a *jurídica*, que pode ser definida como a incidência de impostos equiparáveis em dois ou mais Estados relativamente a um mesmo contribuinte, ao mesmo fato gerador e a períodos de tempo idênticos.

Esta hipótese só ocorrerá se uma mesma pessoa jurídica ou física exercer atividade em ambos os Estados contratantes e neles for considerada contribuinte.

Essa hipótese poderia ocorrer se não houvesse, de forma genérica, os artigos que definem como determinar o domicílio fiscal quando uma pessoa é residente em um ou em ambos os Estados contratantes, quais os impostos visados, ou quando uma atividade é ou não exercida através de um estabelecimento permanente e como serão tributados os diferentes tipos de rendimentos. Na hipótese de um residente em determinado Estado receber rendimentos que possam ser tributados em ambos os Estados contratantes há formas predefinidas para eliminar essa dupla tributação.

Em qualquer operação comercial ou financeira existe em uma ponta o comprador e na outra o vendedor. O valor de operação representa um desembolso para o comprador, ao mesmo tempo em que representa uma receita para o vendedor. Não há hipótese de operação de compra e venda com uma única pessoa envolvida. Da mesma forma ocorre com o preço de transferência; se as entidades envolvidas na operação não se caracterizarem com entidades autônomas, não estão sujeitas às regras de preços de transferência.

As regras brasileiras de preços de transferência só se aplicam a pessoas jurídicas ou físicas residentes no Brasil que pratiquem operações de importação ou de exportação com pessoas físicas ou jurídicas que sejam residentes em outro Estado, que sejam caracterizadas como vinculadas ou que sejam sediadas em paraísos fiscais; portanto, um dos pressupostos da bitributação jurídica – ser o mesmo contribuinte em ambos os Estados contratantes – não está presente.

A existência de vinculação entre as diferentes unidades de um grupo não pode ser confundida com a unicidade do grupo, ou seja, o fato de uma determinada empresa ter filiais, sucursais, coligadas ou controladas em diferentes jurisdições fiscais não lhes permite estabelecer condições de negócios ou apurar o resultado contábil (lucro ou prejuízo) como se fosse um mesmo estabelecimento ou uma única unidade.

Mesmo em uma leitura rápida dos arts. 18 a 24 da Lei 9.430, de 1996, que tratam das regras de preços de transferência, percebemos que não há como ocorrer a dupla tributação jurídica, estando, portanto, neste aspecto, a regra brasileira em consonância com o art. IX da Convenção-Modelo.

2.2 Dupla tributação econômica

Não podendo caracterizar a ocorrência de dupla tributação jurídica, uma vez que temos diferentes contribuintes, poderíamos estar nos referindo à dupla tributação econômica; entretanto, se os tratados internacionais têm como objetivo evitar a dupla tributação jurídica e não tratam da dupla tributação econômica, não há como inferir que do fato de poder vir a ocorrer a dupla tributação econômica estar sendo ferido qualquer dos princípios ou regras tratados nos acordos internacionais.

Esse entendimento fica claro quando lemos os *Comentários* do Comitê Fiscal da OCDE aos arts. 23-A e 23-B, relativos aos métodos para eliminar as duplas tributações:

"1. Estes artigos tratam da chamada dupla tributação jurídica, isto é, quando a mesma pessoa é tributada a título do mesmo rendimento ou patrimônio por mais de um Estado.

"2. Há que distinguir esta situação da chamada dupla tributação econômica, ou seja, quando duas pessoas distintas são tributadas a título do mesmo rendimento ou patrimônio. Se dois Estados desejarem resolver problemas de dupla tributação econômica, devem fazê-lo através de negociações bilaterais."

Quando nos referimos à prática de preço de transferência poderíamos estar nos referindo à bitributação econômica, mas devemos nos lembrar que nos *Comentários* aos arts. 23-A e 23-B a organização não está defendendo a tese de que existe ou não a dupla tributação econômica, apenas estabeleceu que o acordo internacional não é o instrumento adequado para resolver este problema, o qual deve ser resolvido através de negociações bilaterais.

Com base nos ensinamentos do professor Dr. Heleno Taveira Torres[2] pretendemos demonstrar que também não ocorre a dupla tributação econômica. Para o professor Heleno "os estudos da pluritributação internacional, por muito tempo, plasmaram-se na dicotomia entre 'dupla tributação jurídica' e 'dupla tributação econômica', no mais completo equívoco teórico".

Para que a dupla tributação econômica, como definiu o professor Heleno Torres, pudesse ser admitida enquanto dupla tributação internacional "(...) necessitaria, de início, ser, pelo menos indiretamente, reconduzível aos elementos basilares da respectiva definição: concurso impositivo entre duas ou mais legislações fiscais soberanas contemporaneamente incidentes sobre um mesmo suporte fático dotado de elementos de estraneidade, o que não se verifica, como demonstraremos".

Demonstrando, a seguir, que "não se estabelece qualquer concurso de normas, pois as hipóteses de incidência das normas dos Estados tributantes apresentam, em geral, critérios materiais, temporais, espaciais (ou de localização), subjetivos e quantitativos completamente diferentes".

"Quanto à identidade do fato-evento imponível dotado de elemento de estraneidade, bem menor é a semelhança, pois, devendo estar de acordo com as respectivas hipóteses de incidência das normas, entre os específicos suportes fatícos não há qualquer relação."

Nas operações de importação ou exportação sujeitas a controle de preços de transferência, por exemplo, pode ocorrer a seguinte situação:

1. Uma determinada empresa brasileira, "Alfa", adquire bens ou serviços de sua controladora no exterior, "Beta".

2. Em algum momento esses itens serão lançados como custo ou despesa para fins de apuração do resultado da empresa "Alfa", quer tenham sidos adquiridos para consumo no processo produtivo, para revenda ou para o imobilizado (como depreciação do bem). O valor que está sendo tri-

2. *Pressupostos Jurídicos do Planejamento Tributário Internacional*, Tese de Doutorado em Direito Tributário, São Paulo, PUC/SP, 1999.

butado na empresa é o lucro apurado ao final do período de apuração, que de forma geral coincide com o ano-calendário, devendo ser encerrado em 31 de dezembro de cada ano, exceto nos casos de início ou encerramento de atividade, sobre os quais incide o imposto sobre a renda.[3] Sobre o valor da despesa ou custo não incide imposto sobre a renda, embora eles componham o resultado a ser tributado ao final do período de apuração, quando se materializarem como custo ou despesa.

3. O valor recebido pela empresa "Beta", sediada no exterior, irá compor o lucro apurado como receita, sobre o qual incidirá o imposto sobre a renda conforme as regras daquele país, cujo período de apuração pode não coincidir com o ano-calendário, como no Brasil, podendo ser encerrado em qualquer mês do ano, como, por exemplo, em 30 de setembro.

Os momentos de apuração dos resultados de cada uma das empresas podem ser, e geralmente são, diferentes, assim como as legislações domésticas que determinam a forma e critérios também são distintas.

No Brasil a base de calculo do imposto é sobre o lucro fiscal (lucro contábil ajustado), em outros países é lucro contábil, sem qualquer ajuste ou limite de dedutibilidade.

Não há nos artigos da Convenção-Modelo da OCDE que tratam dos lucros das empresas, art. VII, ou empresas associadas, art. IX, qualquer referência à forma de apuração dos lucros ou que permita tratamento privilegiado quanto à apuração do resultado por existir o acordo entre dois Estados soberanos, como existe para outros tipos de rendimento, como, por exemplo: dividendos (art. X), juros (art. XI) ou *royalties* (art. XII).

3. No Brasil sobre o lucro incidem o imposto sobre a renda das pessoas jurídicas e a contribuição social sobre o lucro líquido, os quais, para facilitar, passam a ser denominados genericamente como imposto sobre a renda.

Dessa forma, pode-se perceber que os fatos gerados (fato-evento imponível) são distintos e sujeitos a legislações fiscais soberanas e *não*-contemporâneas. Não se caracterizando, desta forma, a hipótese de dupla tributação econômica.

Se não ocorre qualquer tipo de bitributação, quer seja jurídica ou econômica, por que tanto se tem polemizado sobre o assunto?

Para se entender o porquê de tanta discussão precisamos entender as disposições do art. IX da Convenção-Modelo da OCDE.

3. Art. IX da Convenção-Modelo

O princípio do preço sem interferência está declarado no art. IX da Convenção-Modelo da OCDE – Organização para Cooperação e Desenvolvimento Econômico, o qual cita:

"1. Quando:

"a) uma empresa de um Estado contratante participar, direta ou indiretamente, da administração, do controle ou do capital de uma empresa do outro Estado contratante, ou

"b) as mesmas pessoas participarem direta ou indiretamente da administração ou do controle do capital de uma empresa de um Estado contratante e de uma empresa de outro Estado contratante,

"e, em qualquer dos casos, condições sejam estabelecidas ou impostas entre as duas empresas em suas relações comerciais ou financeiras que diferirem daquelas que seriam estabelecidas entre empresas independentes, então, quaisquer lucros que, exceto por essa razões, teriam sido havidos por uma das empresas, mas, em razão dessas mesmas condições, não tenham sido havidos, poderão ser incluídos nos lucros daquela empresa e, assim, sujeitos a tributação."

A definição de preços de transferência está diretamente relacionada ao princípio do preço sem interferência (*arm's length principle*), de forma que o ajuste no preço de uma transação só deveria ser efetuado no nível de lucro, com o objetivo de assegurar que os preços das vendas de bens, serviços e direitos, no âmbito de um grupo, sejam, para efeitos fiscais, equivalentes aos que seriam praticados entre empresas independentes.

Em termos práticos, os países que aplicam uma política de negociar tratados de natureza tributária estão automaticamente vinculados a ter regras para determinar o lucro de uma divisão local ou de um membro do grupo empresarial separadamente do restante do grupo, com base na determinação do preço das transações de que tenha participado a divisão, ou subsidiária, com o restante do grupo, porque os arts. VII e IX do tratado-modelo da OCDE têm o objetivo de cobrar imposto de cada empresa dentro do grupo separadamente, e lidam com problema de determinação de preços e da natureza das transações por meio do princípio do preço sem interferência.[4]

No que diz respeito à disposição de tratados, para a OCDE fica claro que, embora só se apliquem aos casos que cobrem explicitamente, por exemplo, no caso do art. IX, quando envolver empresas subordinadas a diferentes Estados contratantes, elas, por inferência, não limitam o direito de um país de fazer ajustes de determinação de preços de transferência a outros casos, nem especificam um método que deva ser usado.

Ressaltamos que o art. IX não estabelece qualquer método para se determinar se o princípio da plena concorrência está sendo observado, ele apenas permite que se efetue ajuste aos lucros que deixaram de ser tributados em uma das empresas quando a vinculação, quer seja societária ou administrativa, direta ou indireta, tenha permitido a existência de condições mais vantajosas nas relações comerciais ou financeiras entre as empresas associadas, que difiram das estabelecidas entre empresas independentes.

Exatamente dentro deste princípio foi redigida a legislação brasileira, segundo o entendimento não só do professor Heleno, mas de vários tributaristas, como o professor Alberto Xavier.[5]

As diferentes estruturas do direito tributário interno de cada país, tradições constitucionais e jurídicas e interesses políticos conduzem a soluções diferentes, não sendo possível uma solução única. Mas, qualquer que seja a metodologia adotada, provavelmente produzirá desequilíbrios com relação ao tratamento em outros países, podendo gerar implicações em relação ao ajuste correspondente.

O ajuste correspondente é devido por uma empresa vinculada, em outra jurisdição fiscal, efetuado pela autoridade tributária desta outra jurisdição, em função de um ajuste primário realizado numa empresa vinculada, pela Administração Tributária desta jurisdição, para que a alocação dos lucros pelas duas jurisdições seja consistente. Este procedimento está previsto no § 2º do art. IX, o qual o Brasil optou por não incluir em seus acordos.

Portanto, quando um país se propõe a discutir as regras de preços de transferência adotadas por outro país, na verdade, o que está sendo discutido é o ajuste correspondente, ou seja, o ajuste que o outro Estado faria para *reduzir* o lucro que foi ou que vier a ser tributado neste Estado, proporcionalmente ao valor que foi acrescido à empresa residente no primeiro Estado.

Exemplificando, vamos supor a seguinte situação:

4. *Diretrizes para Determinação de Preços de Transferência para Empresas Multinacionais e para Administrações Tributárias – OCDE*, Paris, atualização de 1996, §§ 3.58-3.74.

5. *Direito Tributário Internacional do Brasil*, 5ª ed., Rio de Janeiro, Forense, 1998.

a) que a empresa "Alfa" seja residente no Brasil e a sua matriz, a empresa "Beta", seja residente na Alemanha. Para fins didáticos vamos considerar que a paridade entre as moedas seja de $ 1,00 para $ 1,00;

b) a empresa "Alfa" importou uma unidade da mercadoria "X", da sua matriz alemã, pelo valor total de $ 1.000.000;

c) aplicando-se as regras de preços de transferência sobre esta operação de importação, a Fiscalização Brasileira concluiu que o preço-parâmetro, calculado por um dos métodos de importação (por exemplo, pelo PIC – Preços Independentes Comparados), em operações entre empresas independentes, é de $ 800.000,00.

Diante deste fato, e considerando que a mercadoria foi vendida no mesmo período, a autoridade fiscal brasileira deverá efetuar o *ajuste primário*, retificando o lucro da empresa "Alfa", de forma a adicionar o valor de $ 200.000,00, o qual reduziu indevidamente a base de cálculo do imposto de renda e da contribuição social sobre o lucro líquido.

Uma vez que a autoridade tributária brasileira efetuou o ajuste primário, caberia à autoridade tributária alemã efetuar o *ajuste secundário*, de forma a reduzir o lucro tributável, o qual foi acrescido indevidamente no mesmo montante de $ 200.000,00.

Se ambos os Estados soberanos assim agirem, haverá equilíbrio e justiça fiscal.

Segundo os *Comentários* da OCDE ao art. IX: "Não é autorizada qualquer retificação da contabilidade das empresas associadas se as respectivas transações se tiverem processado nas condições comerciais normais de mercado livre (de plena concorrência ou com absoluta independência)".

Referindo-se à questão de saber se as regras de procedimentos especiais adotadas por certos países para tratar as transações entre empresas associadas estão conformes à Convenção, cita: "Vários países interpretam o artigo de modo a que *em circunstância alguma* proíba o ajustamento de lucros por força da aplicação das disposições da legislação nacional *em condições diferentes* das previstas no dito artigo, tendo este como finalidade a inserção do princípio da plena concorrência no domínio das convenções fiscais internacionais. (...). Todavia, em certos casos, a aplicação da legislação interna de certos países pode resultar em ajustamentos dos lucros, que seriam diferentes dos obtidos pela aplicação dos princípios do artigo. O artigo permite que os Estados contratantes tratem estas questões efetuando ajustamentos correlativos e através do procedimento amigável".

Os *Comentários* do Comitê da OCDE demonstram claramente que mesmo que as legislações domésticas adotem soluções diferentes das previstas no artigo, gerando um ajuste ao lucro diferente do que seria obtido com a aplicação dos princípios do artigo, ainda assim deveria ser efetuado o ajuste primário, sendo questionável apenas o ajuste correlato ou secundário.

Considerando que qualquer aumento na base de cálculo do imposto sobre a renda, em determinada jurisdição tributária, em decorrência da aplicação das regras de preço de transferência, implica redução proporcional na base de cálculo do imposto sobre a renda na jurisdição tributária da outra empresa, e que essa redução poderá ocorrer mesmo que a autoridade tributária do outro país não concorde em efetuar o ajuste secundário, pois se ambos os países têm regras de preços de transferência, as empresas devem rever as suas estratégias, refazer o planejamento tributário e decidir onde é mais vantajoso pagar imposto, ou mesmo deixar de manipular os preços nas operações entre vinculadas para continuar maximizando o lucro do grupo, através da economia tributária.

Pode-se perceber, desta forma, a preocupação dos outros países com a implantação das regras de preços de transferência brasileiras, pois quando uma empresa exporta por um valor superior ao de livre concorrência no país do exportador está havendo um aumento de lucro e conseqüente aumento na arrecadação dos impostos. Contudo, no país importador estará ocorrendo o inverso, redução do lucro e, conseqüentemente, redução na arrecadação dos impostos. Exatamente para impedir que isto ocorra é que foi introduzido o princípio da livre concorrência, através dos arts. VII e IX da Convenção-Modelo da OCDE.

Obviamente que se todos os países do mundo adotassem as mesmas regras tanto para fins de apuração do lucro como de preços de transferência seria o ideal. Mas esta idéia é utópica.

Adotar solução diferente das recomendadas pelas Diretrizes da OCDE não é privilégio do Brasil. A legislação americana também tem características bem peculiares; por exemplo, quando adotou os métodos baseados em lucro gerou reação adversa de vários países. Assim como a francesa, a qual inverte o ônus da prova quando as operações são praticadas com empresas situadas em paraísos fiscais, ficando a dedutibilidade dos pagamentos condicionada a que o contribuinte demonstre, de forma inquestionável, que esses pagamentos correspondam a serviços efetivamente prestados e que os valores não são abusivos.

Os países da Comunidade Européia estão num processo de integração muito grande, e em breve deverão ter um sistema tributário uniforme. Mas imaginar este nível de integração em relação ao resto do mundo, englobando Comunidade Européia, Estados Unidos, Reino Unido e os demais países subdesenvolvidos ou em desenvolvimento, está longe de acontecer, mesmo porque para tal integração há que haver também um desenvolvimento uniforme entre os diversos países, entre outros requisitos.

A fixação em lei do percentual de margens de lucro a ser utilizado para todas as empresas dos diversos setores econômicos no mesmo nível, sem considerar as características de cada setor ou de cada empresa, embora este percentual possa ser alterado a pedido do próprio contribuinte ou do órgão representativo de categoria econômica, pode gerar, para alguns setores, ajuste exagerado.

Mesmo ocorrendo a hipótese de o valor do ajuste resultar em um acréscimo de imposto superior ao efetivamente devido, ainda assim, segundo os *Comentários* da OCDE, a aplicabilidade da legislação interna não pode ser invalidada, devendo, conforme disposto no § 2º do art. IX – parágrafo não contemplado nos acordos em que o Brasil é signatário –, os Estados contratantes tratar desta questão, efetuando ajustamentos correlativos e através do procedimento amigável.

4. Prevalência ou não do acordo internacional

Existe muita controvérsia no campo do direito internacional público sobre a oponibilidade de normas de direito interno aos tratados internacionais, sendo resumidas na polêmica "monismo" *vs.* "dualismo", as quais se encontram bem definidas na literatura tributária, podendo ser assim explicadas:

Monismo – os defensores desta teoria entendem que o direito interno e direito internacional público são ramos integrantes de um único sistema. Alguns defendem a supremacia do direito interno sobre o direto internacional (tese pouco sustentada nas últimas décadas). Devido às criticas recebidas, estes evoluíram para o que se chama de "monismo moderado", que reconhece que possa haver, ao mesmo tempo, norma interna e direito internacional contrários, mas ambos em vigor.

Dualismo – os defensores desta teoria acreditam que o direito internacional público e o direito interno não são apenas ramos distintos do Direito, mas sim de sistemas jurídicos diversos, os quais nunca se sobrepõem. Devido a diversas criticas os dualistas evoluíram para o chamado "dualismo moderado", o qual, mesmo defendendo uma divisão fundamental entre a ordem estatal e a ordem internacional, reconhece que as relações Estado *vs.* indivíduo e indivíduo *vs.* indivíduo também são objeto do direito internacional, admitindo a possibilidade de um conflito entre ambas as ordens.

O conflito entre a lei interna e os tratados internacionais vem sendo resolvido no direito comparado segundo a estrutura do sistema jurídico adotada em cada país.

Embora haja correntes divergentes também no nível local, sobre a oponibilidade de normas de direito interno aos tratados internacionais, parece-nos que o constituinte brasileiro, assim como o legislador, adotou a tese de que os tratados prevalecem, revogando ou modificando a legislação interna, devendo ser observados pela lei que lhes sobrevenha, conforme disposto no art. 5º, § 2º, da CF brasileira de 1988 e no art. 98 do CTN brasileiro, sendo esse entendimento reforçado nas disposições do art. 997 do Regulamento do Imposto sobre a Renda, Decreto 3.000, de 1999, e da Instrução Normativa 92, de 1981, a qual esclarece que as convenções aplicam-se em detrimento da legislação interna. Recentemente a Receita Federal publicou a Instrução Normativa 85, de 18.8.2000, a qual relaciona as instruções normativas que se encontram em vigor, em cuja relação consta a Instrução 92, de 1981.

5. *Conclusão*

Gostaríamos de esclarecer – o que em diversas oportunidade já enfatizamos – que, embora a forma adotada pela legislação brasileira possa parecer, para muitos, complicada e, até, inaplicável, esta visão não é realista. A legislação está baseada nas recomendações das Diretrizes da OCDE, com algumas características próprias à legislação do imposto de renda, não podendo ser invalidada.

Inegavelmente, ao se adotar as médias ponderadas ela se tornou muito trabalhosa, mas na maioria dos casos os elementos necessários estão na escrituração do contribuinte, em outros casos podem envolver elementos que estejam na escrituração de suas vinculadas, e somente em poucos casos será necessário utilizar informação de terceiros, não relacionados diretamente com a operação.

Sugerimos que as empresas sujeitas ao controle de preços de transferência procurem (i) entender os objetivos da legislação, (ii) adaptar os seus sistemas informatizados contábeis, de controles de estoque, controles de importação ou de exportação, para que os mesmos possam emitir os relatórios necessários, para atender aos requisitos da legislação, e (iii) com base nos relatórios de preços de transferência, analisem a sua situação e verifique se as margens estabelecidas são realmente prejudiciais ou não, de forma a que, se for necessário, possam rever suas estratégias ou solicitar alteração do percentual.

Determinados contribuintes e mesmo alguns autores, na tentativa de defender a tese de que a legislação interna é conflitante com as disposições do art. IX da Convenção-Modelo, pleiteiam a aplicação de métodos não fixados na legislação interna, ou mesmo defendem teses com o objetivo de não se aplicar as disposições na legislação e no direito tributário quanto às provas exigidas. Tal procedimento, com certeza, geraria mais insegurança para os próprios contribuinte, pois, da mesma forma como poderia o contribuinte se utilizar de método diverso, também poderia a Administração Tributária utilizar-se de qualquer outro método para demonstrar que os preços praticados pelo contribuinte não atendem ao princípio do preço sem interferência, sem se preocupar em provar o alegado.

Dessa forma, a analise precisa de cada caso e da exata situação em que se encontra determinada empresa se reveste de maior importância, pois somente sob a égide de um regime constitucional que garanta a isonomia em matéria tributária, que respeite os princípios da legalidade e do contraditório, se permitirá que as regras de preços de transferência cumpram o seu papel, no campo tributário, de controlar a distribuição disfarçada de lucro, bem como as finalidades extrafiscais, como a efetivação da livre concorrência, garantindo o princípio de livre iniciativa e defendendo a empresa nacional contra a concorrência desleal de grandes grupos multinacionais.

ENTIDADES EDUCACIONAIS E A IMUNIDADE RELATIVA ÀS CONTRIBUIÇÕES PARA A SEGURIDADE SOCIAL

ZÉLIA LUÍZA PIERDONÁ
Procuradora da República em São Paulo
– Mestre em Direito Previdenciário e Doutoranda em Direito Constitucional pela PUC/SP – Professora de Direito Previdenciário e Tributário

As entidades educacionais não têm direito à imunidade prevista no § 7º do art. 195 da Carta Política.

Essa afirmação assenta-se no fato de que as entidades educacionais não estão incluídas no referido preceito. Tal entendimento impõe-se após a análise da norma de estrutura que atribui competência à União para instituir as contribuições para a seguridade social.

Para tanto serão utilizados os ensinamentos do professor Paulo de Barros Carvalho, que reconhece força prescritiva às frases isoladas do direito positivo, bem como a necessidade de tais prescrições unirem-se a outras para formarem unidades normativas, como mínimos deônticos completos. O autor utiliza o vocábulo "enunciado" como sinônimo de oração e "proposição" como a significação contida no enunciado.

Para ele os enunciados do Direito prescrevem condutas, enquanto as normas jurídicas são as significações construídas a partir dos textos positivados e estruturadas consoante a forma lógica dos juízos condicionais, sempre tomando como referência o Direito posto, mesmo indiretamente; diante disso, o enunciado é emitido pela autoridade competente e a norma provinda dele é construída pelo intérprete.

Quanto às normas, há aquelas cujo objetivo é atingir os comportamentos interpessoais, modalizando-os deonticamente como obrigatórios, proibidos e permitidos. Tais regras, quando satisfeito o direito subjetivo do titular por elas indicado, são terminativas da cadeia de normas, denominando-se normas de conduta. Porém, há outras cuja disposição também é sobre condutas, mas visam à produção de novas normas, aparecendo como condição sintática para a elaboração de outras regras, apesar de veicularem comandos disciplinadores, os quais também agirão sobre os comportamentos intersubjetivos, sendo estas nominadas normas de estrutura.

Sustenta o referido jurista que naquelas a ordenação final da conduta é o objetivo pronto e imediato; por outro lado, nas normas de estrutura o caráter é mediato, pois requerem outra prescrição, de modo que a orientação dos comportamentos intersubjetivos ficará a cargo de unidades a serem produzidas. Para ele as normas de estrutura "instituem condições, determinam limites ou estabelecem outra conduta que servirá de meio para a construção de regras do primeiro tipo".[1]

Norberto Bobbio, por sua vez, utiliza as expressões "normas de estrutura" e "normas de comportamento", prescrevendo as primeiras as condições e os procedimentos através dos quais emanam normas de conduta válidas. Sustenta ele que "as normas de estrutura podem também ser consideradas como as normas para a produção jurídica: quer dizer, como as normas que regulam os procedimentos de regulamentação jurídica. Elas não regulam o comportamento, mas o modo de regular um comportamento, ou, mais exatamente, o comportamento que elas regulam é o de produzir regras".[2] Sobre tais normas continua afirmando: "é a presença e freqüência dessas normas que constituem a complexidade do ordenamento jurídico; e somente o estudo do ordenamento jurídico nos faz entender a natureza e a importância dessas normas".[3]

É justamente na análise da norma de estrutura que atribui competência à União para instituir a contribuição destinada à seguridade social, que reside a exclusão das entidades educacionais na imunidade em discussão, uma vez que tanto os preceitos determinativos da afetação da receita como a regra imunizante do § 7º do art. 195 da CF contribuem na construção da referida norma, a qual deve ser observada pelo legislador infraconstitucional.

Em relação à afetação da receita é importante verificar a natureza jurídica das discutidas contribuições. Nesse sentido, sob a égide da Constituição anterior tanto a jurisprudência como a doutrina reconheciam as contribuições especiais como espécies tributárias; porém, após a EC 8, de 1977, o STF diferençou-as dos tributos.

Vigente a Constituição de 1988, a maioria dos doutrinadores bem como o próprio STF conferem natureza tributária às contribuições. Nesse sentido é o entendimento de Sacha Calmon Navarro Coêlho: "Nos termos do art. 149 da CF, as contribuições parafiscais em geral estão submetidas aos princípios vetores da tributação e às normas gerais de Direito Tributário, isto é, ao CTN. São, pois, ontológica e normativamente tributos".[4]

Apesar de serem consideradas como tributos, apresentam especificidades, diferenciando-se das demais espécies tributárias, justamente pela afetação de sua receita.

Essa afirmação tem como fundamento o texto constitucional, que é o suporte físico, um dos três ângulos da linguagem. Constitui ele o ponto de partida tanto para a formação das significações como para a referência aos significados.

Baseando-se nele, texto constitucional, visto ser o competente para instituir enunciados relativos à norma de estrutura, pode-se afirmar que as contribuições distinguem-se dos demais tributos devido à afetação de sua receita.

A nota diferenciadora em relação aos impostos é a destinação dos recursos, porquanto a Constituição, com exceção das ressalvas contidas no art. 167, IV, veda a vinculação da receita dos impostos a órgão, fundo ou despesa; porém, com relação às contribuições para a seguridade social a vinculação de sua receita às áreas da seguridade é uma imposição constitucional.

Nesse sentido, Eurico Marcos Diniz de Santi pondera: "se a Constituição, *ex vi* do art. 167, IV, ressalvada a repartição constitucional, veda expressamente a vinculação de receita de impostos a órgão, fundo ou despesa, então o art. 4º, II, do CTN infirma a desimportância da destinação legal, e esse aspecto passa a tornar-se relevante (pelo menos negativamente) para se determinar a espécie tributária. Havendo destinação

1. *Direito Tributário – Fundamentos Jurídicos da Incidência*, p. 36.
2. *Teoria do Ordenamento jurídico*, p. 45.
3. Norberto Bobbio, idem, p. 47.
4. *Comentários à Constituição de 1988 – Sistema Tributário*, p. 169.

legal do gravame, de imposto é que não se trata".[5]

Para esse mesmo autor são três os traços distintivos das espécies tributárias, previstos constitucionalmente: a vinculação ou não de uma atividade estatal no desenho da hipótese tributária, a previsão do destino legal do tributo e a previsão legal da restituição.

Contudo, para muitos doutrinadores, entre eles Paulo de Barros Carvalho e Alfredo Augusto Becker,[6] a destinação da receita não é relevante para fins tributários.

Para Marçal Justen Filho, ao contrário dos autores acima nominados: "A 'contribuição especial' se individualiza e se identifica não apenas pela natureza do 'fato gerador', mas pela vinculação entre a exação e o atendimento a um específico encargo estatal".[7] Conclui ele que analisando apenas a materialidade da hipótese de incidência da contribuição; trata-se de um imposto, porém a destinação (finalidade) de sua receita constitui a peculiaridade mais evidente que a diferencia dos demais tributos.

Menciona, ainda, que a discriminação constitucional das competências tributárias, a enumeração das materialidades das hipóteses de incidência, de observância obrigatória pelo legislador infraconstitucional, já constituíam normas condicionantes do exercício da denominada "potestade legislativa tributária". Segundo ele, antes da atual Constituição não havia regra vinculando exercício de competência tributária à consecução de determinados e específicos fins de interesse público. Contudo, atualmente há previsão determinando uma funcionalização específica e definida para um setor da competência tributária, determinação, essa, estabelecida pela Lei Maior; por isso, também contribui na construção da norma de estrutura que legitima a instituição de contribuições, pelo legislador infraconstitucional.

Segundo Wagner Balera a "nota distintiva da contribuição para a seguridade é o nexo entre contribuição e prestação".[8] Ele utiliza a expressão "regra da contrapartida" para designar essa relação entre contribuição e prestação. Assevera, ainda, que constituiu essa uma limitação constitucional específica ao poder de criar as contribuições em apreço.[9]

Verifica-se que o enunciado da vinculação da receita contribui para o desenho da competência tributária. Com isso, a União, ao exercitar a competência para instituir contribuições destinadas à seguridade social, deverá vincular sua receita ao sistema de seguridade social, o que não ocorre com os demais tributos, nos quais o destino da arrecadação é irrelevante.

Relativamente às contribuições a Constituição Federal determina uma destinação específica, por isso a competência legislativa tributária nasce afetada aos fins estabelecidos, resultando que a destinação é fator de discrímen das demais espécies tributárias. Além disso, a falta de destinação da receita a uma das áreas componentes do referido sistema torna inconstitucionais sua instituição e exigência.

Se a destinação específica a uma das áreas da seguridade social é requisito de validade da norma instituidora da contribuição, igualmente a relação com uma delas será requisito de validade da norma que tornar exeqüível o enunciado constitucional referente à imunidade específica destas contribuições.

Da mesma forma que a afetação específica, o enunciado referente à imunidade

5. *As Classificações no Sistema Tributário Brasileiro. Justiça Tributária*, 1º Congresso Internacional de Direito Tributário/IBET, p. 139.

6. *Teoria Geral do Direito Tributário*, p. 260: "A natureza jurídica do tributo (e a do dever jurídico tributário) não depende da destinação financeira ou extrafiscal que o sujeito ativo da relação jurídica tributária vier a dar ao bem (dinheiro ou coisa ou serviço) (...)".

7. "Contribuições sociais", *Caderno de Pesquisas Tributárias* 17/152.

8. "Contribuições sociais", *RDTributário* 60/110.

9. *A Seguridade Social na Constituição de 1988.*

exerce a função de colaborar no desenho da competência tributária relativa à contribuição. E, como se verá, o enunciado do § 7º do art. 195, em comento, já considerou a afetação específica determinada pela Constituição, pois restringiu seu preceito às entidades beneficentes de assistência social. Dispõe o mencionado parágrafo: "§ 7º. São isentas de contribuição para a seguridade social as entidades beneficentes de assistência social que atendam às exigências estabelecidas em lei".

Embora o texto constitucional refira-se a isenção, trata-se de imunidade, já que esta exerce a função de colaborar no desenho das competência impositivas.

As regras de imunidade têm sede constitucional, não cuidam da problemática da incidência, como ocorre com a isenção, cujo plano é o da legislação ordinária. A regra de isenção, no dizer do professor Paulo de Barros Carvalho, opera como expediente redutor do campo de abrangência dos critérios da hipótese ou da conseqüência da regra-matriz do tributo.

Conforme se observa no dispositivo constitucional supracitado, a imunidade sob análise é dirigida às entidades beneficentes de assistência social, enquanto a imunidade do art. 150, VI, "c", dirige-se não só as instituições de assistência social, como também às educacionais: "Art. 150. Sem prejuízo de outras garantias asseguradas ao contribuinte, é vedado à União, aos Estados, ao Distrito Federal e aos Municípios: (...) VI – instituir impostos sobre: (...) c) patrimônio, renda ou serviços dos partidos políticos, inclusive suas fundações, das entidades sindicais dos trabalhadores, das instituições de educação e de assistência social, sem fins lucrativos, atendidos os requisitos da lei".

Assim, relativamente às contribuições para a seguridade social apenas as entidades beneficentes de assistência social são imunes, já as educacionais são imunes somente no tocante aos impostos, pois o art. 195, § 7º, do Texto Supremo apenas se referiu às entidades beneficentes de assistência social, enquanto no art. 150, VI, "c", referiu-se a ambas.

O motivo de o constituinte estabelecer a imunidade do art. 195, § 7º, em análise, foi o fato de que essas desenvolvem atividade básica de assistência social, a qual, a princípio, cumpriria ao Estado desempenhar.

A seguridade social, conforme o disposto no art. 194 da CF, "compreende um conjunto de ações de iniciativa dos poderes públicos e da sociedade, destinadas a assegurar os direitos relativos à saúde, à previdência e à assistência". Assim, mesmo que as entidades educacionais desenvolvam atividade que caberia ao Estado desenvolver, não haveria motivo para estender-lhes a imunidade também no tocante às contribuições para a seguridade social.

As entidades de assistência social desenvolvem atividades que, se o Estado desenvolvesse, utilizaria os recursos das contribuições em enfoque. Já nas atividades educacionais seriam utilizados recursos dos impostos, conforme o *caput* do art. 212 da CF.

Além de não estarem incluídas na norma de imunidade relativa às contribuições para a seguridade social, as entidade educacionais também não podem ser beneficiadas com enunciados, previstos na legislação infraconstitucional, relativos à isenção, uma vez que o art. 195, *caput*, da Lei Maior estabelece que toda a sociedade financiará a seguridade social, somente estando excluídas as entidades beneficentes de assistência social, em razão da imunidade em discussão, bem como, após a EC 20, de 1998, a imunidade prevista para os aposentados e pensionistas do regime geral de previdência (art. 195, II, da CF, na redação que lhe atribuíra a Emenda referida).

Também, a concessão de isenção, pelo legislador ordinário, às referidas entidades diminuiria o ingresso de receitas, comprometendo o pagamento dos benefícios e serviços atinentes, e, com isso, violaria o sistema de seguridade social implantado na atual Constituição, que instituiu um orçamento próprio ao referido sistema. Tanto as despesas com educação como as receitas a ela direcionadas estarão previstas no orçamento fiscal, enquanto que as receitas e despesas ligadas às três áreas componentes da seguridade social serão discriminadas no orçamento próprio, referido no inciso III do § 5º do art. 165 da CF. Portanto, uma isenção às entidade educacionais reduziria as receitas da seguridade sem que houvesse diminuição de despesa, já que as atividades desenvolvidas pela referidas entidades, mesmo que a princípio fossem atribuição do Poder Público, não estão incluídas no orçamento da seguridade.

Com isso, uma isenção apenas diminuiria as receitas, comprometendo o pagamento de benefícios. Por conseguinte, apenas se a lei que conceder isenção também estabelecer uma compensação financeira, destinando recursos do orçamento fiscal à seguridade, além dos que a própria Constituição já determina quando estipula a forma indireta de financiamento, é possível admitir a renúncia de receita pelo legislador ordinário.

Logo, ao instituir a referida contribuição a União não poderá abranger as entidades beneficentes de assistência social; por outro lado, deverá, obrigatoriamente, incluir as entidades educacionais, salvo se houver previsão da compensação referida acima.

As normas construídas pelos aplicadores do Direito devem encontrar fundamento de validade no ordenamento jurídico. Como as entidades educacionais, pelos motivos retro-elencados, não podem ser imunes, nem isentas, se não houver compensação financeira, qualquer norma que as libere do pagamento das contribuições à seguridade social deve ser afastada, como forma de garantir a validade do sistema jurídico.

Impressão e acabamento:
GRÁFICA PAYM
Tel. (011) 4392-3344